高等学校档案学专业系列教材

武汉大学规划教材建设项目资助出版

档案法学基础

Fundamentals of Archival Law

主　编　王玉珏　加小双

WUHAN UNIVERSITY PRESS
武汉大学出版社

图书在版编目(CIP)数据

档案法学基础 / 王玉珏,加小双主编. --2 版. -- 武汉 : 武汉大学出版社, 2024. 8. -- 高等学校档案学专业系列教材　武汉大学研究生规划教材.
ISBN 978-7-307-24476-4

Ⅰ. D922.16

中国国家版本馆 CIP 数据核字第 2024VS2570 号

责任编辑:黄河清　　　责任校对:鄢春梅　　　版式设计:马　佳

出版发行:**武汉大学出版社**　(430072　武昌　珞珈山)
(电子邮箱:cbs22@ whu.edu.cn　网址:www.wdp.com.cn)
印刷:武汉中科兴业印务有限公司
开本:787×1092　1/16　印张:23.75　字数:534 千字　插页:2
版次:2021 年 7 月第 1 版　　2024 年 8 月第 2 版
2024 年 8 月第 2 版第 1 次印刷
ISBN 978-7-307-24476-4　　定价:78.00 元

作者简介

王玉珏

王玉珏，武汉大学信息管理学院教授、博士生导师，法国国立文献学院历史学博士（École nationale des chartes）。湖北省“楚天学子”、武汉大学“珞珈青年学者”，亚洲首位“国际档案理事会青年奖”获得者。现任教育部中法人文交流研究中心主任、武汉大学中法数字文化与遗产研究中心主任、《法国研究》副主编兼编辑部主任。

近年来，主持国家社会科学基金项目3项、国家重点研发计划课题，以及中宣部、教育部、国家档案局、湖北省教育规划等10余项省部级项目。出版专著：《传承人类记忆遗产——联合国教科文组织世界记忆项目研究》（2021）、《档案文化创意服务的理论与实践》（2017）。发表中外文论文90余篇，其中CSSCI源刊以上论文30余篇，多次被《中国社会科学文摘》《新华文摘》（数字版）、人大复印报刊资料等全文转载。

加小双

加小双，管理学博士，中国人民大学信息资源管理学院副教授、硕士生导师。全国青年档案业务骨干。三大国际标准组织(ISO/IEC/TU-T)工作组召集人、项目负责人、工作组专家，全国信息与文献标准化技术委员会档案（文件）管理分技术委员会委员。数据工程与知识工程教育部重点实验室、中国人民大学档案事业发展研究中心等机构研究员。近五年来，主持国家社科基金青年项目以及国家档案局项目等3项省部级项目。著有专著1部，参编著作多部。参编国际标准11项、ISO白皮书2项、国家标准5项。公开发表中外论文100余篇，多篇被人大复印报刊资料等全文转载。

编委会

主　编：王玉珏　加小双

编　委：王玉珏　加小双　王　平　何晓琴　蔡武进

周林兴　程　媛　肖秋会　何　芮　马秋影

王改娇　戴　旸　赵　跃　张　臻　吴一诺

郭若涵　韦诗熠　张夏子钰　嘎拉森　林妍歆

王春蕾　姚　静　常家源

第二版前言

法治是国家治理现代化的基石，它通过规范权力、保护权利、维护秩序和促进合作，保障国家稳定、繁荣和可持续发展。习近平总书记在党的二十大报告中提出：必须更好发挥法治固根本、稳预期、利长远的保障作用，在法治轨道上全面建设社会主义现代化国家。档案是各类组织和个人在各类社会活动中直接形成的对国家和社会具有保存价值的历史记录。这种历史记录，不仅对于特定的组织和个人的具体生产生活起到记录、存证和辅助决策的作用，而且是一个民族的生活方式、思想和精神的重要载体，是国家文化遗产的重要组成部分，是文化传承和文化交流得以展开的前提和基础。因此，档案法治建设，既是新时代推进法治中国建设的重要内容，也是推进档案工作走向依法治理的必然要求，更是推动中华民族文化传承和创新发展的重要保障。

在此背景下，档案法学的教学和研究，也就承担着更为重要的时代使命和文化责任。档案法学的教学和研究，不仅需要传播和普及档案管理的法律规范，推动档案管理的制度化、规范化，在档案领域实现依法治理；更需要培育和提升档案的文化传承意识和价值，在对档案的依法管理和开放利用中弘扬中华民族传统文化，铸牢中华民族文化共同体意识，为新时代中华文明的永续传承和创新发展奠定更加坚实的智识基础。

信息技术的发展和公众对档案需求的多元化，使档案工作面临新的机遇与挑战。习近平总书记早在浙江省工作时就指出，档案工作正在走向依法管理、走向开放、走向现代化。这一进程推动了档案管理的创新，凸显了档案法学研究的重要性。随着档案价值认知的深化和档案法律体系的完善，档案法学在指导实践、保障档案资源利用和保护、促进管理现代化方面愈显重要。档案工作者和法学研究者需深化理论研究，适应新技术变革，以法治思维和现代视角推动档案事业的高质量发展。

为适应档案管理法治的发展趋势，回应社会公众对档案法学知识需求的变化，向学生和档案工作者提供更全面、更体系、更前沿的档案法学知识，我们自 2023 年 1 月起启动了《档案法学基础》教材的修订工作。2024 年 3 月 1 日，《中华人民共和国档案法实施条例》(以下简称《实施条例》) 正式施行，替代了之前的《实施办法》，极大提升了我国档案工作的法治化水平。《实施条例》进一步完善了档案管理体制机制，细化了开放利用的相关制度设计，健全了档案信息化建设的相关制度规范。《实施条例》增强了法律的权威性和执行力，为档案管理提供了更严密的法律保障，对提升档案工作法治化、规范化、科学化水平，推动档案事业高质量发展具有重要意义。在此背景下，我们加紧修订教材，增加最新法规解析，更新档案法治实践案例，使教材内容更加丰富、全面、前瞻。

本次修订延续第一版的特点，一是基于习近平法治思想，结合档案法学研究与法治实践，体现依法治档的基本理念；二是总结前版教材经验，吸纳近年来档案法规的新变化、新规定和档案法学研究的最新成果，并在参考文献中予以注明；三是更新档案法律法规内容和数据，扩充理论研究和案例分析，使教材更加丰富、实用，增强知识的前沿性和时代感。具体来说，修订的重要方面包括：一是对全书的知识、信息进行了修正、更新、补充和完善，特别是重点更新了《实施条例》的最新要求以及“个人信息保护”的相关内容；二是新增了“文化立法与档案立法”“数字转型时代的《档案法》”“档案开放、解密与安全法律”“中国档案法规体系建设未来展望”等内容；三是在结构上新增了“本章要点”和“课后思考题”两个部分，以帮助教师更有效地组织课程，同时促进学生的理解和思考。

本次修订由王玉珏和加小双负责全书的逻辑架构、总体设计、统稿和审校。特别邀请了马秋影、王平、王改娇、王春蕾、韦诗熠、吴一诺、何芮、何晓琴、张夏子钰、张臻、肖秋会、周林兴、姚静、赵跃、常家源、郭若涵、程媛、嘎拉森、蔡武进、戴旸(按姓氏笔画排序)等20名专家及青年学者参与新增内容的编写，为本书注入了多样化的见解和创新思考。何晓琴参与全书校对，张夏子钰、嘎拉森、王春蕾、常家源等同学参与资料搜集、数据更新和案例撰写。我们对所有参与修订工作的专家学者表示衷心感谢。你们的无私奉献、专业知识和深邃见解，是本书顺利完成修订的重要保障。特别感谢第一版编委奠定的坚实基础，新修订版与你们的付出密不可分。

本书的编写和出版得到了“武汉大学研究生教材建设培育项目”的资助。同时，向武汉大学出版社，以及为这本书的出版付出辛勤劳动的责任编辑詹蜜女士，表达我们最诚挚的谢意。

我们希望，本书不仅为档案学专业的师生提供最新的学习和参考资料，也能成为相关法学院校师生的重要教学资源。希望本教材能激发更多学者和实务工作者的兴趣，共同推动档案法学领域的学术研究和实践创新。我们期待并鼓励读者对本教材提出宝贵的反馈和建议。您的意见不仅能帮助我们完善教材内容，也是推动档案法学研究和档案法治实践创新的重要力量。

法治化建设对于推动档案管理现代化具有十分重要的意义，法治是档案管理现代化的应有之义和必由之路。中国档案管理的法治化道路正在越走越宽，但是，良法的制定和善治的实现是一个持续不断、永无止境的过程，这还需吾辈做出持之以恒的努力。让我们携手共进，为中国档案的法治化建设和档案事业的高质量发展贡献智慧和力量。

囿于作者学识所限，书中难免出现疏漏或不当之处，还望学界、业界的专家学者批评指正，不吝赐教。

目　录

第一章 导 论

本章要点

◎ 介绍档案法治建设的重要意义，明确其必要性和重要性。

◎ 介绍档案法学的研究对象、任务和主要内容。

◎ 阐释档案法学的发展概况，分析其学科体系构成以及与其他学科之间的关系。

一、档案法治建设的重要意义

法治是人类文明进步的重要标志，是治国理政的基本方式。法治兴则国兴，法治强则国强。党的十八大以来，以习近平同志为核心的党中央从坚持和发展中国特色社会主义的全局和战略高度定位法治、布局法治、厉行法治，将全面依法治国纳入“四个全面”战略布局，加强党对全面依法治国的集中统一领导，全面推进科学立法、严格执法、公正司法、全民守法，形成了习近平法治思想，开创了全面依法治国新局面，为在新的起点上建设法治中国奠定了坚实基础。当今世界正经历百年未有之大变局，我国正处于实现中华民族伟大复兴关键时期，改革发展稳定任务艰巨繁重，全面对外开放深入推进，人民群众在民主、法治、公平、正义、安全、环境等方面的要求日益增长，需要更好发挥法治固根本、稳预期、利长远的保障作用。在统揽伟大斗争、伟大工程、伟大事业、伟大梦想，全面建设社会主义现代化国家新征程上，必须把全面依法治国摆在全局性、战略性、基础性、保障性位置，向着全面建成法治中国不断前进。①

档案事业，是党和国家事业发展不可或缺的一项基础性、支撑性工作，对于保障国家的记忆、促进社会进步扮演着至关重要的角色。在档案法治建设的引领下，改革开放40年以来，我国档案事业取得根本性发展与长足性进步，这些成就与档案法治建设的深化紧密相关。档案法治是指管理档案事务必须以完善的法律为准绳，符合国家宪法中的法治原

① 新华社. 中共中央印发《法治中国建设规划（2020—2025年）》[EB/OL].［2021-01-28］. http://www.gov.cn/zhengce/2021-01/10/content_5578659.htm.

则，逐步形成档案事务由法律主治的社会状态。① 档案法治是档案事业持续健康发展的重要保障机制，是协调档案事务中各种矛盾的基本准则。

（一）依法治档与档案法治建设

依法治档是指档案行政管理机关以档案法律规范为依据，科学地管理档案事务，合理地调整档案社会关系，推动档案事业进步，促进经济和社会发展的过程。② 依法治档的本质就是用法律的手段规范、约束档案行政权力的行使，既要保证档案工作正常有效开展，又要保障公民、法人和其他组织在档案事务中的合法权益不受侵犯。

依法治档的基本内涵是推动档案主管部门的职能转变，提高制度建设的质量，建立科学、民主的决策机制，理顺档案行政执法体系，规范档案行政执法行为，完善档案行政监督制度和机制，提高档案主管部门工作人员依法行政的观念和能力，健全档案工作中预防和化解社会矛盾与纠纷的工作机制。③ 实现依法治档的目标是一项综合性的系统工程，它要求从科学立法、严格执法、公正司法到全民守法各个环节全面提升。这不仅涉及法律法规的制定与完善，还包括法律的执行力度、法律过程的公正以及社会公众对法律的认知和遵守。四个环节相互联系、相互支撑，只有全面强化这四个方面，才能确保依法治档工作的顺利进行，为档案事业的高质量发展提供坚实的法治保障。

1. 要坚持法制统一，严格按照法定的权限和程序建章立制

《中华人民共和国立法法》中对法律、行政法规、地方性法规、国务院部门规章、地方政府规章、自治条例和单行条例的制定、修改和废止等问题作了较为明确的规定。在档案立法实践中，确保立法活动的合法性和有效性至关重要。这意味着，在制定任何档案相关法律和规范性文件时，必须严格遵守立法权限，确保所有新制定的法律、规章或规范性文件不仅要符合法律保留原则，而且不能与上位法存在冲突。此外，法律体系内部的各项规章和规范性文件需要保持一致性和协调性，避免出现自相矛盾或相互冲突的情况。这样才能维护法律体系的整体性和统一性，确保档案管理和利用的规范化、法治化，从而有效避免“政出多门”和“各自为政”的现象，保障档案立法和实践活动的顺利进行。

2. 改善行政执法，保证档案相关法规的有效实施

为了确保档案行政执法工作的有效性，重要的是认识到法律手段在档案管理中的核心地位。档案执法工作需要依据相关的法律、法规及规章来进行，确保所有与档案及档案工作相关的法律法规得到严格执行。这不仅体现了对档案法治精神的尊重，也是保障档案事业规范化、法治化的基础。当然，依靠法律手段并不意味着排斥其他管理手段的使用。实

① 宫晓东. 维系之道的道之维系：《档案法治论》[M]. 北京：中国档案出版社，2005：22-24.

② 徐拥军. 机构改革后档案工作面临的问题与对策[J]. 档案学通讯，2019(5)：101-103.

③ 邓涛. 依法治档的内涵与重点[J]. 中国档案，2010(3)：31-32.

际上，行政手段、经济手段等与法律手段应相互配合、相辅相成，共同构建起一个统一而和谐的档案管理机制。① 通过这种多元化的管理手段，可以更加全面地应对档案工作中出现的各种情况和挑战，同时也能有效提升档案管理的效率和效果。

就落实档案行政执法来说，需要注意以下几点：

首先，严格按照法定权限和程序行使职权、履行职责。各级档案主管部门及工作人员严格依照法律法规赋予的权限和程序行使职权、履行职责。这意味着在管理档案事务时，一是必须做到既不越权、滥权，也不可以因疏忽而不作为。权力的行使必须基于法律的授权，保证每一步骤、每一决定都符合法律的要求，以免发生法律风险和社会不信任；二是在行政执法过程中，必须培养严格按照法定程序办事的习惯。所有的执法行为都应遵循法定程序，确保所有的决策和行动都有法律依据，保障档案管理的合法性和正当性。

其次，建立权责明确、监督有效的档案行政执法体制。推进档案行政执法体制的完善，关键在于确立一个权责明确、行为规范、监督有效、保障有力的体制。这意味着：一是要建立权责明确的法规制度体系。这不仅包括制定明确的法律法规，还包括建立健全的制度体系。比如通过建立评议考核和过错责任追究制度，可以有效地提升档案行政执法人员的责任感和使命感，同时也有助于防范和纠正执法过程中的不当行为，提高执法质量和效率；二是强化制度建设与监督机制。建立一套有效的监督和检查机制，包括内部监督和外部监督，确保档案行政执法的透明度和公正性。这样才能确保档案行政执法体制的有效运作。

最后，加强档案行政执法队伍建设确保档案行政执法工作顺利进行。行政执法与人民群众的切身利益密切相关，档案执法人员的素质和作风关乎档案行政管理机关的形象。这需要采用各种途径和方式，建设一支政治合格、纪律严明、业务精通、作风过硬的档案行政执法队伍，包括：加强对执法人员的职业道德教育，强化执法为民的观念；加强执法人员的法律知识和业务技能培训，增强依法行政、依法办事的能力；实行执法人员资格管理制度，先持证、后上岗；② 强化对执法人员的管理和监督，严格要求、严肃纪律；等等。

此外，转变政府行政理念和行政职能，也是提高行政执法管理效能的重要途径。对于档案行政部门来说，这种转变不仅是内部管理模式的更新，更是外部服务理念的重塑。具体来说，一是要解放思想、更新观念。面对新形势下档案管理的新要求，档案行政部门需要拥抱变化，适应数字化、信息化发展趋势，用开放的心态和创新的思维推动档案管理现代化。二是要树立为民服务和开放利用的观念。档案行政部门应以人民为中心，通过优化服务流程、简化审批程序等方式，使档案资源的利用更加便捷，更好地服务于社会和公众的需求。三是由微观管理转向宏观管理。档案行政部门应从细节的微观管理转向宏观的战略规划和总体布局，专注于制定和实施档案管理的长远规划和标准，而非日常的细枝末

---

① 陈忠海．依法治档中的“治档”应作何理解？——谁来治、治什么、如何治？[J]．档案管理，2011(4)：12-14.

② 《档案执法监督检查工作暂行规定》(1992)第七条　专职或兼职档案执法监督检查员均发给《执法监督检查证》。

节，从而提高整体管理效率和效能。四是由业务指导转向依法监管。档案行政部门的核心职能应从单一的业务指导转向依法监管，重点在于确保档案管理活动遵守相关法律法规，保护档案资源，促进档案信息的合理利用，从而保障关于档案的公共利益和公民权利。

3. 完善监督机制，将行政权力置于内外部监督之下

现代行政理念强调的责任行政，本质上要求行政权力与责任相结合，确保权力的使用既服务于公共利益，又受到适当的监督和制约。这主要是因为，从行政权的作用来讲，行政作为一种超越于个人、社会之上的公共力量，既可以成为保护公民、法人和其他组织权利和社会公共利益的工具，又可以是侵害公民权利的利器。正如法国启蒙思想家孟德斯鸠所言：一切有权力的人都容易滥用权力，这是亘古不易的一条经验。有权力的人使用权力一直到有界限的地方为止。因此，为了最大限度地发挥行政权力在保护公民权利和社会公共利益方面的积极作用，并最小化其对公民权利可能产生的负面影响，对档案行政管理权力的行使进行监督和制约显得尤为重要。

强化监督制约机制对于保障档案行政权力正确、公正行使具有重要作用。一方面，要建立健全外部的监督制度。如人大监督、政协监督、司法监督、舆论监督、群众监督、审计监督等；另一方面，要完善内部的监督制衡机制。包括行政决策监督和责任追究制度、行政复议制度、行政执法责任制等。特别是要建立完善档案行政执法责任制，并严格执行，让行使行政权力者能够恰当地运用手中的权力，不敢、不愿违法乱政滥用权力，不敢、不愿懈政怠政无所作为。① 通过内部与外部的监督和权力制衡，实现“阳光下的依法行政”和“阳光下的档案行政执法”。

2020 年新修订《中华人民共和国档案法》（以下全书简称新修订《档案法》）增设“第六章　监督检查”专章共六条；同时，2024 年颁布的《中华人民共和国档案法实施条例》也对应设立“第六章　监督检查”专章共三条。

健全档案监督检查制度，明确监督检查事项，完善监督检查措施，主要作出了以下规定：

一是明确监督检查的主体、对象和依据。监督检查的主体是各级档案主管部门；被检查的对象是档案馆和机关、团体、企业事业单位以及其他组织，不包括个人；监督检查的依据是法律、行政法规有关档案管理的规定。

二是规定监督检查的事项。档案主管部门开展检查的事项有 6 项：档案工作责任制和管理制度落实情况；档案库房、设施、设备配置使用情况；档案工作人员管理情况；档案收集、整理、保管、提供利用等情况；档案信息化建设和信息安全保障情况；对所属单位等的档案工作监督和指导情况。同时，档案主管部门根据违法线索进行检查时，在符合安全保密要求的前提下，可以检查有关库房、设施、设备，查阅有关材料，询问有关人员，

① 四川省档案局编. 档案法治与行政管理[M]. 成都：四川人民出版社，2017.

记录有关情况，有关单位和个人应当配合。

三是确立消除档案安全隐患的机制。档案馆和机关、团体、企业事业单位以及其他组织发现本单位存在档案安全隐患的，应该及时采取补救措施，消除档案安全隐患；发生档案损毁、信息泄露等情形的，应当及时向档案主管部门报告。档案主管部门发现档案馆和机关、团体、企业事业单位以及其他组织存在档案安全隐患的，应当责令限期整改，消除档案安全隐患。

四是建立档案违法行为的举报制度。新修订《档案法》第四十六条规定，任何单位和个人对档案违法行为，有权向档案主管部门和有关机关举报。同时还规定，接到举报的档案主管部门或者有关机关，应当及时依法处理。

五是明确公正文明执法的要求。新修订《档案法》要求档案主管部门及其工作人员应当按照法定的职权和程序开展监督检查工作，做到科学、公正、严格、高效。同时，还对档案主管部门及其工作人员在开展监督检查工作时的禁止性行为作了明确规定，即不得利用职权牟取利益，不得泄露履职过程中知悉的国家秘密、商业秘密和个人隐私。

4. 加大宣传教育，增强全社会的档案法治意识

依法治档是一项长期性、艰巨性和复杂性的系统工程，它不只是档案管理工作的基础，也是提升档案工作质量和效率的关键。我们应通过不断加强档案法治宣传，提升各档案主体的档案法治意识，为档案法治建设营造良好氛围，推进真正实现依法治档。当然，意识和习惯的养成不是一朝一夕的事，需要进行反复的宣传和教育。对此，档案法治的宣传教育要抓住两个关键因素：

一是负责档案行政管理的领导干部和对各自单位或部门的档案工作负责的领导干部。对他们而言，重要的是了解档案工作是自身工作不可或缺的组成部分，自己对本管辖区域内的档案工作负有不可推卸的领导责任。档案工作要有法可依、有法必依、执法必严、违法必究。

二是直接从事档案工作的档案工作者和广大的档案利用者。对他们而言，让公民、法人和社会组织既要知晓自己有保护国家档案的义务，又要明白有合法利用国家档案的权利，积极引导人民群众遵守法律，解决问题依靠法律。①

（二）档案法治建设的必要性

1. 档案法治建设是社会主义法治建设的必然结果

社会主义法治的核心内容是依法治国，也是中国共产党领导人民治理国家的基本方略。依法治国就是依照宪法和法律来治理国家，要求必须严格依法执政、依法办事。依法

① 四川省档案局编. 档案法治与行政管理[M]. 成都：四川人民出版社，2017.

治国，建设社会主义法治国家，是人民当家作主的根本保证。档案法治建设是社会主义法治建设的必然结果，是全面依法治国基本方略在档案领域的体现，只有将档案工作纳入法治领域，把档案法规的制定和国家各项事业发展结合起来，才能使档案工作有法可依、有法必依、执法必严、违法必究，更好发挥档案"为党管档、为国守史、为民服务"的基础性作用。新修订《档案法》的通过，是我国档案法治建设进程中一个新的里程碑，为我国档案事业现代化提供了更加坚实的法治保障。

2. 档案法治建设是守护档案安全的必要手段

面对国内外复杂多变且日益严峻的安全形势，以习近平同志为核心的党中央与时俱进地提出了总体国家安全观，并通过系列讲话和论述使其理论内涵得以丰富与深化。中共十九大报告明确将"坚持总体国家安全观"作为习近平新时代中国特色社会主义思想和基本方略之一，要求"统筹外部安全和内部安全、传统安全和非传统安全……完善国家安全制度体系，加强国家安全能力建设"。

档案安全是档案工作的底线，事关国家安全、政权安全和意识形态安全，无论是档案实体的损毁、灭失，还是档案信息的泄露，都将造成难以估量且无法弥补的损失。有效保护档案，维护档案的完整与安全是《档案法》的根本目的之一。时任国家档案局局长陆国强曾指出，坚持档案工作的安全底线是新修订《档案法》修订的精神实质之一。

《档案法》坚决贯彻总体国家安全观，从建立档案工作责任制、健全档案安全工作机制、强化电子档案的安全管理、加强风险和应急管理、明确档案安全隐患整改责任等角度进行了规范，为确保档案安全，服务国家改革发展稳定的大局提供了更为系统性的制度安排。① 档案法治建设将档案安全保障上升为国家意志，以国家强制力提供保障，明确维护档案安全的规定，对危害档案安全的行为追究法律责任并明确处罚额度，有效打击档案走私、信息泄露等违法犯罪现象，是守护档案安全的必要手段。

3. 档案法治建设是促进档案信息资源开发利用的必要保障

档案信息是一种重要的资源，其开发与利用已成为档案工作的一个中心课题，不仅能够促进档案事业发展、满足人民对于档案信息资源的需求，还能够加强社会主义物质文明与精神文明的建设。②

我国高度重视档案信息资源开发利用，新修订《档案法》对档案的开放利用起到强有力的推动作用。如规定档案封闭期缩短，将档案向社会开放的期限由30年缩短为25年；要求档案馆不断完善利用规则，创新服务形式，强化服务功能，提高服务水平，为国家机关制定法律法规、政策和开展有关问题研究提供支持和便利；③ 增加"享有依法利用档案的

① 陆国强. 为新时代档案事业高质量发展提供坚强法治保障[N]. 人民日报，2020-6-24(010).

② 颜海. 档案信息资源开发利用[M]. 武汉：武汉大学出版社，2004.

③ 张红兵. 全国人大法工委解读新修订档案法：八方面修改，内容更加充实[J]. 四川档案，2020(3)：12-13.

权利”的表述，将组织和个人保护档案的义务与利用档案的权利置于同等重要的地位；拓展档案开放主体范围，将档案开放主体由“国家档案馆”修改为“县级以上各级档案馆”，同时新增“国家鼓励和支持其他档案馆向社会开放档案”，鼓励公民走进档案馆获取服务和支持。扩大档案开放门类范围，原《档案法》规定，“经济、科学、技术、文化等类档案向社会开放的期限，可以少于三十年”，新修订《档案法》新增了“教育”类档案，进一步扩充了可提前开放的档案门类。①

档案法治建设能够促进档案信息资源的开发，有利于推动公民利用档案信息资源权益的实现。

4. 档案法治建设是适应社会发展的必然要求

随着经济社会发展和信息时代的到来，档案工作的内外环境发生了深刻变化。新的组织和治理形态不断催生新的档案记录形式和管理方式，档案工作面临从传统载体管理向数字管理转型升级的巨大挑战。以新修订《档案法》的修订为例，这次修订充分发挥立法在国家治理体系和治理能力现代化中的引领和保障作用，紧紧围绕档案工作“三个走向”，对现行《档案法》中的一些基本制度和重要章节做了较大的调整和补充。其中，“档案信息化建设”专章的设立，明确了电子档案的合法要件、地位和作用、安全管理要求和信息化系统建设等方面的内容，充分体现了档案法治建设是适应社会发展的必然要求。此外，修订后的《档案法》总结应对突如其来的新冠肺炎疫情的经验教训，对建立健全突发事件应对活动相关档案的收集、整理、保护和利用等工作作出了规定。② 2020 年 11 月 26 日，《重大活动和突发事件档案管理办法》经国家档案局局务会议审议通过，自 2021 年 6 月 1 日起施行，③ 这是立法工作紧跟时代改革创新的重要体现。

事物均处于不断变化与发展之中。2021 年，《“十四五”全国档案事业发展规划》指出，人民生活水平显著提高，对档案信息、档案文化的需求日益增长，迫切要求加快档案开放、扩大档案利用、提供优质高效服务。新一代信息技术广泛应用，档案工作的环境、对象、内容发生巨大的变化，迫切要求创新档案工作的理念、方法、模式，进行全面数字转型和智能升级。档案工作存在制约高质量发展的观念障碍、机制缺陷、技术瓶颈和人才短板，地区及行业间发展不平衡仍然明显存在，档案利用服务不充分问题依然突出，基层基础工作还有薄弱环节。面对机遇和挑战，要加大力度，切实推动档案工作高质量发展。④

① 徐拥军．新修订《中华人民共和国档案法》的特点[J]．中国档案，2020(7)：26-27.

② 陆国强．为新时代档案事业高质量发展提供坚强法治保障[N]．人民日报，2020-6-24(010).

③ 国家档案局．《重大活动和突发事件档案管理办法》已经国家档案局局务会议审议通过，现予公布[EB/OL]．(2020-12-31)[2021-01-28]．https://www.saac.gov.cn/daj/yaow/202012/57004c498cb64e5da853329032273a98.shtml.

④ 国家档案局．中办国办印发《“十四五”全国档案事业发展规划》[EB/OL]．[2024-04-03]．https://www.saac.gov.cn/daj/toutiao/202106/ecca2de5bce44a0eb55c890762868683.shtml? eqid=c25f188a000044de000000066458aff1.

(三)档案法治建设的重要性

档案是历史的真实记录，档案工作是维护党和国家历史真实面貌、保障人民群众根本利益的重要事业。档案法治建设是社会主义法治建设的组成部分，在国家治理体系中居于重要地位。1987 年颁布的《档案法》中明确规定了档案与档案事业在国家社会中的地位和作用，这标志着我国档案事业开始走上法治化的轨道。2020 年 6 月 20 日，习近平总书记签署第四十七号主席令，公布十三届全国人大常委会第十九次会议表决通过的新修订《档案法》，自 2021 年 1 月 1 日起施行。这是我国档案法治建设进程中新的里程碑，是档案工作适应国家治理体系和治理能力现代化要求，走向依法治理、走向开放、走向现代化的重要标志。① 栗战书委员长指出，新修订《档案法》从收集、保护、利用、监督等各环节健全完善了档案管理制度，强化机构和组织的档案管理责任，优化档案的开放和利用条件，鼓励档案数字化和资源共享，为我国档案事业现代化提供了更加坚实的法治保障。②

2021 年 6 月 9 日，中共中央办公厅、国务院办公厅印发《“十四五”全国档案事业发展规划》指出，社会主义法治国家建设和新修订《档案法》施行，迫切要求深化依法治档、提高档案治理能力和水平。“十四五”时期，应“坚持依法治档。坚持在法治轨道上推进档案治理，不断提高档案工作法治化、规范化、科学化水平”的工作原则，并将“档案治理效能得到新提升。党管档案工作体制机制更加完善，档案法律制度更加健全，依法治档能力进一步增强，档案工作在推进国家治理体系和治理能力现代化中的基础性、支撑性作用更加明显”列为“十四五”发展目标之一。③

整体而言，档案法治建设受到国家法治体系建设与档案事业发展的双重约束：一方面，它是行政法的组成部分，与宪法和其他法律共同构成国家法律体系；另一方面，《档案法》是管理国家档案事业强有力的手段，在档案事业建设与发展中具有多重功能。④

1. 档案法治建设为档案事业发展提供法律保障

建设具有中国特色的社会主义档案事业，不仅要运用政治、经济、行政、道德手段，还要运用法律手段。⑤

新修订《档案法》第三条规定：“各级人民政府应当加强档案工作，把档案事业纳入国民经济和社会发展规划，将档案事业发展经费列入政府预算，确保档案事业发展与国民经济和社会发展水平相适应。”把档案事业纳入国民经济和社会发展规划，有利于对本行政区

① 陆国强. 为新时代档案事业高质量发展提供坚强法治保障[N]. 人民日报，2020-6-24(010).

② 袁杰. 中华人民共和国档案法释义[M]. 北京：中国民主法制出版社，2020.

③ 国家档案局. 中办国办印发《“十四五”全国档案事业发展规划》[EB/OL]. [2024-04-03]. https://www.saac.gov.cn/daj/toutiao/202106/ecca2de5bce44a0eb55c890762868683.shtml? eqid=c25f188a000044de000000066458aff1.

④ 潘玉民. 档案法学基础[M]. 沈阳：辽宁大学出版社，2002.

⑤ 范仁贵，林清澄. 档案法学概论[M]. 北京：中国经济出版社，1989.

域内如何开展档案工作作出整体部署，从总体上促进档案事业的发展。同时，档案事业发展需要必要的经费投入，包括基础设施设备经费和维护经费、档案日常管理工作经费、档案信息化建设经费以及宣传培训经费等方面。各级人民政府要按照部门预算编制和管理有关规定，科学合理制定档案工作经费，将档案馆(室)在档案资料征集、抢救保护、安全保密、数字化、现代化管理、提供利用、编纂出版、陈列展览及设备购置和维护等方面的经费列入同级财政预算。只有档案工作和国民经济发展同规划、同部署，并提供充分的人财物保障，才能推动档案事业发展同经济社会发展相协调，发挥好档案工作对经济社会发展的基础性、支撑性作用。①

2. 档案法治建设为档案工作开展提供制度规范

档案是党和国家进行各项工作的必要依据之一。加强档案管理，强化档案事业管理工作是社会主义现代化建设事业的需要。② 档案管理工作包括档案的收集、整理、鉴定、保管、利用、销毁等，《档案法》以法律形式对其进行规定，为档案管理行为提供了规范，使档案管理工作的开展有法可依。

随着经济社会发展和信息时代的到来，档案工作的内外环境发生了深刻变化。新的组织和治理形态不断催生新的档案记录形式和管理方式，档案管理工作面临新挑战。新修订《档案法》从原来的 6 章 27 条增加到 8 章 53 条，篇幅几乎增加了 1 倍。这些修订既涉及领导、管理体制的调整完善，也涉及治理主体塑造、治理机制的健全完善，更涉及档案管理利用领域相关主体权力、权利、责任、义务的重新划分和配置。通过这些制度层面的修改完善，档案工作法治化水平大大提高，档案治理体系实现了再塑造。③

3. 档案法治建设为社会档案意识提升提供制度支撑

档案全面记录人类生活的各个领域，它与每个人或组织都密切相关。无论是普通公民还是管理者、决策者，无论是国家机构还是社会组织，都是档案的形成者、档案保护的参与者、档案的利用者，档案工作需要全社会的共同参与。档案意识是人们对档案及档案工作认识和反映的整体观念，只有实现档案法治化、加强档案法治建设，才能促进社会档案意识的提高。一方面，能促使全社会的人们必须按照《档案法》及有关法律规定，规范自己的行为，包括依法履行职责，自觉维护档案的完整与安全，从我做起，不断提高做好档案工作的自觉性；另一方面，能够按照法治建设的需要，要求从事档案工作的人员做好档案的管理、利用和公布等。④

档案法治建设有利于加强档案宣传教育，增强全社会档案意识。通过“一切国家机关、

---

① 袁杰. 中华人民共和国档案法释义[M]. 北京：中国民主法制出版社，2020.

② 范仁贵，林清澄. 档案法学概论[M]. 北京：中国经济出版社，1989.

③ 刘舒妍. 以法治化促进档案治理现代化[N]. 中国档案报，2020-12-10(003).

④ 赵爽. 浅谈新时代档案部门如何加强档案法治建设[J]. 黑龙江档案，2018(3)：25.

武装力量、政党、团体、企业事业单位和公民都有保护档案的义务，享有依法利用档案的权利”“任何单位和个人对档案违法行为，有权向档案主管部门和有关机关举报”“国家鼓励社会力量参与和支持档案事业的发展”等规定，促进各类社会主体在工作和生活中更加有意识地形成和保护档案，积极地开发利用档案资源，为真实、全面地记录和呈现当代中国社会发展和新时代伟大进程贡献力量。

4. 档案法治建设服务于社会主义现代化建设的持续推进

档案和档案工作同国家治理、政府管理、社会各方面工作以及公民个人有密切联系，在维护国家和民族利益、保障公民权益、服务文化建设、增强文化自信等方面，均具有重要意义。①

习近平总书记始终重视关心档案事业的发展，他早在浙江省工作时就指出，“档案工作是一项非常重要的工作，经验得以总结，规律得以认识，历史得以延续，各项事业得以发展，都离不开档案”，并明确提出了档案工作走向依法治理、走向开放、走向现代化的“三个走向”目标。

2015 年 7 月，习近平总书记在十八届中央政治局第二十五次集体学习时强调：“要让历史说话，用史实发言，抗战研究要深入，就要更多通过档案、资料、事实、当事人证词等各种人证、物证来说话。”

2017 年 10 月 31 日，党的十九大闭幕后，习近平总书记带领新一届中央政治局常委瞻仰中共一大会址和嘉兴南湖红船时的讲话指出，我们是为了不忘初心、坚持真理而来，我们的初心、真理就蕴含在这些档案之中。这些珍贵的历史档案对激励全党不忘初心、牢记使命、永远奋斗具有不可替代的重要意义。②

2021 年 7 月 6 日，习近平总书记在中国第一历史档案馆新馆开馆之际，专门对档案工作作出重要批示：“档案工作存史资政育人，是一项利国利民、惠及千秋万代的崇高事业。希望你们以此为新起点，加强党对档案工作的领导，贯彻实施好新修订的档案法，推动档案事业创新发展，特别是要把蕴含党的初心使命的红色档案保管好、利用好，把新时代党领导人民推进实现中华民族伟大复兴的奋斗历史记录好、留存好，更好地服务党和国家工作大局、服务人民群众！”③习近平总书记的重要批示，明确了档案工作“四个好”“两个服务”的目标任务，把对档案工作重要地位作用的认识提升到了前所未有的高度，为做好新时代档案工作指明了前进方向，提供了根本遵循。

档案法治建设通过明确档案工作中涉及的各方主体的责任、义务及其相互关系，为社会主义现代化建设提供了坚实的制度支撑。随着社会主义市场经济的发展和行政审批制度的改革，对《档案法》的不断修订和调整成为了适应这些变革的必要措施。这些法律的更新

---

① 徐航，王晓琳. 档案法修订草案：以法治助推档案事业发展[J]. 中国人大，2019(21)：54-55.

② 陆国强. 为新时代档案事业高质量发展提供坚强法治保障[N]. 人民日报，2020-06-24(010).

③ 黄丽华. 深刻领会重要批示精神 为档案保护工作高质量发展贡献力量[N]. 中国档案报，2021-10-28(001).

加强了档案管理的时代性和适应性，确保了法律体系与时俱进。

《档案法》中对档案开放的具体规定，如开放的时间限制、主体、渠道及方式，以及对违反开放规定的责任追究，均从客观上保障了公民的档案利用权利。这不仅有助于档案资源的开放和利用，还促进了档案资源在服务社会主义现代化建设中的积极作用。通过这些规定，《档案法》为公民提供了获取信息、参与社会管理和历史研究的法律保障，进一步促进了社会的透明度和公众参与度，为建设更加开放、透明、有序的社会主义现代化国家奠定了法治基础。

二、档案法学的研究对象、任务与内容

"档案法学"或称"档案法规学"，虽然尚未确立独立的学科地位，但作为档案学的一个分支，其重要性不容忽视。它通过研究档案领域的法律法规和政策，为档案工作提供法理依据，确保档案管理的合法合规。作为保障档案信息化、规范化的重要理论支撑，档案法学在当前不断变化的法治环境中，能够有效指导档案工作的规范管理，维护档案资源的安全与完整。因此，无论是学术研究还是实际应用，档案法学对于提高档案管理水平和促进相关法规制度的完善都具有不可替代的价值。

（一）档案法学的研究对象与任务

档案法学有其自身的研究对象。对于档案法学的研究对象，学界表述略有不同，但基本一致。范仁贵与林清澄认为，档案法（规）学的研究对象是档案法规和档案法制的整体；① 李统祜认为，档案法（规）学以档案法这一特定社会法律现象的产生、发展、变化规律及其实际应用为研究对象；② 王立维认为其是研究档案法规的本质及产生发展的规律，阐述档案法规的体系结构及功能的一门科学；③ 朱玉媛将其阐述为研究档案法规的产生、发展与实施规律的科学；④ 刘迎红认为，档案法（规）学一方面要研究档案法规的原则、内容、形式、特点、体系结构，另一方面要对档案立法、档案执法、档案普法和档案行政法制监督等档案法制问题进行研究。⑤ 综合来看，学者大多以档案法（规）作为档案法学的研究对象，特别是将《档案法》作为档案法学产生的基础和条件。

以档案法（规）作为研究对象，档案法学的主要任务就是运用马克思主义法学原理、习近平法治思想和档案学基本理论，通过研究档案法（规）的本质、内容和形式，基本原则和规范，发展脉络和内在逻辑、体系构成，以及制定、执行和遵守等方面，建立完整的档案法学理论体系，构建具有中国特色的档案法规体系。档案法学研究的目标是充分理解并适

---

① 范仁贵，林清澄．档案法学概论[M]．北京：中国经济出版社，1989.

② 李统祜．档案法学[M]．南京：江苏人民出版社，1990.

③ 王立维．档案法规学基础[M]．长春：吉林大学出版社，1999.

④ 朱玉媛．档案法规学新论[M]．武汉：武汉大学出版社，2004.

⑤ 刘迎红．档案法规基础教程[M]．北京：知识产权出版社，2015.

应我国社会和法律体系的现实需求，为我国档案法制实践提供理论指导，确保档案管理工作沿着法治轨道稳步前行。

(二)档案法学的研究内容

档案法学的研究内容相当广泛，不同学者的观点不尽相同，但通常涵盖了档案法学的基础理论、档案法的制定与实施以及档案法的比较研究等方面。本书将档案法学的研究内容归纳为以下几个方面：

第一，档案法的产生与发展。主要研究古代与现代、国内与国外的档案法(规)建设及其对比，包括立法背景、立法原则、立法内容、法律规范、功能、社会环境和实施等，从中寻找共性与个性，分析其历史发展规律。

第二，档案立法的相关问题。主要研究档案立法的产生与发展，包括档案立法的背景和原因、发展特点，以及档案立法与信息、隐私、遗产、权利、治理、服务等的关联，为档案立法提供建设性建议。

第三，我国档案法(规)体系的建设。主要研究我国相关法律法规的制定与发展历程，特别注重对会计档案、电子文件等特殊档案的规定的考察。同时，还将探讨《档案法》与宪法、著作权法、政府信息公开条例、保密法、行政许可法及刑法等相关法律法规之间的协调与衔接问题。

第四，档案职业道德建设。主要研究各类档案机构、团体及相关文件对档案职业道德、档案工作者任职条件与职责等的规定，并分析如何通过完善道德规范来提升档案行业的专业水平。

三、档案法学的发展及学科体系

(一)档案法学的发展概况

不同国家的档案法(规)与其本国的经济、政治、文化环境密切相关，根植于各自的宪法和法律体系。总体而言，档案法学的研究既受到该国档案法发展的制约与影响，同时也对档案法的发展产生积极的推动作用。

1. 国外档案法学的研究及其发展

1794 年法国颁布了《穑月七日档案法令》(*Loi du 7 messidor an II*)，开创了世界各国近代档案法建设的历史先河，引发资本主义国家的档案立法潮流，此后档案学理论研究取得很大进展。各国学者关于档案与档案管理的研究成果，如档案定义、全宗思想、来源原则、集中管理、开放原则等被应用于各国档案法典的制定，客观上促进了档案法学的发展。

1970 年法国出版了集体撰写的档案学著作《档案手册》(*Manuel d'archivistique：théorie et pratique des archives publique en France*)，概述法国档案工作自 1789 年改革以来的发展历史和档案立法。1985 年，法国学者米歇尔·迪香(Michel Duchein)在《档案》杂志发表的《各国档案法规发展趋向》一文中指出，过去 8—10 年间各国法规呈现以下发展趋势：档案体制趋于集中化；档案被列入包括国家整个文化和文献遗产的更为广阔的立法中；所有的现代档案立法都包含关于行政机关现行档案的管理组织以及它们向公共档案馆移交的条文；加强私人档案保护；部分国家出现专门档案立法。① 1992 年，时任英国公共档案馆馆长罗珀(Michael Roper)指出各国档案立法虽有不同的政治经济背景，但总体来说应包括：确立国家档案馆为法律实体；同时，根据需要确立地方档案部门为法律实体；明确规定档案部门在国家政府结构中的地位，说明其隶属于哪个政府机构；明确规定哪些机构受本法的管辖等十个方面的内容。② 1996 年，法国档案局时任局长夏尔·布莱邦(Charles Braibant)先生撰写了《法国档案工作发展现状》(*Les Archives en France*)，阐述了伴随着社会发展和技术革新法国需要全面修订一部新档案法的必要性；Kemoni H N、Ngulube P(2007)对 1966 年生效的肯尼亚《公共档案和文件服务法》(*Kenya Public Archives and Documentation Service Act*)第 19 章进行 SWOT 分析，认为其并未有效促进公共记录的管理，建议修订第 19 章，并确保政府机构和肯尼亚国家档案和文件服务机构分担保存记录的责任。③

此外，联合国教科文组织(UNESCO)和国际档案理事会(ICA)等国际组织高度重视全球档案立法的研究与发展，并在这一领域发挥了积极而重要的作用：

1968 年联合国教科文组织和国际档案理事会联合出版了《热带地区档案工作手册》一书，其中包含有关的档案立法、条例、原则，具有较大参考、借鉴价值；与此同时，国际档案理事会主办的《档案》杂志，在 1967—1971 年连续 4 期刊登世界各国的档案法规，1982 年出版了 1970—1980 年各国档案立法专刊，比较集中、系统地反映了 20 多个国家在上述 10 年中制定、采用新档案法的情况。④

1972 年联合国教科文组织为协调、推动各国档案立法，专门委托意大利档案学家 S. 卡布和 R. 古茨撰写并出版《示范档案法草案》(*Draft Model Law on Archives*)，该文共有 16 章 238 条，内容非常广泛，提供了一个适用于不同发展程度国家的档案法范本；1977 年联合国教科文组织出版了《建立实施国家情报系统(NATIS)的法律结构》一书，其中不仅包括一份应当在国家档案系统的立法中予以考虑的要点目录，还在“公共文件和国家档案立法”和“国家档案机构的协调”两个章节中较系统、详尽地阐述了适用于起

① 米歇尔·迪香，有邑. 各国档案法规的发展趋向——《档案》第 28 期前言[J]. 档案学通讯，1985(S1)：70-71，50.

② 杜梅. 罗珀先生谈档案立法[J]. 档案工作，1992(3)：36.

③ Kemoni H N, Ngulube P. Records and archives legislation in Kenya and management of public sector records: a SWOT analysis approach[J]. African Journal of Library Archives & Information Science, 2007, 17(2): 89-102.

④ 米歇尔·迪香，有邑. 各国档案法规的发展趋向——《档案》第 28 期前言[J]. 档案学通讯，1985(S1)：70-71，50.

草档案法的主要标准;[①] 1982 年、1985 年国际档案理事会分别委派米歇尔·迪香(Michel Duchein, 法国)和埃里克·克拉克(Eric Kelelaar, 荷兰)对各国业已颁布的档案法规进行专题调研,[②] 其目的是为各国提供档案立法中应当包括的若干内容, 以及应当予以充分考虑的若干准则。[③]

21 世纪初, 南非等多个国家出台电子证据相关法案, 将档案法学的研究范围扩宽到在网络环境中创建的记录。[④] 2008 年 Menzi 编写了《档案法律问题导航》, 对档案的相关法律问题进行解答。Bryan M Carson 撰写《档案馆与图书馆法》(*The Law of Libraries and Archive*)对档案法进行总结。[⑤] 2010 年 Balkwill 等多位学者研究档案的版权问题。[⑥] 随着世界对档案记录[⑦]、记录法等相关问题的探讨, 档案法的研究范围不断扩宽, 对某一行业或方面留存的档案记录更加关注, 尤其是政务信息、医疗、电子文件。

2. 国内档案法学的研究及发展概况

我国档案法学的研究起步于 20 世纪 80 年代, 随着我国法治建设的不断完善和《档案法》的颁布, 相关研究也如火如荼地开展。我国最早关于档案法学研究的论文为 1980 年闻杰所作的《制定国家档案法的我见》, 文中指出"制定国家档案法是社会主义法制的重要一环", 并提出了档案法制定的建议。[⑧] 1987 年, 随着国家最高权力机关讨论通过并颁布了《中华人民共和国档案法》, 档案法学迎来了研究热潮, 其中最可贵的成果为两部档案法学专著的出版, 一本是李统枯主持编写的《档案法学》[⑨], 另一本是范贵仁、林清澄合著的《档案法学概论》[⑩]。其中,《档案法学》指出, "档案法学作为社会科学内部的交叉学科, 不仅是档案学的一个分支学科, 而且是法学的一个分支学科", 为档案法学的研究奠定了基础[⑪]。这两部关于档案法学的专门著作具有开创性质, 填补了学科空白,[⑫] 对促进我国档案法学的教学研究、普及和发展档案法学具有十分重要的意义。根据不同时期的研究热

---

① 刘迎红. 档案法规基础教程[M]. 北京: 知识产权出版社, 2015.

② Ketelaar F C J, RAMP, UNESCO, UNISIST. Archival and records management legislation and regulations: A RAMP study with guidelines[M]. Paris: United Nations Educational, Scientific and Cultural Organization, 1985.

③ 刘迎红. 档案法规基础教程[M]. 北京: 知识产权出版社, 2015.

④ Mpho Ngoepe, Amos Saurombe. Provisions for managing and preserving records created in networked environments in the archival legislative frameworks of selected member states of the Southern African Development Community[J]. Archives and Manuscripts, 2016(44): 24-41.

⑤ Lipinski Tomas A. The law of libraries and archives[J]. Library Quarterly, 2008, 78(2): 226-229.

⑥ Balkwill Richard. COPYRIGHT-interpreting the law for libraries, archives and information services[J]. Learned Publishing, 2010, 23(4): 363-364.

⑦ Bridges. State Record Laws And the Preservation of an Archival Record[J]. Bulletin of the American Society For Information Science, 1991, 18(1): 15-16.

⑧ 闻杰. 制定国家档案法的我见[J]. 档案学通讯, 1980(1): 15-17.

⑨ 李统祜. 档案法学[M]. 南京: 江苏人民出版社, 1990.

⑩ 范仁贵, 林清澄. 档案法学概论[M]. 北京: 中国经济出版社, 1989.

⑪ 李统祜. 档案法学[M]. 南京: 江苏人民出版社, 1990.

⑫ 陈贤华. 新创建的档案学科目的评价[J]. 湖南档案, 1992(1): 13-15.

点和研究深度，可将档案法学的研究大致分为四个层次。

第一层次主要围绕档案立法研究展开。档案立法是档案法学研究中的重要维度。《档案法》颁布前，档案立法研究几乎是空白，在一定程度上反映了理论研究的滞后。20 世纪 90 年代后，档案立法研究逐渐增多，主要围绕档案立法理论研究、档案立法技术研究和档案立法现状研究展开。① 其一，档案立法理论。在档案立法理论上，主要包括立法原则的研究，如潘玉民(2007)认为应坚持《立法法》关于法制统一性、民主性和科学性的立法原则，还应坚持加强国家档案资源建设、保护国家档案资源和开发利用档案信息资源的原则；② 王笑春(2008)提出档案立法应遵循集中统一管理档案、维护档案完整与安全、档案开放与利用和档案机关独立性原则；③ 卫恒(2013)认为档案立法的基本原则是指调整档案与社会关系的方针和思想。④ 其二，档案立法技术。在档案立法技术上，王俊英(2003)首次专门探讨档案立法的技术问题；⑤ 潘玉民(2003)首次将“档案立法技术”列入档案法学研究体系；⑥ 李伯富(2005)将立法技术问题列为我国档案法规体系存在的三大主要问题之一。⑦ 周林兴(2009)指出立法技术上存在的缺陷不仅影响着档案法的质量，也影响着档案法的执法效果。陈忠海与吴雁平从法规渊源与效力、法规名称与范围、法规颁布与实施时间、形式结构与逻辑结果对我国地方档案法进行了技术分析，主张构建立法技术学(2010)⑧，同时，他们还从立法依据、名称、形式结构、内容以及颁布实施时间上对中央各部委与国家档案局联合颁布实施的档案规章和规范性文件进行了技术性分析(2011)。⑨ 其三，档案立法现状。胡蕾(2013)对 1949—2012 年出台的档案法规政策文本进行量化研究，得出以下结论：我国档案法规政策体系已经形成，档案规章和规范性文件占多数；形成以国家档案局为核心的发文主体群，其他部门间联系松散；档案法规政策体系主题丰富但分布不平衡，存在政策盲点；不同类型政策工具在档案法规政策中的使用存在过溢或缺失，在档案事业领域的分布存在失衡。⑩ 王新才与文振兴(2013)将各学者关于档案立法现状的主要观点总结为：一是档案立法的滞后性，已不适应现有市场经济环境；二是地方档案立法与国家法规的重复性，未形成地方特色；三是现有档案立法范式存在的问题；四是档案立法体系结构的诸多问题等。⑪

第二层次主要围绕《档案法》及其修改开展研究。1987 年以前的研究主要针对我国档

---

① 王新才，文振兴．我国档案法研究综述[J]．档案学研究，2013(3)：21-25.

② 潘玉民．论档案法修改的基本原则及相关问题[J]．北京档案，2007(9)：32-35.

③ 王笑春．我国档案立法研究[D]．上海：复旦大学，2008.

④ 卫恒．从“约定俗成”看档案立法的民主原则[J]．河南广播电视大学学报，2013，26(3)：11-12，15.

⑤ 王俊英．对档案立法技术的探讨[J]．四川档案，2004(1)：20-21.

⑥ 潘玉民．论档案法学的研究体系[J]．上海档案，2003 (2)：40-42.

⑦ 李伯富．论我国档案法规体系的完善[J]．档案学研究，2005 (6)：29-33.

⑧ 陈忠海，吴雁平．部委与国家档案局联合颁布的档案规章和规范性文件立法技术与制定技术分析[J]．档案管理，2011 (1)：23-26.

⑨ 陈忠海，吴雁平．对我国地方档案法规立法技术存在问题的分析[J]．档案管理，2010 (5)：4-6.

⑩ 胡蕾．中国档案事业法规政策文本量化研究[D]．杭州：浙江大学，2013.

⑪ 王新才，文振兴．我国档案法研究综述[J]．档案学研究，2013(3)：21-25.

案立法的必要性、立法原则等问题展开。《档案法》颁布之后，研究力度加大，围绕学习、宣传、贯彻、实施档案法活动的开展，此后依法治档、档案法制体系建设、档案执法问题的研究也逐步展开。我国针对《档案法》进行了两次修正、一次修订，即1996年第一次修正，2016年第二次修正以及2020年的修订。《档案法》的修改是法律不断适应社会发展现状的体现，引发学界对《档案法》内容的再思考，产生了一系列研究，主要集中于修改意见、新增内容、对比分析、修改意义等，对于推动《档案法》的完善有重要意义。2020年新修订《档案法》通过以来，已有多篇文章对其进行探讨。全国人大常委会法工委行政法室一级巡视员张桂龙对新修订《档案法》作了具体解读，认为新修订《档案法》在档案管理体制、档案管理相关制度、档案开放与利用、档案信息化建设、档案安全、对档案工作的支持和保障、档案监督检查以及法律责任等八个方面的修改使得档案法内容更加充实。① 徐拥军剖析了新修订《档案法》所具有的时代性、人民性、开放性、创新性四大特点。② 李宗富从档案治理视角深入分析了新修订《档案法》，认为其充分体现了多元、互动、协同、法治以及共建、共治、共享等档案治理思想和理念，而且对档案治理各个要素等都有明确的规定和要求。③ 常大伟提出应按照遵循档案法立法导向和法律文本、面向档案工作实践、契合档案事业发展趋向、降低档案制度转换成本的思路，从保障档案利用权利、鼓励档案社会参与、加强档案信息化建设、推进档案资源共建共享、优化档案公共服务、明确档案管理责任、强化档案监督检查等七个方面加强新修订《档案法》配套制度建设，从而夯实新时期档案事业规范化、制度化和现代化发展的制度基础。④

第三层次是关于国外档案法以及中外档案法的比较研究。我国关于国外档案法的研究几乎与档案立法同步，早期主要为条文介绍，并未展开深入研究。1980年，周本定撰写《南斯拉夫联邦社会主义共和国档案总法》一文，介绍南斯拉夫档案总法。⑤ 之后，《档案学通讯》从1981年至1984年分别刊登了《法兰西共和国档案法》(瓦莱里·吉斯卡尔·德斯坦、吴体乾)⑥、《法国市镇档案法》(周本定)⑦、《法国的新档案法》(伊·弗·波波夫、韩玉梅)⑧、《芬兰制定新档案法》(李雪云)⑨、《扎伊尔共和国档案法》(友梅)⑩、《美国宾

① 张红兵. 全国人大法工委解读新修订档案法：八方面修改，内容更加充实[J]. 四川档案，2020(3)：12-13.

② 徐拥军. 新修订《中华人民共和国档案法》的特点[J]. 中国档案，2020(7)：26-27.

③ 李宗富，杨莹莹. 新修订档案法中档案治理的理念呈现与要素分析[J]. 浙江档案，2020(12)：12-15.

④ 常大伟. 新修订《中华人民共和国档案法》配套制度建设的基本思路与重点内容[J]. 北京档案，2021(1)：9-12.

⑤ 周本定. 南斯拉夫联邦社会主义共和国档案总法[J]. 档案学通讯，1980(1)：62-63.

⑥ 瓦莱里·吉斯卡尔·德斯坦，吴体乾. 法兰西共和国档案法[J]. 档案学通讯，1981(5)：68-72.

⑦ 周本定. 法国市镇档案法[J]. 档案学通讯，1981(5)：73.

⑧ 伊·弗·波波夫，韩玉梅. 法国的新档案法[J]. 档案学通讯，1981(1)：67-69.

⑨ 李雪云. 芬兰制定新档案法[J]. 档案学通讯，1982(6)：21.

⑩ 友梅. 扎伊尔共和国档案法[J]. 档案学通讯，1983(1)：55-57.

夕法尼亚州的档案安全法案》(李雪云)①等介绍外国档案法的文章。1983 年出版的《外国档案法规选编》对 22 个国家的档案法规做了介绍，对了解国外法规有重要的参考价值。此后随着对国外档案法规研究的深入，相关学者对国外法规的颁布时间②、基本内容③、立法原则等作了内容分析，针对国外档案立法中的私人档案、个人信用档案④等问题进行研究。中外档案立法的对比研究最早见于 1987 年 11 月吴体乾发表的《一部具有中国特色的档案法——我国档案法与外国档案法特点比较》⑤，2000 年张玉影发表的《中外档案法比较研究的几个问题》⑥一文成为新世纪档案法比较研究第一文。2005 年以后国内有关域外研究的数量增多。侯海玉、赵莉莉(2006)梳理了中法两国近代以来档案法建设的基本情况，在对比两国档案法异同的基础上，进行了原因分析。⑦ 邵荔、吴雁平(2009)在基于比较法的原理及其运用的基础之上对国内中外档案法对比的研究文献进行了综述研究，指出我国档案法比较研究的特点为：与档案立法同步、研究人员相对分散、研究范围较窄、研究资料较为落后。⑧ 马秋影(2012)总结了世界城市档案法建设概况，归纳分析了世界城市档案法的具体内容，提出了完善北京市档案法建设的 5 条对策。⑨ 此后关于中外档案立法的对比研究逐渐兴起，相关学者对于不同国家档案法的建设现状及特点进行深入研究，同时还有对国内外档案开放利用法律问题⑩、电子文件管理⑪、档案利用服务法制建设⑫等问题的比较研究为我国档案法的建设提供了借鉴。

第四层次围绕档案法与其他相关法律法规的衔接问题展开。20 世纪 90 年代，相关法研究主要集中于探讨档案法与《中华人民共和国保密法》的联系，论述《中华人民共和国保密法》在我国档案管理实际运用中的体现。2000 年以后，研究视角逐渐转向法律衔接问题，学者对《中华人民共和国政府信息公开条例》《中华人民共和国刑法》《中华人民共和国会计法》《中华人民共和国统计法》《中华人民共和国文物保护法》《中华人民共和国图书馆法》等法律法规与档案法的协调进行研究。李海涛在 2003 年就档案法与《中华人民共和国刑法》《中华人民共和国会计法》《中华人民共和国统计法》以及《中华人民共和国文物保护

① 李雪云. 美国宾夕法尼亚州的档案安全法案[J]. 档案学通讯，1984(3)：13.

② 舒玉. 世界档案法规颁布年表[J]. 山西档案，1987(S1)：48.

③ 申湘. 各国档案法规概述(三)[J]. 档案天地，2000(4)：22-23.

④ 俞银燕. 国外个人信用档案法律体系概述与启示[J]. 山西档案，2010(3)：37-39.

⑤ 吴体乾. 一部具有中国特色的档案法——我国档案法与外国档案法特点比较[J]. 档案工作，1987(11)：11-12.

⑥ 张玉影. 中外档案法比较研究的几个问题[J]. 档案学研究，2000(2)：71-74，32.

⑦ 侯海玉，赵莉莉. 中、法档案法比较研究[J]. 兰台世界，2006 (1)：24-25.

⑧ 邵荔，吴雁平. 比较法与中外档案法比较研究概述[J]. 兰台世界，2009 (14)：25-26.

⑨ 秋影. 北京市建设世界城市档案法规对比研究——基于纽约、伦敦、东京、巴黎的档案法规比较分析[J]. 北京档案，2012(10)：9-12.

⑩ 舒任颖. 中外档案开放利用中的法律问题之比较研究[D]. 湘潭：湘潭大学，2007.

⑪ 熊贞. 中美电子文件管理法律法规比较研究[D]. 湘潭：湘潭大学，2012.

⑫ 黄霄羽，杨静. 中外档案利用服务法制建设的内容特点比较[J]. 北京档案，2018(12)：4-9.

法》的功能协调问题进行了论述。① 2008年《中华人民共和国政府信息公开条例》的颁布实施再一次掀起法律协调研究的小浪潮，李秀凤②(2009)、黄禹康③(2009)、邵荔④(2010)等人直接对比《中华人民共和国政府信息公开条例》与档案法的具体内容分析潜在的冲突，并提出相应的修改建议。芦帅（2012）则依据权力制衡理论提出了公开与保密、执法与监督、权利与救济、义务与问责四对矛盾的权力制衡。⑤ 仝其宪(2015)从档案法与《刑法》的衔接角度探讨了档案犯罪刑事责任重构。⑥ 陈忠海调查和分析了档案法以外的法律涉及档案行为⑦(2017)、文件、记录、数据规定⑧(2018)，认为这部分内容是对档案法的补充，并为其修订提供了建议。

档案法学经过30多年的发展，研究已趋于稳定化。当前，档案法学作为档案学分支学科的地位得到普遍的认同；档案法学研究体系已初步确立；形成了以高校档案学专业教师为主导，汇聚法学界、信息学界、政界、档案工作者几种力量的综合研究队伍；取得了包括档案法学专著、教材、研究论文、研究报告等一大批研究成果，标志着我国档案法学的发展已进入相对成熟发展时期。⑨

（二）档案法规学与其他学科之间的关系

随着学科交流的加快与知识应用的发展，学科间的高度分化和高度综合已成为科学研究的一种普遍现象和发展趋势，各学科相互交叉、相互渗透。档案法学有着相同的发展规律，与其他学科有着紧密的关联。档案法学是档案学与法学的交叉学科，毫无疑问，与档案学、法学的关系最为紧密，同时与管理学、社会学、心理学也存在一定的联系。分析档案法学与其他学科之间的关系，能够更好地掌握档案法学的本质及其发展规律，为档案法学的研究提供借鉴。

1. 档案法学与档案学

档案学是以档案现象为研究对象，以揭示档案现象的本质和规律为目标的一门综合性学科，是档案学概论、档案事业史、比较档案学、普通档案管理学、专门档案管理学、档案文献编纂学、档案保护技术学、档案馆管理学、档案目录学等分支学科的总称。

档案法学是档案学中一个分支，两者是整体与部分的关系。

① 李海涛．论档案法与相关法的功能协调[J]．山西档案，2003(6)：24-25.

② 李秀凤．《政府信息公开条例》与档案法规抵触分析[J]．中国档案，2009(12)：40-43.

③ 黄禹康．政府信息公开与档案法规体系的联系及冲突[J]．北京档案，2009(7)：29-30.

④ 邵荔．档案法与《政府信息公开条例》关系[J]．档案管理，2010(2)：82.

⑤ 芦帅．《政府信息公开条例》与《保密法》档案法的制衡[J]．中国档案，2012(8)：37-38.

⑥ 仝其宪．档案法与《刑法》衔接视域下档案犯罪刑事责任重构[J]．档案学研究，2015(5)：54-59.

⑦ 陈忠海，张瑞瑞．档案法之外的法律涉及档案行为规定的调查与分析[J]．档案学通讯，2017(5)：94-99.

⑧ 陈忠海，张瑞瑞．档案法之外的法律涉及文件、记录、数据规定的调查与分析[J]．档案学通讯，2018(3)：17-20.

⑨ 刘迎红．档案法规基础教程[M]．北京：知识产权出版社，2015.

第一，从研究内容来看，随着档案法制建设发展，档案工作和档案学研究的许多成果被以法律的形式肯定下来，成为两者共同的研究内容，档案学的研究范围更广，研究内容更多。

第二，从研究方法来看，档案法规是调节档案工作领域的法律规范，其内容涉及档案与档案工作的方方面面，因此，档案法学符合档案和档案工作产生与发展的规律，运用档案学的有关理论、原则和方法，但同时档案法学有着自身特点，需要运用马克思主义法学原理去研究和指导档案法制工作中的理论与实践问题，为档案事业的发展提供法律依据。

2. 档案法学与法学

法学是以法律、法律现象以及其规律性为研究内容的科学，是研究与法相关问题的专门学问，也是关于法律问题的知识和理论体系，包括理论法学、法史学、部门法学、应用法学、国际法学以及边缘法学等分支学科。

档案法学是法学的一门分支学科，具体而言，档案法是行政法下属的单行法，与法学也是整体和部分的关系。

第一，从研究内容来看，档案法学与法学研究的“法”，具有相同的本质特征，主要是指由国家制定或认可的社会规范，具有国家意志性、由国家强制力保证其实施的，具有普遍的约束力和特殊的强制性，有别于上层建筑的其他现象，具有概括性、规范性、稳定性、可预测性等特点。但是，法学的研究内容包括宪法、部门法、国际法等，而档案法学的研究内容仅为档案法，法学的研究内容更多，范围更广。

第二，从研究方法来看，档案法学与法学的研究方法基本是相同的，二者都必须以马克思列宁主义为指导，运用辩证的方法，坚持理论结合实际。此外，一般的科学方法，如社会调查的方法、历史考察的方法也是二者共同采用的方法。档案法学的研究，以及档案法学体系的建立，必须借助一般法学的基本原理和方法。法学已有上千年的历史，具有较完善的体系结构，而我国档案法学的发展不过几十年，其发展不够完善，更离不开法学的原理和方法。①

（三）档案法学教学信息统计与分析

1. 档案法学课程设置情况

截至 2024 年 5 月底，中国大陆共有 37 所高校提供档案学本科、硕士和博士教育。其中，共有 27 所高校在本科阶段开设了“档案法学”相关课程，约占我国档案学高等院校的 2/3，如表 1-1 所示。这充分表明档案法规学在档案学课程体系中占据重要地位，是不可或缺的组成部分。

---

① 朱玉媛. 档案法规学新论[M]. 武汉：武汉大学出版社，2004.

具体来说，武汉大学、中山大学、辽宁大学、上海师范大学、韩山师范学院、吉林大学、辽宁科技学院等7所高校将档案法规学设为“专业必修课”；安徽大学、盐城师范学院、上海大学、湘潭大学、天津师范大学、福建师范大学、呼和浩特民族学院等11所高校将其作为“专业选修课”。此外，北京联合大学、湖北大学、南开大学、山东大学、黑龙江大学、西北大学、国防大学、山西大学等9所高校将档案法规学作为重要模块融入“信息法学类”课程中，虽然没有单独设置，但仍凸显出其在相关专业教育中的重要性。这种整合不仅强调档案法学的重要性，也反映了档案融入信息与数据治理体系的时代趋势。

综上所述，档案法规学在不同类型课程设置中均占据重要位置，证明了其在档案学课程体系中的不可替代性。未来，档案法规学将继续与信息管理等相关学科保持紧密联系，通过系统教育，进一步培养学生的法学素养和档案专业能力，使其在相关领域拥有更高水平的专业知识与综合能力。

表 1-1　本科层面档案法(规)学课程设置情况统计

(截至 2024 年 5 月)　　　　注：按拼音字母排序

序号	类　型	学　校	课　程
1	开设专门课程	安徽大学	专业选修
2		福建师范大学	专业选修
3		贵州师范学院	专业选修
4		韩山师范学院	专业必修
5		呼和浩特民族学院	专业选修
6		吉林大学	专业必修
7		辽宁大学	专业主干
8		辽宁科技学院	专业必修
9		南京大学	专业核心
10		上海大学	专业选修
11		上海师范大学	专业必修
12		天津师范大学	专业选修
13		武汉大学	专业必修
14		西藏民族大学	专业选修
15		湘潭大学	专业选修
16		盐城师范学院	专业选修
17		郑州大学	本科专业核心
18		中山大学	专业必修

续表

序号	类　型	学　校	课　程
19	作为课程板块	北京联合大学	信息法规(必修)
20		国防大学	档案管理法规标准
21		河北大学	信息政策与法规
22		黑龙江大学	专业必修，信息法学
23		湖北大学	专业选修，信息政策与法律
24		南开大学	信息政策与法规
25		山东大学	专业选修，信息政策与法规
26		山西大学	专业选修，信息法学
27		西北大学	信息法学专业选修，信息法学

2. 档案法学著作与教材出版情况

自《档案法》颁布以来，我国档案法学的研究与出版逐渐增多，这反映了档案法规在国内外档案管理领域中的重要性与发展趋势。《外国档案法规选编》一书系统梳理与总结了截至 1983 年外国出台的档案法，为国内学者提供了宝贵的国际视角与参考资源。此外，《档案法学概论》是我国最早的档案法学专著，由范贵仁和林清澄合著，该书的出版具有里程碑意义，为档案法学的教育与研究奠定了基础。

截至 2024 年 5 月，根据不完全统计，我国共出版了 32 部档案法学相关的著作与教材，涵盖了从法规解读到教育教学的多个方面，如表 1-2 所示。这些文献的出版不仅丰富了档案法学的学术资源，也为档案管理的法规实施与学术研究提供了重要的理论支持和实践指导。

表 1-2　档案法(规)学专著与教材统计

(截至 2024 年 5 月)

注：按出版年份排序

序号	作　者	书　名	出　版　社	出版时间
1	档案出版社	《外国档案法规选编》	档案出版社	1983 年
2	范仁贵、林清澄	《档案法学概论》	中国经济出版社	1989 年
3	李统祜	《档案法学》	江苏人民出版社	1990 年
4	毕玉琦	《档案法规学纲要》	内蒙古大学出版社	1992 年
5	朱盛兴、许春芝	《档案法讲话》	法律出版社	1992 年

续表

序号	作 者	书 名	出 版 社	出版时间
6	国家档案局、国务院法制局档案法实施办法条文释义编写组	《中华人民共和国档案法实施办法条文释义》	档案出版社	1992 年
7	王立维	《档案法规学基础》	吉林大学出版社	1993 年
8	张春玲、刘文瑞	《行政法基础与档案法学》	西北大学出版社	1993 年
9	国家档案局政策法规研究司	《中华人民共和国档案法学习资料》	档案出版社	1996 年
10	丁传斌	《档案法规基本知识》	中国档案出版社	1998 年
11	姚晓春、辛文华	《档案法规教程》	中国档案出版社	1999 年
12	杨利华	《档案法学》	中国档案出版社	1999 年
13	郭树根	《中华人民共和国档案法实施办法释解》	中国法制出版社	2000 年
14	高光林	《档案法规知识基础》	内蒙古人民出版社	2001 年
15	石浒泷、王月娥	《档案法学基础与档案行政执法》	山西人民出版社	2001 年
16	施懿超	《档案法理论与实务》	重庆出版社	2002 年
17	潘玉民	《档案法学基础》	辽宁大学出版社	2002 年
18	徐绍敏、李统祜	《档案立法研究》	浙江大学出版社	2003 年
19	舒守典、张胜	《档案法规知识与职业道德》	武汉市档案局	2003 年
20	朱玉媛	《档案法规学新论》	武汉大学出版社	2004 年
21	宫晓东	《“维系之道”的道之维系——档案法治论》	中国档案出版社	2005 年
22	王芹	《民国时期档案法规研究》	合肥工业大学出版社	2010 年
23	陈忠海	《档案法立法研究》	世界图书上海出版公司	2013 年
24	蒋卫荣	《档案法的理论与实践》	世界图书北京出版公司	2013 年
25	晁永刚、江歆楠、王春玲	《档案行政与档案法制管理概论》	黑龙江朝鲜民族出版社	2014 年
26	刘子芳	《档案行政执法手册》	河南大学出版社	2014 年
27	刘迎红	《档案法规基础教程》	知识产权出版社	2015 年
28	孙兆伟	《档案法制与标准》	上海教育出版社	2016 年
29	国家档案局政策法规研究司	《境外国家和地区档案法律法规选编》	中国政法大学出版社	2017 年

续表

序号	作　者	书　名	出　版　社	出版时间
30	陈泽宪	《档案法律知识读本 以案释法版》	中国民主法制出版社	2017年
31	四川省档案局	《档案法治与行政管理》	四川人民出版社	2017年
32	袁杰	《中华人民共和国档案法释义》	中国民主法制出版社	2020年
33	徐朝钦、刘子芳、张晓培	《基于数据分析的档案法制发展定量研究》	郑州大学出版社	2020年

档案法规学导读

课后思考题

1. 如何理解“依法治档”在全面依法治国背景下的重要性?
2. 档案法治建设在提升国家治理体系和治理能力现代化中扮演什么角色?
3. 分析档案管理工作如何通过法治化手段实现高效、透明运作?
4. 讨论档案法治对于保护公民个人信息安全的意义。
5. 思考在当前的社会条件下，档案法治建设需要哪些新的举措?
6. 思考加强档案法治意识在全社会中的重要性及实现途径。
7. 如何理解档案法治在促进公开透明和增强政府公信力中的作用?

第二章　中外档案立法的产生与发展

本章要点

◎ 梳理国外档案立法从产生到发展的演进历程。
◎ 梳理中国档案立法从产生到发展的演进历程。
◎ 简述中国各个时期档案立法的特点。

一、外国档案法规的产生与发展

档案立法是一个普遍的社会现象。自从档案产生，档案立法问题就随之而来。统治阶级为了维护权威、巩固统治、加强管理，势必要对反映统治阶级意志的档案严加管理。因此，各种档案法规就应运而生。虽然各个国家在不同时期都有自己的特点和发展方式，但他们维护档案、为档案立法的思想是统一的。同时，又由于各国的历史背景、管理方式等的不同，孕育了各具特色的档案法规。①

(一)外国古代档案法规的起源

法国著名档案学者米歇尔·迪香(Michel Duchein)说过："档案立法这个问题可能和档案本身一样古老而普遍。"②《示范档案法草案》的作者——意大利著名档案学者塞尔瓦托·卡布(Salvatore Carbone)和拉乌尔·古茨(Raoul Guêze)也指出，"档案法规是一个'古老而又全新的问题'"。③ 追溯起来，古代奴隶制时期是外国档案立法的萌芽时期。④

考古发掘证明，外国古代档案起源于古代东方的奴隶社会，是在文字和国家出现的背景下产生的。在产生初期，档案被视为统治阶级意志和实践的记录。因此，统治阶级为维护统治必然加强对档案、档案机构以及档案立法的建设与管理。外国古代档案法规的起源

① 朱玉媛. 档案法规学新论[M]. 武汉：武汉大学出版社，2004：48.
② 转引自张引弟. 略谈《档案法》的中国特色[J]. 山西档案，1989(3)：6-8.
③ Carbone S，Guêze R. Draft model law on archives：description and text [M]. Paris：Unesco，1972：8-15.
④ 刘迎红. 档案法规基础教程[M]. 北京：知识产权出版社，2015：21.

与发展历程大致可以划分为古埃及、古印度、古巴比伦、古希腊和古罗马五个时期。

1. 古埃及档案立法

古埃及(公元前4000—前332年)位于非洲东北部尼罗河流域，前后跨度3000多年，是四大文明古国之一。古埃及的宗教、艺术、科学等举世闻名，创造了辉煌灿烂的人类文明，对后世影响深远。①

这一时期档案的物质载体主要是岩石和纸草，档案所记录的内容主要与皇权王位、经济和科学文化有关。② 古埃及时期主要出现了法老档案库、宰相档案库和神庙档案库这三种类型的档案库。③ 在公元前3000年前后，上埃及与下埃及在专制君主统治下实现统一，随之建立了官职制度和行文制度，并产生了保存档案的处所。保留至今的神庙墙壁和陵墓内的许多文字记录，就是来自当时机关官员的记述和机关保存的案卷。近代考古发现了许多珍贵的档案文献及古代档案库遗迹，它们不仅是古埃及档案管理成就的证明，也为研究埃及古代历史提供了第一手资料。

古埃及人重视记录和保存，统治者将公职人员细分，坚持要求将所有细节都记录下来，他们认为管理(administering)与准备记录(preparing records)是同一件事。即使在军队中，抄写员也是最高级别的官员。在这种情况下，人们充分认识到了书面证据的重要性，从流传下来的文件中可以发现有关于“要复制”(to be copied)或“留在档案中”(stays in the archives)的注释。④

2. 古印度档案立法

古印度(公元前3—10世纪)是四大文明古国之一，其地域包括如今的印度、巴基斯坦和孟加拉国。古印度文化繁荣，宗教、哲学、文学、艺术、科学兴盛，其文明远播亚洲和欧美，对其他国家的文化影响尤其深远。⑤

印度最古老的文字刻在石头或泥土制成的印章上，形成独特的“印章文字”。后来，国家的重要法令或其他特殊文件，都刻在石头或金属板上，这样就形成了金石档案。古印度的金文档案有铁券、赐地铜牌，石刻档案有石雕印章、石柱、摩崖等。古印度国家的许多重要法令、法规和其他特殊文件都刻写在青铜板上，形成珍贵的司法、专门档案，可惜这些青铜板大都未能保存下来。⑥ 古印度的档案类型主要包括金石档案、桦树皮档案和贝叶档案，档案的记录载体是印章文字和梵文，内容则反映佛教活动、法典、科学知识和文学创作。⑦

---

① 孙晓伟. 古埃及[M]. 北京：中国致公出版社，2009：58.

② 黄霄羽. 外国档案事业史(第4版)[M]. 北京：中国人民大学出版社，2019：6-9.

③ 黄霄羽. 外国档案事业史(第4版)[M]. 北京：中国人民大学出版社，2019：11.

④ Posner E. Archives in the ancient world[M]. Cambridge, MA: Harvard University Press, 2003: 76-77.

⑤ 许海山. 古印度简史[M]. 北京：中国言实出版社，2006：95.

⑥ 陈子丹. 古代印度的金石档案[J]. 档案，2000(1)：30-31.

⑦ 陈子丹. 外国档案事业史[M]. 昆明：云南大学出版社，1999：37-42.

古印度的档案史料由专门人员保管存档，制作索引和开展编纂工作，古印度还很重视档案的保护。①

3. 古巴比伦档案立法

古巴比伦(约公元前4000—前539年)位于两河流域的美索不达米亚平原，古巴比伦的法典、历法、楔形文字和空中花园举世闻名，② 巴比伦古城于2019年被列入联合国教科文组织的世界文化遗产。③

古巴比伦人使用楔形文字将要记录下的内容刻在泥板上，形成了泥板档案，其内容涉及法典法规、外交、商贸、经济关系、宗教、文学创作等。这一时期还出现了许多档案库，其中保存着大量的泥板档案和石刻档案。④ 考古发掘证明，雕刻在石柱上的著名的汉谟拉比法典，因部分损毁致使部分原文内容缺失，后来又发现了该法典的泥板副本，这说明当时在档案管理上已经出现了副本制度。⑤ 汉谟拉比统治时代设置了专门登记国王指示和命令的书吏，⑥ 政府行政机构与宗教机构日益分化，职能部门专业划分也更加清晰，因此档案管理制度也在形成档案的职能机构的变化下有了更新的发展。⑦

在古代两河流域，苏美尔法典和亚述法典都写在泥板上，出土时只是一些残片，很不完整，只有汉谟拉比法典是古代两河流域留下的最完整的法典。汉谟拉比是古巴比伦第一王朝的第六位国王，约于公元前1792—前1750年在位。他统一了两河流域的中下游地区，使古巴比伦达到全盛时期。为了适应治理古巴比伦的需要，汉谟拉比国王制定了新的法典。汉谟拉比法典刻在一根黑色玄武岩石柱上，石柱的上部有一个浮雕，塑有两个人像，一站一坐。坐者象征着太阳神沙玛什，站者象征着汉谟拉比国王。沙马什正在把权杖授给汉谟拉比，意即君权神授。石柱的下部刻有法典，法典由前言、正文和结束语三部分组成，正文共计282条，内容涉及诉讼手续、租佃关系、财产继承、高利贷，以及对奴隶的管理和惩处等。该法典维护了奴隶制国家的秩序，促进了奴隶制经济的发展，同时保护了奴隶主的特权，加强了对奴隶的剥削和压迫。这部法典于1901年在埃兰(今伊朗胡泽斯坦省境内)首都苏萨的遗址发掘出土，现存于法国巴黎的卢浮宫博物馆。⑧

4. 古希腊档案立法

古希腊(约公元前3—前1世纪)主要位于爱琴海地区，主要包括巴尔干、小亚细亚、

---

① 陈子丹. 外国档案事业史[M]. 昆明：云南大学出版社，1999：43-44.

② 姜秋华. 古巴比伦文明读本[M]. 北京：中国档案出版社，2005：175.

③ Babylon[EB/OL]. [2020-07-25]. http://whc.unesco.org/en/list/278.

④ 陈子丹. 外国档案事业史[M]. 昆明：云南大学出版社，1999：28-33.

⑤ 姚文彬. 古代中外档案工作发展比较研究[D]. 哈尔滨：黑龙江大学，2016.

⑥ 陈子丹. 外国档案事业史[M]. 昆明：云南大学出版社，1999：35.

⑦ 王岑曦. 两河文明档案管理制度浅析——从德里达档案“拓扑法理学”的角度[J]. 档案学通讯，2016(6)：95-100.

⑧ 黄坤坊. 外国档案事业史(之二)[J]. 兰台世界，1996(2)：40-41.

色雷斯沿岸、爱琴海诸岛。受地理位置的影响，古希腊海外贸易和手工业、农业商品经济发达，其民主政治、教育、法律和文化对罗马文化以及世界文化均产生了深远的影响，是西方文明的起源之一。①

古希腊档案的物质载体主要包括泥板、羊皮和纸草等，记录载体为线形文字，档案内容包括财产清单、国家法令、外交条约和文献珍藏等，涉及政治、经济、科学文化等各个方面。这一时期出现了王宫档案库、城邦档案库和王国档案图书馆等档案保管单位。② 古希腊档案库内设有专门的司书，建立了档案清点、登记和封印制度。③ 在公元前 3 世纪到前 2 世纪早期，古希腊城邦帕罗斯岛已经出现了有关档案馆改革的法律(*Law reforming the archives SEG xxxiii* 679)，改革采取了更加严格的程序，以避免对存放在档案馆中的档案原件的篡改，保护档案内容的完整真实。值得注意的是，该法律规定每个公民都享有起诉罪犯的权利，并没有对违规的罪犯和官员提出任何实质性的惩罚措施，仅仅是宣读诅咒。④ 这说明古希腊的档案相关法律已经有了对公民起诉权的保护，但是在惩罚措施上带有浓厚的封建神学色彩。

5. 古罗马档案立法

古罗马(约公元前 753—476 年)位于意大利半岛，古罗马军事强大，文化灿烂，古罗马文化在早期受古希腊文化影响较大，后来逐渐孕育出具有自身特色和独特价值的古罗马文化，古罗马的法律、语言、文学、建筑对后世具有重要的贡献作用。⑤

古罗马档案按载体形式划分主要包括纸草档案、羊皮纸档案、蜡板档案和金属档案，主要记录宗教祭祀、军事、外交、法典、科学文化活动的相关内容，这一时期档案保管机构种类丰富，有预言书档案库、贵族档案库、平民档案库、国家档案库和皇帝档案库。⑥ 古罗马共和国时期国家档案库既设有对档案进行登记、收发和抄写副本的司书，还设有对档案进行整理和保管的档案员。罗马帝国时期的档案库内也同时设有司书和档案员，分工更为细致。⑦

古罗马是奴隶社会档案工作的顶峰，规章制度较以往更加健全。据记载，当时为了防止伪造的文件混入国家档案库，明确规定掌握档案的财政官员有权要求送交文件的官员郑重宣誓，以确保文件的真实性。到了罗马帝国时期，最高统治者皇帝规定，一切公务档案必须送交皇帝档案库保存，这就使皇帝档案库的馆藏有了保证。⑧

---

① 库济辛. 古希腊史[M]. 呼和浩特：内蒙古大学出版社. 2013：1-4.
② 黄霄羽. 外国档案事业史(第 4 版)[M]. 北京：中国人民大学出版社，2019：13-14.
③ 黄霄羽. 外国档案事业史(第 4 版)[M]. 北京：中国人民大学出版社，2019：22.
④ Arnaoutoglou I. Ancient Greek laws：A sourcebook[M]. London：Routledge，2008：115.
⑤ 刘明翰，海恩忠. 世界史简编[M]. 济南：山东教育出版社，1987：130-133.
⑥ 黄霄羽. 外国档案事业史(第 4 版)[M]. 北京：中国人民大学出版社，2019：8-16.
⑦ 黄霄羽. 外国档案工作纵横论[M]. 北京：中国档案出版社，2002：24.
⑧ 刘泾. 中外档案立法比较研究[D]. 长春：吉林大学，2006：7.

古罗马对于私人档案保管的关注比对公共档案更早，从较早时候开始，古罗马人在进行商业交易时就会把相关信息记录在他们的收支登记簿中，每个月末他们都会在收支记录中编写总结。① 加拿大档案学者露西安娜·杜兰蒂(Luciana Duranti)认为罗马法的永久记忆(perpetual memory)和公共信念(public faith)的思想与档案学理论有着紧密的关系。②

中世纪的欧洲，档案立法与政治体制、经济结构、意识形态的关系极为密切。君主至上，“皇帝即国家”，国王的意志就是法律，这一特点也反映在档案法规中。威尼斯在档案保管过程中采用了事由整理、来源整理、年代整理和体例整理等方法。1402年，威尼斯议会决定在总督府中开辟一个用于存储所有涉密档案的地方，后发展成秘密事务办公室(Cancelleria Secreta)；③ 1558年英国女王伊丽莎白下令建立国家公文馆，以集中收藏当时分散于各处的、属于国王办公厅的各种档案文件，明确规定档案要集中管理；④ 1610年，威尼斯形成了第一份档案分类目录，目录要求按照形成者对秘密事务办公室所存储的文献进行分类。⑤ 西班牙帝国是欧洲第一个建立起大范围的、系统的、较为集中的国家档案管理体系的大国，菲利普二世统治时期，在继承日耳曼文档工作制度的基础上建立起了遍布全欧洲的文件转递系统，为更好地处理文书档案工作，菲利普二世还在西曼卡斯建立了国家级综合性档案馆，在塞维利亚设立了专门的商业档案馆。⑥ 这一时期的国外档案立法活动主要散见于国家有关法令、规定、条例之中，还没有颁布专门的档案法规。⑦

但需要注意的是，在奴隶制时期或是封建社会时期，档案立法和法规都具有被包容的性质。这主要是因为，那个时代的档案馆并不具有独立机构的性质。统治阶级虽然注重档案法规的建立与维护，但也只是将其视为维护本阶级统治和管理国家的一种手段。正是由于这种阶级局限性，所以在当时的社会条件下，不会也不可能建立具有独立机构性质的档案馆，因而也就不会有独立的以维护档案自身、提供档案信息资源为社会服务为目的的单独的档案立法活动和法规。这时的档案法规只能是被动的、辅助的、附属于统治需要的、被包含在管理国家的一系列方法、规章、政策中。可以说，独立的档案事业是专门性档案法规出现的基本条件。⑧

(二)外国独立性质档案法规的形成

进入现代国家范畴以后，各国为了实现依法治档，都将档案立法建设放在重要的位置，发布了由国家制定和颁布的独立档案法律(详见附录1)。这些档案法律如按时间划

① Posner E. Archives in the ancient world[M]. Cambridge, MA: Harvard University Press, 2003: 165.
② Duranti L. The concept of appraisal and archival theory[J]. The American Archivist, 1994, 57(2): 328-344.
③ 王岑曦. 来源原则历史源流新探[D]. 南京: 南京大学, 2018: 62-63.
④ 刘泾. 中外档案立法比较研究[D]. 长春: 吉林大学, 2006: 7.
⑤ 王岑曦. 来源原则历史源流新探[D]. 南京: 南京大学, 2018: 63.
⑥ 王岑曦. 来源原则历史源流新探[D]. 南京: 南京大学, 2018: 81.
⑦ 施懿超. 档案法理论与实务[M]. 重庆: 重庆出版社, 2002: 78.
⑧ 朱玉媛. 档案法规学新论[M]. 武汉: 武汉大学出版社, 2004: 50.

分，可分为三个阶段：第一个阶段为从1794年第一部独立档案法诞生至19世纪末期，该阶段为独立性质档案立法的诞生阶段；第二个阶段为20世纪七八十年代，受信息公开、透明政府建立、个人数据隐私等因素影响下的档案法的修订；第三个阶段为21世纪至今，遗产法、数据治理、电子文件等因素影响下的档案法的发展。

1.《穑月七日档案法令》的颁布标志着档案立法诞生

17世纪以前，法国国内外政局动荡以及官僚体系不完善，导致档案工作发展落后于同时期欧洲其他国家。① 1789年法国爆发了资产阶级革命，在革命爆发后到《穑月七日档案法令》正式出台前，法国就已开始着手对档案工作进行一系列重大改革，与此同时一些与档案管理相关的法律条文和法规也相继出现。为保护新生政权所产生的档案文件，1789年7月国民议会颁布《国民会议组织条例》，该条例最后一章规定"建立国民会议档案馆，负责集中保管和保护新生政权国民议会的文件；馆长从议员中选举产生；档案馆配置三把钥匙，分别由国民议会议长、秘书和档案馆馆长掌管"；1790年9月，国民议会颁布《国家档案馆条例》，将国民议会档案馆改名为国家档案馆。该条例一方面关注新政权档案文件的保存，另一方面还将接收和管理散存的旧政权档案作为一项任务。此外，条例规定"档案馆实行对外开放原则，但开放天数仅限每周三天"。1790年11月，国民议会颁布《关于成立行政区档案馆的法令》，在该法令的背景下，各行政区档案馆相继成立以收集和保管本行政区内的档案。②

在总结和发展以上改革成果和法规条例的基础上，1794年6月25日，法国国民公会颁布了《穑月七日档案法令》③，这是世界范围内第一部关于档案工作的专门法律，该法令确定了国家档案馆的任务、档案整理和分类的标准等，概括和发展了法国资产阶级革命政府全部档案政策，成为世界上第一部系统的、完整的资产阶级档案法典，是近代资产阶级档案立法的典范。④

(1)《穑月七日档案法令》的内容⑤

《穑月七日档案法令》总共由六部分组成，第一部分组织基础(Bases fondamentales de l'organisation)；第二部分文件总体划分与分拣(Division générale et triage des titres)；第三部分分拣实施办法(Moyens d'exécution du triage)；第四部分巴黎保管处的组成(Formation des dépôts à Paris)；第五部分总则(Dispositions générales)；第六部分分拣费用及不同人员的待遇(Frais des triages, et traitement des divers agens)。⑥

---

① 王岑曦. 来源原则历史源流新探[D]. 南京：南京大学，2018：94-95.

② 朱月白. 纪念法国穑月七日档案法颁布215周年[J]. 档案学通讯，2009(5)：95-97.

③ *Loi du 7 messidor an II* 直译应为"穑月七日法令"，为方便理解，故翻译为《穑月七日档案法令》。

④ 施懿超. 档案法理论与实务[M]. 重庆：重庆出版社，2002：80-81.

⑤ *Loi du 7 messidor an II* [EB/OL]. [2020-06-19]. http://legilux.public.lu/eli/etat/leg/loi/101794/06/25/nl/jo.

⑥ 王增强. 档案与革命的交集——从法国大革命的宏观背景考察《穑月七日档案法》[J]. 档案学通讯，2016(4)：12-16.

(2)《穑月七日档案法令》的意义

从地位上看，《穑月七日档案法令》作为世界上第一部近代档案法，不仅对法国档案工作和之后的档案立法工作具有指导作用，也对世界其他国家的档案立法具有重要的参考价值，具有划时代的重要意义。

从内容上看，《穑月七日档案法令》确立了集中制的档案管理模式。这一模式不仅在法国的档案管理工作中得到遵行和完善，而且传播到了世界其他国家，档案集中管理原则已经成为档案管理工作的重要理念、档案立法的基本原则以及档案学的重要研究内容；[①]《穑月七日档案法令》第三十七条提出“在规定的日期和时间内，任何公民在所有的保管处都可以要求查阅其保存的文件”[②]，这是世界范围内第一次明确提出“档案公开”的思想，并将其认定为“公民权利”(Droit civique)[③]。这一规定不仅确立了档案公开利用的原则，而且体现了对于公民档案查阅、利用等民主权利的承认与保护，是民主、公开的思想与实践在档案领域的体现；在《穑月七日档案法令》出台的背景下，《雾月五日档案法令》《雨月二十八日档案法》也相继颁布，用以调整地方档案工作，更好地管理法国国内的地方档案。[④]

(3)《穑月七日档案法令》的影响

《穑月七日档案法令》的颁布对此后的法国及世界档案立法均产生了十分重要的影响。

就法国内部而言，首先，它明确规定了旧政权档案的收集、清理、分类和处置办法，为旧政权档案的接收和管理工作提供了法律支持，为留存和保护旧政权档案，留存历史记忆，保护国家文化遗产提供了法律保障。其次，它创立了集中式档案管理体制，确立了档案集中管理原则，进一步明确并规范了国家档案馆的权利与职责，形成了从中央到地方的档案管理体系和网络。最后，在1790年《国家档案馆条例》的基础上进一步扩大了档案开放的范围，消除了开放时间的限制，将档案开放原则发扬开来并使得公民档案查找利用权得到更充分的保障。[⑤]

而从国际层面看，首先，《穑月七日档案法令》的颁布，为各国提供了近代档案立法的最初范式，促进了欧美国家档案馆的建立。例如，1838年英国议会通过了《公共档案馆法》(*Public Record Office Act* 1838)，法律规定，建立一个公共档案馆(Public Record Office)并由主事官(The Master of the Rolls)负责保管以更好地管理政府文件；[⑥] 1912年加拿大颁布《公共档案馆法》(*The Public Archives Act of* 1912)，从法律层面确定了档案馆在政府文件

① 朱月白. 纪念法国穑月七日档案法颁布215周年[J]. 档案学通讯，2009(5)：95-97.

② 王增强. 档案与革命的交集——从法国大革命的宏观背景考察《穑月七日档案法》[J]. 档案学通讯，2016(4)：12-16.

③ 王玉珏. 遗产保护体系下的档案立法：法国《遗产法典(第二卷：档案馆)》解读[J]. 档案学通讯，2016(4)：17-22.

④ 王玉珏. 遗产保护体系下的档案立法：法国《遗产法典(第二卷：档案馆)》解读[J]. 档案学通讯，2016(4)：17-22.

⑤ 朱月白. 纪念法国穑月七日档案法颁布215周年[J]. 档案学通讯，2009(5)：95-97.

⑥ MacDonald W. Keeping safely the public records：the PRO Act of 1838[J]. Archivaria，1989，28：151-154.

保管领域的地位和职责，促进了加拿大公共档案馆体系的萌芽；① 1934 年美国颁布了《国家档案馆法》(*National Archives Act*)，确定成立美国国家档案馆并确立国家档案馆在政府机关系统中的独立地位。② 除此之外，丹麦、芬兰、荷兰等国家也出台了档案相关的法规。

其次，《穑月七日档案法令》提出了"档案事业集中管理""档案开放"等思想，成为档案立法的基本原则，世界上许多国家都受这一思想的影响。例如，意大利在"档案事业集中管理"思想的影响下，根据本国的国家管理体制发展了这一思想，于 1875 年颁布了成立中央档案局的法令(*Regio Decreto 27 maggio 1875, n. 2552*)，成立了世界上第一个档案行政管理机关——中央档案局。"档案事业集中管理""档案开放"等思想不仅影响了档案立法和档案事业管理实践，还成为档案学研究的重要内容。

最后，《穑月七日档案法令》的出台充分体现了法国大革命彻底推翻封建制度、建立资产阶级民主共和制度的思想，适应了法国巩固新生政权和发展包括档案改革成果在内的一切革命成果的需要，宣告了世界档案事业史迈入近代时期，赋予了档案学术研究以新的使命。③

总而言之，在《穑月七日档案法令》的影响与指导下，欧美国家也相继出台了适应本国国情和档案事业发展的档案法规。至此，近代意义上具有独立性质的档案立法逐渐在世界各国建立起来。这些档案法律法规初步建立了各国档案管理工作的基本原则和制度，明确了建立专门档案机构并履行档案管理工作职责的要求④，档案开放原则在世界范围内得到了传播和践行，保护公民的档案查询利用权的思想日益深入人心。

2. 20 世纪七八十年代信息公开、透明政府建设下的档案立法

20 世纪七八十年代是现代档案立法发展的另一个高峰期。这一时期，许多国家都开始推进信息公开和透明政府建设。在这一背景下，信息相关的法律开始逐步建立。档案作为社会信息资源的重要组成部分，其立法工作也得到了进一步发展。

据国际档案理事会的统计数据显示，这一时期共有 20 个国家通过了新的档案基本法规⑤，还有许多国家根据现实情况对已有的档案法进行了修改和更新。同时，据国际档案理事会(*International Council on Archives*)《档案》杂志编委会统计，截至 1980 年 3 月，世界各国已有近百个国家制定或重新修订了各自的档案法规和条例。⑥

信息公开和透明政府建设需要法律的支持和保障，美国是首个出台信息公开法律的国

① 楚艳娜. 加拿大公共档案馆转型发展研究(1912—1987)[D]. 济南：山东大学，2018：14.

② 朱伶杰. 美国的档案法规体系及其特点研究[J]. 辽宁大学学报(哲学社会科学版)，2011，39(5)：81-85.

③ 朱月白. 纪念法国穑月七日档案法颁布 215 周年[J]. 档案学通讯，2009(5)：95-97.

④ 加小双. 档案资源社会化：档案资源结构的历史性变化[M]. 杭州：浙江大学出版社，2019：93-94.

⑤ 这 20 个国家分别是：阿尔及利亚、安道尔、巴哈马、博茨瓦纳、巴西、保加利亚、喀麦隆、德国、黎巴嫩、利比里亚、列支敦士登、马拉维、罗马尼亚、圣马力诺、塞内加尔、斯里兰卡、捷克斯洛伐克、土耳其、南斯拉夫、扎伊尔。米歇尔·迪香，有邑. 各国档案法规的发展趋向——《档案》第 28 期前言[J]. 档案学通讯，1985(S1)：70-71.

⑥ 高勇. 谈我国制定档案法的必要性[J]. 四川档案，1986(3)：4-7.

家。1966年出台的《信息自由法》(Freedom of Information Act)以法律的形式保障了公众的信息获取权和知情权并推动了政府信息公开，是世界信息公开法的开端。此后，各国政府纷纷开始推动制定信息公开法，据统计，在这一时期，美国、挪威、法国、澳大利亚、加拿大、丹麦、希腊、奥地利、新西兰共九个国家①制定了本国的信息公开法律。②

信息公开促使政府主动公开信息并提供信息利用，也提升了公民行使知情权、查看信息资源的热情。档案作为社会信息资源的重要组成部分，势必也会受到信息公开的影响。因此，在信息公开和信息自由法律的社会背景下，各国也开始制定新的档案法规，或是对原有的档案法规进行修改，最直接的影响在于档案的公开、开放和利用条款的设置和修改。

1958年颁布的英国《公共档案法》(Public Records Act 1958)规定档案封闭期为50年,③ 1967年英国对《公共档案法》进行了修订，修订后的《公共档案法》(Public Records Act 1967)规定档案封闭期缩短为30年。④ 此后的几十年间，英国政府组织了多次对于30年封闭期的调查评估活动。⑤ 英国于2000年颁布、并于2005年全面实施《信息自由法》(The Freedom of Information Act),⑥ 根据《信息自由法》的规定，普通公共档案的封闭期被废止，封闭期仅适用于豁免信息。⑦

1976年美国国会通过了《联邦档案法》(Federal Records Management Amendments of 1976)修正案，修正案对联邦档案及档案工作进行了更加细致的规定，加强了国家档案与文件署对联邦政府档案管理的指导职责。⑧

除英、美两国，澳、加、俄等国家也相继出台档案法。澳大利亚在1983年出台了《档案馆法》(Archives Act *1983*)，该法共9章，涉及澳大利亚国家档案馆的职能和权力、相关档案工作人员的规定以及档案的保管利用等方面的规定,⑨ 该法第五章第三节专门规定了联邦文件公开与利用的范围和条件。⑩

1987年，加拿大国会通过《加拿大国家档案馆法》(National Archives of Canada Act)，成立加拿大国家档案馆并规定国家档案馆和档案工作人员的职责,⑪ 相比于1912年的《公共档案馆法》，这部法律内容更加丰富和严谨，除了对之前模糊的内容加以修正外，该法还新增了档案工作、档案行业、馆长权力和文件管理四个方面的内容。⑫

---

① 周汉华. 外国政府信息公开制度比较[M]. 北京：中国法制出版社，2003：10-12.

② 后向东. 信息公开法基础理论[M]. 北京：中国法制出版社，2017：32.

③ Public Records Act 1958[EB/OL]. [2021-01-12]. https://www.legislation.gov.uk/ukpga/Eliz2/6-7/51.

④ Public Records Act 1967[EB/OL]. [2021-01-12]. https://www.legislation.gov.uk/ukpga/1967/44/contents.

⑤ 王改娇. 从30年到20年——英国加大档案公开力度大幅缩减档案封闭期[J]. 四川档案，2015(6)：46-48.

⑥ Freedom of Information Act 2000[EB/OL]. [2021-01-12]. https://www.legislation.gov.uk/ukpga/2000/36/contents.

⑦ 杜瑀峤. 英国公共档案封闭期研究及启示[J]. 浙江档案，2019(1)：23-25.

⑧ 朱伶杰. 美国的档案法规体系及其特点研究[J]. 辽宁大学学报(哲学社会科学版)，2011(5)：87-91.

⑨ Archives Act 1983[EB/OL]. [2021-01-12]. https://www.legislation.gov.au/Details/C2016C00772.

⑩ 周海华. 澳大利亚档案法规体系概述[J]. 兰台世界，2013(1)：68-69.

⑪ National Archives of Canada Act[EB/OL]. [2021-01-12]. https://www.canlii.org/en/ca/laws/stat/rsc-1985-c-1-3rd-supp/latest/rsc-1985-c-1-3rd-supp.html.

⑫ 谢丽，马林青. 国家·政府·社会：加拿大联邦政府档案法分析[J]. 山西档案，2010(4)：19-22.

1992年，俄罗斯最高苏维埃颁布了《档案文件获取和利用暂行规则》（第3088-1号决议），该法规明确规定了国内国外公民和组织机构可以平等利用档案文件，还规定了档案的封闭期为30年，含有公民个人信息的档案文件利用期限为75年。这是俄罗斯历史上第一部有关档案开放、获取和利用的专项法规，标志着俄罗斯档案开放利用的开端。1993年，叶利钦总统颁布了《俄罗斯联邦档案全宗和档案馆法》（Основы законодательства Российской Федерации），规定了俄罗斯联邦档案全宗范围以及国家档案馆的职能，① 是苏联解体后第一部俄罗斯联邦档案法，在档案开放利用方面，《俄罗斯联邦档案全宗和档案馆法》沿用了《档案文件获取和利用暂行规则》所规定的30年封闭期，对于含有公民个人信息的档案文件利用依然规定为满75年后才可利用。②

由此可见，档案作为社会信息资源的重要组成部分，其业务活动和管理工作会受到信息管理其他领域的影响，其立法活动自然也会随之发生改变。20世纪七八十年代，信息公开立法有了初步的发展，信息公开法对政府信息公开的范围、时间和方式进行了法制化的规定，同时也明确了公民申请信息公开的程序，保障了公民的知情权。

信息公开法作为行政法中的基础性法律与档案法紧密联系，这一联系主要体现在信息公开法中存在着与档案法相衔接的条款，这些条款规范了政府向档案馆移交信息的公开问题。③ 因此，信息公开法的出现对档案法中公开、利用等方面的条款将产生决定性的影响，促使档案立法在这些方面进行修订和完善。

3. 21世纪遗产法、信息法和数据法视阈下的档案立法

进入21世纪以来，信息技术和互联网技术快速发展，在带来便利的同时也暴露出了一些问题，因此这一时期信息、数据相关的法律纷纷出台，档案法的内容有了修正和更新，档案相关法律体系也更加丰富和完善。

在文化遗产保护的思潮的影响下，文化遗产立法兴起并发展，档案遗产作为文化遗产的重要组成部分，自然也会受到遗产法的影响。例如，法国一向重视文化遗产的保护，21世纪以来，法国将《古迹保护法》《自然遗址保护法》《档案法》《考古保护法》《博物馆法》等遗产领域的法律集中起来修订成《遗产法典》，2004年《档案法》成为《遗产法典》（Code du patrimoine）第二卷：档案馆（*Livre II：Archives*）。④ 加拿大于2004年出台《加拿大图书馆与档案馆法》（Library and Archives of Canada Act），目的在于获取和保存国家文献遗产，并更好地促进文献遗产的传播和利用，⑤ 该法从遗产角度，把图书和档案等统一看作文献遗产，将图书

---

① Основы законодательства Российской Федерации[EB/OL]. [2021-01-12]. http://kremlin.ru/acts/bank/3945.

② 肖秋会. 俄罗斯档案立法：档案解密、开放和利用进展[J]. 中国档案，2016(3)：77-79.

③ 后向东. 信息公开法基础理论[M]. 北京：中国法制出版社，2017：3-6.

④ 王玉珏. 遗产保护体系下的档案立法：法国《遗产法典(第二卷：档案馆)》解读[J]. 档案学通讯，2016(4)：17-22.

⑤ Library and Archives of Canada Act[EB/OL]. [2021-01-12]. https://laws-lois.justice.gc.ca/eng/acts/l-7.7/page-1.html#h-345210.

馆法和档案馆法合并。根据该法，图书馆和档案馆这两个功能相近的机构之间实现了合并，形成了一个保管加拿大文献遗产的新型部门——加拿大图书档案馆，图书档案馆的建立不仅打破了图书馆和档案馆的壁垒，实现信息资源整合与优化，还更好地促进了机构间的文献遗产保管和利用。① 2007 年，博茨瓦纳修订了 1978 年颁布的《博茨瓦纳国家档案法》(National Archives Act of Botswana)，为政府机构收集、保存和获取国家文献遗产提供了法律保证。②

21 世纪以来，大量产生的电子数据、信息和文件为档案管理工作实践带来了新的挑战。此外，数字环境中对于个人信息和隐私权的保护也受到越来越多地关注。在这样的社会背景下，信息法和数据法的制定与修订兴起。2018 年，欧盟出台的《通用数据保护条例》(General Data Protection Regulation)正式施行，该条例共 11 章 99 条，主要目的在于保护自然人的基本权利和自由，特别是自然人的个人数据保护权以及个人数据的自由流动，更好地适应了新形势下数据保护的需求。③ 该条例扩大了数据主体的权利，强化了数据控制者的义务，规范了个人数据传输的规则。《通用数据保护条例》对数据主体权利的保护主要体现为详细构筑了被遗忘权和删除权的构成要件，对数据主体的同意创设了新的条件，专门规定了存在特定风险的数据的处理条件；在数据控制者层面，《通用数据保护条例》强化了数据控制者的职责和透明度，增加了数据控制者向监管机构报告个人数据泄露情况的要求；在个人数据传输层面，《通用数据保护条例》的个人数据传输规则有利于规范欧盟成员国之间的数据流动。④

受欧盟《通用数据保护条例》影响，2018 年，英国修订并颁布了最新的《数据保护法》(Data Protection Act *2018*)，更加关注对于个人数据的处理和保护。⑤《数据保护法》对公民个人信息进行了全方位的保护，弥补了《公共档案法》《环境信息条例》和《信息自由法》在个人信息保护方面存在的不足，是英国国家档案信息法律条例的重要组成部分。⑥ 2010 年，澳大利亚颁布《信息专员法》(Australian Information Commissioner Act *2010*)，《信息专员法》由五个部分组成，详细规定了信息专员的定义、职能、权力以及与之配套的人员和组织机构。⑦ 该法确立了澳大利亚的信息专员制度，致力于通过国家信息政策结构的发展与实施，促进政府信息公开以及公民信息利用，以实现建立安全和开放政府的目的。⑧

---

① 曹宇，孙沁.《加拿大图书档案馆法》述评及其对我国《档案法》建设修改的启示[J]. 档案学通讯，2011(1)：39-42.

② Mpho Ngoepe, Amos Saurombe. Provisions for managing and preserving records created in networked environments in the archival legislative frameworks of selected member states of the Southern African Development Community[J]. Archives and Manuscripts, 2016(44): 24-41.

③ General Data Protection Regulation[EB/OL]. [2021-01-12]. https://gdpr-info.eu/.

④ 何治乐，黄道丽. 欧盟《一般数据保护条例》的出台背景及影响[J]. 信息安全与通信保密，2014(10)：72-75.

⑤ Data Protection Act 2018[EB/OL]. [2021-01-12]. https://www. legislation. gov. uk/ukpga/2018/12/contents/enacted.

⑥ 曹宇，赖文渊. 英国国家档案法律体系概述[J]. 辽宁大学学报(哲学社会科学版)，2011(5)：79-86.

⑦ Australian Information Commissioner Act 2010[EB/OL]. [2021-01-12]. https://www. legislation. gov. au/Details/C2010A00052.

⑧ 周海华. 澳大利亚档案法规体系概述[J]. 兰台世界，2013(1)：68-69.

《信息专员法》的颁布也进一步完善了澳大利亚档案相关法律体系的内容。此外，澳大利亚在 2016 年对《隐私权法》进行了修订，在 2017 年对《信息自由法》进行了修订，① 以更好适应时代需求，保护个人信息和促进信息公开利用。美国在 2014 年颁布了《总统与联邦档案法修正案》（Presidential and Federal Records Act Amendments of *2014*），该法扩大了联邦档案的定义，将电子档案纳入其中，是 1950 年《联邦档案法》颁布以来对联邦文件定义所作的第一次更改。《总统与联邦档案法修正案》的主要目的在于强化对于电子文件的关注，从而促进档案管理的现代化。②

由此可见，21 世纪以来，世界许多国家在立法类型和内容上都更加与时俱进，日益完善。将档案法纳入遗产相关法律的做法，不仅加强了档案遗产与其他文化遗产的联系，还确保了档案文化遗产的保护与利用。而数据法和信息法的实施则一定程度上弥补了《档案法》在电子文件管理、个人信息利用、个人隐私保护等方面的缺憾，同时也促进了《档案法》在这些方面的改进和完善。

（三）外国现当代档案法规的日益完善

随着社会政治、经济、文化等实践活动的不断发展，档案数量和种类日益丰富，档案管理活动日趋多元，相应的档案立法活动也会随着社会实践的发展而发生变动。这一时期，伴随着社会主义国家的建立，社会主义性质的档案法规随之出现；同时，国际档案理事会等国际组织也参与到档案立法活动中来；各个国家和组织也开始针对社会变化和发展需要对档案法规进行修订和增补。

1. 社会主义性质档案法规的出现

作为世界上第一个社会主义国家，苏联档案法规的制定和完善对其他社会主义国家具有重要的借鉴和指导作用。1918 年 6 月 1 日，列宁签署了《俄罗斯苏维埃联邦社会主义共和国关于改革和集中统一管理档案工作的法令》（简称《列宁档案法令》），它是世界上第一部社会主义性质的档案法，对社会主义国家的档案立法具有重要的参考和借鉴意义。该法令主要内容包括：废止沙皇俄国颁布使用的一切档案工作法规文件；规定建立统一国家档案全宗；成立档案管理总局；制定统一的档案工作规章；规定全国档案工作实行集中统一管理原则等。为全面贯彻执行该法令，列宁从 1919 年到 1920 年又签发了《俄罗斯苏维埃联邦社会主义共和国省档案全宗条例》《俄罗斯苏维埃联邦社会主义共和国人民委员会关于档案保管和销毁制度的法令》等五种档案法规文件。③ 此后，随着苏联的建立，又接连颁布了《苏联国家档案全宗和国家档案馆网条例》《建立苏联国家档案全宗和苏联中央国家档

① 叶萌萌. 公共利用视角下澳大利亚联邦档案法规体系研究［J］. 档案学研究，2018（1）：123-127.

② National Archives Welcomes Presidential and Federal Records Act Amendments of 2014［EB/OL］.［2021-01-12］. https://www.archives.gov/press/press-releases/2015/nr15-23.html.

③ 施懿超. 档案法理论与实务［M］. 重庆：重庆出版社，2002：80-81.

案馆网条例》和《苏联国家档案全宗和苏联部长会议档案管理总局条例》三部与国家档案全宗建设有关的条例。

从苏联建立到苏联解体，《列宁档案法》和以上三部档案工作条例组成了苏联档案法律的主要架构，指导苏联档案管理工作、国家档案全宗建设和国家档案馆网建设等工作，但是在这些法规条例指导下的苏联档案工作整体来说缺乏对于档案开放、公开和利用的关注，苏联时期的档案开放利用工作主要取决于领导人的个人意志和政治需要，并非出于对公民档案利用权利的保障。①

除了苏联外，其他社会主义国家也出台了具有社会主义性质的档案法。例如，1964 年南斯拉夫出台了《南斯拉夫社会主义联邦共和国档案总法》；1957 年罗马尼亚颁布了《关于罗马尼亚社会主义共和国国家档案全宗的法令》，该法令在 1971 年和 1974 年进行了修订；② 越南于 1982 年出台《档案记录保存法》(Law on the Preservation of Archival Records)规定国家机构保存的档案在移交给中央档案馆之前应由各机构严格管控，③ 2001 年越南出台《国家档案馆条例》(Ordinance on National Archives)，该法律后被 2011 年颁布的《档案法》(Law on Archives)所取代。④ 20 世纪 80 年代以前的社会主义国家档案法普遍参考、借鉴苏联的档案法规，将公共档案和私人档案集中统一纳入“国家档案全宗”中。⑤

社会主义性质档案法规是世界档案法规体系的重要组成部分，它的产生和发展丰富了世界档案法规的种类，为社会主义国家的档案工作和档案事业提供了法律依据和指导。

2. 国际档案立法活动的产生

联合国教科文组织(*UNESCO*)与国际档案理事会(*International Council on Archives*, *ICA*)等国际组织均十分关注全球档案立法的研究与发展，并发挥了积极作用。1968 年，联合国教科文组织和国际档案理事会共同出版《热带地区档案工作手册》，对档案立法原则进行详尽介绍；1967 年到 1971 年间，国际档案理事会主办的《档案》(Archivum)杂志连续刊登世界各国的档案法规，以不断推动各国档案立法工作的深入发展和交流互鉴。⑥ 1972 年，联合国教科文组织出版《档案法示范草案》(Draft model law on archives: description and text)，目的在于建立新的法律基础，并修订立法以适应政治、法律和技术的变化。⑦ 1977 年，联合国教科文组织出版《建立实施国家情报系统的法律结构》(Establishing A Legislative Framework for the Implementation of NATIS)，在第四章公共文件和

① 肖秋会. 俄罗斯档案立法：档案解密、开放和利用进展[J]. 中国档案，2016(3)：77-79.

② 加小双. 档案资源社会化 档案资源结构的历史性变化[M]. 杭州：浙江大学出版社，2019：98.

③ Preservation and Archives in Vietnam [EB/OL]. [2020-08-01]. https://www.clir.org/pubs/reports/henchy/pub70/.

④ Law on Archives[EB/OL]. [2012-06-29]. https://vietnamlawmagazine.vn/law-on-archives-4072.html.

⑤ 加小双. 档案资源社会化 档案资源结构的历史性变化[M]. 杭州：浙江大学出版社，2019：102-103.

⑥ 加小双. 档案资源社会化 档案资源结构的历史性变化[M]. 杭州：浙江大学出版社，2019：95.

⑦ Draft model law on archives: description and text[EB/OL]. [2020-08-01]. https://unesdoc.unesco.org/ark:/48223/pf0000002245? posInSet=1&queryId=12c2eaa5-30a5-4d87-b7dd-1779aee132bb.

国家档案馆立法(*Legislation for Public Records and the National Archives*)中阐述了档案立法起草的主要标准，为档案立法工作提供了参考。① 1982年、1985年国际档案理事会分别委派米歇尔·迪香(*Michel Duchein*)和埃里克·克拉克(*Eric Kelelaar*)对各国业已颁布的档案法规进行专题调研,② 其目的是为各国提供档案立法中应当包括的若干内容，以及应当予以充分考虑的若干准则。

信息化、民主化、国际化以及社会结构的变化，使得社会发展对档案和档案管理的影响越来越大，立法工作也变得越来越重要，1992年国际档案理事会成立"档案法律事务分委员会"(*Committee on Archival Legal Matters*, *CLM*)，1993年该委员会在《档案与现行文件立法原则》(Principles for Archives and Current Records Legislation)的指导下正式开始运行，随后几年里，在版权、真实性、访问获取、数据保护、隐私权以及为解决国际档案起诉提供法律依据等档案工作相关的领域开展工作。③ 1997年9月，第32届国际档案圆桌会议以"信息的利用：立法前景"为主题，吸引60多个国家参与，体现了国际社会对于档案与信息立法的重视。④ 2004年，"档案法律事务分委员会"在对《档案与现行文件立法原则》进行调整和更新后出版《档案与文件立法原则》(Principles for Archives and Record Legislation)，该出版物是在电子记录和信息的快速增长，对政府透明度的需求日益增长，对已记录信息的便捷访问以及在世界许多地方颁布了各种与新记录相关的法律的背景下产生的。尽管该出版物的重点是建立和维护国家档案管理机构的基本问题的简明档案立法，但概述的许多档案原则普遍适用于省级公共档案馆。⑤ 此外，同年的国际档案理事会维也纳年会上，"档案法律事务分委员会"被正式取消。2016年，国际档案理事会再次成立"法律事务专家组"(*Expert Group on Legal Matters*, *EGLM*)，为法律和法规问题影响或可能影响的档案和记录进行高层讨论和专家建议提供了平台。其职能范围包括：

① 信息自由和信息获取；

② 数据保护和隐私法；

③ 知识产权；

④ 对档案和记录有特别重大影响的立法；

⑤ 授权和规范国家档案馆的法律；

⑥ 保护文化财产，防止主权国家内部和跨国界盗窃、非法出口以及伪造文件和档案；

⑦ 限制访问权限的文件的解密；

---

① Establishing a legislative framework for the implementation of NATIS [EB/OL]. [2020-08-01]. https://unesdoc.unesco.org/ark:/48223/pf0000029274? posInSet=1&queryId=8c87f918-612a-405c-8006-00f85a7fcc77.

② Ketelaar F C J, RAMP, UNESCO, UNISIST. Archival and records management legislation and regulations: A RAMP study with guidelines[M]. Paris: United Nations Educational, Scientific and Cultural Organization, 1985.

③ Committee on Archival Legal Matters[EB/OL]. [2020-07-10]. https://www.ica.org/sites/default/files/ICA_Study-19-Committee-on-Archival-Legal-Matters-1996-2004_EN.pdf.

④ 王德俊. 国际档案圆桌会议概述[J]. 中国档案, 2002(2): 37-39.

⑤ Principles for Archives and Record Legislation[EB/OL]. [2020-07-10]. https://www.ica.org/sites/default/files/CLM_2004_archival-principle_paper_draft_EN.pdf.

⑧ 其他相关事项。

法律事务专家组的工作计划每年进行修订和更新，并由国际档案理事会计划委员会(*Programme Commission*，*PCOM*)审核并批准。此外，法律事务专家组还与其他合作伙伴和小组保持合作关系，例如，与共享档案遗产专家组(*Expert Group on Shared Archival Heritage*)在有关伪造和盗窃档案的问题上有着密切的合作。①

3. 档案立法的修订、重新颁布及研究

随着新技术的发展、新载体的出现以及社会的进步，对传统的档案管理和提供利用服务提出了更大的挑战，档案法规自然也出现了不合时宜的方面，所以各国兴起了研究、修改和重新颁布档案法规的热潮。例如法国于1979年颁布《法兰西共和国档案法》，2004年《法兰西共和国档案法》被纳入《遗产法典》第二卷："档案馆"。随着社会发展革新速度增快，2008年法国颁布 *La loi n*°2008-696 号法令对《遗产法典》中的第二卷"档案馆"进行全面修订。② 德国《联邦档案法》(Gesetz über die Nutzung und Sicherung von Archivgut des Bundes)自1988年颁布以来的30多年时间里，共历经了8次修订，其中2次发生在20世纪90年代，其余6次均是2000年以后进行的，③ 最新一版的《联邦档案法》于2017年颁布。④ 澳大利亚自《1983年档案馆法》(Archives Act 1983)颁布后，30多年来，该法历经修订，日臻完善，形成了独具特色的立法风格。《1983年档案馆法》颁布以来，为了适应档案馆工作的发展需要，进行了多次修订，规模比较大的有两次：一次是1995年3月15日批准的第10号法律，另一次为2008年10月31日批准的第113号法律。两次的修订法案分别简称为《1995年档案馆法修订案》《2008年档案馆法修订案》。现行《档案馆法》为2015年汇编版。《瑞士联邦档案法》1999年正式实施，该法颁布以后已经修订过4次，最新一次修订是在2013年。⑤ 可以看出，进入21世纪以后，各国都加快了档案法的修订工作，档案法的修订频率相比之前有了显著提升。

此外，伴随信息技术的快速发展，互联网、云计算、大数据等技术的应用使得电子文件、电子数据大量产生，这为档案法带来了新的挑战。在当前的数字环境下，档案工作需要更强有力且与时俱进的立法支持，虽然许多国家都尝试制定或修改信息法、数据法，抑或对档案法进行修订以适应信息时代发展，但是总体来看档案立法还是相对落后于信息技术发展。例如，英联邦的大部分国家立法都以1958年的英国《公共档案法》为基础，这一

① Expert Group on LegalMatters-EGLM [EB/OL]. [2020-07-09]. https://www.ica.org/en/expert-group-on-legal-matters-eglm.

② 王玉珏. 遗产保护体系下的档案立法：法国《遗产法典(第二卷：档案馆)》解读[J]. 档案学通讯，2016(4)：17-22.

③ 田梦婕. 德国档案立法进程研究[J]. 中国档案，2016(3)：74-76.

④ Gesetz über die Nutzung und Sicherung von Archivgut des Bundes (Bundesarchivgesetz-BArchG) [EB/OL]. [2020-07-26]. https://www.gesetze-im-internet.de/barchg_2017/BJNR041010017.html.

⑤ Federal Act on Archiving[EB/OL]. [2020-07-26]. https://www.admin.ch/opc/en/classified-compilation/19994756/index.html#.

法规基于纸质档案环境因而难以应对数字环境下的挑战。① 南部非洲发展共同体国家(由莱索托、马拉维、纳米比亚、南非、坦桑尼亚、赞比亚等16个国家组成)的档案法都是在独立以后颁布，且大部分也是以英国档案法为蓝本，对于缩微、音像和电子档案涉及较少，在这些国家里，只有南非制定了电子文件管理的专门法规。②

在20世纪七八十年代，档案法规的变动主要受到政府信息公开的影响，而21世纪的档案法规变化则主要受遗产法、信息法和数据法的影响。由此可以看出，档案法律法规作为社会实践发展的产物并不是一成不变的，其发展变化与社会政治、经济、科技、法律等因素联系密切。

4. 档案权力“国家化”向“社会化”的转向

在古代，档案记录的内容主要与国家政治、经济、科技、军事、文化等方面相关。除此以外，对于统治阶级的行为活动的记录也是古代档案的重要组成部分。档案的内容决定了其具有很强的阶级性，档案由统治阶级指派专员来严格管理，③ 只有统治阶级才有可能接触到档案，档案的主要作用是加强统治，巩固国家政权。由此可见，档案在古代是为少数统治阶级所掌握和服务的，相应的，档案立法本质上也是为了保护统治阶级的利益。

《穑月七日档案法令》作为西方近代第一部专门的档案法，明确规定了档案的开放与利用，标志着档案开始面向公众开放，为公众所利用，打破了古代档案为统治阶级所掌控的壁垒。受《穑月七日档案法令》的影响，英国、加拿大、美国等欧美国家纷纷出台档案法，均有涉及档案开放利用的条款，档案不再像古代那样为少数统治阶级的人所占有并为其服务，这些规定保障了公民的档案利用权，客观上推动了各国档案权力从国家化向社会化转移。

20世纪七八十年代以来，各国政府主动推动民主、政治改革，公民对于政治权利和民主政治的诉求日益激烈。在这一时代背景下，各国开始推动政府信息公开，促进透明政府建设，具体表现为纷纷出台《信息自由法》等信息相关法律，不仅进一步保障了公民的信息知情权和利用权，还为公民监督政府提供了可能。受《信息自由法》和信息公开思潮的影响，这一时期新颁布或修订的档案法(规)中或多或少也涉及了档案开放利用的条款。相较于前一时期，此时档案法(规)对于档案开放的范围、时间以及档案利用的限制都更加宽松，进一步保障了社会公众的档案利用权。

21世纪以来，信息技术的发展使得档案类型日益丰富，管理手段和方式日益复杂，互联网的发展也带来了隐私泄露、数据泄露等新问题，这一时期的档案法除了关注档案开

---

① Goh E, Duranti L, Chu S. Archival legislation for engendering trust in an increasingly networked digital environment[C]//A Climate of Change: International Council on Archives Congress, Brisbane. 2012: 20-24.

② Ngoepe M, Saurombe A. Provisions for managing and preserving records created in networked environments in the archival legislative frameworks of selected member states of the Southern African Development Community[J]. Archives and Manuscripts, 2016, 44(1): 24-41.

③ 黄霄羽. 外国档案事业史(第4版)[M]. 北京: 中国人民大学出版社, 2019: 19.

放、利用问题外，还加强了对于私人档案和档案中所包含的个人信息的利用和保护问题，档案法成为个人权利保障的法律依据和坚实基础，与古代档案法为统治阶级利益服务的本质有了明显的区别。

档案法(规)逐渐从统治阶级的武器变成了社会公众的保护伞。这样的变化既是社会历史发展的必然趋势，也离不开档案界、历史界、政治界等社会各界的积极的推动作用。一方面，这是档案权力由国家化向社会化转变在档案法律中的体现，另一方面，档案法律的进步也推动了档案权力从国家化走向社会化。

5. 档案法的修订与颁布紧扣社会、时代发展

法律法规是社会实践发展的产物，社会实践不断发展变化，法律法规的内容和结构体系也应根据社会和时代发展情况进行调整和完善。在外国古代社会，受制于生产力水平和社会发展水平，档案数量和种类都相对较少，档案管理活动以及需要解决的档案问题也相对较少，因此也尚未出现独立的、专门的档案法规，关于档案管理的条款要么存在于某些其他法律之中，要么只有一些档案管理的制度规定。外国古代的档案为少数统治阶层所掌控，普通公民很难接触档案以及参与档案管理活动，因此，档案管理制度和立法中有关档案管理的规定也都具有很强的阶级性和封建性质，保障的是少数统治阶级的利益，是为政治稳定服务的。

随着世界范围内资产阶级革命的开展，一方面社会生产力快速发展，社会实践日益丰富和复杂，档案的数量和种类也快速增长，档案管理活动和面临的问题也更加复杂多样；另一方面，资产阶级革命也推动社会朝着更加民主、自由、平等的方向发展，公民的权利意识不断觉醒，对于各项权利的诉求也日益强烈。这两大方面的变化使得国家必须制定专门的档案法规来提高档案管理水平和效率，满足公众的档案信息需求，保障公众的档案利用权利。因此，这一时期首先出现了世界上第一部专门的档案法——《穑月七日档案法》①，在其影响下，其他国家也纷纷出台档案法以适应时代发展，回应社会需求。

20世纪七八十年代以来，世界范围内的政治、经济、科技、文化等方面飞速发展，旧的档案法规难以适应新的时代需求，有些领域因为立法的滞后性出现了法律真空状态，这样的社会现实迫切需要各国对不适应发展要求的档案法规进行修订或是制定全新的档案法规。这一阶段，档案与信息公开、大数据、互联网等领域产生了交集，不仅使得档案管理活动更加高效丰富，同时也产生了许多新的问题亟待解决。因此，除了与档案直接相关的档案法规，还出现了信息自由法、数据法、隐私保护法等与档案间接相关的信息立法，这些都在一定程度上丰富和完善了档案法规体系，为档案管理和公民个人权利保护提供了更加坚实的法律基础。

由此可以看出，各国颁布与修订档案法(规)的时间虽然有差别，但是总体上来说都是

① 黄霄羽. 外国档案事业史(第4版)[M]. 北京：中国人民大学出版社，2019：43.

顺应时代发展潮流和社会发展方向的，做到了因时而进、因势而新。档案法规只有顺应时代和社会发展更新、修订和完善，才能与时俱进，更好地指导不同时期的档案工作。

二、我国档案法(规)的产生与发展

我国档案管理与立法的工作源远流长。研究表明，我国早在奴隶社会时期就已经设立了档案管理官员，形成了档案管理制度。从古至今，尽管历经政权更迭和历史变迁，每一时期的档案在载体、种类、内容等方面均不尽相同，档案管理与立法环境也大相径庭，但我国的档案管理与立法工作均在吸纳前人成果的基础上推陈出新，各时代的档案立法既具时代特色，又符合现实需求，且融会贯通。

(一)我国古代档案立法的起源

公元前221年，秦始皇统一六国，建立起了中国历史上第一个大一统王朝，封建君主专制制度建立并持续了2000多年。在封建社会，档案是维持封建君主专制的重要工具，档案管理工作也进行集中统一管理。为了更好地管理档案，指导档案工作，档案立法工作也开始产生、发展和变革。根据历史阶段和实践发展情况，我国古代的档案立法(详见附录2)可以划分为先秦、秦汉、隋唐、宋元和明清五个阶段，各阶段分别对应萌芽阶段、初步发展、全面发展、形成时期和继续发展时期。①

1. 我国古代档案立法概况

(1)先秦时期：萌芽阶段

先秦时期是我国历史变革的重要时期，是从奴隶社会到封建社会的过渡阶段。这一时期出现了甲骨档案、简册档案和金文档案等多种类型的档案，档案主要记载统治阶级政治、军事、祭祀、经济等方面的内容。在夏、商、周时期就已经形成了一些文书档案管理制度，例如周代的副本制度，殷商、西周时期的档案保管制度，但是这一时期并未出现成文的法规。春秋战国时期，生产力和生产关系的变革引发了巨大的社会变革，档案和档案工作也受到了影响，档案立法活动有了初步发展，此时虽然还未形成独立的档案法规，但是关于档案和档案工作的规定已经可以见诸一些法令、法规之中了。例如，魏国李悝编著的《法经》首次把文书、档案工作纳入国家法律体系之中，②《法经》的“盗”“贼”及“杂”篇中有关于盗窃、伪造文书、档案的惩罚措施以及档案保管的专门规定。秦国商鞅在继承和发展《法经》的基础上进行了变法改革，《商君书·定分篇》对律法档案主管官员的职位设置、管理职责，对律法档案的保管措施及利用规则等作了较为详细的规定。③

《法经》奠定了封建社会档案立法的基础，第一次把文书、档案工作方面的内容明确地

① 邓君. 略论中国古代档案法规发展分期[J]. 档案学通讯, 2005(1): 83-87.

② 施懿超. 档案法理论与实务[M]. 重庆: 重庆出版社, 2002: 108-109.

③ 冯国超. 商君书[M]. 长春: 吉林人民出版社, 2005: 177-183.

纳入国家法律范畴，以国家法令的形式保证文书、档案的完整与安全，保证文书、档案工作的正常进行。后来，秦汉时期的法就是以《法经》为基础而有所增益。①

(2)秦汉时期：初步发展

秦汉时期，档案种类和数量日益增多，档案管理活动也更加复杂多样。这一时期的档案立法在继承了《周礼》和《法经》的基础上有所发展，其内容较前代律令更加丰富和严密，为隋唐档案立法的发展奠定了坚实的基础，是中国古代档案法史上的重要发展阶段。②

秦代律法中记载了文书办理制度、文书用印制度、文书保管制度、文书传递和登记制度，还涉及文书档案工作人员的任用问题。秦律规定了文书办理的形式、内容，违反规定将会受到法律制裁，确立了严格的文书办理制度。在文书用印制度方面，秦律规定官吏用印有等级差别，丢失、盗用官印等违规行为都将受到严厉的惩罚。秦律对于文书档案工作人员的任用也有严格的要求，有过违法犯罪行为的史官和下级办事人员均不能担任史官职位。秦律对于文书的保管也相当重视，通过规范库房环境、保管人员行为来保证文书档案的实体安全和信息内容安全。在文书传递、登记方面，秦律对文书的传递、邮传机构管理、投递人员奖惩等内容都作了细致、明确的规定。③

汉代档案立法在继承秦代的基础上又有所改进，《九章律》《上计律》《尉律》等律令之中均有关于档案立法的内容。④ 汉代档案立法的主要内容包括文书档案的收集、归档、移交、保管、办理、邮递和利用。除此以外，汉代还将各级文书档案官员的选拔条件纳入法律，这在历史上也是首创。汉代文书档案官员选拔条件非常严格，必须经过严格的考核才可任用，这也体现了汉代对于文书档案管理的重视。⑤

(3)隋唐：全面发展时期

隋唐时期是我国封建社会政治、经济、文化发展的繁盛时期。这一时期的档案法规随着封建法律制度的成熟也进入全面发展阶段。隋唐时的文书档案立法活动十分丰富，分别载入了当时的《开皇律》《大业律》《唐六典》《唐律疏议》等代表性法典之中，这些法典在继承前代的基础上不断充实、创新，充分反映了当时档案立法的重大成果。

隋文帝统一全国后，在总结以往立法经验的基础上颁布了《开皇律》，其中“职制”“贼盗”“诈伪”“杂律”等篇中对文书档案工作作了许多立法性的规定。隋炀帝时期颁布了《大业律》，其中有关文书档案工作的规定继承了《开皇律》的内容。⑥

唐代国家发展繁荣，立法活动更加频繁，制定了大量的法规制度。唐代的档案法规在继承前代的基础上有所发展，关于档案立法的内容主要见于《唐律疏议》和《唐六典》中。唐代档案立法内容更加丰富、全面，涉及文书归档与移交，档案收集、保管、鉴定、销毁

① 施懿超. 档案法理论与实务[M]. 重庆：重庆出版社，2002：110.

② 邓君. 略论中国古代档案法规发展分期[J]. 档案学通讯，2005(1)：83-87.

③ 施懿超. 档案法理论与实务[M]. 重庆：重庆出版社，2002：113-117.

④ 邓君. 略论中国古代档案法规发展分期[J]. 档案学通讯，2005(1)：83-87.

⑤ 施懿超. 档案法理论与实务[M]. 重庆：重庆出版社，2002：118-123.

⑥ 邓君. 略论中国古代档案法规发展分期[J]. 档案学通讯，2005(1)：83-87.

和处罚等方面。唐代专门制定《诸司应送史馆事例》来规定不同种类档案史料收集的机构，档案史料的报送方法、报送时限以及报送频率，以此规范和保证史馆利用档案进行修史，[①] 这是首次以法律形式将文书档案管理工作的过程确立下来，并把档案工作制度的实施与相应的法律制裁相联系，为档案管理的制度化奠定基础，是我国档案工作的重要进步。[②]

(4)宋元时期：形成时期

宋元时期中央集权进一步发展，档案法规的内容比前代更加严密、系统和详备，对档案的收集、整理、保管、利用等各个环节都有了更清楚的规定。到宋元时期，中国封建社会的档案法规已经基本定型。[③]

宋代档案立法的标志是《宋刑统》和《庆元条法事类》。《宋刑统》中伪造宝印符节、私发官文书印封等门条在不同程度上涉及了文书和档案立法的内容。《庆元条法事类》全书共分十六门，其中文书单独作为一门，其下又分十一类。这是我国历史上首次将文书档案立法作为独立的法律部门，不再像以前一样居于民法、刑法等其他法典的从属地位，这体现了宋代对于档案立法的重视，标志着我国档案立法进入新的阶段，较前代更进一步。总体来看，宋代的档案立法涉及了文书办理制度、文书立卷和编号制度、档案移交、档案保管利用制度、档案鉴定销毁制度以及档案惩罚制度，档案立法更加系统和全面。[④]

元代档案立法大致分为两个阶段，第一阶段以《至元新格》颁布为标志，第二阶段的标志是《大元通制》和《元典章》的编纂和颁布。《至元新格》中的公规、理财、防盗等类下有许多条目与文书档案立法有关。《大元通制》共二十个门类，其中“名例”“职制”“盗贼”“诈伪”等门类下的条款与文书和档案立法有关。以上法律中关于文书和档案立法的内容主要包括文卷勾销制度、照刷磨勘文卷制度、档案保管制度、文书档案违法处罚制度。其中，照刷磨勘文卷制度提高了档案工作质量，不仅对元朝的档案工作起到了推动和促进作用，还被明清所继承，对我国封建社会后期的档案工作产生了一定影响。[⑤]

(5)明清时期：继续发展阶段

明清时期的档案立法工作继承了历朝历代的经验，是封建社会档案立法工作的集大成时期。明清两代的法律《大明律》《大清律例》以及《大明会典》《大清会典》中有关档案收集、整理保管等各个环节的规定较前代更加完整和严密，标志着我国古代档案法规进入继续发展阶段。[⑥]

明代档案立法分为两个时期，第一个时期以《大明律》为标志，第二个时期以《大明会典》为标志。《大明律》共计三十卷，其中《吏卷》中的职制、公式，《兵卷》中的邮驿，《邢

---

① (宋)王溥撰. 唐会要(下)[M]. 上海：上海古籍出版社，2006：1285-1286.
② 陈忠海. 档案法立法研究[M]. 上海：世界图书上海出版公司，2013：4-5.
③ 邓君. 略论中国古代档案法规发展分期[J]. 档案学通讯，2005(1)：83-87.
④ 徐绍敏. 宋朝档案立法概述[J]. 档案学通讯，2004(2)：33-36.
⑤ 徐绍敏，李统祜. 档案立法研究[M]. 杭州：浙江大学出版社，2003：80-90.
⑥ 邓君. 略论中国古代档案法规发展分期[J]. 档案学通讯，2005(1)：83-87.

卷》中的诈伪、盗贼等类目都涉及文书和档案立法的内容。① 《大明会典》规定了文书监察工作的程序和监察人员的职责，起到了规范文书监察工作的作用。除了《大明律》和《大明会典》外，明代还专门颁布了《行移署押体式》和《行移往来事例》作为文书工作的立法性条例。② 明代文书档案立法涉及的内容包括文书办理，弃毁制书、印信，盗制文书，档案工作人员任用与职责，档案保密，档案惩处等方面。

清朝文书档案立法活动可分为四个阶段。第一阶段的标志性法律是《大清律例》，《大清律例》共四十七卷，其中有关弃毁、盗制、诈伪文书等内容均与文书和档案立法有关；第二阶段的主要内容是雍正对书吏的整治和文书档案改革，规范书吏职责和任用条件，加强文书档案管理，建立档案副本、上缴朱批奏折等制度；第三阶段的主要内容是编纂历朝会典，《清会典》中有许多有关文书和档案的法规制度；在第四阶段中，清政府在 1901 年实行预备立宪，进行新政改革，改革的部分内容涉及了档案工作和厘清积案的问题。

总的来看，清朝所制定的文书档案法规主要涉及文书流转办理制度、书吏选拔任用制度、档案副本制度、档案违法惩罚制度等。③ 清朝的文书管理、档案保管、档案清查、文书档案惩罚等制度主要是继承明代相关规定并在此基础上更加严密，惩处也更为严酷。除了继承发展明代制度，清代还颁布了档案修缮制度、档案汇抄制度等一批新规，丰富了清代文书档案立法的内容。④

2. 我国古代档案立法特点

(1)服务统治阶级，维护封建统治

在我国古代，档案作为封建统治的工具由官吏严格把守，普通民众难以接触到档案，更难以实现档案利用。我国古代档案法规产生于封建社会这一历史背景下，是封建法律的组成部分，是地主阶级意志的体现，是地主阶级保障阶级利益，维护统治的工具，从本质上来说，我国古代档案立法是为统治阶级服务的。⑤ 从各个朝代档案立法的内容来看，档案立法主要涉及的是收集、保管、处罚等方面的内容。在利用方面，档案利用的主体主要是官方，统治阶级利用档案来加强对普通民众的控制，从而起到维护政权、巩固统治的作用。

(2)处于从属地位，依附其他法律

我国古代各个朝代有关档案立法的内容都是被包含或从属于法律、法典之中的，没有出现独立的档案法律法规。宋代的《庆元条法事类》将文书单独作为一门，与职制、选举、赋役等其他十五门并列，文书、档案立法从刑法、民法等其他种类的法律中独立出来，⑥

---

① 徐绍敏，李统祜. 档案立法研究[M]. 杭州：浙江大学出版社，2003：91-94.
② 邓君. 略论中国古代档案法规发展分期[J]. 档案学通讯，2005(1)：83-87.
③ 徐绍敏，李统祜. 档案立法研究[M]. 杭州：浙江大学出版社，2003：107-124.
④ 陈忠海. 档案法立法研究[M]. 上海：世界图书上海出版公司，2013：7.
⑤ 朱玉媛. 档案法规学新论[M]. 武汉：武汉大学出版社，2004：57.
⑥ 徐绍敏. 宋朝档案立法概述[J]. 档案学通讯，2004(2)：33-36.

是档案立法历史上的一大进步，但依然从属于国家法典，没有实现文书、档案的单独立法。明代颁布了文书工作的立法性条例《行移署押体式》和《行移往来事例》，相比之前更进一步，但是文书、档案条例在法律地位和专业性上是要低于独立的文书、档案法规的。① 因此可以发现，宋代以来虽然在文书、档案立法的从属性上有一些突破，但是依然没有出现独立性的档案法规。

(3)内容丰富多样，涵盖多个方面

从档案立法的具体内容来看，我国古代档案立法范围非常广，不仅涉及文书格式、流转、办理，还包括档案的收集、保管、利用等方面，对于档案管理人员的选拔、任用、职责以及针对档案的犯罪惩处也有详细的规定。经历从先秦到明清的发展和完善，我国古代档案立法内容日益丰富，条款更加细致严谨，执行更加规范严格。我国古代档案管理制度和档案工作法令不仅要求档案工作人员遵守，还要求所有官员和普通民众共同遵守，② 实现了档案立法的全覆盖。

(4)不断继承发展，立法水平各异

虽然历朝历代都有文书和档案立法的实践，且基本上会继承借鉴前朝的立法，但是在立法水平上还是存在着差别。先秦时期是我国奴隶社会向封建社会发展演进的时期，这一时期的生产力水平和社会发展水平明显落后于此后各个时代，因此其档案管理工作和活动也相对较少，有关于文书、档案工作的规定散见于一些法律之中，档案立法处于萌芽状态。秦代作为我国第一个封建王朝在许多方面都对后世具有深远的影响，档案立法也不例外，秦代的立法内容、原则及形式等对后世的档案立法工作产生了一定的影响。汉代则在继承秦律的基础上进行了修改和完善，具有承前启后的作用。唐代将文书、档案工作管理的有关规章制度提升到了法律的高度，在全国范围内推广，促进了档案管理的制度化，提升了档案管理水平。宋代档案立法相较于唐代更进一步，具有内容丰富、细致，执法严格的特点。元代和明代在档案立法方面的创新和建树则相对较少。清代作为封建社会的最后一个朝代，继承了前代在档案立法方面的经验，吸取了教训，达到了封建社会档案立法的最高水平，清代档案立法开始重视人的因素，加强了对文书档案人员的整治，制定了档案整理、分类方案。③

3. 我国古代档案立法影响与评价

(1)巩固封建统治，丰富国家法规

我国古代档案立法的经济基础是封建的自然经济，经济基础决定了档案立法的封建

① 邓君. 略论中国古代档案法规发展分期[J]. 档案学通讯，2005(1)：83-87.

② 施懿超，王晓琪. 漫谈中国古代的档案立法[J]. 四川档案，2003(5)：12-13.

③ 张珊. 我国古代档案立法简述[C]//《决策与信息》杂志社、北京大学经济管理学院. 决策论坛——政用产学研一体化协同发展学术研讨会论文集(下).《决策与信息》杂志社、北京大学经济管理学院：《科技与企业》编辑部，2015：217.

性，[①] 古代档案法规是封建统治者巩固政权的工具，本质上是为封建统治服务，具有鲜明的时代局限性。古代档案立法没有形成独立的档案法规，在形式和内容上均从属于国家法典，一定程度上丰富了国家法规的内容，健全了国家法规的体系。

(2)规范档案管理，提高管理水平

随着时代和社会发展，文书、档案的数量、载体、种类均有所变化，档案管理的方式也日趋多样和复杂，因此档案立法也不断改进和完善。[②] 经过各个朝代的积累和发展，我国古代档案立法内容丰富而全面，涉及文书、档案工作的各个环节，从文书形成制作阶段的公文程式制度，确保公文及时处理的程限催限制度，到公文处理过程中进行监督的勾检制度和照刷磨勘文卷制度，再到文书传递流通的驿站传递制度，文书立卷、定时移交制度，还有关于文书、档案工作中的惩罚制度等。[③] 这些规定为文书、档案的制作和管理提供了法律参考，起到了规范文书、档案工作的作用，提高了文书、档案工作的水平。

古代档案法规对于文书工作的规定提高了文书工作的效率，从而进一步提高了政府工作的效率。古代档案法规里关于文书工作的规定包括文书形成过程中的行文、文体和用纸、用字的公文程式，文书的办事程序。例如，秦简《行书律》规定文书的传送和接收要准确登记时间以便及时答复；《唐律》中对文书制作的稽缓、忘误都有明确的责罚；元朝时的公文催限制度进一步监督各衙门和官吏及时办理文书；清代则在内阁设置稽查房来监督文书处理进度。[④]

(3)限制档案利用，服务封建统治

古代时期，档案被当作统治阶级的私有财产，只有统治阶级的部分人可以接触到，而普通人则难以接触和利用档案，所以档案的利用范围非常小。唐代时，档案利用仅限于帝王、中央主要官员和负责管理档案的部分官员，其目的主要是资政参考和修史编志，为维护封建统治而服务。宋代时，私人利用档案会受到处罚，“诸私有天象器物、天文图书……或私传习者，各流三千里，虽不全成，堪行用者，减叁等，不堪行用者，又减叁等”，不鼓励民众利用官方保管的档案进行学习和研究。元代时，实录、国史等官方编纂的史料不得查看泄露，且元代时有些档案仅限蒙古族官员查看，而汉族官员则被排除在外。[⑤]

(二)我国近代专门档案法规的产生

1840年鸦片战争以来，中国社会性质由封建社会转变为半殖民地半封建社会。这一时期，中国社会内部处于一个政局动荡，政权更替频繁的状态，与外部世界交流也显著增

① 施懿超，王晓琪. 漫谈中国古代的档案立法[J]. 四川档案，2003(5)：12-13.

② 李晓明. 中国古代档案立法演进状况及特点研究[D]. 哈尔滨：黑龙江大学，2011.

③ 洪瑶. 我国古代档案法规研究[D]. 合肥：安徽大学，2013：34.

④ 洪瑶. 我国古代档案法规研究[D]. 合肥：安徽大学，2013：34-35.

⑤ 洪瑶. 我国古代档案法规研究[D]. 合肥：安徽大学，2013：13.

多。这一时期的档案管理活动较为活跃，相应地档案立法工作也有了快速发展。(详见附录 3)

1. 我国近代档案立法概况

(1)清末及南京临时政府时期(1840—1912 年)

1840 年鸦片战争以后，中国与其他国家的交流日益增多。在实践过程中产生了一些新种类、新载体的档案，例如外交档案、财会档案、电报档案、照片档案等。为应对档案管理的需要，清末设置了专门的档案管理机构。例如，总理各国事务衙门设置了司务厅和清档房作为文书档案机构；总税务司署设置了半殖民地半封建性质的文书档案机构——机要科和汉文科。① 清政府为加强档案管理，颁布了一些规章制度。例如，清陆军部规定每三年对各种档案材料校阅一次，司长、科长离任前要做好文书、档案的移交工作，如果出现捏造、烧毁、隐藏等情况，要受到处罚。会议政务处在开办条议中明确规定档案区分为官制、学校、科举、吏政等十个门类，每门之下再设若干类，每类之下再分子目，这种三级分类法使得档案分类更加科学，档案管理更加高效。② 除此以外，清政府还颁布了《陆军惩治漏泄军事机密章程》和《检阅陆军军队章程》，这两份文件中有关于文书档案管理的内容，清政府以此来加强对于陆军部档案工作的监督和控制。③

辛亥革命以后，南京临时政府成立。南京临时政府开展了大规模的立法工作，一些档案相关的法规也相继诞生，如 1912 年 1 月颁布的《内务部颁发公文程式咨各部文》，1912 年 2 月颁布的《内务部拟定公文用折及封套式样咨各部暨各都督文》以及 1912 年 3 月颁布的《临时大总统令内务部通各官署革除前清官厅称呼文》《临时大总统关于各部局等相互咨商文件统应直接理令》《政务部办事通则》等。④ 南京临时政府存在时间较短，这一时期颁布的档案法规数量也相对较少，但是这些档案法规以独立的行政法规的形式出现，打破了古代档案法规长期从属于国家法典的局面，在档案立法历史上具有重大意义。⑤

这一时期旧的封建政权在内部因素和外部因素的共同作用下走向覆灭，新兴的资产阶级政权开始执政。在这样的社会背景下，档案管理和档案立法一方面会继承之前的规章制度，另一方面也会进行改革创新，例如，南京临时政府实行文书档案改革，对传统的文书档案工作制度进行改进。南京临时政府虽然存续时间比较短暂，但是开展了大规模的立法活动，产生了民国最初的几部档案相关法规，出现了民国时期档案立法的第一次高潮。⑥

(2)北洋政府时期(1912—1928 年)

1912 年 2 月 15 日，袁世凯就任中华民国临时大总统，中国进入北洋政府统治时期。

---

① 杨小红. 中国档案史[M]. 沈阳：辽宁大学出版社，2002：369.
② 高光林. 档案法规知识基础[M]. 呼和浩特：内蒙古人民出版社，2001：35-36.
③ 杨小红. 中国档案史[M]. 沈阳：辽宁大学出版社，2002：370-371.
④ 中国第二历史档案馆. 民国时期文书工作和档案工作资料选编[M]. 北京：档案出版社，1987：1.
⑤ 王芹. 民国时期档案法规研究[D]. 苏州：苏州大学，2009：40.
⑥ 王芹. 民国时期档案法规研究[D]. 苏州：苏州大学，2009：51-52.

北洋政府时期关于文书档案管理的规章制度有两类，一种是在继承清代编纂档册基础上形成的关于档案管理、保管利用等方面的方法和制度；另一种是革除清代编档方法，在管理、保存、利用档案原件方面提出的一套较为科学的方法。① 这一时期，北洋政府颁布了近百份文书、档案方面的规章制度，涉及文书、档案工作内容的各个环节。②

在文书工作制度方面，北洋政府于 1912 年 11 月颁布了《临时大总统公布公文程式令》，该法令规定了公文的种类、职责权限和使用范围，③ 1914 年北洋政府颁布第二个公文程式法令《大总统公文程式令》，1917 年北洋政府进行了第三次公文程式立法，颁布《大总统公布公文程式令》，否定了第二个公文程式法令。④ 中央各部门也制定了部门公文程式令，例如司法部《司法部公布司法官署公文书暂行程式令》、交通部《交通部直辖各铁路暂行公文书程式》、外交部《外交部规定呈递总统文件的款式》等。除此以外，还有《湖南省巡按使公署文书处理办法(节录修订办事通则)》《吉林省长公署政务厅议定各科文稿程式》等省级部门关于公文程式的规章制度。⑤

在档案管理制度方面，许多部门制定了适用于本部门的规章制度。例如，《外交部保存文件规则》《教育部保存文件规则》《司法部文件保存细则》《蒙藏院保存卷牍暂行规则(修正)》等，这些制度规章内容包括档案收集、档案整理、档案保管、档案利用以及档案销毁。⑥ 由此可以看出，北洋政府各部门颁布的规章制度基本上涉及了档案管理的各个环节。

北洋政府时期机关档案的立法工作是在继承清代文书管理制度和南京临时政府时期所颁布的相关政策法令基础上的改进与完善，与前代相比，其立法范围更加广泛，立法内容也更加详细，⑦ 具有继承性和创新性。这一时期对文书、档案各环节的制度完善具有重要的历史意义，为文书、档案的近代化发展奠定了坚实的基础。⑧

(3)国民政府时期(1925—1948 年)

1925 年起，中国进入国民政府执政时期。这一时期中央各部门都建立起了专门档案机构，机关档案管理体制大多采取集中制的管理模式，各机关的档案由机关内部的档案室集中保管。在档案立法上，相较于北洋政府时期，国民政府时期的法令、规则和办法更加齐全细致。⑨

国民政府时期的档案立法可以分为两个阶段。第一阶段是从 1927 年 4 月 15 日南京国民政府正式成立开始到 1932 年止。这一阶段一方面是继承北洋政府所制定的文书和档案

① 杨小红. 中国档案史[M]. 沈阳：辽宁大学出版社，2002：371-372.
② 崔坤红. 北洋政府时期机关档案工作问题研究[D]. 石家庄：河北大学，2014：38.
③ 中国第二历史档案馆. 民国时期文书工作和档案工作资料选编[M]. 北京：档案出版社，1987：12-46.
④ 张敏. 北洋政府时期文书档案制度及其实践[D]. 扬州：扬州大学，2007：14.
⑤ 中国第二历史档案馆. 民国时期文书工作和档案工作资料选编[M]. 北京：档案出版社，1987：1-8.
⑥ 崔坤红. 北洋政府时期机关档案工作问题研究[D]. 石家庄：河北大学，2014：11-30.
⑦ 崔坤红. 北洋政府时期机关档案工作问题研究[D]. 石家庄：河北大学，2014：38.
⑧ 王炜. 北洋政府时期文书档案制度概览[J]. 兰台世界，2013(5)：124-125.
⑨ 杨小红. 中国档案史[M]. 沈阳：辽宁大学出版社，2002：373-375.

法规，吸收其进步和合理的内容；另一方面摒弃封建的落后的内容，增加科学的现代的东西。相继制定了《公文程式条例》《司法行政部文卷保存规程》等一系列文书和档案的法规和规章。第二阶段是从1933年6月开始，国民政府推行“文书档案改革运动”，19个“行政院”直属单位参加了此次运动，文书档案规章制度逐步推广，文书档案工作朝着规范统一的方向发展。①

在文书工作的法令、制度、办法方面，国民政府公布并修正了《公文程式条例》。国民政府内部的有些机关、部门制定了机构内部的文书处理法规，例如军事委员会《军用文书改良办法》、财政部《财政部重要公文副本保管制度》、教育部《教育部文书处理办法》、“行政院”《行政院文书管理办法》等。除此以外，还有《南京市政府秘书处处理公文程序》《福建省政府文书处理办法》《江苏省政府处理公文规则》等地方政府制定的文书处理法规制度。②

在档案工作的法令、制度、办法方面，国民政府颁布了《国民政府关于会计文件保管期限的训令》《各机关保存档案暂行办法》《国民政府通饬各机关清理档案的训令》等法令和规章。各机关、部门也制定了机构内部的规章制度，例如军政部《军政部整理案卷暂行办法》、蒙藏委员会《蒙藏委员会文卷保存年限原则》、司法行政部《法院文卷保存期限规程》、教育部《教育部人事档案整理办法》等。除此以外，还有《福建省政府档案管理规则》《陕西省政府秘书处管理档案办法》《广西省政府整理档案方案》等关于省级政府机构的规章制度。③

这一时期，国民政府制定和颁布了100多部关于文书和档案的法规和规章，表明我国实现了从封建社会档案立法向资本主义社会档案立法的根本转变。这些法规和规章涉及文书和档案的搜集、整理、保管、鉴定、利用等各个环节，基本上形成了我国近代文书档案法规体系。④

2. 我国近代档案立法特点

(1)继承性

我国古代已经积累了一定的档案立法经验和成果，因此清末档案立法也对清朝以及古代其他时期立法进行了继承。民国时期的档案立法一方面继承了清代的档案法规，例如，北洋政府时期依旧沿用清朝的编档制度，只是在规定上更加细致；在印信制度方面，北洋政府颁布的《印信条例》、南京国民政府颁布的《印信条例》等法规也基本上承袭了清朝的印信制度。另一方面，民国各阶段的档案法规也均有对前一阶段档案法规的继承，例如，1927—1933年南京国民政府的文书档案立法主要继承北洋军阀统治时期的北洋政府的档案

① 徐绍敏，魏佳丽，谭建月. 国民政府档案立法研究[J]. 档案学通讯，2009(1)：37-41.
② 中国第二历史档案馆. 民国时期文书工作和档案工作资料选编[M]. 北京：档案出版社，1987：8-13.
③ 中国第二历史档案馆. 民国时期文书工作和档案工作资料选编[M]. 北京：档案出版社，1987：13-16.
④ 徐绍敏，魏佳丽，谭建月. 国民政府档案立法研究[J]. 档案学通讯，2009(1)：37-41.

法规，国民政府颁布的《公文程式条例》很多方面都是对北洋政府时期公文程式规定的延续。①

(2)发展性

我国近代档案立法在继承前代法律的基础上又有所发展。清末时期，中国社会由封建社会向半殖民地半封建社会转变，清政府新制定了外交文书程式、保守军事文书档案安全和机密、档案整理、分类等方面的规定，以更好地适应社会发展变化。② 北洋政府时期相较于之前立法范围更加广泛，内容更加细致。此外，还出现了《外交部编档办法》《教育部保存文件规则》《肃政厅保管案卷专则》等独立于其他行政法、刑法等其他法律的专门的档案法规，与古代档案立法相比有了明显的提升。南京国民政府虽然在早期主要继承北京政府的档案立法，但是1933年文书改革运动开始以后，许多全新的档案法规相继出台，档案立法与北京政府相比有了更进一步的发展。③

(3)局限性

近代档案立法的局限性一方面体现在服务对象上。清末档案法规服务的是封建统治阶级，民国时期的档案法规代表的是资产阶级的利益。近代档案法规从本质上来说还是为统治阶级服务的，普通民众难以使用自己的档案权利，也难以受到档案法规的保护。

近代档案立法的局限性另一方面体现在使用范围上。民国时期各个阶段中国处于分裂割据状态，没有实现真正意义上的统一，政治上的分裂也阻碍了档案法规的大范围推行。例如，国民政府时期，无论是中央还是地方所制定的档案法规都不能在全国范围内取得主导地位，只是在各自的独立的管辖区域内发挥着各自的作用。即便是制定了具有全国意义上的法规，在当时那种特殊的环境下也无法实施。当时省级政府都制定了关于文书处理和档案管理的有关办法或法规，但是由于各地区有各地区的具体规定，尽管省级政府制定相关规定，到了地区仍旧执行地方规定。再者，中央没有统一的领导机构，地方各自为政的现象又十分猖獗，导致的结果就是我国近代整个档案法规在体系上是相对零散的。④

3. 我国近代档案立法影响与评价

(1)实现了从封建档案立法向资本主义档案立法的转变

南京临时政府是中国历史上第一个资产阶级性质的国家政权，因此南京临时政府颁布的档案法规也具有资本主义性质，相较于封建社会时期的档案法规有了很大的变革。例如，南京临时政府彻底废除了封建社会的公文程式，采用了全新的公文程式。北洋政府时期扩大了档案利用的对象，《司法部文件保存细则》《外交部保存文件规则》等将文件查阅利用的范围由本单位内部扩大到了其他单位，外交部还规定允许外国使馆人员利用，改变

① 王芹．民国时期档案法规研究[D]．苏州：苏州大学，2009：40.
② 朱玉媛．档案法规学新论[M]．武汉：武汉大学出版社，2004：59.
③ 王芹．民国时期档案法规研究[D]．苏州：苏州大学，2009：40.
④ 许晋．国民政府时期档案法规评述[D]．哈尔滨：黑龙江大学，2013：34.

了封建社会档案法规对于档案利用对象的严格限制情况。国民政府时期颁布了一系列档案法规和规章，特别是文书档案改革运动期间，制定了上百个档案法规和规章，形成了我国资本主义档案法规体系，实现了从封建档案立法到资本主义立法的根本转变。①

(2)促进档案工作近代化转型

近代档案法规对近代档案工作的影响主要体现在档案管理体制、档案机构以及档案人员等方面。

在档案管理体制方面，近代以来，一些行政机构在本机构内部设置了档案机构，集中管理机构内部的档案，档案管理体制逐步成型。国民政府时期，从中央到地方，在一个机关内部采用集中制的档案管理体制，这种集中制的档案管理体制被现代沿用。在档案机构方面，近代出现了国家档案馆。北洋政府颁布《清室善后委员会组织条例》，成立故宫博物院，故宫博物院下设文献部和图书馆，其中文献部负责明清档案和历史物品的整理与保管，是中国第一历史档案馆的前身，也是我国近代最早的国家档案馆。此外，国民政府还提议建立国立档案库和国史馆，但受各种因素影响最终未能建成，但是依然可以看出档案机构的现代化发展趋势。在档案人员方面，由于大量独立的机关档案室的出现，档案人员的设置和分工日益专门化，档案人员的培养也出现了专业化。②

(3)为中华人民共和国档案法规提供借鉴

中华人民共和国的档案法规对民国档案法规进行了批判继承，民国档案法规对中华人民共和国档案法规的影响主要体现了公文程式和档案管理原则上。

在公文程式方面，中华人民共和国成立后，国务院颁布并多次修订《公文处理办法》，其中规定的命令、通知、报告、函等文种，民国时期就已设置并使用，在中华人民共和国成立后依然被沿用。在档案管理原则方面，民国时期就已经有了档案集中管理的呼声，中华人民共和国成立后，鉴于实践经验和现实需要，确立了统一领导、集中管理、保持档案完整的原则，还继承了民国机关档案室集中管理本机关档案的做法，在继承的基础上有所创新。③

(三)中华人民共和国成立至《档案法》出台前的档案立法

1. 中华人民共和国成立至《档案法》出台前档案立法的概况(1949—1987年)

中华人民共和国成立后，我国社会性质发生了深刻变化。党和政府高度重视档案事业的建立和发展，也不断进行着档案立法的尝试(详见附录4)。这一时期，我国社会主义档案法规的建设主要分为初创时期、全面建设时期、“文化大革命”中遭受破坏时期、得到恢复和全面发展时期四个阶段。

---

① 徐绍敏，李统祜. 档案立法研究[M]. 杭州：浙江大学出版社，2003：170-173.

② 刘君杰. 关于中国近代档案法规发展演变的历史考察[D]. 哈尔滨：黑龙江大学，2009：51.

③ 王芹. 民国时期档案法规研究[D]. 苏州：苏州大学，2009：204.

(1)我国社会主义档案法规的初创时期(1949—1954年)

1949年10月中华人民共和国成立，成立后的档案工作面临的首要问题是抢救和接收旧政权档案、革命历史档案和大区档案。为了更好地完成档案抢救和接收工作，党中央和中央政府制定和颁布了相应的规章制度。例如，1950年政务院颁布《征集革命历史文物令》收集五四运动以来革命运动史料。1951年中共中央发布《关于收集党史资料的通知》收集革命历史档案资料。1954年6月中共中央办公厅发布《关于中央局撤销后档案集中管理办法》，同年8月，中央人民政府政务院秘书厅发布《关于大区行政机构撤销后档案集中管理办法》，根据管理办法规定，各中央局档案集中于北京，原大区行政机构就地成立临时档案保管处或组，进行档案管理工作。① 这两个管理办法规定了统一领导、集中管理的原则，保持了大区档案的完整和集中保存，为中央档案馆的建立打下了基础。②

除了完成旧时代档案的抢救和接收工作，党中央和中央政府还开始研究文书、档案工作的部署和管理制度建设。1949年到1951年，召开了一系列会议并通过了《保守国家机密暂行条例》和《公文处理暂行办法》等文件，中央机关和各地区相继制定了文书档案管理办法和条例，中央和省一级党政机关文书工作和档案工作初步建立了起来。③

(2)我国社会主义档案法规全面建设时期(1954—1966年)

1954年11月8日，国家档案局正式成立，标志着全国档案事业进入全面建设时期。中共中央、国务院及有关部门积极谋划国家档案事业的发展，研究部署档案工作，制定颁发规章制度。1954年党的第一次全国档案工作会议通过了《中国共产党中央和省(市)级机关文书处理工作和档案工作暂行条例(草案)》，1956年党的第二次全国档案工作会议通过了《中国共产党县级机关文书处理工作和档案工作暂行办法》《文电统一管理的具体办法》《党的机关档案材料保管期限的一般标准》，通过颁布和实施这些规章制度，会议精神逐渐得到落实。④ 1955年11月，国务院批准颁发了《国家档案局组织简则》，规定了国家档案局的职责、权利和任务。⑤ 1956年，国务院颁发《关于加强国家档案工作的决定》，提出了我国档案工作的原则、管理体制以及加强档案工作的七项规定，是当时国家档案事业建设的纲领。1959年中共中央发布《关于统一管理党、政档案工作的通知》，通知不仅确定了我国档案工作管理体制，强化国家档案局的职权地位，还促进了地方档案管理机构和档案馆的建设。这一时期还出现了《县档案馆工作暂行通则》和《省档案馆暂行通则》这样的地方档案工作规章以及《机关档案室工作通则》《技术档案室工作暂行通则》等关于专门档案建设的规章制度。⑥

这些档案规章制度对于我国社会主义档案事业的建设和发展具有重要的意义，一方面

---

① 刘国能. 中国当代档案事业史[M]. 北京：中国文史出版社，2016：47-49.
② 朱玉媛. 档案法规学新论[M]. 武汉：武汉大学出版社，2004：63.
③ 刘国能. 中国当代档案事业史[M]. 北京：中国文史出版社，2016：50.
④ 刘国能. 中国当代档案事业史[M]. 北京：中国文史出版社，2016：52-57.
⑤ 朱玉媛. 档案法规学新论[M]. 武汉：武汉大学出版社，2004：63.
⑥ 刘国能. 中国当代档案事业史[M]. 北京：中国文史出版社，2016：57-59.

为档案事业建设和发展提供了参考，另一方面也为档案工作发展提供了制度保障，促进了档案事业的持续健康发展。

(3)我国社会主义档案法规在“文化大革命”中遭到破坏(1966—1976年)

1966年到1976年的“文化大革命”给我国的档案事业也带来了很大的冲击。这一时期，有些国家档案局、中央档案馆的领导干部和工作人员遭到迫害并被下放，许多档案机构被撤销和分解，档案毁坏也有发生。为保护档案安全，中共中央、国务院下发了《关于在“文化大革命”运动中保障党和国家机密安全的规定》和《关于确保机要文件和档案材料安全的几项规定》，强调保障档案安全，保守国家机密。①

尽管中共中央、国务院和许多档案工作者努力想要保证档案安全，但“文化大革命”依然对我国档案事业造成了不可弥补的损失。中共中央、国务院确定的国家档案工作体制被打乱，档案的集中统一管理原则被否定，行之有效的档案工作法规被否定，全国档案机构完全陷于瘫痪状态，这是我国档案法制史上的一次大倒退。《档案工作暂行通则》《机关档案室工作通则》《技术档案室工作通则》以及文书处理部门立卷制度和文电统一管理制度等，都被攻击为“管、卡、压”，横加批判予以废除，给档案工作和档案的完整与安全造成了十分严重的后果。②

(4)我国社会主义档案法规得到恢复和全面发展时期(1978—1987年)

党的十一届三中全会以后，我国各项社会主义建设事业进入蓬勃发展的新阶段，包括档案立法工作在内的各项档案工作也得到了明显加强，③ 重新恢复了“文化大革命”以前中共中央、国务院确定的档案工作原则、体制、方针和重要的规章制度。④ 这一时期档案法规体系建设的特点是围绕国家改革开放和经济建设的大局，适应蓬勃发展的各项建设事业发展的需要，有计划、有重点地制定了国家档案领域中的重要法律法规，有力地服务了国家的中心工作，服务了社会主义市场经济的发展，服务了人民群众生活和社会管理，档案法制建设开始步入快车道。国家先后制定了《科学技术档案工作条例》(1980)、《档案馆工作通则》(1983)、《机关档案工作条例》(1983)、《各级国家档案馆收集档案范围的规定》(1986)等一系列有关档案工作的法规、规章和规范性文件，⑤ 并在1979年第五届全国人大第二次会议通过的《中华人民共和国刑法》中对抢劫国家档案，伪造、泄露国家档案机密等行为提出具体量刑。⑥

上述法律法规为1987年《中华人民共和国档案法》的制定提供了体系基础。随着档案法的制定与施行，我国长期以来在档案工作领域没有基础性法律的历史告一段落，档案事

---

① 刘国能. 中国当代档案事业史[M]. 北京：中国文史出版社，2016：70-73.

② 高光林. 档案法规知识基础[M]. 呼和浩特：内蒙古人民出版社，2001：45.

③ 邓涛. 解读《国家档案法规体系方案》之一 档案法规体系建设的历史和现状[J]. 中国档案，2011(8)：31-32.

④ 朱玉媛. 档案法规学新论[M]. 武汉：武汉大学出版社，2004：64.

⑤ 邓涛. 解读《国家档案法规体系方案》之一 档案法规体系建设的历史和现状[J]. 中国档案，2011(8)：31-32.

⑥ 朱玉媛. 档案法规学新论[M]. 武汉：武汉大学出版社，2004：64.

业的建设有了法律依据和保障，档案工作从此走上了“依法治档”的轨道。①

2. 中华人民共和国成立至《档案法》出台前档案立法的特点

(1)具有明显的社会主义性质

我国社会主义档案法规是中华人民共和国成立之后，在彻底废除一切剥削阶级旧档案法规，批判地吸收古今中外档案立法的积极性成果的基础上建立起来的。② 1949年以后，国家进行了大刀阔斧的改革，废除了旧的经济基础，以公有制为新的经济基础，在此基础上产生的档案法规必然也是具有社会主义性质的，与古代封建性质的档案法规和近代资本主义性质的档案法规有着本质的区别。剥削阶级的档案法规是为统治阶级服务，而社会主义档案法规则是为广大人民群众服务。

(2)重视专门档案立法

随着社会主义建设的发展，大量的专门档案开始涌现，国家也开始重视专门档案的管理和立法。例如，1951年9月29日颁布施行的《公文处理暂行办法》是中华人民共和国成立后中央政府制定的第一个专门关于文书和档案工作的法规性文件。《公文处理暂行办法》要求对档案的保管、销毁和调阅建立严格的管理、检查制度，强调各机关应以“集中管理”为原则，促进了机关文书档案的发展。1957年，国家档案局《关于改进档案资料工作的方案》规定：可以由国家技术委员会、国家建设委员会及地质、农业、经济等部门建立统一的科技档案、资料管理工作，并对科技资料的整理、保管和利用等规定了一些具体方法。1960年国家档案局制定《技术档案室工作暂行通则》，将科技档案工作从中央到地方全面纳入国家档案事业的管理范围，进一步推动了我国科技档案工作的发展。③

3. 中华人民共和国成立至《档案法》出台前档案立法的影响与评价

(1)为《中华人民共和国档案法》的制定奠定了基础

这一时期，我国档案法制建设在摸索中前进。我国的档案事业和档案法制建设在中华人民共和国成立之初就已经进行了积极的尝试，但在“文革”中遭受严重破坏，“文革”之后才逐渐恢复并得到进一步的发展。总体来看，这一时期我国的档案法制建设是在曲折中前进、螺旋式上升的，在这一过程中所积累的经验教训为《中华人民共和国档案法》的颁布奠定了基础。

(2)为档案事业发展创造了条件

这一时期虽然没有出台正式的、独立的档案法，但是一系列档案相关规章制度的出台起到了规范档案工作、指导档案事业的作用。例如，1957年施行的《国家机关文书立卷工作和档案工作暂行通则》《国家机关一般档案材料保管期限的暂行规定》对于国家机关档案

---

① 邓涛. 解读《国家档案法规体系方案》之一 档案法规体系建设的历史和现状[J]. 中国档案，2011(8)：31-32.

② 朱玉媛. 档案法规学新论[M]. 武汉：武汉大学出版社，2004：62.

③ 高光林. 档案法规知识基础[M]. 呼和浩特：内蒙古人民出版社，2001：41-44.

室工作的开展起了积极作用。1959 年发布的《关于统一管理党、政档案工作的通知》对我国各级档案管理机构的性质、地位和领导体制作出的重大方针政策，推动了当时档案事业的全面发展，同时也对今后档案事业的进一步发展具有重要指导意义。①

中外档案立法的
产生与发展

课后思考题

1. 档案法规的产生与发展反映了哪些社会变迁和政治需求?
2. 《稽月七日档案法令》对后续档案立法有何影响和意义?
3. 外国现当代档案法规的日益完善体现在哪些方面?
4. 中华人民共和国成立至《档案法》出台前的档案立法特点有哪些?
5. 中外国家档案立法的共性和差异有哪些?
6. 思考全球化背景下档案立法的国际合作与协调。

① 高光林. 档案法规知识基础[M]. 呼和浩特：内蒙古人民出版社，2001：41-44.

第三章　档案立法的多维审视

本章要点

◎ 阐述信息立法与档案立法的相互关系，讨论信息立法与档案立法如何协调发展。
◎ 阐述数据立法与档案立法的相互关系，讨论数据立法与档案立法如何协调发展。
◎ 阐述文化立法与档案立法的相互关系，讨论文化立法与档案立法如何协调发展。
◎ 阐述档案立法与文献遗产的关系，讨论将档案立法纳入遗产保护体系的立法趋势。
◎ 阐述档案立法与文献遗产的关系，讨论利用权、知情权、财产权、个人信息权益在档案立法中的体现。
◎ 阐述档案立法与国家治理的互动关系，讨论新修订《档案法》所体现的档案治理要素。

一、信息立法与档案立法

信息技术的不断应用与发展同时带来了诸多新生法律问题，如信息自由、信息安全、信息公开、信息的保密与隐私等。档案是人类在其社会活动中形成的保存备查的有价值的记录信息，① 档案立法与信息立法紧密相关、相互影响。对信息立法的学习与了解，有利于认识信息立法的发展现状及趋势，把握信息立法可能对档案立法产生的影响，及时在档案立法中制定、修改相应内容，保持信息立法与档案立法的相互协调。此外，有助于档案部门积极与国家信息部门合作，将档案信息的保护与利用纳入国家信息立法的体系。

（一）信息、档案信息、档案信息资源的概念及关系

1. 信息与档案信息

信息可以说是当代社会使用最多、最广、最频繁的词汇之一。最早把信息作为科学对象来加以研究的是通信领域，1948 年通信专家申农在《贝尔系统电话》杂志上发表了一篇

① 黄新荣. 档案概念的反思[J]. 档案管理，2020(5)：5-9.

题为《通信的数字理论》(A Mathematical Theory of Communication)①的论文，把信息定义为随机不确定性的减少。控制论的奠基人维纳则把信息当成广义通信的内容，将信息定义为人们在适应外部世界，并把这种适应反作用于外部世界的过程中，同外部世界进行交换的内容。同时，他也把信息解释为负熵。由上可见，在通信领域所展开的对信息的研究取得了丰硕的成果，信息作为有序程度(或组织程度)的度量和负熵，是用以减少不确定性的东西。之后随着科学技术和经济的发展，人们的认识水平不断提高，信息概念在计算机、生命科学、科技、哲学领域不断拓展。在最为一般的意义上，可以将信息定义为事物存在的方式和运动状态的表现形式。②

从逻辑上讲"档案信息"与"信息"是种概念与属概念的关系：档案信息是信息的一种存在形式，档案是人类社会的一种重要信息资源。档案信息在信息大家族中的角色和地位是由档案的本质特性，即档案在社会生活中的根本价值、作用决定的，同时也是在档案信息与其他信息的区别中表现出来的。

迄今为止的社会现实表明，档案是一种最真实、最可靠、最具权威性与凭证性的信息资源。而信息理论告诉人们：信息的确定性与可靠性是信息的根基所在，人类社会对信息的依赖、需求程度越高，对信息的确定性与可靠性的要求程度也就越高。因此，档案信息的使命任重而道远，这也是人们重视档案且越发达、文明程度越高的国家越重视档案的重要原因之一。所以，从信息理论的角度可以说，档案信息是一种最重要的信息，档案是人类所拥有的一种非常重要的信息资源。③

2. 信息资源与档案信息资源

档案法与信息立法过程中还会涉及的另一个重要概念是：信息资源。"信息资源"一词最早由罗尔科(*J. O. Rourke*)在《加拿大的信息资源》(Information Resource in Canada)一文中提出。美国的《文书削减法》(Paperwork Reduction Act，1995)将其定义为："信息资源是指信息与相关资源，如人员、设备、资金和信息技术。"

关于信息政策和信息法的概念，学术界亦有过许多讨论，但基本看法趋于一致。在对信息政策概念的理解上，卢泰宏认为，信息政策是国家用于调控信息产业的发展和信息活动的行为规范和准则，它涉及信息产品的生产、分配、交换和消费等环节，以及记忆信息行业的发展规划、组织与管理等综合性的问题；马费成等认为，信息政策是据以调控信息生产、交流和利用的措施、规范和准则的集合；朱庆华等认为，信息政策是一个国家或组织在一定时期内为处理信息和信息产业中出现的各种矛盾而制定的具有一定强制性的一系列规定的综合。信息政策和信息法一般同属于信息资源的社会管理手段。信息政策是指国家或相关组织为实现信息资源管理的目标而制定的有关调控信息和信息活动的行为规范和

① Shannon C E. A mathematical theory of communication[J]. Bell System Technical Journal，1948，27(3)：379-423.

② 马费成，赖茂生. 信息资源管理[M]. 北京：高等教育出版社，2006：1-3.

③ 冯惠玲，张辑哲. 档案学概论[M]. 北京：中国人民大学出版社，2006：11-12.

准则，它涉及信息和信息活动的每一个领域；信息法是由国家立法机关批准制定，并由国家强制力保证实施的，调节信息领域经济关系和社会关系的法律规范的总称。①

“信息资源管理”一词自20世纪30年代诞生起就带有浓重的政策法规调控痕迹。可以说，信息资源管理不仅是美国信息政策法规的直接产物(《文书削减法》被视为信息资源管理发展的里程碑，是信息资源管理理论形成的标志)，而且资源和效率的思想将信息管理拓展到人类一切对信息资源实施计划、预算、组织、指挥、控制、协调的管理活动中。

从实践来看，信息资源管理政策法规需求的形成与信息技术的创新、开发、引进、选择和应用的日益广泛密不可分。信息网络技术的应用极大地改善了人类的信息交流方式和信息利用方式，但在信息网络技术支持下，不法分子的作品侵权、计算机和网络犯罪等活动变得易如反掌，信息污染、信息侵略、信息壁垒等活动变得越来越猖獗。随着信息技术的广泛应用和社会对信息需求的不断增强，信息资源管理的法律问题越来越复杂，这不仅影响着一个国家的信息资源管理，甚至还会影响全球经济、文化、社会和政治结构的各个方面。②

档案信息资源是信息资源的一类。档案信息资源是适应生产力的发展水平，通过人类的参与而获取的可利用的档案信息。档案信息资源作为社会历史活动的真实记录，具有知识性、可共享性、不均衡性和综合性。档案信息资源的知识性，体现的是档案信息作为智慧结晶的智力价值。但这种价值的实现，需要通过对档案信息进行开发利用方能达成。档案信息资源的综合性是指“档案信息资源是对一个国家、一个地区或一个组织的政治、经济、文化、技术等各方面发展历程的全面反映，因此具体的档案信息的种类是多种多样的”③。档案信息资源的这种特点要求我们多角度、多方位、多层次、多类型地开发档案信息价值。

以上特点一方面体现了档案信息资源对于国家和社会发展方方面面的特定价值，另一方面也对我们开发、利用档案信息的方式、规范提出了更高的要求。为了更好地开发档案信息资源，通过立法的手段对其加以规范、引导必不可少。因此，档案法的建设与信息资源管理政策与法规紧密相连，互相影响、互为参考。

(二)信息立法与档案立法

1. 信息立法的产生

现代信息社会的信息法制建设兴起于20世纪，主要是由一些发达国家发起，其信息法制建设集中在关于信息自由、信息交流、信息安全、知识产权保护等方面。由于这些法律在最初建立时是从各国的自身国情出发，因而对同一问题各个不同国家的法制建设带有

① 马海群，等. 信息资源管理政策与法规[M]. 北京：科学出版社，2009：55.
② 马海群，等. 信息资源管理政策与法规[M]. 北京：科学出版社，2009：55.
③ 李欣. 当代档案信息资源开发研究[J]. 档案学通讯，2003(5)：51-54.

明显的本国特色，而且相对来讲，由于发达国家对信息的重要性的认识更深入，对信息更加重视，因此，越是发达国家，其信息法制建设越健全，信息立法越成熟。①

2. 当前世界信息立法的发展情况

20 世纪八九十年代，许多国家纷纷进行信息立法。例如，美国从国家政策法律层次上规范相关的信息活动，出台了一系列有助于信息事业发展的信息政策法规；加拿大是最早将个人隐私立法与联邦政府的行政部门相互关联的国家之一，制定了比较完整的信息政策和法规体系。从 1991 年到 1995 年 6 月，俄罗斯联邦议会、总统和政府共颁布 498 项规范法令，其中 75 项全是关于信息立法问题的；德国是欧洲信息技术最发达的国家，其电子信息和通信服务已涉及该国所有经济和生活领域；日本也比较重视信息资源，颁布了许多相关的信息法律、信息法规。②

本教材以俄罗斯和美国为例，介绍这两个国家信息法与档案法的关系。

(1)俄罗斯③

俄罗斯已经形成了独立的信息立法体系，信息立法成为联邦立法体系中的一个独立门类。20 世纪 90 年代中期，隶属于俄罗斯联邦政府的信息化政策委员会制定了《俄罗斯信息立法发展计划》，旨在协调信息领域的立法活动。其中提出的“信息立法”概念得到了大多数学者和多届政府的认同，随着该计划的实施，俄罗斯的信息立法体系逐渐形成。2002 年修订的俄联邦总统令《俄罗斯联邦的法律分类》中，“信息和信息化”(*информация и информатизация*)作为其中的一个独立类别与宪法、民法、刑法、劳动法等一起排列。且从 2006 年开始，俄罗斯联邦委员会(议会上院)在每年的年度立法报告中都会特别阐述信息立法问题，如政府信息公开、个人数据保护等。

俄罗斯信息立法关注如下三个方面的现实问题：信息资源及其利用、信息权及其法律保障、个人数据保护，这三个方面虽然没有直接提及“档案”，但与档案关系密切。

一是信息资源及其利用。俄联邦信息领域的基本法《信息、信息技术和信息保护法》(2006 年)区分了信息的种类，并着重规定公民和组织的信息获取权，以及国家机关必须提供公共信息的义务。该法第八条规定禁止对公民或组织限制获取的信息包括“图书馆、博物馆和档案馆的开放全宗中存储的信息，以及在国家、市政及其他信息系统中存储的，为保障公民和组织的信息需求而创建的信息”。其中将档案馆纳入信息法的管理范畴，对档案馆开放全宗中存储的信息进行获取限制。④

二是信息权及其立法保障。信息获取权在俄罗斯宪法中得到了确认和保护，宪法第 29 条规定，每个人有权自由地查找、获取、生产、传递和传播信息。《信息、信息技术和信

① 马海群. 信息法学[M]. 北京：科学出版社，2002：72.

② 马海群. 信息法学[M]. 北京：科学出版社，2002：72-76.

③ 本部分内容参考肖秋会. 俄罗斯信息法研究综述[J]. 中国图书馆学报，2013，39(6)：75-85.

④ 肖秋会. 近五年来俄罗斯信息政策和信息立法进展[J]. 图书情报知识，2010(4)：96-101.

息保护法》将宪法的这一规定作为信息法的基本原则，并在其法律条文中进行了充分的阐述。2004 年俄罗斯《俄罗斯联邦档案事业法》也对公民获取档案的权利作了明确的规定，如该法规第 6 章第 24 条第 1 款作出了原则性规定："档案文件利用者为了研究档案的目的，可以自由地查找和获取档案文件。"①二者都对公民的获取权作了规定。2009 年 2 月 13 日俄罗斯颁布了《政府信息公开法》，规定了政府信息公开的基本原则、信息利用者的权利、政府信息提供的方式，以及违法责任和救济措施等内容。俄罗斯《档案法》第十三条"档案馆的建立"的第二部分规定："组织和公民为了保管其在活动过程中形成的档案文件，包括为了保管和利用非国有或者非市政所有的档案文件，有权建立档案馆。"为私人企业、社会组织及公民建立私人档案馆提供了法律依据，其非国家档案馆的设置、综合性档案馆的政务信息公布职能有利于健全政府信息公开机制。②

三是个人数据保护。俄罗斯于 20 世纪 90 年代初开始了个人数据保护领域的立法活动，2006 年 7 月正式通过并颁布了《个人数据法》。俄罗斯《档案法》针对私人所有档案的立法非常具体和有针对性，对所有私人档案文件的构成、保管、借阅、出境管理作了非常明确的规定，可操作性很强，在一定程度上对俄罗斯《个人数据法》进行了补充和完善。③

(2)美国

从全世界的范围看，对信息相关的法律的制定和完善经历了一个漫长的发展过程。美国也是如此。而且在新的时代背景下，美国在信息立法方面仍有积极且大规模的投入，为保证信息政策的有效运行，颁布了一系列的法律法规。美国的信息立法可以简要概括为四个方面④：公民信息自由与隐私保护、知识产权保护、商业信息保护、信息的安全保护等。其中公民信息自由与隐私保护方面与档案信息公开与隐私保护方面有着密切的关联，如《信息自由法》《公开政府法》的颁布。

档案是信息公开对象的主体。随着社会的发展，美国民众已不满足于只看到政府公开文件，更提出使政府所有信息公开透明的要求，特别是要了解文件背后没有印刷和公开发布的信息。经过各方不断努力，1966 年美国国会通过了《信息自由法》(The Freedom of Information Act，FOIA)，该法规定，任何美国公民有权要求政府公布政府信息；这些信息经审查后，若不属国家机密，则可申请公开。此法颁布后，美国大多数州也对公共档案的公开进行了立法，很多州直接在信息自由法的名称上冠以档案。因此可以看出，书面证据的主体是档案；信息自由的主体也是档案。所以传闻碰到档案肯定是例外(可作证据)；信息没有档案则无所谓自由。档案在保障司法公正、公民知情权、阳光政府、信息公开等方面是不可或缺的。档案立法则更加使得档案的形成、管理得到保障，既是完善法制建设的

① 肖秋会．俄罗斯档案立法：档案解密、开放和利用进展[J]．中国档案，2016(3)：77-79.

② 肖秋惠．当前我国档案立法焦点问题剖析——以 2004 年《俄罗斯联邦档案事业法》为参照[J]．档案学通讯，2006(5)：39-42.

③ 肖秋惠．当前我国档案立法焦点问题剖析——以 2004 年《俄罗斯联邦档案事业法》为参照[J]．档案学通讯，2006(5)：39-42.

④ 黄奇，王玲．关于美国信息立法的探索[J]．情报学报，2000(4)：385-390.

内在要求，也是对法律能够客观公正实施的保障。①

《信息自由法》对“文件”没有定义，凡某机构正在运行中、包含有信息的材料均可称为“文件”，均需向公众开放，人事档案除外。如果有些依法不能开放，一般会在“信息自由法规定不接受查询之由”中说明。申请者需尽可能提出较详细的报告，因为各机构编制文件索引的方式不同。因此可以说，《信息自由法》奠定了美国公民的档案意识。②

1974 年《信息自由法》修正案则允许公民查阅保存在联邦机构里有关个人的材料，宣称：查阅有关公共利益的文件也是公民拥有的公共权利。《信息自由法》的生效，实现了政府信息公开的决定权从政府机构向国会和法院的转移，从而确定了美国公众对政府信息的法定获取权。③

2007 年 12 月 31 日，布什总统签署了《公开政府法》(The Open Government Act)对《信息自由法》进行修订，其中第七条私人组织保存的行政信息的公开中重新定义了行政机关“档案”的定义，使其包括政府订约人为行政机关保存的信息，便于进一步完善政府信息公开制度。④

3. 信息立法与档案立法

档案信息虽是信息的一部分，但档案信息有其特殊性，二者既有联系，又有区别，应当特别注重信息立法的普适性与档案立法的特殊性。⑤ 我们必须针对档案信息的特殊性，进行具体梳理和适当归类。通常，政府所公开的信息文件与其在档案馆中的档案保持一致，而档案馆中所保存的档案信息在内容上则更丰富一些，包括该档案文件形成的背景、起草人信息、签发人信息等其他信息。因此，我们必须促进整体档案信息系统的日益深化，才能顺利地开展档案立法工作，才能保障国家机器的良好有序运转，才能保障公民合法的知情权与隐私权之间的平衡，才能提高政府信息公开的透明度，才能真正做到切实保障人民群众的根本利益。⑥ 信息法应对档案法等相关法律的内容进行综合统筹；档案法的修订应以信息法为基础，对涉及信息的相关内容加以补充和完善。开展档案立法工作，需要配合好整个信息立法工作的进程，在整个信息立法的基调之下具体展开档案立法工作，以保持二者的步调一致与协调统一，相互促进彼此的完善。

2007 年 4 月 5 日，国务院颁布《政府信息公开条例》，该条例自 2008 年 5 月 1 日起施行。虽然，这只是一部行政法规，但其意义不容低估。因为它第一次为公民的知情权提供

---

① 国家档案局政策研究法规司. 境外国家和地区档案法律法规选编[M]. 北京：中国政法大学出版社，2017：15-17.

② 张姬雯. 美国《信息自由法》与《中华人民共和国档案法》之比较——兼谈“档案意识”[J]. 档案与建设，1998(4)：45-46.

③ 周庆山. 我国信息政策的调整与信息立法的完善[J]. 法律文献信息与研究，1996(1)：9-14.

④ 杨建生. 美国《信息自由法》的最新发展及启示[J]. 湖南科技学院学报，2014，35(4)：141-143、155.

⑤ 吴雁平. 我国信息立法趋势与档案法律法规建设研究[J]. 档案管理，2012(3)：30-32.

⑥ 焦明江. 论我国档案信息立法的完善[J]. 兰台世界，2015(2)：95-96.

了法律保障，第一次将信息公开规定为政府的法定义务。① 我国新修订《档案法》新增了“政府信息公开”的内容，其中第十五条规定：“经档案馆同意，提前将档案交档案馆保管的，在国家规定的移交期限届满前，该档案所涉及的政府信息公开事项仍由原制作或者保存政府信息的单位办理。移交期限届满的，涉及政府信息公开事项的档案按照档案利用规定办理。”上述规定实际上体现了新修订《档案法》与《政府信息公开条例》的接轨。

二、数据立法与档案立法

根据《中国数字经济发展研究报告（2023 年）》，2022 年我国数字经济规模达到 50.2 万亿元，已连续 11 年显著高于同期 *GDP* 名义增速，占 *GDP* 比重达到 41.5%，这一比重相当于第二产业占国民经济的比重。为确保以数据为新生产要素的数字经济蓬勃发展，2021 年 6 月 10 日，十三届全国人大常委会第二十九次会议表决通过《中华人民共和国数据安全法》（以下简称《数据安全法》），并由此拉开了我国数据立法的序幕。《档案法》与同期出台的数据法律在立法目的上彼此共通，在法律条文上相互参照，在规制对象上存在交叉。由于档案管理在数据安全、网络安全、个人信息保护等方面对数据法规的普遍性遵从，和档案鉴定、长期保存相关制度对数据管理的特殊性贡献，档案立法与数据立法均呈现出相向而行、彼此支撑的趋势。而这种趋势不论是从理论还是实践来探察、从国内或是国际层面来考量，都不仅是一种必然，更已经成为一种实然。

数据法（*Data Law*）是指国家制定的、调整数据收集、存储、加工、使用、提供、交易和公开的各种数据关系的法律规范的总称。它的调整对象是因数据活动产生的人身关系、财产管理和数据管理关系。数据法学为档案法规建设的研究提供了新的认知框架和研究路径。一方面，随着档案管理对象的拓展，档案的“数据”形态与数据的“档案”价值相互交织，档案管理与数据管理在流程、主体、客体上交叉，传统的档案管理理论和思维受到冲击，局限于部门法、档案馆法的认知和实施，在一定程度上阻滞了档案部门、档案法规在数据时代、数据法治中作用的发挥，亟须从学理、法理视角廓清法律间的交叉关系，进而推动档案事业的时代性发展；另一方面，通过从法理上厘清数据法律与档案法律在宏观立法原则、中观法律条文、微观调整对象等层面上的共识和分歧，从档案管理的角度勘察现阶段数据法律所存在的问题，发挥档案学学科智慧提供破解补正之策，有利于补充数据法学研究的学科视角。

（一）立法目的彼此共通

从我国档案立法与数据立法实践来看，《档案法》与被称为网络空间治理和数据保护的“三驾马车”的三部主要的数据法律——《网络安全法》《数据安全法》《个人信息保护法》，

① 毛骁骁. 论《档案法》与《政府信息公开条例》的衔接问题——以 WTO 规则为视角［J］. 档案学通讯，2010(4)：15-18.

属于同一法律位阶，几部法律的立法目的体现出发展与安全并重、安全保存与有效利用并进的共同愿景。

一方面，保障规制对象的动态安全。三部主要的数据法律和《档案法》均以“安全”作为第一要义，分别对网络基础设施及网络数据安全、数据处理活动中的数据安全、个人数据安全、档案实体与档案信息安全作出了规定，共同践行总体国家安全观的要求。从“安全”的法律内涵来看，几部法律既有各自侧重，相互补充，又有协同合作构建安全机制的共识，共同构建起整体化信息安全保障体系。《数据安全法》所维护的数据安全，并不限于数据存储安全为代表的静态的数据安全，或以限制数据收集为目的的消极的数据安全，而是强调数据处理(利用、流通、交易)中的动态持续性安全。《网络安全法》将“保障网络安全”明确写入立法目的，从规制网络运营者的视角去构建网络运行和网络信息安全的具体制度。《个人信息保护法》从个人信息权益保护的角度，分别对个人、个人信息处理者、履行个人信息保护职责的部门的权利、义务、职责作出规定。《档案法》则通过完善档案安全工作机制，保障档案实体安全和档案信息安全。

与此同时，随着档案资源数字化、档案管理信息化、归档要求背景化的档案管理实践的发展，对档案安全的要求将从被动后发补救走向主动识别预警；档案安全意涵将从物理实体安全发展为融合网络安全、个人信息保护、数据安全的，“持续追踪和维护的动态行为过程”①。《“十四五”全国档案事业发展规划》将软硬件环境安全保障纳入“十四五”时期档案安全体系的建设方向。《2022 年全国档案宣传工作要点》将确保网络安全、信息安全视作大数据环境下档案数字资源安全管理的时代课题。更有学者提出，基于“电子档案”在实质属性、存在形式和管理模式等方面与“数据”存在交叉之处，《数据安全法》对“数据安全”的定义可作为“电子档案安全”概念的界定。②

另一方面，促进规制对象的有效利用。正如《“十四五”数字经济发展规划》所提到的，数据要素是数字经济的核心引擎。作为生产要素、国家基础性战略资源、21 世纪的“石油”的数据，其价值只有在开发利用中才能得以实现。档案管理亦然，所有的存都是为了用。从立法目的来看，三部主要的数据法律与《档案法》均体现出促进规制对象有效利用的共识。

具体来说，《网络安全法》第三条规定“坚持网络安全与信息化发展并重”是国家网络安全与信息化工作的基本原则，并将“积极利用”列入网络安全治理十六字方针。《数据安全法》承载着数据安全与发展利用的双重任务，将“促进数据开发利用”写入立法目标，坚持“以发展促进安全，以安全保障发展”(第十三条)，在立法体系上突出数据开发利用的导向，并通过数据交易市场的培育(第十九条)、数据开发利用技术的推进(第十七条)，以及诸多以促进、鼓励为导向的原则性条款(如第七条、第十四条、第十六条等)，为数据

① 丁家友. 大数据背景下的档案数据保全探析[J]. 档案学通讯，2019(1)：34-39.

② 王群，李浩然. 我国电子档案安全立法的现状考察与完善路径[J]. 档案学研究，2024(1)：69-76.

依法合理有效利用提供了制度保障。个人数据(或称个人信息)在实现数据效用方面发挥关键作用。①《个人信息保护法》则以"保护个人信息权益，规范个人信息处理活动，促进个人信息合理利用"为立法目的，其中"规范个人信息处理活动"是实现权益保护和促进利用这两个根本目的的手段，也是立法的直接目的，对个人信息处理活动进行规范的实际目的亦在于实现个人权益保护与个人信息利用的平衡。《档案法》明确将"有效保护和利用档案"写入立法目的(第一条)，通过在维持原来各类主体都有保护档案的义务的基础上，增加了各类主体"依法享有利用档案的权利"(第五条)；将档案向社会开放的期限从 30 年缩短为 25 年(第二十七条)；要求档案馆加强开放利用服务(第二十八条)；鼓励档案馆开发利用馆藏档案(第三十四条)；推进档案信息资源共享平台建设(第四十一条)等规定体现出档案工作由封闭向开放，由重管轻用向保护与利用并重转变的趋势。

(二)规制对象交叉重叠

信息智能时代，数据是各个法律部门都不能回避的重要规制对象。从法律规制对象上来看，三部数据法律与《档案法》在调整对象——"网络数据""数据""个人信息""档案"的概念范畴上并非黑白分明，而是相互交叉、相互生成的；有着真实、完整、可用、安全等相似的质量管理要求；并通过存储、归档等制度环节得以相互衔接。

首先，数据的"档案"价值和档案的"数据"属性使得档案立法与数据立法的规制对象在内涵与外延上呈现出密切的交叉关系，亦构成了档案法律法规和数据法律法规相向而行、彼此援引的内在逻辑。

数据的档案价值——对国家和社会具有保存价值的数据需要归档。数据在其全生命周期管理过程中存在业务工作参考利用的需要、为了现实开放利用进行数据归集的需要、为历史研究查考利用进行长期保存的需要等不同价值。现有管理体制下，对国家和社会具有保存价值的数据(即，具有档案价值的数据)，应经过"移交归档"成为"档案"。从我国实践来看，虽然"归档"未被明确纳入《数据安全法》等数据立法对数据处理活动的范畴界定中，但数据归档作为数据全生命周期的重要环节，在《国务院关于加强数字政府建设的指导意见》《"十四五"全国档案事业发展规划》等国家政策中得到明确体认，上述政策也原则性、引导性地规定了档案部门在公共数据、政务数据资源归档中的职责。如《"十四五"全国档案事业发展规划》明确提出"推动档案全面纳入国家大数据战略……实现对国家和社会具有长久保存价值的数据归口各级各类档案馆集中管理……完善政务服务数据归档机制……研究解决三维电子文件及数据文件归档等难题"。也就是说，对国家和社会具有保存价值的数据需要归档，档案馆拥有对国家和社会具有长久保存价值的数据的集中管理权。

档案的数据属性——数据态是档案的存在形态之一。国内数据立法和档案立法均以

① 高富平. 基于规范目的的个人信息治理规则[J]. 中国应用法学，2022(6)：111-127.

“记录”作为“数据”“网络数据”“档案”等的上位概念(见表3-1)。实际上，2016年5月30日，《中华人民共和国档案法》修订草案送审稿第三条曾将“档案”的属概念认定为各种形式和载体的文件、记录和数据。虽最终未通过，但也在一定程度上反映出档案界对于“数据”作为“档案”属概念和表现形态的认可。由全国人大常委会法工委主编的《〈中华人民共和国档案法〉释义》，也通过法律解释的方式，在一定程度上体认了业务数据、电子邮件、网页文件、社交媒体信息等数据的“档案性”。①

表3-1 档案法律和数据法律中的客体概念界定

对　象	质 量 要 求	来　　源
网络数据	第十条　建设、运营网络或通过网络提供服务，应当依照法律、行政法规的规定和国家标准的强制性要求，采取技术措施和其他必要措施，保障网络安全、稳定运行，有效应对网络安全事件，防范网络违法犯罪活动，维护网络数据的完整性、保密性和可用性。	《网络安全法》
政务数据	第三十七条　国家大力推进电子政务建设，提高政务数据的科学性、准确性、时效性，提升运用数据服务经济社会发展的能力。	《数据安全法》
个人信息	第八条　处理个人信息应当保证个人信息的质量，避免因个人信息不准确、不完整对个人权益造成不利影响。	《个人信息保护法》
档案	第三十九条　…… 档案馆应当对接收的电子档案进行检测，确保电子档案的真实性、完整性、可用性和安全性。	《档案法》

其次，三部主要的数据法律与《档案法》在数据的准确性、完整性、安全性、可用性等质量要求上具有共识(如表3-2、图3-1所示)。大数据时代，数据量几何级增长，数据质量管理成为释放数据价值的关键环节，数据的结构、可靠性、完整性、及时性等不仅是有效释放数据价值的前提基础，还决定着其是否能够满足进馆要求，得到长久保存。

表3-2 档案法律与数据法律对数据质量的要求

对　象	定　　义	来　　源
数据	第三条　本法所称数据，是指任何以电子或者其他方式对信息的记录。	《数据安全法》
网络数据	第七十六条　(四)网络数据，是指通过网络收集、存储、传输、处理和产生的各种电子数据。	《网络安全法》

① 袁杰. 中华人民共和国档案法释义[M]. 北京：中国民主法制出版社，2020：31-32.

续表

对　象	定　义	来　源
个人信息	第四条　个人信息是以电子或者其他方式记录的与已识别或者可识别的自然人有关的各种信息，不包括匿名化处理后的信息。	《个人信息保护法》
档案	第二条　本法所称档案，是指过去和现在的机关、团体、企业事业单位和其他组织以及个人从事经济、政治、文化、社会、生态文明、军事、外事、科技等方面活动直接形成的对国家和社会具有保存价值的各种文字、图表、声像等不同形式的历史记录。	《档案法》

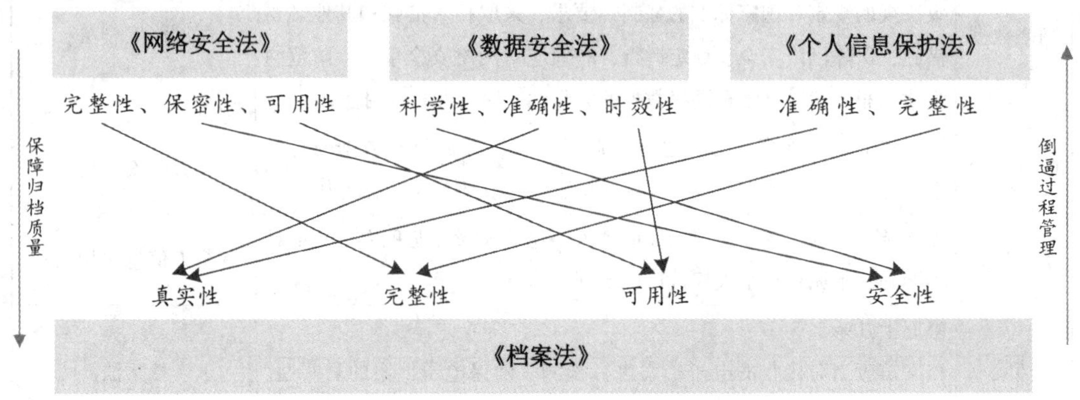

图 3-1　数据与档案质量要求相关性图示

具体来说，《档案法》要求移交进馆的电子档案应当具备“真实性、完整性、可用性和安全性”四性。真实性是指电子档案的内容、逻辑和背景结构与形成时的原始状况相一致，也可理解为信息记录的原始性和准确性。完整性是指电子档案的内容、结构和背景信息齐全且没有遭到破坏、变异或丢失。这便要求前端业务系统在建设之初就具备电子档案归档所要求的功能模块、组件、插件和工具，使之即便在信息技术更迭变化的情况下，也能保存详细的背景元数据和管理过程元数据来支持对档案数据真实完整性进行审计。可用性是指电子档案能够被定位、查找、呈现和理解，也是数据和档案价值发挥、有效利用的基础和前提。安全性是档案管理的基本要求，也是三部主要的数据法律的题中之义，《档案法》对档案长期保存的安全管理要求与数据法律中“具有保障(数据)持续安全状态的能力”“保密性”“科学管理”等要求不谋而合。

最后，数据与档案概念范畴的交叉重叠、质量要求的相辅相成，最终通过“归档”这一制度化行为使数据管理与档案管理相互衔接。当前，《网络安全法》《数据安全法》《个人信息保护法》均将“存储”作为重要的管理环节写入法律，档案管理则对“存储”行为增加了价值和时限的制度要求，并通过移交归档实现了保管主体和利用权限的变更(如表 3-3 所示)。在此背景下，数据存储为数据归档奠定了物质基础，数据归档则反过来要求档案部门在价值鉴定、组织整理、存储利用等方面管理制度的变革。

表 3-3　档案法律和数据法律中的“存储”

法　律	定　义
《档案法》	第二条　从事档案收集、整理、保护、利用及其监督管理活动，适用本法。 第十四条　应当归档的材料，按照国家有关规定定期向本单位档案机构或者档案工作人员移交，集中管理，任何个人不得拒绝归档或者据为己有。 国家规定不得归档的材料，禁止擅自归档。
《数据安全法》	第三条　数据处理，包括数据的收集、存储、使用、加工、传输、提供、公开等。
《个人信息保护法》	第四条　个人信息的处理包括个人信息的收集、存储、使用、加工、传输、提供、公开、删除等。
《网络安全法》	第七十六条　网络数据是指通过网络收集、存储、传输、处理和产生的各种电子数据。

目前，数据全面存储的概念悖论和高昂成本，凸显出档案鉴定的重要性。档案管理因其在价值鉴定和长久保存上的专业性，能够通过“归档范围”的确定，赋予数据管理以档案视角。从产生过程来看，虽然二者都是在业务过程中产生的记录，但数据往往是业务活动的全过程记录，档案管理关注重要业务活动产生的结果文件,① 是经过鉴定的、“对国家和社会具有保存价值”的数据，数据归档处于整个数据生命周期的末端。从价值形态来看，相比于大量碎片化、获取不易、存储成本高的数据，档案的价值密度更高，关联意义更大，决策依据性更强。② 基于这种“上下游”继承管理关系和档案价值意涵的丰富性，上游数据管理法规标准对后续档案管理的对象质量具有决定性影响；档案法规对归档要素、价值标准的要求则要求从数据产生之初便开展数据价值的识别，予以档案化的管理。

(三)法律条文相互参照

《档案法》是规范档案管理活动的母法，自其 2021 年修订实施以来，有关《档案法》与前述数据法律的协调、衔接的探讨亦成为研究热点。数据时代，《数据安全法》《个人信息保护法》《网络安全法》与《档案法》在具体条文上的相互交织、彼此参照，形成了作为档案

① 符京生，刘汉青，苏兴华，孙洪君. 大型企业档案与数据协同治理框架与实现路径[J]. 浙江档案，2020(12)：56-57.

② 郑金月. 关于档案与大数据关系问题的思辩[J]. 档案学研究，2016(6)：37-40.

的数据、包含个人信息的档案、作为档案管理环境的网络，使档案管理面临数据法律与档案法律的双重遵从(如图 3-2 所示)。

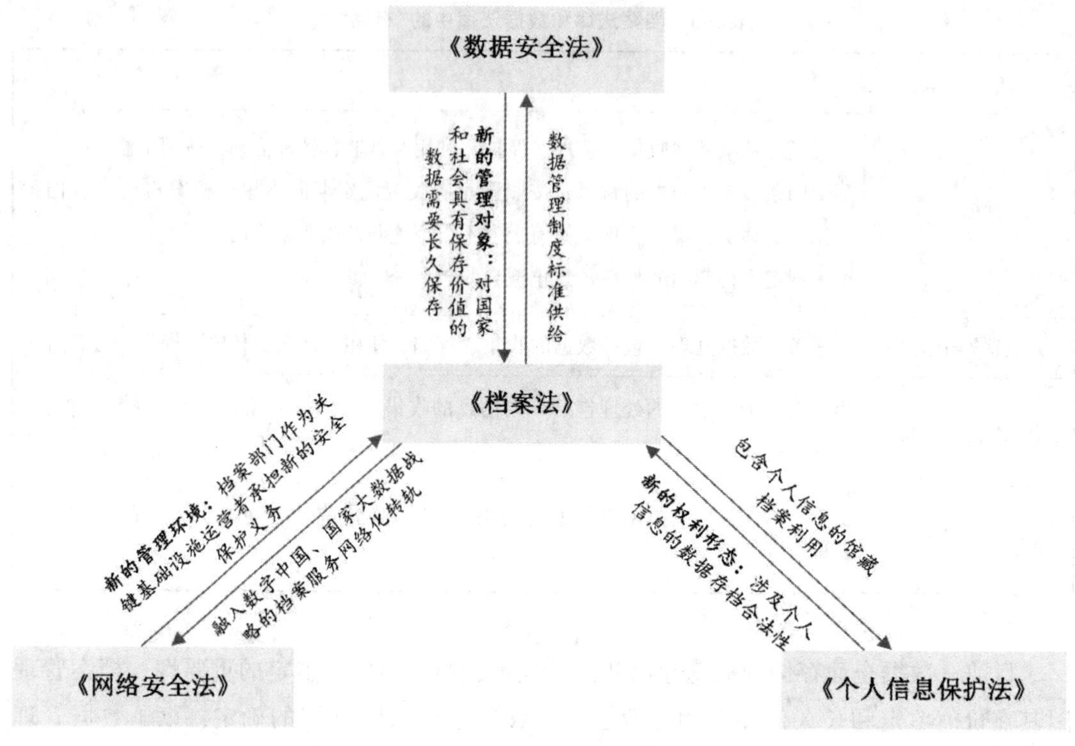

图 3-2 《档案法》与三部主要的数据法律之间的关系

1.《档案法》与《数据安全法》

数据的“档案”价值和档案的“数据”形态构成了《档案法》与《数据安全法》协调发展的内在逻辑。一方面，数据的“档案”价值使数据归档成为档案部门重要职责。虽然“归档”未被明确纳入《数据安全法》对数据处理活动的范畴界定中，但数据归档作为数据全生命周期的重要环节，在《国务院关于加强数字政府建设的指导意见》《“十四五”全国档案事业发展规划》等国家政策中得到明确体认，并原则性、引导性地规定了档案部门在公共数据、政务数据资源归档中的职责。

另一方面，档案的“数据”形态使档案管理需遵循数据安全的一般规定。《数据安全法》明确了档案工作中数据处理活动的法律适用，第 53 条第 2 款规定，“在……档案工作中开展数据活动……还要遵守《档案法》等有关法律和行政法规”。也就是说，档案工作中的数据处理活动，既要遵守《数据安全法》的规定，也要遵守档案法律法规。① 通过该条

① 齐爱民. 数据法原理[M]. 北京：高等教育出版社，2022：118.

款，档案数据面临《数据安全法》和《档案法》的共同规制。

2.《档案法》与《个人信息保护法》

《档案法》与《个人信息保护法》的协调，一方面，是因为档案本身不可避免地包含个人信息，一旦文件、记录或数据归档，它们的服务对象、访问机制、利用目的便发生改变，① 即“语境”改变，也就带来了隐私泄露的风险；另一方面，当下档案机构广泛开展的互联网存档、社交媒体存档实践必然涉及个人信息的采集，这种出于公共利益的存档(记忆)行为，与《个人信息保护法》所保护的删除权(遗忘)等数字权利相悖。由此，《档案法》与《个人信息保护法》的衔接协调具有包含个人信息的档案的利用，涉及个人信息的数据存档合法性两个维度。

《个人信息保护法》确定了档案领域开展个人信息处理活动的法规遵从。第七十二条规定，“档案管理活动中的个人信息处理有规定的，适用其规定”，从法律层面认可了档案管理活动中的个人信息处理的国家专属性、公共性和专业性，确定了《档案法》的优先适用。② 第二章第三节规定了国家机关处理个人信息的特别规定，为档案主管部门开展相关工作提供了规范性支撑。③ 第六十条延续《网络安全法》第八条确立的“网信部门统筹协调”+“有关部门分散监管”的立法模式，确立了个人信息保护监管的职能划分。从法律解释层面看，档案主管部门自然属于“国务院有关部门”，应当在自身职责范围内依法履行监管责任。④ 由此，档案主管部门享有处理档案开放鉴定中的个人信息的公权力。⑤

3.《档案法》与《网络安全法》

随着存量数字化、增量电子化、利用网络化战略的推进和发展，档案收集、利用等诸多档案管理业务工作延伸至网络空间。⑥ 一方面，《档案法》中的数字档案馆(第四十条)与电子档案管理系统(第三十六条)是推动对国家和社会具有长久保存价值的数据归口各级各类档案馆集中管理的设施保障，其本质是基于信息技术、信息设备的网络空间，属于《网络安全法》《关键信息基础设施安全保护条例》所规范的关键信息基础设施范畴，因此属于《网络安全法》的调整范畴，⑦ 受到《网络安全法》及其相关法律法规的规制，需要在其性能标准、安全防护、风险检测、保密体系、数据保护责任等方面与《网络安全法》保持一致。

---

① Danielson E S. The Ethical Archivist[M]. Chicago: Society of American Archivist, 2010.

② 龙卫球. 中华人民共和国个人信息保护法释义[M]. 北京：中国法制出版社，2021：337-338.

③ 何凡.《个人信息保护法》在档案开放利用中的适用与局限探析[J]. 档案与建设，2022，401(5)：12-15.

④ 龙卫球. 中华人民共和国个人信息保护法释义[M]. 北京：中国法制出版社，2021：270-271.

⑤ 谭彩敏. 档案工作中隐私保护的立法完善[J]. 档案管理，2017(6)：30-32.

⑥ 庄莉，吴小燕，王燕淑. 空间治理视域下档案公共服务均等化高质量发展研究——基于《“十四五”全国档案事业发展规划》的分析[J]. 档案与建设，2022(5)：52-54.

⑦ 蒋君仁. 关于数字档案馆建设如何贯彻《网络安全法》的思考[J]. 档案天地，2018，290(6)：38-39.

《网络安全法》对于网络安全等级保护制度(第二十一条)、用户信息保护制度(第四十条)、涉密网络运行安全保护(第七十七条)等其他方面的规定，也能够延展和规约到当下的档案工作实践。

另一方面，随着互联网成为新的档案数据管理场域，《档案法》对于档案收集、移交、利用、出境的规定无不与互联网环境密切交织。不论是政务服务数据、网页、电子邮件等互联网存档实践的不断发展；还是档案馆创新服务形式，开展互联网和移动端查询利用服务(第二十八条)，建设全国档案查询利用服务平台(第四十一条)；电子档案移交的在线化、网络化(第三十九条)；档案互联网传输出境(第五十条)……凡此种种，均反映出档案管理超越传统纸质文件时代“偏安一隅”的工作业态和“门可罗雀”的物理空间，深度参与并融入网络秩序的建设当中。在此背景下，进入网络空间的档案业务工作，与进入档案管理范畴的“网络数据”“个人信息”，均受到《网络安全法》等数据法律与《档案法》的共同规制。

2024 年 1 月 12 日，中华人民共和国国务院令第 772 号公布修订后的《中华人民共和国档案法实施条例》，并宣布其自 2024 年 3 月 1 日起施行。中国人民大学徐拥军教授认为，《实施条例》作为中国特色社会主义法律体系的组成部分，遵循“法法衔接”原则，与相关法律法规协调一致。注重与数据安全、网络安全、政府信息公开等其他相关法律法规的有效衔接。如，第二十七条规定，档案或者复制件出境涉及数据出境的，还应当符合国家关于数据出境的规定。第三十八条规定电子档案管理信息系统应当按照国家有关规定建设，并符合国家关于网络安全、数据安全以及保密等的规定。第四十条规定电子档案移交接收网络以及系统环境应当符合国家关于网络安全、数据安全以及保密等的规定。同时，立足于推动档案事业现代化建设的长远目标，将先进理念渗透于条文之中，为档案工作未来发展指明引领方向。如，基于数据思维，第二十五条、第二十七条、第四十四条等分别提及数据汇集、数据出境、数据共享等内容，指引档案工作紧跟大数据时代发展潮流。① 体现出档案立法的有效性和及时性。

(四)融入数据法治体系的域外档案立法实践

1. 档案作为客体对象的内涵界定

从国外立法来看，法国、英国、美国、加拿大、新西兰等国的档案法律中均强调“档案”这一概念不受存在形式、载体形态的限制(如表 3-4 所示)。新西兰《2005 年公共档案法》、法国《遗产法典(第二卷：档案馆)》更是明确将“数据”纳入对档案的界定之中——法国《遗产法典(第二卷：档案馆)》第 211-1 条：档案是所有自然人和法人，在其活动中产生

① 专家解读 | 徐拥军：《中华人民共和国档案法实施条例》的特点[EB/OL].[2024-03-21]. https://www.saac.gov.cn/daj/fzgz/202401/ce4f6b4598b545eab829b7e33f58b658.shtml.

或接收的，无论时间、保存地点、存在形式、载体形式的全部文件也包括数据的统称；新西兰《2005年公共档案法》第4条：档案是指无论是原始形式，含有(但不局限于)文件、签名、封印、文本、图像、声音、演讲或汇编、记录、保存的数据等的信息。

表 3-4 国外档案法律中“档案”概念界定

国别	档案法律	“档案”的定义
法国	《遗产法典(第二卷：档案馆)》	第211-1条 档案是所有自然人和法人，在其活动中产生或接收的，无论时间、保存地点、存在形式、载体形式的全部文件也包括数据的统称。
英国	《公共档案法》	第10条 “档案”不仅包括书面档案，也包括任何其他方式所承载的信息形成的档案。
美国	《档案处置法》	第3301条 档案是指联邦机构根据联邦法律在处理公共事务过程中形成或接收的，以及作为美国政府组织、职能、政策、决策、程序、运作或其他活动的证据，或由于所含数据具有信息价值，而被联邦机构或其合法继任者保存或妥善保存的，各种载体形态或特征的所有记录信息。 “记录信息”一词包括所有的档案传统形式，无论其实体(物理)形式或特征，涵盖所有以数字或电子形式产生、处理、传递或存储的信息。
加拿大	《加拿大图书馆与档案法》	第2条 “档案”指的是任何媒介或者任何形式的文献材料，而不是出版物。
新西兰	《2005年公共档案法》	第4条 档案是指无论是原始形式，含有(但不局限于)文件、签名、封印、文本、图像、声音、演讲或汇编、记录、保存的数据等的信息： (a)各种材料的书写记录； (b)保存在胶片、底片、磁带或其他介质上能被复制； (c)由记录设备或程序、计算机或其他电子设备或程序记录的。
荷兰	2021年《档案法》(*Archiefwet* 2021)	使用术语“文件”(documenten)代替“存档文件”(archiefbescheiden)，与《开放政府法》(Wet open overheid保持一致，除文本文件外，电子邮件与聊天信息等数据也将纳入归档范围。2021年《档案法》规定，“文件”涉及政府机构在其职责范围内形成并接收的信息，在何种介质上以何种形式记录并不重要，文本文件、电影、照片、电子邮件、网站、数据库等数据都可以是法律意义上的“文件”。

2. 档案部门权责范围的延展

档案部门作为数据治理关键参与者的职能地位已经得到国外档案法规政策的充分体认。冰岛《公共档案法》规定，国家档案馆具有制定记录和数据档案的编制和移交规则的职责；瑞士《联邦档案法》规定，瑞士联邦档案馆需要为联邦创建、组织和管理数据提供支持和建议。新西兰《档案2057战略》(Archives 2057 Strategy)认为档案部门是整个数据生命周期(从创建到使用)中关键的领导者和监管者，未来的档案馆应当提高数据管理能力。① 澳大利亚国家档案馆将文件、信息以及数据认定为澳大利亚政府机构信息资产(information asset)，敏锐地觉察到“一个新的网络安全的下一代数字档案馆将保存信息和数据”，并将“努力成为信息和数据管理政策、数字化转型等方面的国内和国际领导者”作为国家档案馆核心价值观之一。② 澳大利亚国家档案馆出台《数据战略 2023—2025》(*Data strategy* 2023-2025)，进一步明确了其实施数据战略的四个核心目标包括实现数据价值最大化、数据受到信任和保护、促进数据利用、构建数据能力，并详细列出了目标指引下的行动路径和成效指标。该战略与既有的《信息和数据治理框架》《数据战略》等政策和计划保持内外一致性，进一步扩充和完善了澳大利亚数据治理整体布局。③

英国等国家还搭建了数据管理部门与档案管理部门的协作框架，英国通过信息专员办公室协调公共机构对《信息自由法》《数据保护法》以及《公共档案法》等法律的遵从。2021年4月29日，英国信息专员办公室(ICO)和国家档案馆(TNA)签署谅解备忘录(*Memorandum of Understanding between the Information Commissioner and the Keeper of Public Records*)，④ 建立了二者之间的合作框架。该备忘录承认ICO和TNA拥有互补的专业知识和交叉重叠的管理问题，确定了每年至少举行一次会议的对话机制，以便就双方共同关心或彼此影响的问题进行协商和良好沟通。新西兰则通过《监管系统信息：公共档案》(*Regulatory system information*：*Public Records*)，将内务部、新西兰档案馆、政府首席数字官、政府首席隐私官、监察员办公室、隐私专员、政府首席数据管理员和地方政府信息管理者协会等均纳入公共档案监管机构。⑤

3. 融入数据法治体系的档案法

有关档案立法与数据立法的关系在国外早有论述。Alberch 认为，《档案法》《数据安全法》《信息自由法》《电子政务法》等法律在大多数国家互不相关，很少相互参照，但大多数情况下，它们所规制的内容是相互依赖的。⑥ 2018 年，Vázquez Bevilacqua 在其发表的论文

① Archives New Zealand. Archives 2057 Strategy[EB/OL]. [2023-02-27]. https://www.archives.govt.nz/about-us/publications/archives-2057-strategy.

② National Archives of Australia. Strategy 2030: a transformed and trusted National Archives [EB/OL]. [2023-03-27]. https://www. naa. gov. au/about-us/who-we-are/accountability-and-reporting/strategy-2030-transformed-and-trusted-national-archives.

③ National Archives of Australia. Data strategy 2023-25[EB/OL]. (2022-10-25)[2023-05-15]. https://www.naa.gov.au/about-us/who-we-are/accountability-and-reporting/data-strategy-2023-25.

④ The National Archives of Australia. Building trust in the public record: managing information and data for government and community[EB/OL]. [2021-12-11]. https://cdn.nationalarchives.gov.uk/documents/information-management/mou-as-signed-apr-2021.pdf.

⑤ Department of Internal Affairs. Regulatory system information: Public Records[EB/OL]. [2023-03-16]. https://www.dia.govt.nz/Regulatory-Stewardship---Public-Records.

⑥ Alberch Fugueras R. Archivos: entender el pasado, construir el futuro[M]. Barcelona: Universitat Oberta de Catalunya, 2013: 24.

中指出，乌拉圭《国家档案法》(*Sistema Nacional de Archivos*)与《个人数据保护法》(*Protección de Datos Personales y Acción de Habeas Data*)和《信息自由法》(*Derecho de Acceso a la Información Pública*)一同构成了信息管理规范性三部曲。① 早在1992年瑞士联邦颁布的《联邦数据保护法》(*Loi federale sur la protection des donnees*)中，便对档案管理员可提供访问的数据类别及提供访问的形式进行了详细规定，体现出档案工作对《联邦档案法》和《联邦数据保护法》等档案相关法律的多重遵从。②《澳大利亚数据战略》(*Australian Data Strategy*)更是明确赋予澳大利亚国家档案馆制定《建立对公共记录的信任：为政府和社区管理信息和数据》等政策、指导机构进行可信任的数据管理的责任；并将《档案法》纳入确保数据安全的数据管理法律框架(如图3-3所示)。③

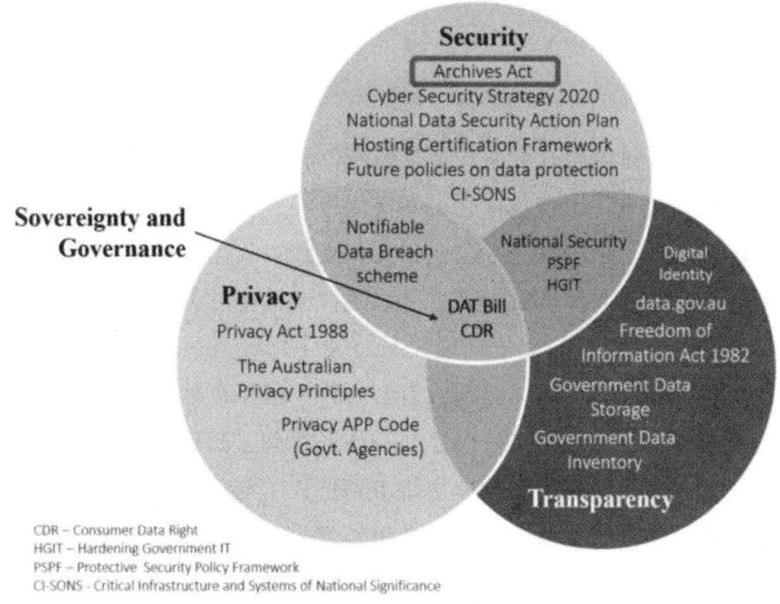

图3-3　澳大利亚数据立法中的档案法

(图源《澳大利亚数据战略》)

当下，我国对于数据安全、个人信息保护、数据存储等规范散见于《民法典》《档案法》《个人信息保护法》《数据安全法》等各种层级和领域的法律文件中，缺乏一定的系统性与体系性，且各法律规范对数据的范畴、管理的限度存在交叉或相互抵牾之处。正如齐爱

---

① Vazquez Bevilacqua M. Ten years since the creation of National System of Archives in Uruguay: Analysis of Law 18220[J]. Revista de la Facultad de Derecho, 2018(44): 287-318.

② 国家档案局政策法规研究司编译. 境外国家和地区档案法律法规选编[M]. 北京：中国政法大学出版社，2017: 310-311.

③ Australian Government Department of the Prime Minister and Cabinet. Australian Data Strategy[EB/OL]. (2022-10-24)[2023-03-17]. https://www.finance.gov.au/sites/default/files/2022-10/australian-data-strategy.pdf.

民在《数据法原理》中所说，体系化与系统化是数据法的内在要求。① 随着档案管理逻辑、档案管理环境、档案管理对象以及档案管理权责与数据管理走向融合交叉，正如国家档案局经济科技档案业务指导司副司长蔡盈芳在中国档案学会成立40周年学术研讨会的发言中提出，未来数据管理和档案管理需实现“协同”到“融合”的提升。在此愿景下，《档案法》或可成为数据法分则的一部分，基于数据权利保障，依据数据、数据行为和数据关系的一般规律，和档案部门管理数据的性质和特征，成为体系化数据法——《数据法典》的有机组成部分，与其他数据法律既相互联系，又相互制约。

三、文化立法与档案立法

（一）文化立法概述

1. 文化立法的概念

中国特色社会主义文化立法是调整社会主义文化领域的各种社会关系，维护社会主义文化市场秩序，引导、规范和促进中国特色社会主义文化事业、文化产业发展，保障公民文化权利的各种法律规范的总称。中国特色社会主义文化立法以我国文化领域的社会关系为调整对象。有的学者认为，文化领域的社会关系主要是“以文化行为、文化管理等为载体的社会关系”。当然，文化行为关系与文化管理关系是文化领域最核心的社会关系，但它们很难全面展现文化关系的内容与特质。因此，有必要将中国特色社会主义文化立法所调整的文化领域的社会关系进一步分化为：公民之间、法人之间、其他组织之间，以及他们相互之间的文化交往关系；国家在规范与调控文化市场过程中与公民、社会间形成的文化规制关系；文化市场中行政主体与相对方之间的文化管理关系；国家在满足公民文化权利诉求、丰富公民文化生活过程中与公民之间形成的文化权利保护关系。②

2. 文化立法的原则

中国特色社会主义文化立法的基本原则是指贯穿于中国特色社会主义文化法律规范，对文化法律规范的制定和实施具有普遍指导意义，并具有稳定性、综合性的基本准则。它们既承载着中国特色社会主义文化立法的基本价值诉求，又体现着中国特色社会主义文化立法的内在精神与外在趋向。具体说来，中国特色社会主义文化立法的基本原则主要有以下几个方面：

第一，文化主权原则是中国特色社会主义文化立法的首要原则。在当今全球化浪潮中，“某些西方大国凭借自己强大的经济、政治实力，借助文化全球化的东风，在不平等

① 齐爱民. 数据法原理[M]. 北京：高等教育出版社，2022：Ⅲ.

② 周叶中，蔡武进. 中国特色社会主义文化立法初论[J]. 法学论坛，2014，29(5)：83-93.

交流的基础上，企图对弱小民族和国家进行文化渗透，这种文化霸权必然会挑战文化主权”。在此情势下，通过文化立法维护社会主义文化主权便成为一种必然选择。文化主权原则主要包括文化平等、文化自决、文化保护等内容。

第二，文化人权是中国特色社会主义文化立法的核心原则。文化人权原则强调，我国的文化战略、文化举措应当尊重公民的文化心理、关注公民的文化需要，应注重公民文化主体能动性的发挥，并促进公民的文化实践，以不断满足公民的文化消费和文化发展诉求为出发点和归属——如果说“民族文化是实现公民个人权利的社会基础”，那么维护公民的文化权利就是落实保障公民权利的基础。文化人权原则主要包括保护公民的文化自由权、维护公民的文化平等权、落实公民的文化监督与保护权等内容。

第三，文化参与原则是中国特色社会主义文化立法的主线原则。中国特色社会主义文化立法贯彻文化参与原则，不仅是对公民文化特性的尊重，更是对社会主义民主要求的回应。贯彻文化参与原则极为必要。一方面，应进一步促进和维护文化领域的开放性和包容性；另一方面，应促进公民文化参与渠道和参与方式的多样化发展。此外，还应加强公民在文化成果保护过程中的参与。

第四，文化均衡原则是中国特色社会主义文化立法的基础原则。文化均衡原则强调文化立法应以维护文化领域中各种文化形态和利益间的协调和相对稳定为基本准则。通常说来，文化均衡包括文化价值和谐与文化利益协调两大方面。所谓文化价值和谐是指多元化的社会观念、个人价值取向、信仰等应当相互包容、和谐共存。它要求“在文化立法中承认和许可不同的文化价值观念及其表现形态，给予符合公序良俗的不同文化活动和文化产品生存和发展的必要空间，推动文化繁荣”。所谓文化利益协调是指文化所承载或代表的不同利益之间，应当在动态的博弈过程中实现协调一致。这里强调的不同利益，主要指的是个人利益和公共利益。

第五，文化传承与发展原则是中国特色社会主义文化立法的关键原则。它强调通过文化立法加强对我国传统文化的保护和传承；通过文化立法引导、激励文化的创新和发展；同时，通过文化立法的规范作用，消解由文化传承和文化发展所衍生的“传统”与“新生”之间的张力，实现文化传承和文化发展的良性互动和协调推进。①

3. 我国文化立法的现状

文化法治建设是繁荣社会主义文化的重要保障，也是建设社会主义法治国家的重要组成部分。党和国家高度重视文化法治建设。党的十六大报告开始提出加强文化法制建设的目标和规划，2005 年中共中央、国务院发布《关于深化文化体制改革的若干意见》，强调“加强文化立法，通过法定程序将党的文化政策逐步上升为法律法规”。2011 年党的十七届六中全会审议通过了《中共中央关于深化文化体制改革、推动社会主义文化大发展大繁

① 周叶中，蔡武进. 中国特色社会主义文化立法初论[J]. 法学论坛，2014，29(5)：83-93.

荣若干重大问题的决定》，提出加强文化立法，进一步提高文化发展法制化水平。

党的十八大以来，一系列文件决议擘画了文化发展的新蓝图，为文化法治提供了坚实且良好的政策与法治环境。在宪法的基础上，我国先后制定了一系列文化法律法规和部门规章，包括《著作权法》《文物保护法》《非物质文化遗产法》《公共文化服务保障法》《网络安全法》《电影产业促进法》《公共图书馆法》，以及《广播电视管理条例》《电影管理条例》《营业性演出管理条例》《音像制品管理条例》《出版管理条例》《文化市场综合行政执法管理办法》等，并修改了《档案法》，为文化事业和文化产业的法治建设提供了重要的法律依据。① 许多地方结合实际，出台了精神文明建设、文化艺术发展、公共文化服务保障、文化产业促进、文化遗产保护等方面的地方性法规和政府规章。此外，我国还加入了《视听表演北京条约》等国际条约，在国际大背景下积极做好建立健全文化法律制度这篇大文章。总的来看，我国全方位、多层次的文化法律制度体系已经基本形成并不断趋于健全完善。

(二)档案立法在文化法律体系中的地位

1. 档案法是文化权利保障法体系的重要部分

文化权利属于公民宪法基本权利的范畴，公民文化权利保障是文化立法的根本目的。《世界人权宣言》《公民及政治权利国际公约》《经济、社会和文化权利国际公约》都对公民文化权利进行了不同程度的强调，明确了公民所享有的文化权利的基本范畴。我国《宪法》第二条明确赋予了人民依法管理国家事务、经济和文化事业的权利；第四十七条在阐述我国公民所享有的基本权利时，特别规定了公民“有进行科学研究、文学艺术创作和其他文化活动的自由”。② 文化权利保障法体系是专门保障公民、法人或其他组织文化权利、自由的法律体系。构建完善文化权利保护法律体系，是现代法治发展的必然选择，是现代人权保障的内在诉求。档案是一种重要的文化资源，档案立法将有助于公民正确行使文化权利，确保公民合法地获取和利用档案资源，实现文化传承和创新。因此，《档案法》作为文化权利保障领域的一部单行法，是文化权利保障法体系的重要组成部分。

2. 档案法是公共文化服务法体系的有机组成

为了加快推动公共文化服务体系建设，我国颁布了《关于加强公共文化服务体系建设的若干意见》《关于加快构建现代公共文化服务体系的意见》等一系列法规意见。党的十八届三中全会把“构建现代公共文化服务体系”作为全面深化改革的一项重要任务。党的十八届四中全会对加强文化立法提出了明确要求，指明要制定公共文化服务保障法。全国人大常委会审议通过公共文化服务保障法，全国人大教科文卫委员会牵头起草公共文化服务保

① 熊文钊. 加强新时代文化法治建设意义重大[N]. 中国社会科学报，2022-06-08(2422).

② 王玉珏，熊文景. 文化权利和文化认同视域下的档案馆公共文化服务[N]. 中国档案报，2019-02-18(3336).

障法，都是贯彻落实党中央这一决策部署的具体举措。

档案立法是完善我国公共文化服务法规体系的有力举措。《档案法》对档案机构及其职责、档案的管理、档案的利用和公布、档案信息化建设等作出了明确规定，能够引领和推动现代公共文化服务体系建设全面深入开展。例如，《档案法》第三十四条规定“国家鼓励档案馆开发利用馆藏档案，通过开展专题展览、公益讲座、媒体宣传等活动，进行爱国主义、集体主义、中国特色社会主义教育，传承发展中华优秀传统文化，继承革命文化，发展社会主义先进文化，增强文化自信，弘扬社会主义核心价值观”。档案馆是文化事业单位的重要组成部分，具有保障公民文化权利的历史使命，是为公民提供公共文化服务的中坚力量。这一规定鼓励发挥档案馆文化建构、文化教育、文化服务的功能，将进一步激发档案馆公共文化服务效能，充分发挥档案的公共文化价值。通过释放档案蕴含的文化力量彰显中华民族之智、中华文明之美，把握好、发展好、弘扬好中华优秀传统文化，并将其转化为适应时代发展、符合民族精神、满足人民需要的档案文化服务，助力推动现代公共文化事业高质量发展。

3. 档案法是文化遗产保护法律体系的必要补充

档案作为记录和保存历史文化遗产的重要载体，对于维护国家和社会的文化记忆、促进文化传承具有不可替代的作用。文化遗产的保护、文化活动的组织以及文化政策的制定，都需要以档案的形式进行记录和保存。此外，档案作为一种特殊的文化资源，涉及多种权益问题，如知识产权、信息安全等。档案立法通过明确档案的收集、保存、整理、利用等基本原则和规范，明确档案的知识产权归属、保护范围和权利义务，加强对档案的合法权益保护，维护档案的安全性和完整性，促进档案资源的合理利用和传播。加强档案立法，对于促进国家文化事业的建设和发展、推动文化资源的合理利用和传承，具有重要的现实意义和历史使命。

综上所述，档案法是文化法律体系的重要组成部分，属于公共文化服务法的范畴。档案立法充实丰富了文化法律体系的内容，夯实了文化建设的法治基础，为建设社会主义文化强国提供了强有力的法律支撑。此外，档案立法与其他文化法律规范之间存在着密切的联系和互动。在文化法律体系中，档案立法与其他法律规范如著作权法、文物保护法、公共文化服务保障法等互为补充，共同构成了文化法律体系的完整框架，为文化事业的发展提供了全面的法律保障。

（三）将档案立法融入文化立法的国外实践

1. 制定综合性的文化法律法规，将档案事业纳入其中

法国将档案立法纳入文化遗产立法体系，从法律层面认定档案的遗产价值，明确了档案的定义、分类、保护和利用等方面的要求，为档案事业的发展提供了法律保障。2004 年

修订的法国《档案法》被纳入国家《遗产法典》，这一法律上的归属明确了档案馆成为法国遗产体系的组成部分，承担着进行公民艺术及遗产教育的责任。法国档案立法强调公众参与和档案利用的重要性，从法律、机构设置等方面为档案馆参与国家文化遗产活动和公共文化服务提供保障。因此，法国的各级各类档案馆，特别是地方档案馆，都在积极开展以所在地文化遗产为核心的公众文化服务，逐步形成了一个集文化记忆、文化实践、文化遗产等为一体的全方位档案教育体系。①

2. 制定专门的档案法律法规，强调其与文化立法的关联

加拿大十分重视档案的历史文化价值，并合理运用法律工具保护好历史文献遗产。加拿大在其《图书馆与档案馆法》中，将图书馆和档案馆作为文化遗产保护和传承的重要机构，明确了它们在文化事业中的地位和作用。该法规定了图书馆和档案馆的职责、权利和义务，以及它们在保护和利用档案资源方面的合作机制，并在宗旨中再次申明图书馆、档案馆作为公共文化服务机构、知识的保管者和促进利用者的身份。② 加拿大的档案立法将档案馆的职能与文化遗产的保护和传承紧密结合起来，不仅有利于国家档案资源的保护，也有利于文化遗产的活化利用，为公共文化事业的健康发展提供了法律保障。

3. 在文化政策中明确档案的地位和作用

美国在制定公共文化服务政策时充分重视公民的信息权利、文化权利，并以法条形式固定下来。美国在1966年颁布了《信息自由法》，该法以"任何人皆可请求公开、公民有权知道"为原则，明确了公共服务为档案馆的核心职责，规定任何人均平等享有公共档案的信息权利和文化权利。③ 这也为档案馆开展公共文化服务提供了法律依据和保障。在《美国记忆》(American Memory)项目的实践中，美国国会图书馆将档案作为重要的文化资源进行数字化和保护，通过提供在线访问服务，让公众能够方便地利用这些档案资源。这样的政策规划不仅推动了档案事业的发展，也充分保障了公民的文化权利。

这些实践表明，将档案立法融入文化立法，可以通过制定综合性的文化法律法规、专门的档案法律法规以及在文化政策中明确档案的地位和作用等方式实现。这有助于确保档案事业与文化事业的协调发展，推动档案资源的保护和利用，为文化事业的发展提供有力支撑。

(四)新时代文化法的发展对档案法规建设的促进意义

2023年2月，中共中央办公厅、国务院办公厅印发了《关于加强新时代法学教育和法学理论研究的意见》，明确提出加强文化法学学科建设；2023年10月，习近平文化思想

① 王玉珏. 让档案教育成为法国公民的必修课[N]. 中国档案报，2016-7-18(2940).

② 黄霄羽，姚静. 政策法规视角下加拿大档案利用服务实践特点及启示[J]. 北京档案，2023(9)：43-47.

③ 王玉珏，熊文景. 文化权利和文化认同视域下的档案馆公共文化服务[N]. 中国档案报，2019-2-18(3336).

正式提出，强调要加强思想宣传文化工作的法治保障。这给新时代文化法建设发展带来了新的机遇，同时也给档案法规建设带来新的发展空间。

1. 文化法学理论建设将进一步带动档案法规理论建设

一是文化法学理论为档案法规理论提供了新的理论视角。文化法学作为一门研究文化法理论与实践及其发展规律的社会科学，以保障文化权利、调整文化关系、规范文化行为等为研究客体，以文化法如何调整文化产品和文化服务的提供、文化活动的展开为研究重点，将为档案法规理论提供新的理论方向。研究文化法学理论，可以更好地理解档案在文化传承、历史记忆、社会认同等方面的价值。文化法学理论的发展有助于完善档案法规体系，提升档案工作的法治化水平，并推动档案事业的可持续发展，助推我国在法治轨道上建设社会主义文化强国。

二是文化法学理论建设为档案法规理论的完善提供了理论支撑。随着社会的不断发展，档案管理面临着新的挑战和问题，需要不断完善和更新相应的法律规范。近年来，文化法学植根新时代文化建设沃土、服务文化法治实践，在研究方向和研究内容上呈现出多样化趋势，文化法学相关研究机构数量不断增长，发展态势良好，论文、专著、教材等研究成果日益丰富。文化法学的理论研究可以帮助我们更好地把握时代发展的脉搏，指导档案法规理论的修订和更新，使之更加符合社会生活的实际需要。

三是文化法学理论的跨学科特性为档案法规的理论建设提供了更广阔的视野。档案管理涉及文化、历史、政治、社会等多个领域，需要跨学科的视角来审视和解决相关问题。文化法学理论的研究范围涵盖宣传思想文化工作的各方面和全过程，既包括文化事业，如公共文化服务、文物保护、非物质文化遗产保护中的法律问题；也包括文化产业，如出版业、广播电视产业、电影产业、互联网内容产业、音乐产业中的法律问题。文化法学理论突破了传统部门法的研究疆域，贯通宪法、行政法、民商法、经济法、社会法、刑法、诉讼法等多个法律部门，呈现出多领域综合、多学科交叉的特点。① 作为涵盖多个学科的综合性学科，文化法学可以为档案法规的理论建设提供更加丰富和深刻的思考，为发展档案事业提供更全面的法律保障。

2. 文化法律体系的建设发展将进一步促进档案法规体系的完善

一是文化法律体系的建设为档案法规体系提供了宏观框架和指导思想。文化法律体系作为一个综合性的法律系统，旨在保护和促进文化的传承、创新和发展。文化法律体系确立了文化领域的基本法律原则、制度和管理规范，为档案法规体系的建设提供了有力的理论支撑和实践指导。档案法规体系作为文化法律体系的重要组成部分，需要在文化法律体系的宏观指导下不断完善和发展，以确保其与整体文化法律体系的协调性和一致性。在文

① 张树庭. 加强文化法学学科建设[N]. 人民日报，2023-11-20.

化法律体系的系统保障下，档案法规体系制定与文化法律体系配套的政策法规，有利于加强对档案资源的保护和利用，推动档案事业与文化事业的深度融合发展，进一步提升文化治理效能，为保护和传承中华优秀传统文化、提高国家文化软实力提供有力的法律支持。

二是文化法律体系的建设推动了档案法规体系的创新和可持续发展。随着文化领域的不断发展和进步，文化法律体系也在不断完善和创新。档案法规体系可以借鉴文化法律体系中的创新理念和手段，推动自身的创新和发展。例如，可以借鉴文化法律体系中关于知识产权保护、文化遗产保护、文化权利保护等方面的先进经验和做法，完善档案法规中关于档案资源保护、利用和传承等方面的规定，以适应时代发展的需要。通过开展文化法律体系与档案法规体系的配套制度建设，与文化法律体系形成既有侧重又相互配合、系统协调的制度体系。在文化法律体系创新的推动下，档案法规体系能够不断激发创新活力，探索档案事业新的管理模式、技术手段和服务方式，以适应档案事业发展的新需求和新挑战。

三是文化法律体系的建设促进了档案法规体系建设的跨部门协作。文化法律体系的建设注重跨部门、跨领域的协作，各部门之间重视资源共享与信息交流。档案法规体系在制定、执行过程中，同样需要与文化、教育、科技等相关部门密切合作，共同推动档案事业的发展。文化法律体系的跨部门协作经验可以为档案法规体系建设提供有益的参考。文化法律体系的建设发展，有助于强化档案法规体系各部门之间的逻辑联系和相互支持，提高档案立法工作的效率和质量，促进档案法规体系在内容上的协调性和逻辑上的一致性。通过档案法各立法部门的跨部门协作，完成新修订档案法配套法规、规章、行政规范性文件的立改废释工作，加快档案开放利用、档案信息化建设、档案价值鉴定、档案移交和处置、档案相关知识产权保护以及档案监督检查等方面的制度和政策供给，并及时修订、清理与现实需要不相适应的法规、规章和行政规范性文件。

3. 文化法律制度的建设发展，特别是数字文化法律保障制度的建设发展，将进一步促进档案法律制度的建设发展

一是文化法律制度的建设为档案法律制度的发展提供了法律保障和动力支持。2022年5月，中共中央办公厅、国务院办公厅印发了《关于推进实施国家文化数字化战略的意见》，对数字时代公共文化的服务建设、事业产业发展、治理效能优化等作出战略擘画，标志着以“文化数字化”为核心的精神文明与文化事业发展格局全面铺开。档案事业在中国式现代化建设中同样面临着档案资源保护、社会记忆建构、文化服务创新等多方面的现代化建设要求，这与国家文化数字化战略的价值追求高度契合。国家文化数字化战略提出的“数智化”“精细化”治理模式，在顶层设计方面进一步推动了文化法律制度的完善和档案法律制度的发展，助推了档案事业治理理念、治理手段、基础设施的一系列迭代更新。文化法律制度的发展，进一步推动了在档案法律规范和政策体系中明确档案事业与产业、档案主体与客体的协作关系和协同机制，明确了档案法律制度中市场准入、市场秩序、技术创新、知识产权、安全保障等关键点，有助于厘清权责划定、收益分配、职能分工、资源

调配等主体行为规制中的重要治理点,① 构建起档案事业治理现代化的主要体系，为档案法律制度的完善提供了有力的法律基础。

二是文化法律制度的建设推动了档案法律制度的信息化革新。随着信息时代的到来，传统载体档案数字化和电子档案快速发展，档案工作从传统实体管理逐渐转向数字管理，档案管理面临着新的挑战和机遇，需要进一步加强档案信息化建设，不断创新和完善相应的法律制度。档案管理正逐步走向信息化、数字化，利用虚拟现实、增强现实、数字孪生、分布式二维码等先进科技和全息呈现、多语言交互、高逼真、跨时空等新型体验技术对档案文化资源展演进行技术化改造与再现的实践不断增多,② 元宇宙、NFT、数字藏品等文化产业新理念与档案管理的交流和应用愈加频繁。一方面，我国数字文化法律保障制度主要包括版权保护、网络信息安全、个人隐私保护、数据安全等方面的法律规定，这些规定明确了数字文化资源的管理和保护原则，不仅对数字化档案保护具有重要意义，同时也对数字化档案的管理和利用提供了必要的法律支持和保障。另一方面，数字文化法律保障制度的发展需要借助先进的技术手段和信息管理系统，这对于提高档案管理工作的效率和水平具有重要意义。比如，采用数字水印、数字版权管理等技术手段可以有效保障数字文化资源的安全性和可信度，也能够增强档案法律制度的执行力。此外，建立数字文化资源的标准化和分类管理体系，也为档案管理工作的规范化和制度化提供了有力支撑。数字文化法律保障制度的建设强调了在数字化环境下保护和管理文化资源的重要性，为档案法律制度的创新提供了丰富的经验，推动了档案管理法规的更新和完善，促进了档案管理的现代化和信息化。

三是文化法律制度的建设促进了档案法律制度与国际标准的对接和整合。数字化档案管理是一个全球性的趋势，各国都在积极探索数字化档案管理的相关法律制度和政策措施。一方面，文化法律制度的建设推动了档案工作的标准化和规范化。档案法律制度通过与国际的接轨，促进了档案管理与国际标准的对接和整合。这有助于增强档案法律制度在国际上的认同度和接受度，能够更好地适应国际交流与合作的需求，促进档案事业的国际化发展。另一方面，文化法律制度的建设为档案法律制度的发展提供了国际化视野。文化法律制度的建设注重与国际先进经验的交流与合作，关注国内外文化事业和档案事业的发展动态和最新趋势，能够为档案法律制度的创新带来前沿理念，为档案法律制度的发展提供了更广阔的空间和机遇，不断提升我国档案事业的影响力。

四、档案立法与文献遗产

国际遗产界和中国遗产保护的实践表明，遗产管理与法律存在密切关系，遗产要得到良好的保护，必然有赖于管理的法制化。而档案因其书写遗产的属性，与文献遗产具有天

① 周林兴. 档案事业现代化与国家文化数字化战略[N]. 中国档案报，2023-08-14(4022).
② 周林兴. 档案事业现代化与国家文化数字化战略[N]. 中国档案报，2023-08-14(4022).

然的联系和概念交叉。近年来，我国档案文献遗产保护实践的发展更使得从遗产角度审视档案工作、档案立法成为必要。

（一）立法趋势：将档案立法纳入遗产保护体系

1. 档案与文献遗产

20世纪70年代，国际图书馆协会联合会（International Federation of Library Association and Institutions，IFLA）便开始关注文献遗产保护，成立"保护与保存分委员会"（Section on Conservation）①，并制定《（国际图书馆协会联合会）保护与保存战略计划》（The IFLA Strategic Programme on Preservation and Conservation，PAC）②，提出"确保以所有格式出版和未出版的图书馆和档案馆材料尽可能以无障碍形式保存"的委员会目标。1992年，在联合国教科文组织与国际档案理事会（ICA）的共同推动下，"世界记忆项目"（Memory of the World Programme，MOW）（亦称"世界记忆工程"）正式启动，旨在保护世界范围内具有重要价值的文献遗产，唤起世界范围内对濒危、散失或正在遭受破坏的文献遗产的关注，增强公众对文献遗产的保护意识，以使人类的共同记忆得到更好地传承与发扬，防止集体遗忘。从此，文献遗产保护在世界范围内受到越来越多的关注。

《世界记忆：保护文献遗产的总方针》（*Memory of the World：General Guidelines to Safeguard Documentary Heritage*）将"文献遗产"（Documentary Heritage）界定为："对某个社群、文化、国家或全人类具有重大和持久价值，且其老化或丧失会构成严重损失的单一文件或组合文件。"该《总方针》还详细介绍了文献遗产的组成要素，包括：可移动，由符号、代码或图像组成，可保存（载体为非生命物质），可复制和迁移，是有意识地记录所形成的产品等五个方面。③

在中国，"文献遗产"概念尚无权威解释。国内学界对"文献遗产"概念的理解也存在分歧。有学者认为，文献遗产有广义与狭义之分，狭义的文献遗产是指祖先遗留下来的图书、档案和部分文物，是由具体物质形态的载体承载而记录的信息，而广义的文献遗产则包括具有文献作用和文化价值的一切重要文献。④ 也有学者将文献遗产定义为"各种以文献为主要表现形式，以文献内容为主要价值体现的文化遗产的总称"⑤。

档案文献遗产的概念明确进入档案学等学科始于"中国档案文献遗产工程"，该项目于

① IFLA. About the Preservation and Conservation Section［EB/OL］.［2018-08-31］. https://www.ifla.org/about-the-preservation-and-conservation-section.

② IFLA. About the Preservation and Conservation Strategic Programme［EB/OL］.［2018-08-31］. https://www.ifla.org/about-pac.

③ Edmondson R . Memory of the World：general guidelines（revised edition 2002）［EB/OL］.［2021-01-11］. http://unesdoc.unesco.org/images/0012/001256/125637e.pdf.

④ 张美芳，张松道主编. 文献遗产保护技术管理理论与实践［M］. 长春：吉林文史出版社，2009.

⑤ 高鹏，陈聃. 文献遗产："档案"的嬗变与发展——《档案法》向《文献遗产法》转型的思考［J］. 档案学通讯，2013(3)：49-52.

2000年，由国家档案局根据“世界记忆项目”的要求启动。国家档案局明确指出，“中国档案文献遗产”是指中国历史上所形成的具有国家级文化价值的档案文献，并以界定的方式描述“中国档案文献遗产”，无论是各级国家机构形成的，还是各类社会组织以及个人形成的，包括流散于海外的，只要其具有的文化价值符合国家级判定标准，通过申报，经中国档案文献遗产工程国家咨询委员会评审批准，即可以命名为中国档案文献遗产，收入《中国档案文献遗产名录》，向社会公布，并可在抢救、保护方面得到优先资助。①

实际工作中，不同的记忆机构对文献遗产的定义也存在一定的分歧：例如，档案界认为文献遗产就是指具有凭证属性的档案文献遗产，图书情报界认为文献遗产是图书馆的珍贵藏书或手稿，而博物馆和文物界则认为，文献遗产就是具有文物属性的古籍。②

学术观点常有仁智之见。本书将“文献遗产”界定为以书本、手稿、文件等各种文献为主要表现形式，以文献内容为主要价值体现的文化遗产的总称。档案与文献遗产的概念有所交叉，虽侧重各不相同，但考虑到国际档案工作与遗产工作的交叉性，以及如加拿大、法国、蒙古等国家已将档案法融入遗产相关立法中的实际做法，档案、文献遗产与立法之间的关系已密不可分。因此，从遗产视角审视档案立法具有其理论与现实意义。

2. 遗产坐标中的档案文献遗产

20世纪90年代，随着世界遗产运动的发展、世界记忆项目的实施，以及我国档案保护与抢救工作的全面展开，档案文献遗产专属概念出现。③ 它将具有重要价值的档案认定为文献遗产的组成部分，纳入遗产坐标进行审视与思考，这在过去是前所未有的，不仅完善了文献遗产的内涵，也因此形成了一个新的理论范畴和学术研究领域。④

目前，档案文献遗产的研究尚在起步阶段，学界关于其概念的研究还比较少。彭远明从广义和狭义两个方面对“档案文献遗产”进行了分析。“从档案文献的属性和价值分析，我国绝大多数档案馆都收藏有一定量的重要档案，其中有相当数量的珍贵档案文献，它们都具有重要的价值和历史作用，是不可再生的‘集体记忆’，凝聚了先人的知识与智慧，留给后人以精神与物质、经济与文化方面的传承与影响，带给人们启迪、思索与借鉴。这些档案文献都可称之为档案文献遗产，这就是普遍意义上的档案文献遗产，是一种广泛的概念。”狭义上的“档案文献遗产”则是指入选《中国档案文献遗产名录》的档案文献遗产。⑤周耀林对“档案文献”与“档案文献遗产”的概念进行了区分：档案文献遗产是指具有一定的历史、文化、艺术、科学、技术或社会价值的各种记录。与档案文献相比较，档案文献

① 赵海林．“世界记忆工程”与“中国档案文献遗产工程”[J]．档案，2001(6)：1．

② 高鹏，陈聃．文献遗产：“档案”的嬗变与发展——《档案法》向《文献遗产法》转型的思考[J]．档案学通讯，2013(3)：49-52．

③ 彭远明．中国档案文献遗产研究[M]．北京：军事科学出版社，2014．

④ 彭远明．档案文献遗产保护与利用的方法论研究[D]．上海：复旦大学，2008．

⑤ 彭远明．中国档案文献遗产研究[M]．北京：军事科学出版社，2014．

遗产不仅仅强调其记录的属性，更加强调其价值的属性。①

将档案纳入文献遗产保护体系及立法工作，为管理与研究带来了一系列变革：信息动态运载的多样化强化了保护范围的拓宽和保管内容的深化，资源利用途径的多样化促使资源开发的多元化需求；对文献遗产的研究使档案学科体系的构造有了更多新的内容。②

(二)将档案法融入遗产立法的国外实践

1. 法国

法国拥有丰富的文化遗产，列入联合国教科文组织世界遗产名录的共有44处，③ 列为国家文化遗产的共有约4. 4万处。1887年，法国成为世界上第一个立法保护文化遗产的国家。进入21世纪，为了"加强国家权力部门之间(出台的)关于遗产措施的一致性"，法国将之前分散立法的遗产领域的几部法律：《古迹保护法》(1913)、《自然遗址保护法》(1930)、《档案法》(1979)、《考古保护法》(2001)、《博物馆法》(2002)等，集中起来修订了《遗产法典》。在该法典中，遗产的概念、种类、范围、保护方式、保护程序以及法律责任等得到进一步明确和统一。至此，一个完整、协调的文化遗产法律保护体系得以建立。

2004年，法国将《档案法》纳入《遗产法典》(*Code du Patrimoine*)，使其成为该法典的第二卷：档案馆(Livre Ⅱ：Archives)。2008年7月，第二卷"档案馆"被重新修订。④ 值得注意的是，《遗产法典》是针对文化遗产保护的单行法。该法案在继承以往的有关遗产分类与登记、严格规定保护与管理等传统的基础上，针对不同类型的文化遗产制定了专业保护措施。在《遗产法典》中，法国第一次从法律层面定义了"遗产"(Patrimoine)的概念："包括所有可移动或不可移动的，属于公共或私人持有者的，具有历史、艺术、考古学、美学、科学或技术价值的财产。"整部《遗产法典》的核心原则是："不可渡让性"(principe d'inaliénabilité)，即被认定为"国家遗产"或相关的遗产名录上的遗产，未经国家专业委员会的认可，不可随意转让或者买卖。该原则渗透在每个遗产领域的下设机构(档案馆、图书馆和博物馆等)，强调了国家对其遗产工作的整体控制权。

法国《遗产法典》共七卷，其中第一卷和第七卷是各遗产领域共同面对的问题："文化遗产领域的一般规定"和"涉及海外省文化遗产的规定"；第二卷到第六卷，分别针对"档案馆"(第二卷)、"图书馆"(第三卷)、"博物馆"(第四卷)、"考古"(第五卷)和"历史古迹及保护区域"(第六卷)五个领域的不同遗产类型的管理分别进行探讨。

---

① 周耀林. 档案文献遗产保护的理论与实践[M]. 武汉：武汉大学出版社，2008.

② 彭远明. 中国档案文献遗产研究[M]. 北京：军事科学出版社，2014.

③ 数据来源：https://www.culture.gouv.fr/zh/19/12/Monuments-historiques-sites-patrimoniaux/5.

④ LOI n° 2008-696 du 15 juillet 2008 relative aux archives (1) [EB/OL]. (2008-07-15)[2021-01-11]. https://www.legifrance. gouv. fr/loda/id/JORFTEXT000019198529? dateSignature = 01% 2F01% 2F2008 +% 3E + 31% 2F12% 2F2008&datePublication = &etatTexte = VIGUEUR&etatTexte = ABROGE _ DIFF&sortValue = PUBLICATION _ DATE _ DESC&pageSize = 50&page = 39&tab_selection = all#lois.

第二卷“档案馆”针对的是档案文献遗产的保护，分为两个部分：“档案制度的基本规定”(Régime général des Archives)和“司法音像档案”(Archives audiovisuelles de la justice)。其中，“档案制度的基本规定”是档案立法的主体部分，它由四章组成：一般规定，收集、保存和保护，利用规则，惩罚。

将《档案法》纳入《遗产法典》，一方面加强了档案遗产与其他文化遗产的有机联系；另一方面，将档案立法纳入遗产立法体系，从法律层面认定档案的遗产价值，有利于加强不同部门的馆际交流和对不同性质文化遗产的有机联系，全面保护文化遗产。①

2. 加拿大

《加拿大图书馆与档案馆法》(*Library and Archives of Canada Act*)是加拿大管理文献遗产的单行法。2004 年 2 月 11 日，加拿大遗产部部长要求建立加拿大图书馆与档案馆，并对《著作权法》等法律进行修正的议案得到批准，于同年 5 月 21 日通过《加拿大图书馆与档案馆法》，同时对《版权法》《信息获取法》《退伍军人事务部法》等其他相关法中与之不相适应的内容进行了修订。2004 年 5 月 21 日，《加拿大图书馆与档案馆法》在国会的指示下正式施行，同时废除原《加拿大国家档案馆法》和《加拿大国家图书馆法》。

该法案以保护加拿大文献遗产为宗旨，并将“获取和保存文献遗产；使文献遗产为加拿大和对加拿大人感兴趣的人知晓，且被方便利用”规定为图书馆与档案馆的目标，其重要性和作用在于支持创建了一个为现在和将来保管加拿大文献遗产的新型部门。② 该法案第 2 条对文献遗产作出了定义，即“对加拿大有价值的出版物和档案”，并将档案(Records)定义为“任何媒介或者任何形式的文献材料，而不是出版物”。

《加拿大图书馆与档案馆法》共 17 章，包括简称、解释与适用、建立与组织机构、目标和权力、法定存储、为保存而获取具有长久保存品质的录制品、政府及各部档案、《皇家资产盈余法》、财政规定、总则、违法行为和处罚、《著作权法修正案》、相应修正案、过渡条款、协调修正、撤销、生效等。③

其中，与档案有关的规定主要集中于第 7 章“政府及各部档案”，同时，第七章“政府及各部档案”也是本法中规定得最详尽的章节之一，对政府及各部档案的移交、利用、访问、销毁等都有详细规定。

《加拿大图书馆与档案馆法》的出台顺应了图书馆与档案馆一体化的潮流。在两所文化机构合并之后，这部法律将“获取和保存文献遗产”列为加拿大图书馆与档案馆的目标之一，立足保护文化遗产的宗旨，对于文献资源收集利用等方面的制度进行了创新和突破，

---

① 王玉珏．遗产保护体系下的档案立法：法国《遗产法典(第二卷：档案馆)》解读[J]．档案学通讯，2016(4)：17-22.

② 曹宇，孙沁．《加拿大图书档案馆法》述评及其对我国《档案法》建设修改的启示[J]．档案学通讯，2011(1)：39-42.

③ Library and Archives of Canada Act [EB/OL]．[2020-07-24]．https://laws-lois.justice.gc.ca/eng/acts/L-7.7/page-1.html#h-5.

力图为加拿大社会实现信息资源的优化整合，为加拿大人提供更优越便利的文化服务。在工作目的和职责范围上，该法明确了文化机构所担负的为公民与社会保存一切有价值的文献材料的使命，从宏观层面列出新的图书馆与档案馆的职责所在。在馆藏内容上，本法的规定涵盖了原图书馆和档案馆的管理对象，对图书馆与档案馆的管理范畴进行了统一的规定，纳入各种类型、各种形式及各种主题的文献及记录，打破了传统图书馆及档案馆的收存界限，推动了国家对于文化遗产保护的力度。在工作方法上，该法创造性地将图书馆与档案馆合并，对于文献材料的收存和利用进行统一规定，一方面使加拿大的文献遗产能够得到更全面、更及时的捕获和安全保管，实现图书馆与档案馆在共建基础上的资源共享，另一方面也使得公众能够更加简单、方便地获取这些文献，也提升了信息服务的深度和广度，从而使其服务效率最大化。①

（三）遗产视角的档案立法审视

1. 我国文献遗产立法保护的现状

我国对历史文化遗产保护较为重视，2006 年，《国务院关于加强文化遗产保护的通知》中指出“应充分认识保护文化遗产的重要性和紧迫性”。② 截至 2012 年，共出台 22 部文物保护行政法规与行业法规、67 部地方性文物保护法规和 120 个有关文物保护工作的规范性文件。③ 可以说，我国已经形成一个较为完善的文化遗产保护法律体系。然而，其中有关文献遗产保护的规定尚不够系统和详细。

我国目前尚无针对文献遗产保护的专门立法，从文献遗产立法类型来看，我国属于将文献遗产立法纳入遗产法体系。我国文献遗产保护的相关条款散见于《中华人民共和国文物保护法》《中华人民共和国档案法》乃至《非物质文化遗产法》中。

其中，1982 年颁布、2017 年第五次修订的《文物保护法》共八章八十条，包括总则、不可移动文物、考古发掘、馆藏文物、民间收藏文物、文物出境进境、法律责任、附则。其第二条以列举的方式定义文物，“历史上各时代重要的文献资料以及具有历史、艺术、科学价值的手稿和图书资料等”被纳入其中。此外，该法中有 21 条与档案文献遗产保护直接相关的条款，与档案文献遗产关联较大的部分为第四章馆藏文物。馆藏文物章节对文物的收集、保护、移交、利用、处置、修复进行了详尽的规定，并规定了对馆藏文物建档制度，如第三十六条规定：“博物馆、图书馆和其他文物收藏单位对收藏的文物，必须区分文物等级，设置藏品档案，建立严格的管理制度，并报主管的文物行政部门备案……”

此外，我国加入了多项关于文化遗产保护的国际公约，如《关于禁止和防止非法进出

---

① 曹宇，孙沁.《加拿大图书档案馆法》述评及其对我国《档案法》建设修改的启示[J]. 档案学通讯，2011(1)：39-42.

② 国务院关于加强文化遗产保护的通知[EB/OL]. [2021-02-25]. http://www.gov.cn/gongbao/content/2006/content_185117.htm.

③ 我国档案文献遗产保护立法情况的调查与研究(二)[J]. 天津档案，2012(1)：51-52.

口文化财产和非法转让其所有权的方法的公约》《保护世界文化和自然遗产公约》《国际统一司法协会关于被盗或非法出口文物的公约》以及《武装冲突情况下保护文化财产公约》等。其中亦有关于文献遗产保护的规定，实现了与国际法的有效对接。

1972 年 11 月 16 日，联合国教科文组织大会第 17 届会议在巴黎通过了《保护世界文化与自然遗产公约》，我国于 1985 年加入。公约将古迹纳入文化遗产的范畴，即“从历史、艺术或科学角度看具有突出的普遍价值的建筑物、碑雕、碑画、具有考古性质的成分或构造物、铭文、窟洞以及景观的联合体”，与文献遗产的范畴有所重合。主要规定了文化和自然遗产的国家保护和国际保护措施等条款，凡是被列入世界文化和自然遗产的内容，都由其所在国家依法严格予以保护。

1970 年 11 月 14 日，联合国教育、科学及文化组织大会第 16 届会议在巴黎通过《关于禁止和防止非法进出口文化财产和非法转让其所有权的方法的公约》，我国于 1989 年 9 月加入。公约以描述加列举的方式对文化财产进行定义，其中与文献遗产密切相关的包括“稀有手稿和古版书籍”和“档案”。强调应尊重其负责缔约国领土内的文化财产，应采取一切适当措施禁止并防止在这些领土内非法进出口和非法转让文化财产。

1995 年 6 月 24 日，联合国教育、科学及文化组织通过《国际统一私法协会关于被盗或者非法出口文物的公约》，我国于 1997 年 3 月加入。其中“稀有手稿和有特殊意义的（历史、艺术、科学、文学等）古物、古书、文件和出版物”和“档案”等文献遗产被纳入文物的范畴。公约强调缔约国返还被盗文物、归还因违反缔约国为保护其文化遗产的目的制订的文物出口法律而移出该国领土的文物等。

1954 年 5 月 4 日，联合国教育、科学及文化组织通过《关于发生武装冲突时保护文化财产的公约》，我国于 1999 年 10 月加入。公约中文化财产的定义包含文献遗产的相关内容，如“手稿、书籍和其他具有艺术、历史或考古价值的其他物品”“科学珍藏和书籍或档案的重要珍藏或者上述各物的复制品”。强调文化财产在战争和敌对方占领时享受豁免，建立对破坏文化财产的肇事者追究刑事责任的原则，并要求各国在战争期间采取防范措施以确保文化财产在战争中不被破坏。①

2. 我国《中华人民共和国档案法》修订中体现的遗产保护思想

近年来，我国也出现了颁布文献遗产保护专门法，促进《中华人民共和国档案法》向《文献遗产法》转型的呼声。目前已有不少学者对于设立遗产保护专门法的问题进行研究，如周耀林、朱玉媛与赵亚茹（2010）认为《中华人民共和国档案法》修订应将档案明确纳入可移动文化遗产的范畴，将档案保护结合到遗产保护之中，营造“金字塔”式的专门法；②高鹏与陈聃（2013）探讨了文献遗产的概念，提出应以《中华人民共和国档案法》为蓝本起

① 我国档案文献遗产保护立法情况的调查与研究（一）[J]. 天津档案，2011，(6)：24.

② 朱玉媛，周耀林，赵亚茹. 论可移动文化遗产保护的国际立法及其对我国的启示[J]. 档案学研究，2010(3)：82-86.

草制定《文献遗产法》;[①] 王新才与聂云霞(2013)认为应参照有关国际、国内法规，制订一部专门法或在现有的《文物保护法》中增加“文献遗产保护”相关法律条文，以切实解决文献遗产保护工作中出现的问题;[②] 罗同昱(2014)提出要制定统一的《遗产保护法》，在过渡阶段修订和完善《中华人民共和国档案法》和中华人民共和国《档案法实施办法》，增加有关档案文献遗产保护的规定。[③]

新修订《档案法》的修订过程中也一定程度地体现了遗产保护的思想：如第十八条“博物馆、图书馆、纪念馆等单位保存的文物、文献信息同时是档案的，依照有关法律、行政法规的规定，可以由上述单位自行管理。档案馆与前款所列单位应当在档案的利用方面互相协作，可以相互交换重复件、复制件或者目录，联合举办展览，共同研究、编辑出版有关史料”。该条规定体现了档案法与文物保护法、公共图书馆法、博物馆条例等有关法律、行政法规相互协调，共同搭建文献遗产的法律保护体系。

此外，孙大东在新修订《档案法》实施背景下，从价值共创主体的视角下研究了档案文创产品的开发利用。这不仅是对档案资源的一种创新利用，也是对档案文献遗产的一种保护和传播。

（四）小结

随着国际遗产运动和遗产保护理念的深入发展，部分国家选择了从文献遗产的视角看待档案工作，并将其“档案法”融入“文献遗产”或“遗产”立法。从遗产视角看待档案，将档案立法纳入遗产立法体系，能够使文献遗产保护有法可依，避免缺乏专门立法导致相关法律的适用出现矛盾，同时也能够加强文献遗产的协同管理与保护，满足社会对于文献遗产利用的需求。此外，越来越多的国家选择加入联合国教科文组织关于文化遗产保护的公约与政策。就档案领域而言，以《中华人民共和国档案法》为蓝本，起草制定专门的《中华人民共和国文献遗产保护法》或是促进文献遗产立法保护的可循之途。条件成熟时，可以考虑制定一部综合性的《中华人民共和国文化遗产保护法》，将文物、文献遗产和非物质文化遗产三部分统一起来作为文化遗产进行保护。[④] 同时推动《中华人民共和国档案法》与《关于保存和获取包括数字遗产在内的文献遗产的建议书》等国际政策保持一致，对于推动全球文献遗产保护与治理具有十分重要的意义。

五、档案立法与公民权利的保障

随着社会民主程度的增强、权力关系的变化以及信息技术发展，公众社会参与积极性

① 高鹏，陈聃．文献遗产：“档案”的嬗变与发展——《档案法》向《文献遗产法》转型的思考[J]．档案学通讯，2013(3)：49-52.

② 王新才，聂云霞．中国文献遗产保护的现状、问题与展望[J]．图书情报研究，2013，6(1)：5-11，24.

③ 罗同昱．我国档案文献遗产保护法规体系优化策略研究[J]．兰台世界，2014(32)：92-93.

④ 高鹏，陈聃．关于文献遗产立法保护的相关问题研究[J]．兰台世界，2012(2)：57-58.

和参与水平提高，对于信息的“获取权”“知情权”“财产权”和“隐私权”等权利的意识觉醒并逐渐深化。对以上权利的尊重和维护也体现在世界各国的档案立法当中。

（一）利用权

所有“保存”的最终目的都是“利用”。档案利用是档案工作的最后一环，也是档案信息资源潜在价值得以实现的过程。《档案法》是公民利用权利实现与保障的法律支撑，只有从立法理念、权利赋予、救济途径等方面体现和保障公民的档案利用权利，才能激发公民利用档案的积极性，更好地发挥档案的价值。

法国在其1790年颁布的《国家档案馆条例》中首次提出了“档案开放原则”，条例规定“档案馆实行开放原则，每周开放三天，法国公民可来馆查用档案”，随后在1794年颁布的《穑月七日档案法令》中明确规定“所有公共档案馆实行开放原则，每个公民有权查用档案”，在法律上首次确立了档案开放原则。该法令的公布与实施，拉开了档案利用由封闭向开放转变的序幕。自此以后，档案开放的原则很快为欧洲各国所采用，许多国家开始重视开放档案并都对档案的开放、获取及利用作出了规定。

我国档案开放工作首见于1980年国家档案局发布的《关于开放历史档案的几点意见》。1987年《中华人民共和国档案法》颁布，我国首次以法律形式将档案开放政策确定下来。2020年新修订《档案法》又对档案的开放利用作出了新规定。此外，《各级国家档案馆开放档案办法》《机关档案工作条例》《外国组织和个人利用我国档案试行办法》等政策法规中均涉及档案开放与利用制度的相关规定。

1. 国外有关档案“利用权”的法律法规

美国国家档案馆与档案管理局（National Archives and Records Administration，NARA）1984年颁布，1985年4月1日起实施的《国家档案馆与档案管理局法》第10条就“档案利用服务”作出规定：国家档案局局长应当对其认为需要或可行的馆藏档案利用服务提供必要维护设施，但档案利用需按照法律或其他限制规定进行审查。[①]《联邦法规》（*Code of Federal Regulations*，*CFR*）作为《美国法典》相关内容的具体化，其第36卷第12章《联邦档案馆藏与档案管理法规》的分章C对“公共利用”（Public Availability and Use）进行了详细的解释，包括“美国国家档案馆与档案管理局的所有档案受到《信息自由法》的约束”“国家档案馆与档案管理局保管的可公开利用的档案、利用国家档案馆与档案管理局相关设施的规则和程序”“国家档案馆与档案管理局设施（联邦档案机构）的位置、利用时间等”“利用档案和捐赠史料”“查阅档案和捐赠史料”“收费”等内容。其中，“利用档案和捐赠史料”详细规定了可以利用的档案资料、利用的程序、国家档案局提供档案利用的设施、利用档案需

---

① National Archives And Records Administration[EB/OL]. [2020-03-22]. https://www.govregs.com/uscode/title44_chapter21.

要遵循的法律法规和行为准则、可以携带和不准携带的物品、需要承担的责任和注意事项、复制设备的使用规则、缩微胶卷的利用规则和时间等，内容十分详尽。“查阅档案和捐赠史料”对联邦档案材料的查阅利用、档案利用限制、如何获取包含国家安全信息的机密档案等内容，以“问题+回答”的形式进行了详细的说明。①

法国公共档案以“自由公开”(Libre communication)为原则，《档案馆法》(《遗产法典》第2卷，2008)第三章专门对档案的“利用制度”进行规定。删除了自1979年《档案法》颁布以来，法国公共档案30年的普遍封闭期，而将这个数字降为“0”。所有入馆之前根据《行政文件获取法》可以公开的“行政文件”，则可以直接公开。除与其他权利(如隐私权)矛盾的档案需要设立封闭期，其他公共档案都应完全向公众公开。若涉及其他权利矛盾，则需根据不同类型和内容，遵循具体的25—120年不等的封闭期限。这些特殊的档案可以根据法律的规定“推迟公开”(Art. L. 213-1)，或者“提前公开”(L. 213-3)。档案部门针对申请提前公开的档案内容，与档案产生的原部门进行探讨，确认是否可以提前公开。如果档案部门拒绝提前公开的申请，需要给出明确的理由，并在两个月内进行回复(L. 213-1, 2)。对于尚未到公开期限的档案，公众和研究人员仍然有权向档案的所属机关提出提前公开的申请，被称为“公开特许”(Dérogation)。共和国总统、总理以及其他政府重要成员档案的提前公开或利用需要得到备忘录签署人的同意(L. 213-4)。所有持有公共档案或私人档案的行政机关，若拒绝一份公开档案文件的请求，需要说明拒绝的理由(L. 213-5)。此外，还对发放档案文件的副本或真实摘录副本的条件作出规定(L. 213-8)。

英国1958年颁布的《公共档案法》(*Public Records Act*)②第2条“公共档案馆”(The Public Record Office)中规定了公共档案馆馆长在档案利用服务方面的职责：公共档案馆馆长应当有权采取以下其认为必要或适宜的方法，维护公共档案馆的利用服务，特别是：(a)编制和提供公共档案馆馆藏档案的索引和指南，包括一览表及文本；(b)编制有关公共档案馆所提供的服务及设施介绍的出版物；(c)规范公众查阅公共档案及其他档案或使用公共档案馆其他设施的条件；(d)提供真实的档案复制件及摘要，满足法律诉讼程序或其他目的作为证据之需；(e)承担档案的安全保管职责，而非仅是公共档案；(f)提供专门的库房，用于影片及其他需特殊保管条件保存的档案；(g)对用于纪念展览或其他目的的档案出借，须由大法官批准；(h)收集档案、接受捐赠和贷款。第5条③“公共档案的利用”(Access to public records)从法律层面规定“公共档案馆馆长应当履行其职责，合理配置其设施，供公众查阅和复制公共档案馆馆藏，属于依据《2000年信息自由法》所规定应当公开的公共档案”“对由大法官依据本法指定在公共档案馆以外的馆库场所保存的公共档

① National Archives and Records Administration. . Electronic Code of Federal Regulations [EB/OL]. [2020-07-12]. https://www.ecfr.gov/cgi-bin/text-idx? SID = a5642289c7ff93424b0c1e0895eba129&mc = true&tpl =/ecfrbrowse/Title36/36CXIIsubchapC.tpl.

② 注：虽名为《1956年公共档案法》，但自颁布至今已经过6次修订，本书中所引用的内容为修订之后的版本。

③ Public Records Act 1958 [EB/OL]. [2020-07-12]. https://www.legislation.gov.uk/ukpga/Eliz2/6-7/51/2020-03-19.

案，大法官应当要求其像公共档案馆一样，对其保存的公共档案进行整理以便公众查阅利用”。需要注意的是，2005年《信息自由法》的颁布，对信息的获取、豁免和获取信息的保障措施做出具体规定，同时规定信息自由访问制度取代了30年封闭期（满30年向公众开放）的旧条款，这也意味着英国公共档案已经没有了普遍意义上的封闭期，档案一旦移交到公共档案馆，经过90天的分类处理后，便对公众开放。所谓真正意义上的封闭期，仅仅针对部分涉及英国及其附属领土的国防、国际关系、国家安全、经济利益等拥有豁免权的敏感档案。①

2012年8月，在澳大利亚布里斯班（Brisbane）举办的第十七届国际档案大会上，由国际档案理事会最佳实践与标准委员会起草的《档案利用原则》（*Principles of Access to Archives*）获得一致通过。《档案利用原则》为档案工作者提供了衡量现有利用政策与实践的权威基准，提出可供制定新的或修改现有利用规定的框架。

《档案利用原则》共列出十大原则②：

①公众有权利利用公共机构的档案，公共和私人组织都应该尽可能最大限度地开放档案；

②档案保管机构应向公众告知其档案馆藏信息，包括不开放馆藏的信息，披露存在着影响档案利用的有关限制；

③档案保管机构应积极对待利用；

④档案保管机构要保证其利用限制有清晰的说明和具体的时限，有相关的法律基础，承认符合文化规范的隐私权，尊重私人资料所有者的权利；

⑤要公平公正地提供档案利用；

⑥有些档案能为维护人权和记载侵犯人权的行为提供证据，档案保管机构应确保这些档案的保管和利用，即使它们不向公众开放；

⑦利用申请遭到拒绝时，利用者有权进行申诉；

⑧档案保管机构要保证业务制约不会妨碍档案的利用；

⑨档案工作者可接触所有不开放档案并对其进行必要的业务操作；

⑩档案工作者参与利用的决策过程。

《档案利用原则》将“档案利用”定义为“在具备法律授权和检索手段的前提下，获得所需档案以供咨询的行为”。通过具体的原则对公众获取、利用档案的权利予以肯定，也赋予公众合适的申诉权利，使公众利用行为受到拒绝时有所应对。不仅强调公众对档案的“获取权”，即公众有权获取档案信息，也关注公众利用档案过程中的“平等”，即“人人都能获取这份档案信息”，对弱势群体、边缘社群的档案利用需求也予以关怀。

除此之外，国际档案理事会还在其他文件中体现出对档案利用问题的关注。如《档案

① 李少建．英国档案封闭期再认识［J］．档案学研究，2019(6)：122-125.

② International Council on Archives. Principles of Access to Archives［EB/OL］．［2020-07-14］．https://www.ica.org/sites/default/files/ICA_Access_Principles_Chinese.pdf.

工作者职业道德准则》(*Code of Ethics*, *International Council on Archives*)第六条："档案工作者应当推动档案资料最广泛地应用，并向所有利用者提供公正的服务。"第七条："档案工作者应当同时尊重利用和隐私，并在相关法规的规定界限内行动。"《档案共同宣言》(*Universal Declaration on Archives*)中也规定档案工作者"在遵守相关法律并尊重个人、形成者、所有者和利用者权利的前提下，向所有人提供利用档案"。

2. 我国新修订档案法对档案利用权的有关规定

自2021年1月1日起施行的《中华人民共和国档案法》对国家档案馆馆藏档案的开放、利用和公布制度作出了重大改革，除了关于"档案的利用与公布"由此前的5条增加到现在的8条，其他条款也有相应的修改。主要条款如下：

第五条　一切国家机关、武装力量、政党、团体、企业事业单位和公民都有保护档案的义务，享有依法利用档案的权利。

第二十七条　县级以上各级档案馆的档案，应当自形成之日起满二十五年向社会开放。经济、教育、科技、文化等类档案，可以少于二十五年向社会开放；涉及国家安全或者重大利益以及其他到期不宜开放的档案，可以多于二十五年向社会开放。国家鼓励和支持其他档案馆向社会开放档案。档案开放的具体办法由国家档案主管部门制定，报国务院批准。

第二十八条　档案馆应当通过其网站或者其他方式定期公布开放档案的目录，不断完善利用规则，创新服务形式，强化服务功能，提高服务水平，积极为档案的利用创造条件，简化手续，提供便利。

单位和个人持有合法证明，可以利用已经开放的档案。档案馆不按规定开放利用的，单位和个人可以向档案主管部门投诉，接到投诉的档案主管部门应当及时调查处理并将处理结果告知投诉人。

利用档案涉及知识产权、个人信息的，应当遵守有关法律、行政法规的规定。

第二十九条　机关、团体、企业事业单位和其他组织以及公民根据经济建设、国防建设、教学科研和其他工作的需要，可以按照国家有关规定，利用档案馆未开放的档案以及有关机关、团体、企业事业单位和其他组织保存的档案。

第三十条　馆藏档案的开放审核，由档案馆会同档案形成单位或者移交单位共同负责。尚未移交进馆档案的开放审核，由档案形成单位或者保管单位负责，并在移交时附具意见。

第三十一条　向档案馆移交、捐献、寄存档案的单位和个人，可以优先利用该档案，并可以对档案中不宜向社会开放的部分提出限制利用的意见，档案馆应当予以支持，提供便利。

第三十二条　属于国家所有的档案，由国家授权的档案馆或者有关机关公布；未经档案馆或者有关机关同意，任何单位和个人无权公布。非国有企业、社会服务机构等单位和个人形成的档案，档案所有者有权公布。

公布档案应当遵守有关法律、行政法规的规定，不得损害国家安全和利益，不得侵犯他人的合法权益。

第三十三条　档案馆应当根据自身条件，为国家机关制定法律法规、政策和开展有关问题研究，提供支持和便利。

档案馆应当配备研究人员，加强对档案的研究整理，有计划地组织编辑出版档案材料，在不同范围内发行。

档案研究人员研究整理档案，应当遵守档案管理的规定。

第三十四条　国家鼓励档案馆开发利用馆藏档案，通过开展专题展览、公益讲座、媒体宣传等活动，进行爱国主义、集体主义、中国特色社会主义教育，传承发展中华优秀传统文化，继承革命文化，发展社会主义先进文化，增强文化自信，弘扬社会主义核心价值观。

第四十一条　国家推进档案信息资源共享服务平台建设，推动档案数字资源跨区域、跨部门共享利用。

第四十二条　档案主管部门依照法律、行政法规有关档案管理的规定，可以对档案馆和机关、团体、企业事业单位以及其他组织的相关情况进行检查。

第四十八条　第七款，对于“不按规定向社会开放、提供利用档案的”将由“县级以上档案主管部门、有关机关对直接负责的主管人员和其他直接责任人员依法给予处分”。

具体来讲，新修订《档案法》在档案利用方面的主要变化有：

一是强调档案权利和义务的对等。权利和义务作为构成法律关系的内容要素，是一个相互联系、不可分割的整体。权利的实现要求义务的履行，义务的履行要求权利的实现。公民既是保护档案义务的承担者，又是利用档案权利的享有者。相比原《档案法》只强调保护档案的义务，新修订《档案法》则将保护档案的义务和利用档案的权利置于同等重要地位，将“利用档案的权利”以宣示性条款列入总则之中①。新修订《档案法》第五条规定：“一切国家机关、武装力量、政党、团体、企业事业单位和公民都有保护档案的义务，享有依法利用档案的权利。”更好地坚持了档案权利与档案义务相统一的原则。这是自中华人民共和国成立以来对公民档案利用权利最明确、最直接、最有力的规定，体现了我国法治和档案事业的进步。同时，根据立法技术要求，总则对于分则具有统辖作用，分则的制定必须遵从总则的指导思想。新修订《档案法》在总则中明确赋予法人和公民享有依法利用档案的权利，体现出此次修订坚持了“服务社会和人民群众，进一步为档案开放和利用提供便利条件，增加人民群众的获得感”的价值导向。②

---

① 王改娇. 从档案利用权视角考量新修订《档案法》[J]. 中国档案，2020(9)：22-24.

② 王改娇. 从档案利用权视角考量新修订《档案法》[J]. 中国档案，2020(9)：22-24.

二是注重提升档案开放利用的程度。首先，新修订《档案法》将档案封闭期①的阈值从此前的“三十年”改为“二十五年”，使公众可以更早地利用到更多的档案资源。其次，拓展档案开放主体，将此前的“国家档案馆”修改为“县级以上各级档案馆”，同时，“国家鼓励和支持其他档案馆向社会开放档案”，这使得公民有机会走进更多的档案馆。再次，扩大了档案利用主体的范围，新修订《档案法》第二十八条规定“单位和个人持有合法证明，可以利用已经开放的档案”，将原来的“中华人民共和国公民和组织”修改为“单位和个人”，为外国公民利用我国档案创造了条件，不仅体现了档案是人类共同的文化遗产的理念，也反映出我国档案事业开放、包容的发展理念。再次，新修订《档案法》增加了档案开放的内容，第二十七条中将“科学、技术”合并为“科技”，并新增了“教育”类档案，进一步扩充了可提前开放的档案门类。最后，规范了开放审核程序。过去由于馆藏档案开放审核的责任主体不明确而导致许多档案无法及时开放。新修订《档案法》第三十条新增“馆藏档案的开放审核，由档案馆会同档案形成单位或者移交单位共同负责。尚未移交进馆档案的开放审核，由档案形成单位或者保管单位负责，并在移交时附具意见”规定，这有利于明确档案开放审核责任，从而提高档案开放审核效率。

三是倡导优化档案利用服务工作。首先是丰富档案服务内容。随着我国全面建成小康社会，人民群众的精神文化生活需求更加凸显。开发馆藏档案、满足人民群众文化需求成为档案服务工作的重点之一。新修订《档案法》第三十四条规定：“国家鼓励档案馆开发利用馆藏档案，通过开展专题展览、公益讲座、媒体宣传等活动，进行爱国主义、集体主义、中国特色社会主义教育，传承发展中华优秀传统文化，继承革命文化，发展社会主义先进文化，增强文化自信，弘扬社会主义核心价值观。”其次是创新档案服务方式。传统的档案服务多为线下服务，而信息化、网络化时代人民群众更愿意享受在线服务。新修订《档案法》第二十八条增加了“档案馆应当通过其网站或者其他方式定期公布开放档案的目录”表述，使得档案开放满足人们在线利用的习惯和需求。再次是推进档案共享利用。新修订《档案法》第四十一条强调，“国家推进档案信息资源共享服务平台建设，推动档案数字资源跨区域、跨部门共享利用。”这些都对档案部门积极践行“让群众少跑腿，让数据多跑路”的理念提出了明确的法律要求，让人们真切感受到了新档案法为群众供便利、谋福利的决心和魄力。

四是强化对档案部门开放利用的监督。过去，档案部门对档案控制的主导权强过公民档案利用的主动权。原《档案法》对档案部门是否切实履行了为公民提供档案服务的义务缺乏有效的制约和监督。而新修订《档案法》增加了第六章“监督检查”，其中第四十二条第四款将档案“提供利用等情况”作为档案主管部门对档案馆和机关、团体、企事业单位以及组织的重要检查内容之一。与此同时，在第七章“法律责任”中新增第四十八条第七款，对

① “档案封闭期”是指由法律规定的文件从形成到开放利用的期限，各国普遍建立了档案封闭期制度，这是保障档案安全利用的基本制度。

于“不按规定向社会开放、提供利用档案的”将由“档案主管部门、有关机关对直接负责的主管人员和其他直接责任人员依法给予处分”。这些都集中体现了保障公民档案利用权利的立法宗旨。① 此外，新修订《档案法》增加了关于档案馆不按规定开放和提供利用的法律责任、公民的救济途径和档案主管部门处理投诉的法律义务等方面的规定，首开档案利用权利救济途径之先河。② 新修订《档案法》第二十八条中规定，“档案馆不按规定开放利用的，单位和个人可以向档案主管部门投诉，接到投诉的档案主管部门应当及时调查处理并将处理结果告知投诉人”。利用申诉途径，可以有效地缓解利用者与档案部门的矛盾和冲突，促进档案开放利用，这较好地明确了档案馆依法开放档案的义务，保障了自然人与法人的档案利用权利。③

五是扩展公益性档案利用范围。国家鼓励和支持所有档案馆都向社会开放档案，这是一种公益性利用范围扩展。新修订《档案法》第二十七条规定“国家鼓励和支持其他档案馆向社会开放档案”，即县级以上各级档案馆(一般是指国家综合档案馆)档案封闭期为 25 年，国家鼓励和支持我国其他档案馆，包括部门档案馆和企事业单位档案馆等向社会开放档案。截至 2019 年，全国共有各级各类档案馆 4234 家。其中，国家综合档案馆 3337 家，国家专门档案馆 256 家，部门档案馆 140 家，企业档案馆 181 家，省、部属事业单位档案馆 320 家。因而，这一法律规定和倡导，有助于我国所有档案馆建立起平等、公开的利用规则。另外，目前在一些基层档案工作改革中，有建立乡镇档案馆、村档乡管等一些档案工作创新做法，此项制度的确立有助于解决档案工作创新管理中档案开放利用法律依据不足的问题。④

(二)知情权

2019 年 10 月，第 74 届联合国大会宣布将每年 9 月 28 日定为“国际知情权日”(或称“普遍获取信息国际日”，International Day for Universal Access to Information)。在此之前，联合国教科文组织在 2015 年通过的第 38 C/57 号决议已作出设置该国际日的决定。⑤ 知情权是政治民主化和信息社会发展的一种必然要求和结果，是指知悉、获取信息的自由与权利，也是公民的宪法性权利。在信息化社会中，政府机关与公民之间存在着巨大的信息鸿沟，公民处于信息弱势地位，随着公民对政府信息的获取与利用需求的增加和政治民主化的进一步发展，知情权逐渐受到人们的重视。

---

① 徐拥军，龙家庆. 一部彰显公民档案利用权利的良法[N]. 中国档案报. 2020-07-06(1-2).

② 王改娇. 从档案利用权视角考量新修订《档案法》[J]. 中国档案，2020(9)：22-24.

③ 傅荣校. 档案利用权利的法律新保障——对新修订的《档案法》有关档案利用新规定的若干思考[J]. 中国档案，2020(10)：24-25.

④ 傅荣校. 档案利用权利的法律新保障——对新修订的《档案法》有关档案利用新规定的若干思考[J]. 中国档案，2020(10)：24-25.

⑤ UNESCO. International Day for Universal Access to Information [EB/OL][2021-02-23]. https://zh.unesco.org/commemorations/accesstoinformationday.

1. 国外有关档案知情权的法律法规

联合国人权事务高级专员办事处的《经更新的采取行动打击有罪不罚现象、保护和增进人权的一套原则》(*Updated Set of Principles for the Protection and Promotion of Human Rights Through Action to Combat Impunity*)中宣称知情权，包括得悉的历史档案的内容，是个人和集体的重要权利，国家有责任保留记忆。① 从保护人权的角度强调了档案知情权的重要作用。

2018 年 10 月欧洲档案部门(The European Archive Group，EAG)颁布的《档案服务数据保护指南》(*Guidance on Data Protection for Archives Services*)在第二章第六条规定数据处理合法性的前提是数据主体对处理其档案中个人资料的知情同意。

从各国的档案立法来看：

美国首先提出知情权的概念，将知情权与信息公开相对应。美国参众两院于 1966 年通过、1967 年颁布《信息自由法》(*Freedom of Information Act*，*FOIA*)，该法是美国关于联邦政府信息公开的行政法规，规定人人都有知悉、获取联邦政府记录的平等权利。基于《信息自由法》，美国政府信息公开坚持以公开为原则、不公开为例外；任何人享有平等的公开请求权以及司法救济等原则,② 其主要内容是规定民众在获得行政情报方面的权利和行政机关在向民众提供行政情报方面的义务，包括但不限于：除九项可以免除公开的政府信息，原则上联邦政府信息向所有人开放；公民可向任何政府机构提出查阅档案、索取复印件的申请；政府机构必须公布本部门的建制和本部门各级组织受理情报咨询、查找程序、方法和项目，并提供信息分类索引；公民在查询档案信息的要求被拒绝后，可以向司法部门提起诉讼，并应得到法院的优先处理。这便切实保障公民的知情权的实现。③

法国《遗产法典》第 2 卷《档案馆法》做出规定，如第 212-29 条“……在有人提出复制请求时，应当将该信息告知所有权人”规定了所有权人在私人档案的复制利用方面的知情权；第 213-4 条“涉及共和国总统、总理以及其他政府重要成员的公共档案移交时，移交一方需与档案行政部门之间签订备忘录……第 213-3 条中涉及的提前公开问题，需要得到备忘录签署人的同意”，也就是说，备忘录签署人具有对自身公共档案提前公开的知情权和决定权；第 213-5 条“所有持有公共档案或私人档案的行政机关，若拒绝一份公开档案文件的请求，需要说明拒绝的理由”。

2. 我国新修订《档案法》及相关法律对知情权的有关规定

我国新修订《档案法》尚未对知情权作出明确规定，但已有部分条文体现出对公民知情

① United Nations Human Rights Office of The High Commissioner. Updated Set of principles for the protection and promotion of human rights through action to combat impunity[EB/OL][2021-01-09]. https://undocs.org/E/CN.4/2005/102/Add.1.

② 余凯. 美国公民知情权及其保障研究[D]. 武汉：武汉大学，2005.

③ FOIA. gov. Freedom of Information Act Statute[EB/OL][2021-02-23]. https://www.foia.gov/foia-statute.html.

权的关注。一方面，提供了一定的法律救济途径。如第二十八条规定："……单位和个人持有合法证明，可以利用已经开放的档案。档案馆不按规定开放利用的，单位和个人可以向档案主管部门投诉，接到投诉的档案主管部门应当及时调查处理并将处理结果告知投诉人。"另一方面，赋予档案所有者优先利用权和限制利用的权利。第三十一条："向档案馆移交、捐献、寄存档案的单位和个人，可以优先利用该档案，并可以对档案中不宜向社会开放的部分提出限制利用的意见，档案馆应当予以支持，提供便利。"

政府信息公开是一项有利于保障公民知情权、参与权、表达权和监督权，加强对行政权力制约和监督的制度安排，档案馆是政府信息公开的主体和场所之一。2007 年 1 月 17 日，国务院第 165 次常务会议通过《中华人民共和国政府信息公开条例》，并于 2008 年 5 月 1 日起施行，标志着我国政府信息公开制度正式登上历史舞台。伴随着公众法治参与、自身权利意识的增强和政府信息公开过程中新问题新情况的出现，2019 年，国务院总理李克强签署国务院令，公布修订后的《中华人民共和国政府信息公开条例》，自 2019 年 5 月 15 日起施行，进一步明确了条例制定初衷是"为了保障公民、法人和其他组织依法获取政府信息，提高政府工作的透明度，建设法治政府，充分发挥政府信息对人民群众生产、生活和经济社会活动的服务作用"，明确了政府信息公开的范围，确立了"以公开为常态、不公开为例外"原则，注重将保障人民群众知情权与规制滥用政府信息公开权相结合。如《条例》第十九条规定，对涉及公众利益调整、需要公众广泛知晓或者需要公众参与决策的政府信息，行政机关应当主动公开；第二十七条规定，除行政机关主动公开的政府信息外，公民、法人或者其他组织可以向地方各级人民政府、对外以自己名义履行行政管理职能的县级以上人民政府部门(含本条例第十条第二款规定的派出机构、内设机构)申请获取相关政府信息；第二十八条规定，本条例第二十七条规定的行政机关应当建立完善政府信息公开申请渠道，为申请人依法申请获取政府信息提供便利。①

此外，在具体途径上，为了保障公民、法人和其他组织及时、准确地获取政府信息，提高政府信息公开的实效性，《条例》要求行政机关根据实际，采用多种途径、方式和场所公开政府信息。如第二十三条规定，行政机关应当建立健全政府信息发布机制，将主动公开的政府信息通过政府公报、政府网站或者其他互联网政务媒体、新闻发布会以及报刊、广播、电视等途径予以公开；第二十四条规定，各级人民政府应当加强依托政府门户网站公开政府信息的工作，利用统一的政府信息公开平台集中发布主动公开的政府信息。政府信息公开平台应当具备信息检索、查阅、下载等功能。第二十五条规定，各级人民政府应当在国家档案馆、公共图书馆、政务服务场所设置政府信息查阅场所，并配备相应的设施、设备，为公民、法人和其他组织获取政府信息提供便利。行政机关可以根据需要设立公共查阅室、资料索取点、信息公告栏、电子信息屏等场所、设施，公开政府信息。行政

① 中华人民共和国中央人民政府. 中华人民共和国政府信息公开条例[EB/OL][2020-07-26]. http://www.gov.cn/zhengce/content/2019-04/15/content_5382991.htm.

机关应当及时向国家档案馆、公共图书馆提供主动公开的政府信息。如此，在设定具体制度时既充分考虑不同社会群体平等获取政府信息的需求，在对全国的政府信息公开工作进行统一规范、严格约束的基础上，又能够统筹兼顾到各地方、各部门政府信息公开工作的实际情况。

对于档案领域而言，一方面，“政府信息”与“档案”存在概念交叉。政府信息是指行政机关在履行行政管理职能过程中制作或者获取的，以一定形式记录、保存的信息。行政机关在履行行政管理职能过程中直接形成的政府信息，如果对国家和社会有保存价值，将会作为档案被保管。在该种情况下，档案成为承载政府信息的一种载体形式。[①] 根据《政府信息公开条例》有关知情权的规定，档案馆对移交到档案馆的政府信息负有信息公开，保障公众知情权的责任。另一方面，档案立法与《政府信息公开条例》有着共同的价值追求。《政府信息公开条例》中保障公众知情权的有关规定也对档案立法具有一定的启示与借鉴意义。新修订《档案法》第十五条第 2 款明确了档案所涉政府信息公开事项的办理“经档案馆同意，提前将档案交档案馆保管的，在国家规定的移交期限届满前，该档案所涉及政府信息公开事项仍由原制作或者保存政府信息的单位办理。移交期限届满的，涉及政府信息公开事项的档案按照档案利用规定办理”。从立法上理顺了档案利用与政府信息公开的关系，作出了有针对性的制度安排，明晰了相关主体的法律责任。[②] 新修订《档案法》已体现出对公众知情权的关注，提出了档案利用投诉处理结果的知情权及相应的保障性规定，提出了通过档案馆网站等方式公布开放档案的目录等知情权实现路径，但尚缺乏明确规定，公众档案知情权的范围不明晰，保障机制尚未建立，方式也较为局限，对于档案馆有违公众知情权的行为尚无监督和惩罚规定。

（三）财产权

在英美法系国家，财产等同于所有权，英文“property”既可翻译为财产，也可以译为所有权。“所有权”概念历来被视为是财产关系的核心，与公民、集体、国家的切身利益相关。从档案法的角度讨论财产权，首先需要明确档案也是一种财产。其一，档案是人类宝贵的历史文化遗产，具有经济、文化价值，尤其是科技档案、名人档案和作品档案，蕴含着档案形成者独特的智力成果，历来受到法律的保护。其二，档案具有可支配性，通过合法途径进行移交、捐赠、托管、复制、寄存等方式予以控制和支配，也可以通过转移占有或交付方式转让，改变档案所有人或受益人。其三，档案属于动产，可以进行有偿或无偿转让而不损害档案的价值，对档案没有实质性影响。[③]

档案具有财产的各个特性，档案所有权具有特定的法律意义。因此，这部分对于档案

① 纪萌．论档案利用与政府信息公开的衔接和法律适用问题[C]//中国档案学会．2019 年全国青年档案学术论坛论文集．中国档案学会：中国档案学会，2019：294-299.

② 袁杰．中华人民共和国档案法释义[M]．北京：中国民主法制出版社，2020.

③ 胡红霞．档案所有权归属问题探析[D]．杭州：浙江大学，2008.

财产权的分析阐述主要聚焦于档案的所有权问题。所有权是指所有权人在法律规定的范围内对属于自己的财产享有的占有、使用、收益、处分的权利，延伸到档案领域中就是指档案所有权人在法律规定的范围对档案的占有、使用、收益的和处分的权利。①

1. 我国新修订《档案法》及相关法律有关财产权的规定

我国是社会主义国家，以社会主义公有制为主体，强调档案公有制。自1984年开始我国进行经济体制改革，1987年，《中华人民共和国档案法》的正式颁布从法律上确认了档案所有权多元化的存在，其第16条、第22条提到“属于国家所有的档案”“集体所有的和个人所有的档案”，明确了档案的所有权有国家所有、集体所有和个人所有之别。2021年，新修订《档案法》第五条规定：“一切国家机关、武装力量、政党、团体、企业事业单位和公民都有保护档案的义务，享有依法利用档案的权利。”第二十二条规定：“非国有企业、社会服务机构等单位和个人形成的档案，对国家和社会具有重要保存价值或者应当保密的，档案所有者应当妥善保管。对保管条件不符合要求或者存在其他原因可能导致档案严重损毁和不安全的，省级以上档案主管部门可以给予帮助，或者经协商采取指定档案馆代为保管等确保档案完整和安全的措施；必要时，可以依法收购或者征购……”《上海市档案条例》第二十一条明确规定，国家机关、国有企业事业组织和国家所有的其他组织的档案归国家所有，列入国有资产管理的范围；非国家所有的组织的档案归该组织所有，国家和本市另有规定的除外；个人在非职务活动中形成的档案或者以继承、受赠等合法方式获得的档案归个人所有。

《中华人民共和国宪法》第十三条规定“公民的合法的私有财产不受侵犯。国家依照法律规定保护公民的私有财产权和继承权。”《中华人民共和国刑法》第三百二十九条“抢夺、盗窃国有档案罪”规定：“抢夺、窃取国家所有的档案的，处五年以下有期徒刑或者拘役。违反档案法的规定，擅自出卖、转让国家所有的档案，情节严重的，处三年以下有期徒刑或者拘役。”2020年5月28日通过的《中华人民共和国民法典》第二百四十条规定“所有权”是指所有权人对自己的不动产或动产，依法享有占有、使用、收益和处分的权利。如前文所述，档案属于动产，可以进行有偿或无偿转让而不损害档案的价值，对档案没有实质性影响，此条规定将所有权的对象范围延伸到动产和不动产，既包含了财产或物，又包含了档案、图书及其他历史文化遗产领域的知识财富。② 第二百六十七条“私人的合法财产受法律保护，禁止任何组织或者个人侵占、哄抢、破坏”。

2. 国外有关档案财产权的规定

国际法层面，2009年生效的《欧洲联盟基本权利宪章》(*Charter of Fundamental Rights of*

---

① 胡红霞. 档案所有权归属问题探析[D]. 杭州：浙江大学，2008.

② 胡红霞. 档案所有权归属问题探析[D]. 杭州：浙江大学，2008.

the European Union)第二章第六条①将个人数据保护规定为一项基本权利，规定"1. 每个人都有权保护自己的个人资料；2. 此类数据必须出于特定目的并在有关人员同意或法律合法的基础上得到公平处理。每个人都有权获取有关自身的数据，并有权要求改正"。2018 年 10 月颁布《档案服务数据保护指南》(*Guidance on data protection for archives services*)，其中第二章明确了处理个人数据的一般原则，包括合法性、公正性、透明度、准确性、安全性等。第四章指出"数据主体的权利"的核心是授予个人对其数据的控制权，包括获取、修正、被遗忘(删除)、转移、限制利用等权利。

美国宪法第四修正案(*Fourth Amendment to the United States Constitution*)明确规定："人民的人身、住宅、文件和财产不受无理搜查和扣押的权利，不得侵犯。除依照合理根据，以宣誓或代誓宣言保证，并具体说明搜查地点和扣押的人或物，不得发出搜查和扣押状。"②这便在一定程度上奠定了档案私有制的基础，体现出对档案财产权的保护。美国《总统档案法》(《美国法典》第 44 卷"公共印刷与文件"之第 22 章)第 2202 条明确规定了总统档案的所有权，即"美国政府对总统档案应当持有并保有完全的所有权、占有权和管理控制权；且总统档案应当按照本章条款规定进行管理"。《联邦档案馆藏与档案管理法规》的分章 B"档案管理"第 1220. 18 条规定："……美国国家档案，是一个由国家档案局局长选择的所有档案的集合。个人案卷，也叫个人文件，是属于个人的，不用于实施机构业务活动的文件材料。个人文件是排除在联邦档案定义之外的，非政府所有。"

国外有关档案财产权的规定主要体现在私人档案的所有权上。法国《遗产法典》第 2 卷《档案馆法》的制定与内容框架遵从了档案的所有权这一主要逻辑，以"公共所有档案"和"私人所有档案"为标题来划分章节内容：第一章便明确了"公共档案"与"私人档案"的定义；第二章"收集、保存、保护"将公共档案和私人档案分开探讨，前十四条针对公共档案，后十二条针对私人档案；余下的几个章节也将公共档案与私人档案分别描述和规定。宏观来看，《档案馆法》是以国家的名义，从法律层面确定了个人对私人档案的所有权与利用权，与此同时明确并完善了国家档案行政部门对具有公共价值的私人档案的强制征收权、保管权、鉴定销毁权、优先购买权等。③ 如第 212-15 条及第 212-16 条规定："因历史原因而具有公共价值的私人档案，经档案行政部门建议并通过行政机关决定的方式，可以被归为历史档案。将文件归为历史档案，并不会导致其所有权转移给国家。"明确了私人档案的权属问题。同时，"所有被归入历史档案的私人档案所有权人，在进行档案转让时，需要向档案的接收者明确其被归为历史档案的性质"，"被归入历史档案的私人档案禁止出

---

① EUR-Lex home. Charter of Fundamental Rights of the European Union [EB/OL]. [2020-04-15]. https://eur-lex.europa.eu/legal-content/EN/TXT/? uri=CELEX:12012P/TXT.

② 任东来，等. 美国宪政历程：影响美国的 25 个司法大案[M]. 北京：中国法制出版社，2005.

③ 陈忠海，李果元. 外国私人档案所有权保护与监管法律规定述评及启示[J]. 档案学通讯，2019(6)：42-47.

口”。① 指出私人档案收集、保管和利用等工作的方向与模式，为档案工作者开展私人档案工作提供了法律依据。此外，以法律的形式将私人档案文件的公开拍卖、协议购买等的程序、效力、主体等确定下来。法国《遗产法典》将“私人档案”单独作为一节，对其归档、出口前的复制权利、优先购买权等作出系统规定，是法国档案法尊重和维护档案财产权的直接体现。

2004 年《俄罗斯联邦档案事业法》是继《俄罗斯联邦档案全宗和档案馆法》之后的一部新的档案大法。该法包括附则共九章 32 条，出现“私人档案”或“私人所有的档案”词语的法条共计 7 条，内容涉及私人档案的组成、所有权、保管等多个方面，十分注重对私人档案的保护。其中第 6 条第 7 款规定：“在文件价值鉴定的基础上，由国家档案馆和市立档案馆、博物馆、图书馆和俄罗斯科学院组织与档案文件所有者和占有者签订协议，将私人档案列入俄罗斯联邦档案全宗。”表明私人档案可以通过签订协议的方式成为俄罗斯联邦档案全宗的组成部分，俄罗斯联邦档案全宗的私人档案工作被纳入俄罗斯档案事业，确定了私人档案在俄罗斯档案资源体系中的地位。② 在私人档案的保管与利用方面，第 18 条规定“……私人所有的档案文件可由文件所有者或占有者自行保管，也可以通过协议方式由国家或市立档案馆、博物馆、图书馆以及俄罗斯科学院保管，在这种情况下，文件的保管条件由文件所有者或占有者遵照本法的规定来确定”、第 24 条规定“……借阅私人所有的档案文件的条件由档案文件的所有者和占有者制定，联邦法律有其他规定的除外”。在私人档案的出入境方面，第 29 条③针对不同状况，作了详细的规定：“私人所有的构成俄罗斯联邦档案全宗的档案文件禁止出境；私人所有的非俄罗斯联邦档案全宗的档案文件可以出境，但出境前必须根据联邦政府的规定进行文件价值的鉴定；私人所有的俄罗斯联邦档案全宗文件暂时出境须根据联邦法律的有关规定实施；通过合法途径购买或得到的档案文件允许进入俄罗斯联邦境内。”

丹麦《档案馆法》也对公共档案和私人档案进行了区分，将私人档案部分设置为独立的章节(即第十一章“私有档案”)。如法律授权丹麦公共档案馆可以收集、接受、保管私人档案(第 44 条)；第 50 条“无主私有档案应当归国家所有。这些档案的发现者和持有者应当即刻将其移交给国家档案馆”，明确了国家对无主私人档案的所有权，并力图保障无主私人档案信息与载体的安全，体现出对档案财产权的保护。④

(四)个人信息权益

随着信息时代的发展，信息的处理空间、速度、体量等均产生了变革式提升，在最大限度发挥信息价值的同时，也对各类组织机构的信息安全保障能力提出了巨大的挑战，也

① 境外国家和地区档案法律法规选编[M]. 北京：中国政法大学出版社，2017：284-285.

② 陈忠海，李果元. 外国私人档案所有权保护与监管法律规定述评及启示[J]. 档案学通讯，2019(6)：42-47.

③ 境外国家和地区档案法律法规选编[M]. 北京：中国政法大学出版社，2017：331.

④ 陈忠海，李果元. 外国私人档案所有权保护与监管法律规定述评及启示[J]. 档案学通讯，2019(6)：42-47.

给档案工作部门、档案利用者等的档案管理活动带来困扰。其中，个人信息保护由于涉及公民的人格权、财产权等多项切身权益，成为当前立法的关注重点。从 2012 年 12 月 28 日第十一届全国人民代表大会常务委员会第三十次会议通过的《全国人民代表大会常务委员会关于加强网络信息保护的决定》到 2013 年修订的我国《消费者权益保护法》，2017 年施行的我国《网络安全法》，再到 2020 年十三届全国人民代表大会第三次会议审议通过的《中华人民共和国民法典》和 2021 年 8 月 20 日，第十三届全国人大常委会第三十次会议表决通过的《中华人民共和国个人信息保护法》，均明确规定自然人的个人信息受法律保护，并使用了“个人信息权益”“个人在个人信息处理活动中的权利”等概念。

1. 我国档案领域的个人信息保护法规体系建设

中华人民共和国成立初期党和国家虽然重视并支持档案事业的建设，但档案领域的法律法规建设工作尚处于起步阶段，仅出台了数份规范性文件。[①] 真正意义上的档案立法立规工作肇始于十一届三中全会之后，自此我国逐步建立起了以《档案法》为核心的由档案法律法规、规章[②]以及国家和行业标准构成的相互联系、相互协调的法规标准体系，并随着 2000 年《立法法》颁布[③]以及社会主义法治体系建设、档案事业的发展而不断完善。与我国整体的个人信息保护立法进程一致，档案领域也经历了从关注公共利益到兼顾个人利益，从关注隐私保护到个人信息保护的立法重点变化过程。

早期档案领域的法律法规主要围绕加强全国档案事业发展，规范各领域档案工作等方面谋篇布局，涉及档案内容保密、利用安全等方面的内容也仅关注到了党和国家安全层面，尚未在制度设计中直接考虑到公民个人信息的保护。专门针对档案馆制定的《档案馆工作通则》中也并未体现出针对公民的信息保护的相关内容。

首个在法规制度内容中直接提到“个人隐私”的是 1984 年最高人民法院和国家档案局颁布的《人民法院诉讼档案管理办法》，将档案领域的个人信息保护场景指向了诉讼档案的查询利用活动。此后，各项法规制度将此场景拓展至公证活动、高等学校、医疗卫生、计算机软件著作权、水利普查等众多领域。1989 年版《档案法》虽然未直接规定个人信息保护的相关内容，但与之配套的 1990 年版《档案法实施办法》开始体现出国家对于档案工作中公民个人利益的关注与保护，这对于将个人信息保护问题纳入后续的档案立法工作以及各地的法规制度建设工作都有很强的引导与促进作用。其中，第二十五条规定：“属于国家所有的档案，由国家授权的档案馆或者有关单位公布：……集体和个人所有的对国家和社会具有保存价值的或者应当保密的档案，其所有者向社会公布时，应当遵守国家有关保密的规定，不得损害国家、集体或者其他公民的利益，必要时，应当申请当地档案行政管

① 晓理. 我国档案立法现状及其发展概况[J]. 中国档案，2002(9)：17.

② 自贡市人民政府. 国家档案法规体系方案[EB/OL]. [2023-10-03]. http://www.zg.gov.cn/_m_/-/articles/v/11990946.shtml.

③ 邓涛. 解读《国家档案法规体系方案》之一 档案法规体系建设的历史和现状[J]. 中国档案，2011(8)：31-32.

理部门批准。”

1991年发布的《各级国家档案馆馆藏档案解密和划分控制使用范围的暂行规定》便将保护特定人员敏感信息、保护公民隐私作为国家档案馆控制档案使用的合理条件之一，这一规定也直接影响了我国各级综合档案馆的档案开放审核工作，将馆藏档案的个人信息保护力度提到了新的高度。

随着立法理念的转变，以及社会发展模式的变化，2009年人力资源和社会保障部和国家档案局发布的《社会保险业务档案管理规定(试行)》首次在正文中出现“个人信息”字样。① 之后城乡居民健康档案、信用档案、干部人事档案等专业档案的管理规定中陆续将个人信息保护要求直接列入制度正文，从行业角度细化了档案工作中的个人信息保护要求。

2020年修订后的《档案法》不仅保留了“保护他人合法权益”的表述，间接维护了档案工作中公民包含个人信息权益在内的各项合法权益。而且直接在第二十八条增设了个人信息保护的规定，从部门法层面强化了档案领域的个人信息保护要求，为各级各类档案馆在档案利用和公布工作中的个人信息保护提供了根本遵循。2024年最新修订实施的《中华人民共和国档案法实施条例》中进一步细化了相关规定，一方面将个人信息保护列为档案延期开放的豁免条款之一，例如，第三十一条规定：“对于《档案法》第二十七条规定的到期不宜开放的档案，经国家档案馆报同级档案主管部门同意，可以延期向社会开放。”另一方面保留了利用者在公开使用馆藏档案过程中违反个人信息保护相关法规的法律责任，在第四十八条中明确：“国家档案馆违反国家规定擅自扩大或者缩小档案接收范围的，或者不按照国家规定开放、提供利用档案的，由县级以上档案主管部门责令限期改正；情节严重的，由有关机关对负有责任的领导人员和直接责任人员依法给予处分。”2022年《国家档案馆档案开放办法》第八条也将个人信息保护列为档案延期开放的情形之一，同样是考虑到了涉民生档案中的个人隐私保护问题，但遗憾的是未就延期开放的具体标准和范围作进一步规定。

在国家层面的档案立法工作引领下，几十年来我国各地的档案地方性法规“立、改、释”工作也在不断推进，目前我国所有省、自治区、直辖市(除港澳台)，以及部分设区的市已经出台了档案工作地方性法规，形成了较为完善的档案管理地方性法规体系。其中，有不少地区在法规中设置了个人信息保护的相关条款，确保本地区档案事业发展过程中个人的合法权益得到尊重与保障。

虽然我国目前尚未有专门针对档案领域个人信息保护问题的法律法规，但这并不意味着相关问题完全“无法可依”。无论是国家总体的法治体系建设，还是档案领域的立法工作中，都在不断加强个人信息保护法制保障。通过对我国相关立法历史进行梳理可以发现，

① 注：社会保险业务档案管理规定(试行)(人力资源社会保障部令第3号)第十四条　社会保险经办机构有下列行为之一的，限期改正，并对直接负责的工作人员、主管人员和其他直接责任人员依法给予处分；给参保单位或者个人造成损失的，依法承担赔偿责任：……(四)违规提供、抄录档案，泄露用人单位或者个人信息的；……

我国档案领域在个人信息保护方面的立法立规工作并不是一蹴而就的，而是经历了从无到有、不断完善的过程。

总体而言，相关立法理念的变化主要体现在以下三点：一是从侧重维护国家安全到保障人民合法权益，牢固树立以人为本、立法为民的理念；二是从仅保护隐私权到保护个人信息相关权益，不断加大个人信息保护的范围和力度；三是从仅关注信息安全到坚持安全与发展并重，不断提高立法的科学性。虽然这些都不是档案领域个人信息保护的专项立法，但其规制的对象、调整的关系在事实上为档案部门、档案工作者和档案利用者在个人信息保护方面提供了大量的基础性规范，能够间接或直接适用于个人信息保护问题，是我国档案领域个人信息保护的重要基础。①

2. 我国新修订档案法中有关个人信息权益的规定

《档案法》是国家关于档案工作的根本大法，其中也充分体现了以人民为中心的发展思想，满足了人民群众新时代的新需要、新愿望。针对信息时代日益突出的个人信息保护问题，也在立法过程中进行了直接或间接的回应，具体体现在以下三点。

首先，体现出对个人信息安全、隐私和知识产权的保护。个人信息主要包括姓名、年龄、性别、身份证号码、职业、职务、学历、民族情况、婚姻状况、工作单位、家庭背景及住址、电话号码等。新修订《档案法》第二十八条规定："利用档案涉及知识产权、个人信息的，应当遵守有关法律、行政法规的规定。"这与已经实施的《中华人民共和国著作权法》《中华人民共和国专利法》《中华人民共和国商标法》等相关的知识产权法相衔接，同时也跟《中华人民共和国民法典》《个人信息保护法》等有关法律法规相衔接，② 确保了个人信息的规范处理和有效保护。

其次，明确档案工作中对个人合法权益和个人隐私的保护。新修订《档案法》第三十二条第 2 款："公布档案应当遵守有关法律、行政法规的规定，不得损害国家安全和利益，不得侵犯他人的合法权益。"这意味着，任何单位和个人在公布档案时，都必须严格遵守相关法律法规，确保不会侵犯到他人的合法权益。同时，这一规定也强调了档案工作者的职业道德和法律责任，要求他们在工作中必须严格遵循法律法规，确保档案工作的合法性和公正性。第四十七条规定档案主管部门及其工作人员应当按照法定的职权和程序开展监督检查工作，做到科学、公正、严格、高效，不得利用职权牟取利益，不得泄露履职过程中知悉的国家秘密、商业秘密或者个人隐私。这一规定确保了档案主管部门及其工作人员在工作中能够坚守职业道德，维护公共利益，保护个人隐私。

最后，规定了私人档案的公布权利。第三十一条："向档案馆移交、捐献、寄存档案的单位和个人，可以优先利用该档案，并可以对档案中不宜向社会开放的部分提出限制利

① 嘎拉森. 治理视域下综合档案馆个人信息保护体系研究[D]. 北京：中国人民大学，2024.

② 傅荣校. 档案利用权利的法律新保障——对新修订的《档案法》有关档案利用新规定的若干思考[J]. 中国档案，2020(10)：24-25.

用的意见，档案馆应当予以支持，提供便利。”第三十二条规定：“……非国有企业、社会服务机构等单位和个人形成的档案，档案所有者有权公布。”这一规定尊重了档案所有者对档案的处理权限，并且能够通过与档案所有者的协作确保档案中个人信息等敏感内容的正确识别、有效保护。

3. 国外有关档案个人信息保护的规定

目前，大多数国家的档案法规在遵循开放原则的同时也注意充分尊重公民个人信息权益，在档案限制利用问题上，都明确规定涉及个人信息的档案要延期开放，尤其是人口普查档案这一涉及大量社会公众的专门档案，其封闭期长达 70～100 年，涉及个人隐私部分的档案(关于公民个人婚姻、财产、健康状况等)限制利用或不提供利用。需要说明的是，由于立法理念、社会文化的差异，各国在个人信息权益保护方面存在权益认定、术语使用的差异。以美国和欧洲为例，它们在个人信息权益保护方面采取了不同的路径。美国倾向于采用广义的隐私权概念来保护公民的个人信息权益，在其法律体系中，隐私权被视为一种基本人权，涵盖了个人信息的保护、个人生活安宁的维护等多个方面。欧洲则采用了更为具体和细化的方式来保护个人信息权益。

美国 1974 年通过的《隐私法案》(*The Privacy Act of 1974*)，本着对本人公开、对第三者限制公开的原则，将隐私权作为一项独立的人格权进行保护，要求对个人信息的收集和传播不能越过行政部门管辖范围。在档案领域，《总统档案法》第 2204 条关于“总统档案的限制利用”中规定总统应当对“人事和医疗案卷及相似案卷的公开可能对个人隐私构成明显未经授权的侵犯”的档案信息确定不超过 12 年的限制利用期限。美国《信息自由法》(*Freedom of Information Act*, *FOIA*)豁免公开条款中第 6 条规定，个人隐私包括人事档案、医疗档案及类似档案，披露以上档案均构成对个人隐私的无端侵犯。①

2016 年欧盟议会上通过的《通用数据保护条例》(*General Data Protection Regulation*, *GDPR*)将个人信息定义为：“可能或已经识别某个自然人的信息，包括可直接可识别的如自然人姓名、身份证号等和间接可识别的如自然人的一个或多个精神、地位、经济、社会身份等。”②《档案服务数据保护指南》(*Guidance On Data Protection for Archive Services*)第一章第七条指出：“欧盟所有成员国的国家立法中规定了查阅公共档案馆保存的档案文件需要遵循的规则。根据个人数据的性质，包含个人数据的档案文件的封闭期会因国家而异。在意大利，披露种族或民族血统、宗教和政治观点、政党成员、工会的个人数据将封闭 40 年，而披露健康和性生活的个人数据将被封闭 70 年；在罗马尼亚，医疗记录和公民身份

① “personnel and medical files and similar files the disclosure of which would constitute a clearly unwarranted invasion of personal privacy;”参见 Freedom of Information Act Statute[EB/OL]. [2020-03-15]. https://www.foia.gov/foia-statute.html.

② 约翰魏. GDPR 法律条款解读及应对指南(全面版)[EB/OL]. [2021-02-24]. https://blog.csdn.net/wowotuo/article/details/81586067.

信息自创建起100年内封闭，关于个人私生活的档案封闭至数据主体死亡后40年。”①由此，为公民信任档案服务，保护个人隐私信息提供了法律依据。

国际组织方面，2020年3月，国际档案理事会（ICA）与国际图书馆协会联合会（IIFLA）联合发表了《关于隐私立法与存档的声明（草案）》（*IFLA-ICA Statement on Privacy Legislation and Archiving*）。该《声明》围绕档案资料的性质、档案资料与个人数据、保存与访问档案资料的当前实践及对个人数据保护立法的建议四个方面进行阐述，其中有关个人数据的保护，提出档案中不可避免地含有个人身份信息，对于这些敏感信息需要健全的记录管理和档案规划，同时也需要由图书馆和档案馆工作者基于伦理原则做出专业判断，进行相应的访问限制。此外，该《声明》还提出了一些有关个人数据保护立法的建议，如法律的修缮、档案资料访问豁免条例、对档案馆及图书馆等档案资料保管者道德准则的制定等。②

（五）小结

随着社会民主程度的增强、权力关系的变化以及信息技术发展引致的公众参与积极性与参与水平的提高，无论是国内还是国外，均在“档案法”及相关法律的立法理念、法律规定方面彰显出对公民权利的关注。

利用权层面，新修订《档案法》坚持档案工作的人民立场，从法律层面明确规定一切社会主体均“享有依法利用档案的权利”，并“鼓励社会力量参与和支持档案事业的发展”，完善利用规则、创新服务形式、缩短档案向社会开放的期限，在扩大档案开放利用方面迈出了重大步伐。与此同时，明确向档案馆移交前后档案开放审核的主体，科学划分政府信息公开责任承担方式，增加关于档案馆不按规定开放和提供利用的法律责任、公民的救济途径和档案主管部门处理投诉的法律义务等方面的规定，形成了一整套促进档案开放利用的制度安排。③

知情权层面，新修订《档案法》尚未做出明确的规定，但已有部分条文体现出对公民知情权的关注。如对申请开放利用过程中的处理结果的知情提供了一定的法律救济途径。但从整体知情权保护的法制环境来看，《中华人民共和国宪法》作为我国的根本大法，尚未直接规定公民的知情权。档案法对公民知情范围、档案部门在公民知情权保护中的角色、司法救济程序尚不明晰。

财产权层面，早在1987年《档案法》中就明确了档案的所有权有国家所有、集体所有和个人所有之别。新修订《档案法》又进一步明确了档案的权属问题。但由于中华人民共和

---

① European Archive Group. Guidance on data protection for archives services［EB/OL］.［2020-07-15］. https://ec.europa.eu/info/sites/info/files/eag_draft_guidelines_1_11_0.pdf.

② International Council on Archives. IFLA-ICA Statement on Privacy Legislation and Archiving［EB/OL］.［2020-07-26］. https://www.ica.org/en/ifla-ica-statement-on-privacy-legislation-and-archiving.

③ 国家档案局政策法规研究司. 新修订的《中华人民共和国档案法》解读［J］. 中国档案，2020(7)：24-25.

国成立初期我国引进苏联“国家档案全宗①”的概念，强调国家所有档案，故而相关档案法律法规都是针对国有档案而制定的，虽后续随着经济体制改革和档案事业的发展，档案立法明确了档案的多元所有，但社会公众的档案意识仍受到早期国家所有档案的影响。此外，现行法律法规大多强调有体物的财产权，随着信息技术和电子通信技术发展伴生的数字遗产可能涉及的无体物的继承、使用、收益等权利义务关系难以从中找到依据。

隐私权层面，新修订《档案法》顺应时代发展，将隐私保护问题上升到国家法律层面，将“个人隐私”放到了与“国家秘密、商业秘密”“国家安全和利益”并重的位置，个别条款赋予隐私当事人一定的隐私知悉权。然而，现行规定还不足以达到对隐私当事人隐私权的全面保护。一方面，整体隐私保护法治环境仍有所欠缺。尽管我国相关立法已经规定了隐私权，但其外延范围较为模糊。《中华人民共和国宪法》对公民隐私权的规定限于通信秘密、住宅隐私这种宏观维度。另一方面，档案立法领域，档案法对个人隐私档案的类型、范围、利用限制、欠缺侵犯个人隐私之后的责任追究制度较少着笔，可能会造成档案部门在个人隐私档案开放利用问题上缺乏具体操作指引。

总的来说，在依法治国日益深入、国家治理渐次推进的背景下，新修订《档案法》彰显出权利与义务对等、权力与责任统一的特点，具有很大的进步意义。一方面，实现了权利与义务的对等，提高了立法的社会性。主要体现在：第一，调整对象涉及全体社会组织和公民；第二，明确调整对象的档案利用权利；第三，档案工作人员的素质要求与职称待遇对等。另一方面，强调权力与责任统一。档案法作为国家行政法，不仅规定档案关系中社会组织与公民的权利和义务，还规定国家机关的权力和责任。表现在第二章对档案机构职责的规定、第六章监督检查以及第七章对法律责任的完善。②

六、档案立法与国家治理

2008 年，第 16 届国际档案大会以“档案，治理与发展：映射未来社会”为主题，我们可将其视作国际档案界从治理角度开展档案工作的里程碑。2018 年 11 月，时隔十年后，国际档案理事会再次将“治理”(Governance)作为年会主题：“档案：治理、记忆与遗产”(Archives：Governance，Memory and Heritage)，探讨治理视角下的档案工作，充分体现了治理对档案事业产生的深刻变革。

在我国，2013 年党的十八届三中全会首次提出“全面深化改革的总目标是推进国家治理体系和治理能力现代化”。2014 年 10 月，党的十八届四中全会提出了全面推进依法治国，并通过建设社会主义法治体系来促进国家治理体系和治理能力现代化。2019 年，党的

① 国家档案全宗，又称国家全部档案，是指归国家所有的，由国家统一管理的，对国家和社会具有经济、政治、科学文化或历史价值的一切档案财富总和，包括各个历史时期的国家机构、社会组织和某些个人形成的各种内容和各种载体的档案。

② 赵屹. 论新修订的《中华人民共和国档案法》的新意[J/OL]. 山西档案：1-7[2020-07-22]. http://fffg519dd384f3c94c4585c0545a358a706bhnv9opcwb9p906k9w.fgfy.ncu.cwkeji.cn：8080/kcms/detail/14.1162.G2.20200714.0950.002.html.

十九届四中全会审议通过的《中共中央关于坚持和完善中国特色社会主义制度，推进国家治理体系和治理能力现代化若干重大问题的决定》提出：到2035年基本实现国家治理体系和治理能力现代化目标。

"法律是治国之重器，良法是善治之前提。""档案"作为重要的战略信息资源，在"推进国家治理体系和治理能力现代化"进程中具有重要作用。2014年中共中央办公厅、国务院办公厅联合印发的《关于加强和改进新形势下档案工作的意见》中明确提出档案治理的概念，指出档案治理是国家治理的组成部分。

党的十八大以来，以习近平同志为核心的党中央高度重视档案工作，高度重视继承和发扬中华优秀传统文化，强调要"牢记历史经验、牢记历史教训、牢记历史警示，为推进国家治理体系和治理能力现代化提供有益借鉴"。随着国家治理体系和治理能力现代化的深入推进，档案工作发挥作用的空间越来越大，在国家经济、政治、文化、社会、生态文明以及军事、外事、科技等方面活动中发挥着不可或缺的作用。要求我们从战略和全局高度对档案事业发展作出规划、指导和引领，提高档案工作的制度化、规范化、科学化水平，更好地为中国特色社会主义事业服务。

（一）国家治理与档案立法的互动关系——档案治理法治化

制度建设不仅是提高档案治理能力的基础和保障，而且充当着档案治理的重要工具。档案治理应以法治建设为根基。随着法治国家理念的深入贯彻及国家治理体系的现代化进程不断推进，档案领域的法治研究与实践也在不断深化，依法治档的理念越发深入人心。实现档案事务的法律主治是档案法治的根本目标，宪法中的法治原则是档案法治的行动指南，完善的法律是档案法治的基础。档案事业正在经历着从"档案管理"到"档案治理"，从"档案法制"到"档案法治"的蜕变和发展。①

档案制度是"在一定历史条件下形成的与档案事务相关的体系安排及特定成员在档案相关事务中所共同遵守的行为规则"②。新时代，随着社会权力结构的变化和公众能动性的提高，传统的档案制度凸显公共性较弱、开放性不足、协调性较差、成熟度不够等不足。③

首先，档案生成机构及档案业务部门将档案视为社会控制、内部管理和保存备查的工具，故相应的制度设计对档案在保障社会信息权、维护公共利益、突出公共服务的功能认识不清晰。

其次，治理理念本身蕴含着开放、互动、参与和协同的价值取向，而现有的制度的"开放"更多侧重于政府购买档案服务、社会监督、档案资源建设方面，对社会参与档案制度设计的渠道建设以及档案行政部门回应社会关切的机制建设关注较少。

---

① 官晓东．"维系之道"的道之维系——档案法治论[J]．档案学通讯，2003(4)：39-43.

② 陆阳．权力的档案与档案的权力[J]．档案学通讯，2008(5)：19-22.

③ 常大伟．国家治理现代化视野下的档案制度改革[J]．档案学通讯，2019(6)：11-17.

再次，从具体的法律来说，旧《档案法》与其他法律法规协调程度较低，甚至存在一定的矛盾之处。各种法律之间是一个错综复杂的网络关系，为保证法律权威，档案立法应遵循协调性原则，如新修订《档案法》与《中华人民共和国政府信息公开条例》《中华人民共和国著作权法》在相关规定上的协调。① 从档案制度的内部协调性来看，跨区域、跨部门的档案利用服务制度、共享制度协调度不够，且档案收集、整理、鉴定、利用服务等各个维度的制度衔接度不够高。

最后，档案法律制度的更新较慢，这一方面在带来档案工作稳定性的同时，也使得档案制度不能很好地适应新时代新要求，如档案信息化建设、档案社会参与等。

国家治理本质是一种制度设计，以合理的制度建设为前提，才能使档案治理有制可依，有章可循。传统基于行政命令的档案法制暴露出前文所述种种问题，亟须转向基于法律的档案法治，健全档案法律制度和档案工作制度及其运行机制。因此，推进档案治理法治化是制度层面落实国家治理理念的重要维度。一方面，在体制机制设计中，注重建立档案行政机关、社会组织、个人等多元主体的合作协商模式；② 另一方面，需要建立健全档案法律法规体系，加强立法引领，建设档案法治环境，使档案治理有法可依。③

《"十四五"全国档案事业发展规划》将"完善档案法规制度和标准规范"列入"十四五"时期的主要任务，提出要做好新修订《档案法》配套法规、规章、行政规范性文件的立改废释工作，加快档案开放利用、档案信息化建设、档案价值鉴定、档案移交和处置、档案相关知识产权保护以及档案监督检查等方面的制度和政策供给，及时修订、清理与现实需要不相适应的法规、规章和行政规范性文件，加大法规制度解释力度。制定和实施引领高质量发展的档案标准体系方案，加大对不同业务领域的档案标准供给，重点推进电子档案、科研档案、建设项目档案、医疗健康档案、档案资源共享服务、档案馆服务、档案安全保护及风险防控、数字档案馆(室)建设等标准供给。④

(二)新修订《档案法》与国家治理现代化

《中华人民共和国档案法》是国家档案事业治理的保障、依法治档的基础、档案事务行为的依据。⑤ 2020 年 6 月 20 日，第十三届全国人大常委会第十九次会议通过了新修订的《档案法》，国家主席习近平签署第 47 号主席令予以公布，于 2021 年 1 月 1 日起正式施行。这既是我国档案法治化建设中的重要里程碑，也是推动档案治理体系建设、提升档案治理能力的重要举措。⑥ 新修订《档案法》结合新时代中国特色社会主义事业发展的要求，

① 陈艳红，宋娟. 中外档案法律法规比较研究——以档案利用条款为例[J]. 档案学通讯，2014(6)：27-30.

② 虞香群，李子林. 再论档案治理兼与金波、晏秦商榷[J]. 档案管理，2020(2)：37-42.

③ 金波，晏秦. 从档案管理走向档案治理的实现路径[J]. 中国档案，2020(1)：74.

④ 中华人民共和国国家档案局. 中办国办印发《"十四五"全国档案事业发展规划》[EB/OL]. [2021-06-09]. https://www.saac.gov.cn/daj/yaow/202106/899650c1b1ec4c0e9ad3c2ca7310eca4.shtml.

⑤ 王岚. 从档案事业发展体系看新修订的《档案法》[J]. 中国档案，2020(11)：28-29.

⑥ 李宗富，杨莹莹. 新修订档案法中档案治理的理念呈现与要素分析[J]. 浙江档案，2020(12)：12-15.

以解决档案治理领域突出问题为着力点，以法治理念为指引，紧紧围绕档案工作“三个走向”，对档案治理体系和治理能力现代化建设的相关制度作出明确规定，① 必将对加快档案事业变革与转型、实现档案治理现代化起到积极的推动作用。《档案法》是档案治理法治化的基石，只有基石稳固，才能保障档案治理法治化的顺利推进。因此，从治理视角审视《档案法》非常必要。

1. 法律定位

档案法律法规的“定位”，包含档案法律法规的性质是什么，调节哪些利益关系，在国家法治体系中起什么作用等。构成当代中国法律体系的法律部门主要有宪法及其相关法、行政法、民商法、经济法、社会法、刑法和程序法 7 个法律部门。其中，行政法的主要功能是对行业、系统、专业、领域的行政管理，对管理相对人行为规范的规定。②《档案法》完全符合这一功能，是不折不扣的行政法，它是以规范社会档案管理和保护行为，保障公民利用档案权利，促进国家和社会发展为宗旨的母法。它是由国家制定的、具有强制约束力的档案领域最高法律，是国家法治体系不可或缺的一部分。③

长期以来，由于在结构、内容上的安排和表述，《档案法》似乎更加侧重于维护档案部门的利益，作为行政法的基本作用却很少显现出来。而在新修订《档案法》第一条首先明确立法的目的是推进国家治理体系和治理能力现代化，档案的收集、整理、保护、利用也是为治理提供可靠支撑。第五条“一切国家机关、武装力量、政党、团体、企业事业单位和公民都有保护档案的义务，享有依法利用档案的权利”对档案保护义务和利用权利的规定，以及第四章档案的利用和公布、第六章监督检查、第七章法律责任等内容，相比此前的旧档案法的一个突出特点是“推进档案开放利用，加强违法行为处罚”，强调权责明确、权利与义务对等，注重对公民利用档案权利的保障及相应的救济机制和档案行政管理的监督和约束机制。这些规定也体现出《档案法》这一档案领域的母法对档案行政管理机构与公民法律关系的调节。

2.《档案法》修订的基础和依据

《中华人民共和国档案法》自 1987 年 9 月 5 日发布以来，至今已经三十余年，其间分别在 1996 年、2016 年进行了两次修正。④ 2019 年 10 月 8 日开始修订，这是《档案法》1988 年 1 月 1 日施行以来的首次修订，最终于 2020 年 6 月 20 日由中华人民共和国第十三届全

---

① 刘舒妍. 以法治化促进档案治理现代化[N]. 中国档案报，2020-12-10(003).

② 王岚. 国家治理视角下《档案法》修改的思路与思考[J]. 档案学研究，2015(1)：41-48.

③ 陈忠海，袁永. 论国家治理现代化视角下的档案守法[J]. 档案学通讯，2017(1)：4-8.

④ 注：两次修正：《中华人民共和国档案法》自 1987 年 9 月 5 日第六届全国人民代表大会常务委员会第二十二次会议通过以来，第一次修正是根据 1996 年 7 月 5 日第八届全国人民代表大会常务委员会第二十次会议《关于修改〈中华人民共和国档案法〉的决定》，第二次修正是根据 2016 年 11 月 7 日第十二届全国人民代表大会常务委员会第二十四次会议《关于修改〈中华人民共和国对外贸易法〉等十二部法律的决定》。

国人民代表大会常务委员会第十九次会议审议通过，并宣布自2021年1月1日起施行。① 为什么要修订？修订的依据是什么？其实是不可回避的问题。

从现实背景来看，随着中国特色社会主义进入新时代和全面依法治国方略的推进，旧《档案法》与国家治理体系和治理能力现代化建设战略部署已不相适应。主要表现为：

一是党中央、国务院对档案工作提出了新的要求。习近平总书记要求新时期档案工作要走向依法管理、走向开放、走向现代化。同时，随着经济社会发展和信息时代的到来，档案工作的内外环境也发生了深刻变化。新的组织和治理形态不断催生新的档案记录形式和管理方式，档案工作面临从传统载体管理向数字管理转型升级的巨大挑战。② 李克强总理在2019年的政府工作报告中明确强调，由于电子档案认定使用难、跨地区办理难的现实问题，要求抓紧相关法律法规的修改。

二是随着信息时代的到来和档案工作内外部环境的变化，越来越多的电子文件开始生成，纸质档案的数字化数量巨大，同时公民档案意识增强，对档案服务提出更高的要求。《档案法》新增"档案信息化建设"专章，对电子档案的合法要件、地位和作用、安全管理要求和信息化系统建设等方面作出了明确规定，旨在推动实现以信息化为核心的档案管理现代化。尤为需要提及的是，修订后的《档案法》总结应对突如其来的新冠肺炎疫情的经验教训，对建立健全突发事件应对活动相关档案收集、整理、保护和利用工作机制作出了明确规定，这是立法工作紧跟时代改革创新的重要体现。③

三是随着经济社会快速发展，档案形成主体逐渐多元化，除机关、团体、国有企业事业单位外，非国有企业、社会服务机构等在研发、建设、生产、经营和服务活动中也形成了大量对国家和社会具有保存价值的材料，有必要进一步明确归档范围和档案管理责任。同时，档案全面记录人类生活的各个领域，它与每个人和每个组织密切相关。无论是普通公民还是决策者、管理者，无论是国家机构还是社会组织，都是档案的形成者、档案保护的参与者、档案的利用者，档案工作需要全社会的共同参与。④

从法律间的遵从和协调来看，所有法律都必须基于《宪法》的原则。自1982年《宪法》实施以来的38年间，已经经历了5次修订，以适应时代的发展和社会的需要。然而，《档案法》尚未根据这些宪法修订或社会背景的变化作出相应的调整。特别是，现行《档案法》中关于档案权属的规定与《宪法》中关于国家保护公民合法私有财产不受侵犯的条款之间还存在需要进一步协调的地方。这一点凸显了对《档案法》进行审视和更新的必要性，以确保其规定与《宪法》的最新要求和社会的发展保持一致。此外，作为覆盖面广的基础性法律，更应注重法律之间的相互协调，如《民法典》《会计法》《道路交通安全法》等。⑤

---

① 中华人民共和国国家档案局．中华人民共和国档案法[EB/OL]．[2021-01-09] https://www.saac.gov.cn/daj/falv/202006/79ca4f151fde470c996bec0d50601505.shtml.

② 陆国强．为新时代档案事业高质量发展提供坚强法治保障[N]．人民日报，2020-06-24(010).

③ 陆国强．为新时代档案事业高质量发展提供坚强法治保障[N]．人民日报，2020-06-24(010).

④ 陆国强．为新时代档案事业高质量发展提供坚强法治保障[N]．人民日报，2020-06-24(010).

⑤ 王岚．国家治理视角下《档案法》修改的思路与思考[J]．档案学研究，2015(1)：41-48.

从档案法的总体结构上看，新修订《档案法》从原来的6章27条增加到8章53条，篇幅几乎增加了一倍。这些修订既涉及领导、管理体制的调整完善，也涉及治理主体塑造、治理机制的健全完善，更涉及档案管理利用领域相关主体权力、权利、责任、义务的重新划分和配置。通过这些制度层面的修改完善，档案工作法治化水平大大提高，档案治理体系实现了再塑造。①

（三）新修订《档案法》中档案治理的理念呈现与要素分析

习近平总书记指出，我们要更好地发挥中国特色社会主义制度的优越性，必须从各个领域推进国家治理体系和治理能力现代化。新修订《档案法》是国家档案治理体系建设的一项具有里程碑意义的成果，首次把推进国家治理体系和治理能力现代化作为立法目的之一，有利于进一步发挥法律制度的引领作用，必将对推进档案治理体系现代化产生重大而深远的影响。正确认识新修订《档案法》对于推进国家治理体系和治理能力现代化的重要意义，既需要体认其立法思想从管理理念向治理理念的转变，同时也应认识具体条款中治理理念的呈现。

一是新修订《档案法》的修订内容体现了档案治理理念。新修订《档案法》在内容上充分体现了档案治理“多元、互动、协同、法制”以及“共建、共治、共享”的思想和理念。新修订《档案法》第五条不仅指出一切机关和公民有保护档案的义务，更强调了其享有依法利用档案的平等权利；第七条明确指出“国家鼓励社会力量参与和支持档案事业的发展”，以及第八条至第十二条明确了各类档案机构的职责范围，以上条款均体现出档案治理中多元主体共建、共治、共享的思想和理念。此外，新修订《档案法》第十八条指出档案馆与博物馆、图书馆、纪念馆等相关单位在工作中尤其是档案利用方面应相互协作、加强交流，如互相交换重复件、复制件，以及联合举办展览等，这些条款都鲜明地体现了多元主体在治理过程中互动协同发展的思想和理念。第十二条、第十九条规定机关、团体、企业事业单位和其他组织以及档案馆应当建立健全档案工作责任制、档案安全工作机制、档案管理制度等，以及第六章、第七章明确监督检查和法律责任等都直接或间接地体现了档案治理强调法律法规、制度规范和保障档案工作的理念。②

二是治理主体结构的科学塑造。新修订《档案法》从新时代档案事业发展实际出发，对治理主体结构进行了统筹谋划、科学设计，主要有两个突出特点。一方面是治理主体多元化。新修订《档案法》中表明档案治理的主体包括中国共产党、各级政府、各级档案主管部门、各级各类档案馆、机关、团体、企业事业单位和其他组织以及公民个人。如第七条关于鼓励社会力量参与档案事业发展和表彰、奖励突出贡献者的规定，将档案服务企业、非国有企业、社会服务机构等单位和个人都纳入档案事业的建设中来。③ 另一方面是主体的

① 刘舒妍．以法治化促进档案治理现代化［N］．中国档案报，2020-12-10(003)．

② 李宗富，杨莹莹．新修订档案法中档案治理的理念呈现与要素分析［J］．浙江档案，2020，(12)：12-15.

③ 袁杰．中华人民共和国档案法释义［M］．北京：中国民主法制出版社，2020：39.

角色定位更加精准，权利(权力)义务(责任)配置更加科学合理。如强化档案主管部门的职责任务，对监督检查、行政处罚等作出明确规定，进一步发挥主管作用；要求档案馆创新服务形式，强化服务功能，提高服务水平；建立档案工作责任制，明确机关、团体、国有企业事业单位和其他组织文件材料归档范围，规定非国有企业、社会服务机构等单位的档案管理责任等，进一步明确各治理主体的行为规范，增强了档案治理体系的科学性和适用性。①

三是治理目标以公共利益为导向。新修订《档案法》中第一条开宗明义，明确了《档案法》的目的，体现出了档案治理的目标，并突出了以公共利益为导向的鲜明特征。与修订前《档案法》第一条相比，突出了利用档案工作推进国家治理体系和治理能力现代化建设，为中国特色社会主义事业服务的宗旨，这也是新时代国家、社会发展对档案工作的新要求。由此可见，档案治理的总体目标是通过加强档案管理、规范档案收集、整理工作、有效保护和利用档案、提高档案信息化水平等各种方式手段，最终实现档案治理体系和治理能力现代化，从而为党和国家各项事业发展和国家治理体系和治理能力现代化提供强有力的法律支撑和保障，进而推动中国特色社会主义事业全面发展。

四是治理工具更趋科学多样。档案治理工具包括档案治理的工具、方法、技术、手段和策略等，治理工具为档案治理实践提供了强有力的工具方法支撑。② 顺应从管理到治理转变的时代潮流，新修订《档案法》对治理工具进行了较大革新。首先是对传统的行政性治理工具进行强化，如强化档案主管部门的监督检查，对其内容范围、程序方法、违法行为线索处置等作出明确规定，完善了档案行政处罚的规定，并新增了对档案服务企业违法行为的处罚规定。其次是引进新治理工具，实现治理工具多样化。如推进合作治理，在档案宣传教育和国际交流领域实行合作制度，鼓励社会力量参与和支持档案事业。如实行交易式治理，制定档案事务委托服务制度。顺应信息化发展需要，新修订《档案法》还对用好信息化治理工具作出了规定。第五章“档案信息化建设”明确了各类治理主体推进档案信息化的责任，明确了电子档案的法律效力，并对档案信息化内容作了具体规定、提出了明确要求。③

五是治理机制的加速法治化。档案治理的机制包括领导机制、参与机制、协同机制、监督机制、责任机制等。新修订《档案法》中体现的档案治理机制呈现法治化、规范化、完善化等特点。在《档案法》中多次出现制度的表述，要求建立和完善档案工作责任制、档案管理制度、档案安全工作机制、档案服务管理制度、突发事件档案管理制度等，充分展现了档案治理机制加速法治化特点，并且要求逐渐规范化、完善化，建立先进的档案治理机制。

六是“治理”视域下的档案立法更加协调互补。档案立法需要《档案法》协同其他档案

① 刘舒妍. 以法治化促进档案治理现代化[N]. 中国档案报，2020-12-10(003).

② 李宗富，杨莹莹. 新修订档案法中档案治理的理念呈现与要素分析[J]. 浙江档案，2020(12)：12-15.

③ 刘舒妍. 以法治化促进档案治理现代化[N]. 中国档案报，2020-12-10(003).

法律法规标准，解决档案机构管理、运行、服务、利用等各项问题，统筹档案收集、整理、鉴定、保管、利用等各个业务环节。只有以相关法律法规从档案工作的各个方面加以规范，实践操作中才能有效杜绝档案工作的随意性和不规范性。如新修订《档案法》第二十八条规定："利用档案涉及知识产权、个人信息的，应当遵守有关法律、行政法规的规定。"这与已经实施的《中华人民共和国著作权法》《中华人民共和国专利法》《中华人民共和国商标法》等相关的知识产权法相衔接，同时也跟《中华人民共和国民法典》等有关隐私保护的法律法规相衔接，也与新近出台的《个人信息保护法》相呼应。①

（四）结语

从"治理"视角考量档案立法，能够以更加宏观全局性的视野将档案事业、档案工作的不同维度统筹考虑，并将档案工作放在社会治理、国家治理的大环境下，形成各项档案事务依法而治、社会事务有条不紊运行的社会状态。《"十四五"全国档案事业发展规划》指出，"十四五"时期，档案作为重要信息资源和独特历史文化遗产，价值日益凸显，应着力推动档案工作走向依法治理、走向开放、走向现代化，为开启全面建设社会主义现代化国家新征程、实现第二个百年奋斗目标贡献档案力量。并将"档案治理效能得到新提升。党管档案工作体制机制更加完善，档案法律制度更加健全，依法治档能力进一步增强，档案工作在推进国家治理体系和治理能力现代化中的基础性、支撑性作用更加明显"列为"十四五"发展目标之一。②

此外，立法作为档案法治的首要条件，亦能够为后来执法、司法、守法奠定前期法律基础和凭据，推动档案事业更好地发展。值得注意的是，档案治理体系和治理能力现代化是系统工程，法律修订只是走完了第一步。接下来，还要加强和完善党对档案事业的领导，坚持以人民为中心，积极回应人民群众对档案服务的新要求新期待，坚持在法治轨道上推进档案治理体系和治理能力现代化，不断提高运用法治思维和法治方式深化改革、有效管理、优化服务的能力，努力在法律实施中把制度优势转化为档案治理效能。③

档案立法的多维审视

① 傅荣校. 档案利用权利的法律新保障——对新修订的《档案法》有关档案利用新规定的若干思考[J]. 中国档案，2020(10)：24-25.

② 中华人民共和国国家档案局. 中办国办印发《"十四五"全国档案事业发展规划》[EB/OL]. [2021-06-09]. https://www.saac.gov.cn/daj/yaow/202106/899650c1b1ec4c0e9ad3c2ca7310eca4.shtml.

③ 刘舒妍. 以法治化促进档案治理现代化[N]. 中国档案报，2020-12-10(003).

课后思考题

1. 如何界定信息、档案信息与档案信息资源？档案信息在信息大家族中的角色和地位是什么？

2. 信息技术的发展对档案立法带来了哪些新挑战？

3. 档案信息资源的特性有哪些？这些特性如何影响档案信息的管理和利用？

4. 如何理解档案信息资源的“真实性”和“可靠性”对社会的重要性？

5. 信息资源管理中遇到的法律问题有哪些？如何通过档案立法解决这些问题？

6. 信息立法与档案立法如何相互影响、协调发展？

7. 数据立法视角下的档案立法有哪些新的考量？

8. 档案立法在保护文献遗产方面扮演什么角色？

9. 请谈谈你对档案治理法治化的认识和理解。

10. 新修订《档案法》体现了什么样的档案治理的理念？

第四章 《中华人民共和国档案法》的制定与发展

本章要点

◎ 介绍《中华人民共和国档案法》的制定过程和修正过程。

◎ 介绍1987年《档案法》的基本内容。

◎ 介绍新修订《档案法》的修订需求、修订工作历程、修订的主要内容及先进性和不足。

1987年9月5日，第六届全国人民代表大会常务委员会第二十二次会议通过《中华人民共和国档案法》(以下简称《档案法》)，时任国家主席李先念签署第五十八号主席令予以公布，并于1988年1月1日起施行。这是我国档案法制建设取得的重要成果，是我国档案立法工作的"里程碑"。《档案法》作为档案工作的基础性法律，在加强档案的收集、管理和利用，维护国家档案资源安全，服务改革开放和社会主义现代化建设等方面发挥了重要作用。为适应社会主义市场经济发展与行政审批制度改革等的要求，《档案法》分别于1996年、2016年进行局部修正。2020年6月20日，第十三届全国人民代表大会常务委员会第十九次会议通过了新修订的《档案法》，国家主席习近平签署第四十七号主席令予以公布，并于2021年1月1日起施行。这是《档案法》自1988年1月1日施行以来的首次修订，是档案工作适应国家治理体系和治理能力现代化要求，走向依法治理、走向开放、走向现代化的重要标志，为档案工作擘画了新时代蓝图。

一、《中华人民共和国档案法》的制定

党和国家历来重视档案和档案工作。早在新民主主义革命时期，党就根据革命开展的需要建立起自己的档案工作，并在之后不断充实、完善有关档案管理方面的方法、技术以及制度等。① 中华人民共和国成立以来，在党和国家的重视与领导下，适应社会主义革命、建设、改革事业发展的需要，我国社会主义档案事业体系迅速地建立、建设和发展起来，取得了显著的成就。其中一个最大的成果，就是20世纪80年代国家制定了我国有史

① 赵琰. 新民主主义革命时期中国共产党档案事业研究[D]. 桂林：广西民族大学，2008.

以来第一部完整的档案法律——《中华人民共和国档案法》。①

（一）《档案法》的制定过程

20世纪50年代至60年代前期，我国已经建立了初具规模的国家社会主义档案事业。但是，“文化大革命”中档案事业遭受严重破坏和一场空前的洗劫。改革开放后，档案立法工作很快被提上国家议事日程。1979年，时任国家档案局局长的张中②同志鉴于“十年动乱”中的档案事业遭到空前洗劫的惨痛教训，提出国家应该实行档案立法，以有效保护和利用档案，保障档案工作人员的权益不受侵犯。与此同时，1979年以来历次全国人大、政协会议上，也有一些代表、委员提出了关于档案立法，开放与利用档案的提案。③ 1979年10月10日，国家档案局在给党中央和国务院的《关于全国档案工作会议的报告》中提出：“制定《国家档案法》……为了确保党和国家档案的完整与安全，保证档案工作人员的权责不受侵犯，由国家档案局起草《中华人民共和国档案法》，报人大常委会批准施行。”1980年2月14日，中共中央、国务院的中发〔1980〕16号文件，批准了这个报告，同意制定《国家档案法》。2月22日，国家档案局档案法起草小组成立，成员有郝存厚、刘文仲、俞炳坤、蔡霆光、邹家炜等，由国家档案局第一副局长韩毓虎主管起草小组工作。1980年至1987年，《档案法（草案）》经有关专家、学者反复论证、修改，易稿几十次。

1987年4月14日上午，国务院召开第139次常务会议，讨论《档案法（草案）》。会议由当时的万里副总理主持，姚依林、田纪云、李鹏副总理、方毅国务委员等参加了会议。国家档案局局长韩毓虎、副局长冯子直，以及郝存厚（主要起草人）列席了会议。万里副总理在会上指出：“我们国家文化遗产很丰富、历史悠久，各种重要档案都需要永久保存，国家不可能都集中统一管理，必须有个法规，分级、分类管理，不然对后代没法交代。档案工作很重要，这项工作必须加强，必须重视，必须要管理现代化。”李鹏副总理提出：“档案工作范围很大，应分级、分类（分部门）保管，把有价值的东西保存起来，才能实现有效管理。档案不能简单地保存，还要利用，利用才能发挥其社会效益。这么大的工作量，应该有统一的政策，应该有这么个法。”④会议还委托国务院秘书长陈俊生专门召开一次会议，请有关方面的专家对《档案法（草案）》进行论证，论证以后如无大的意见，由国务院报送全国人大常委会审议通过。6月3日，陈俊生秘书长邀请了全国人大常委会、全国政协的有关委员，以及文献、文化、科学技术、法律等方面的专家召开座谈会，征求对

① 冯子直．档案法产生的历史过程和重大意义[J]．中国档案，2009(10)：21-23.

② 编者注：张中(1907—1990)原名张佛湘，广东兴宁永和镇大成村人。早年参加革命。中华人民共和国成立后，历任国家档案局局长、党组书记，并当选为中共中央纪律检查委员会委员、第四届和第五届全国政协委员。他致力于国家档案事业的开创和建设，多次著文宣传党和国家关于档案工作的方针、政策，指导全国档案工作，传播和普及档案专业知识，培养档案专业人才。中共十一届三中全会以后，张向第五届全国人民代表大会提出关于制订《中华人民共和国档案法》提案，提案被采纳后，又积极组织档案法的起草工作。

③ 冯子直．档案法产生的历史过程和重大意义[J]．中国档案，2009(10)：21-23.

④ 冯子直．档案法产生的历史过程和重大意义[J]．中国档案，2009(10)：21-23.

《档案法(草案)》的意见，对《档案法(草案)》的可行性进行论证。国务院常务会议、专家论证会后，国务院法制局、国家档案局又对《档案法(草案)》进行了修改。

1987年6月7日，国务院总理赵紫阳签署了《国务院关于提请全国人大常委会审议〈中华人民共和国档案法(草案)〉的议案》，提出：制定档案法是为了加强国家对档案的管理，保护国家的文化遗产，开发利用档案，为社会主义事业服务，并建议全国人大常委会审议通过。6月11日，第六届全国人大常委会召开第二十一次会议，审议《档案法(草案)》。委员们对《档案法(草案)》给予了极大的重视和支持，认为制定档案法是必要的，同时也提出了一些修改补充意见。会后，7月间，全国人大常委会法制工作委员会多次召开座谈会，广泛征求多方面对《档案法(草案)》的意见，并对《档案法(草案)》作了进一步的修改和补充。

9月5日下午3时，第六届全国人民代表大会常务委员会第二十二次会议举行全体会议，对《中华人民共和国档案法(草案)》提付表决。常务委员到会115人，档案法以110票赞成，2票反对，3票弃权获得通过。并于同日，由中华人民共和国主席李先念以第五十八号令予以公布，自1988年1月1日起施行。①

《中华人民共和国档案法》的起草工作长达近10年，参加起草的人员先后有数十名，参加讨论的人员有几百名，共修改了20多稿，是集体智慧的结晶，是众多人员共同努力取得的成果。②《档案法》是我国民主与法制建设中的一项新生事物，也是我国社会主义档案事业建设所取得的一项重大成果。它结束了我国没有档案法律的历史，开辟了依法安全地保护档案和有效地利用档案的新的历史阶段，对我国社会主义档案事业的建设和发展，更好地为社会主义现代化建设事业服务，具有重要的现实意义和历史意义。③

(二)1987年《档案法》基本内容

1987年《档案法》是在借鉴我国历代档案立法和世界各国档案立法经验的基础上，根据我国国情，把党和国家有关档案工作的方针、政策和中华人民共和国成立40多年来档案工作的实践经验用法律形式固定下来的一部法律。

1987年《档案法》共六章二十六条，主要包括以下七个方面的内容：

第一，明确了国家管理档案的范围。1987年《档案法》第二条规定："本法所称的档案，是指过去和现在的国家机构、社会组织以及个人从事政治、军事、经济、科学、技术、文化、宗教等活动直接形成的对国家和社会有保存价值的各种文字、图表、声像等不同形式的历史记录。"一方面，《档案法》中所规定的是国家管理档案的范围，而不是档案的学术定义，只有国家档案才属于本法管理的范围；另一方面，档案法强调了"历史记录"，说明档案是我们在社会各项活动中直接形成的原始的历史记录，具有凭证作用，揭

① 刘文仲，毕嘉瑞.《中华人民共和国档案法》诞生纪事[J]. 档案学研究，1998(2)：3-5.

② 刘文仲，毕嘉瑞.《中华人民共和国档案法》诞生纪事[J]. 档案学研究，1998(2)：3-5.

③ 冯子直. 档案法产生的历史过程和重大意义[J]. 中国档案，2009(10)：21-23.

示了档案与文物、图书等概念的本质区别。

第二，确立了档案工作的社会地位。1987 年《档案法》第四条规定：“各级人民政府应当加强对档案工作的领导，把档案事业的建设列入国民经济和社会发展计划。”这一条确立了我国档案工作的社会地位，通过将档案事业的建设列入国民经济和社会发展计划，有力地保障了档案事业的高质量发展。

第三，确定了开展档案工作的原则。1987 年《档案法》第五条规定：“档案工作实行统一领导，分级管理的原则，维护档案完整与安全，便于社会各方面的利用。”“统一领导，分级管理”是我国档案工作的组织原则和管理体制，这既是由我国社会主义制度决定的，又是我国档案工作发展的客观需要。维护档案的完整与安全是档案工作的基本要求，只有维护档案的完整与安全，才能维护党和国家的历史真实面貌，才能充分发挥档案的作用，进而便于社会各方面对档案的利用，满足社会各方面对档案的需要，这是档案工作的根本目的。①

第四，确定了档案机构和人员及其职责。这是 1987 年《档案法》第二章所规定的全部内容。每一类档案机构都有不同的职责。档案行政管理部门负责对管辖范围内档案工作实行监督和指导，机关、团体、企业事业单位和其他组织的档案机构、人员要负责管理本单位的档案，各级各类档案馆负责收集、整理、保管和提供利用各自分管范围内的档案。

第五，确定了档案管理的内容和任务。1987 年《档案法》第三章具体规定了档案管理的内容和任务：一是机关、团体、企业事业单位和其他组织必须对本单位的档案实行综合管理并定期向档案馆移交；二是明确了档案馆和博物馆、图书馆、纪念馆等单位在利用档案方面的互相协作关系；三是禁止擅自销毁档案，禁止出卖属于国家所有的档案。

第六，确定了档案利用和公布的原则、期限与方案。这是 1987 年《档案法》第四章所规定的全部内容。其中最重要的是第十九条中规定的：“国家档案馆保管的档案，一般应当自形成之日起满 30 年向社会开放。经济、科学、技术、文化等类档案向社会开放的期限，可以少于 30 年，涉及国家安全或者重大利益以及其他到期不宜开放的档案向社会开放的期限，可以多于 30 年，具体期限由国家行政管理部门制订，报国务院批准施行。”资料显示，在起草、修改、制定档案法的整个过程中，讨论最多的一个问题就是档案的开放问题。有人认为档案形成满 30 年就开放，时间太短，有人认为生产建设、科学技术等方面档案等 30 年再开放，那就成为历史了。② 直到 1987 年 9 月 4 日上午，全国人大常委会在召开联组会时才确定了“30 年”这一关键期限，并针对不同类别的档案开放期限作出了灵活规定。

第七，规定了档案工作法律责任。1987 年《档案法》第五章规定了档案工作中涉及的法律责任。对违反档案法的人员，根据情节轻重给予行政处分，造成损失的，责令赔偿损

① 冯惠玲，张辑哲. 档案学概论(第二版)[M]. 北京：中国人民大学出版社，2001.

② 刘文仲，毕嘉瑞.《中华人民共和国档案法》诞生纪事[J]. 档案学研究，1998(2)：3-5.

失，构成犯罪的，依法追究刑事责任。

总体来看，1987年《档案法》作为我国有史以来的第一部档案法律、改革开放后文化领域颁布的第二部法律、档案工作的“母法”，在加强档案的收集、管理和利用，维护国家档案资源安全，服务改革开放和社会主义现代化建设等方面发挥了重要作用，标志着我国的档案工作开始走上了依法治档的轨道，具有重要的现实意义和深远的历史意义。

二、《中华人民共和国档案法》的修改

目前，我国立法实践中修改法律的形式主要有以下两种：一是以修订的方式对法律条文进行全面修改，重新公布法律文本以替代原法律文本，2020年对档案法的修改就是这一形式；二是以修正的方式对法律的部分条文予以修改，并以修改决定的形式公布，由于修改决定仅规定修改的条文，对于未修改的条文，也需要公布供社会公众知悉，具体形式是修改决定之后附修正本，将原法律根据这一决定作相应的修改以重新公布，这是我国法律修改最基本、最重要的形式。1996年和2016年，为了适应社会主义市场经济体制的转变、落实中央行政审批和行政处罚制度改革精神，《档案法》先后经历了两次局部修改。

（一）1996年《档案法》修正

1993年，全国人大常委会将《档案法》修改列入第八届全国人大常委会的五年立法规划（1993年6月至1998年3月）。国家档案局成立档案法修改领导小组、办公室，具体负责修改草案的起草工作。从1994年5月至1995年7月，国家档案局五易稿本，最后形成了向国务院报送的档案法修正案（草案）。在国务院审议修正案（草案）过程中，原国务院法制局又组织召开了各种座谈会，听取有关部委的意见。1996年4月7日，李鹏总理签发国务院关于审议《中华人民共和国档案法》修正案（草案）的议案，报全国人大常委会审议。1996年6月28日至7月5日召开的第八届全国人大常委会第二十次会议审议了法律委员会提交的决定（草案），常委委员们在经过认真审议之后，以135名到会常委中1票反对、2票弃权、132票同意的结果通过了该决定。1996年修正后的《档案法》与1987年《档案法》相比，主要变化包括：

一是经档案行政管理部门批准，可以出卖集体和个人所有的档案，并修改了相应的法律责任。1987年《档案法》第十六条第二款规定“前款所列档案，档案所有者可以向有关档案馆寄存或者出售，严禁倒卖牟利，严禁私自卖给外国人”，随着改革开放的深入，该条款简单限制，不允许出卖，不符合实际情况的需要，应当是既要维护国家、社会的利益，也要保护集体、公民对其档案的所有权。为此，修改后的《档案法》对这一规定作了调整，规定这部分档案除向国家档案馆寄存或者出卖外，如果向国家档案馆以外的任何单位或者个人出卖的，应当根据所出卖的档案的性质由县级以上的档案行政管理部门批准。这一修改既克服了对档案严格禁止出卖的不切实际的规定，同时也解决了随意买卖档案，造成国家重要档案的流失或者泄密的问题。此外，还将“严禁私自卖给外国人”的规定修改为“严

禁卖给或者赠送给外国人”，从而有效地填补了法律的漏洞，确保了国家档案财富的安全。

二是增加国有企业事业单位因转制、兼并或者破产等原因需要资产转让时，处理其原有档案的相关规定。《档案法》修改前明确规定，禁止出卖属于国家所有的档案。随着改革开放的不断深化和社会主义市场经济的确立，一些国有企事业组织由于合资、出售、破产等原因导致所有制发生了变化，企业转让其资产的现象经常发生。一方面允许企业转让资产，另一方面却禁止转让与这些资产紧密相关的档案，从而出现矛盾。作为基本原则，修改后的《档案法》依然重申了“禁止出卖属于国家所有的档案”，但同时也作了特殊规定，即“国有企业事业组织资产转让时，转让有关档案的具体办法由国家档案行政管理部门制定”。由于国有企业事业组织的档案转让情况比较复杂，有的档案可以转让，有的档案不可以转让。如与企业资产有关的技术档案等是可以转让的，但国有企业中同时也保管着一些党政工团的档案，这些又是不能转让的。哪些档案可以转让，哪些档案不可以转让，这些可由行政部门作出具体规定。因此修改后的《档案法》授权国家档案行政管理部门制定具体的办法，对此予以规范。

三是增加了对不按规定归档或不按时移交档案、携运禁止出境的档案或复制件出境等违法行为的法律责任。修改后的《档案法》较之原法律条文更为明确，更具有实际效力。如针对在开放利用档案中出现的一些损毁档案的违法行为，《档案法》修改后增加了由县级以上人民政府档案行政管理部门给予行政处罚的规定。同时，修改后的《档案法》增加了相关法律责任，即“擅自出卖或者转让档案的；倒卖档案牟利或者将档案卖给、赠送给外国人的”，“由县级以上人民政府档案行政管理部门给予警告，可以并处罚款；有违法所得的，没收违法所得；并可以依照本法第十六条的规定征购所出卖或者赠送的档案”。

（二）2016 年《档案法》修正

随着依法治国的深入推进，我国的法律体系不断完善。1996 年版的《档案法》也暴露出了诸多与当前档案事业发展不相适应的问题。如 1996 年《档案法》中规定的对非国有档案的出售审批事项与 2007 年颁布的《物权法》中对私有财产的相关规定相矛盾。2016 年 11 月 7 日，第十二届全国人大常委会第二十四次会议通过了《全国人民代表大会常务委员会关于修改〈中华人民共和国对外贸易法〉等十二部法律的决定》，就取消对集体和个人所有的对国家和社会具有保存价值的档案买卖的审批，对《档案法》作了相应的修改，具体体现在以下两个方面：

第一，将 1996 年《档案法》第十六条第二款中的“向国家档案馆以外的任何单位或者个人出卖的，应当按照有关规定由县级以上人民政府档案行政管理部门批准。严禁倒卖牟利，严禁卖给或者赠送给外国人”修改为“严禁卖给、赠送给外国人或者外国组织”。

第二，将 1996 年《档案法》第二十四条的第四、五项“(四)违反本法第十六条、第十七条规定，擅自出卖或者转让档案的；(五)倒卖档案牟利或者将档案卖给、赠送给外国人的”修改为“(四)违反本法第十七条规定，擅自出卖或者转让属于国家所有的档案的；

(五)将档案卖给、赠送给外国人或者外国组织的”。

三、新修订《中华人民共和国档案法》的出台

随着我国经济社会的快速发展，特别是中国特色社会主义进入新时代和全面依法治国方略的推进，档案事业发展面临着新形势、新任务。旧的《档案法》与国家治理体系与治理能力现代化战略部署已不相适应，迫切需要修订。主要表现在以下两个方面：

一是党中央对档案工作提出了新要求。习近平总书记指出，档案工作是一项非常重要的工作，经验得以总结，规律得以认识，历史得以延续，各项事业得以发展，都离不开档案。栗战书委员长指出，档案工作承担着为党管档、为国守史、为民服务的重任，要进一步挖掘档案利用潜能，更好地为党和国家大局服务，为经济社会发展服务，为广大人民群众服务。2014 年中办、国办印发的《关于加强和改进新形势下档案工作的意见》对加强和改进新形势下档案工作作出了全面部署，明确提出以建立健全覆盖人民群众的档案资源体系、方便人民群众的档案利用体系、确保档案安全保密的档案安全体系为目标，进一步完善档案工作体制机制，加大对档案工作的支持保障力度，推动档案事业科学发展。

二是解决实践中的一些突出问题。随着国家治理体系和治理能力现代化的推进，档案工作实践中出现了一些突出问题，需要及时通过调整法律规范予以解决。(1)随着经济社会快速发展，档案形成主体逐渐多元化，除机关、团体、国有企业事业单位外，非国有企业、社会服务机构等在研发、建设、生产、经营和服务活动中也形成了大量对国家和社会具有保存价值的材料，有必要进一步明确归档范围和档案管理责任。(2)随着信息时代的到来，传统载体档案数字化和电子档案快速发展，档案工作从传统实体管理逐渐转向数字管理，为适应时代发展，反映时代要求，需要进一步加强档案信息化建设，特别是明确电子档案的地位和作用。(3)档案在国家经济、政治、文化、社会、生态文明建设以及军事、外事、科技等方面发挥着不可或缺的作用，人民群众利用档案的需求也越来越高，应当进一步加大档案开放与利用的力度，努力满足社会各方面的需求，更好地为党和国家各项事业发展服务。①

(一)《档案法》修订工作历程

2007 年，国家档案局结合出席全国“两会”的人大代表、政协委员提出的有关议案、提案，着手启动《档案法》修改工作。在大量调研和论证的基础上，于 2015 年 11 月形成了《档案法》(修订草案)(送审稿)，报送国务院。此后，国务院原法制办公室依照立法程序开展征求意见、赴地方调研、进行协调、修改完善等工作，国家档案局也向社会公开征求意见。2018 年换届以后，十三届全国人大常委会立法规划将《档案法》修改列为第一类项目，即“条件比较成熟、任期内拟提请审议的法律草案”；司法部在前期工作基础上，会同

① 袁杰. 中华人民共和国档案法释义[M]. 北京：中国民主法制出版社，2020.

国家档案局对《档案法》(修订草案)(送审稿)进行反复研究、修改，形成《档案法》(修订草案)。2019年10月8日，国务院第六十六次常务会议讨论通过《档案法》(修订草案)，李克强总理签署议案，提请全国人大常委会审议。2019年10月10日，国务院向全国人大常委会提出了"国务院关于提请审议《中华人民共和国档案法(修订草案)》的议案"。

2019年10月21日，十三届全国人大常委会召开第十四次会议。在这次会议上，国家档案局局长李明华受国务院委托作了关于《中华人民共和国档案法(修订草案)》的说明。10月25日下午，对《档案法》(修订草案)进行了分组审议。常委会组成人员和列席人员普遍认为，为了更好适应当前档案事业发展新形势、新任务，解决档案工作实践出现的新问题，对《档案法》进行修订非常必要，修订草案贯彻落实党中央关于档案工作的新要求，总结《档案法》施行的实践经验，针对亟待解决的突出问题，完善档案管理制度，有利于推动档案事业科学发展；同时也对《档案法》(修订草案)提出了进一步修改完善的意见建议。

十三届全国人大常委会第十四次会议结束以后，全国人大常委会法制工作委员会将《档案法》(修订草案)印发各省、自治区、直辖市以及部分设区的市、基层立法联系点和中央有关部门、单位征求意见，并在中国人大网全文公布《档案法》(修订草案)，征求社会公众意见。全国人大宪法和法律委员会、教育科学文化卫生委员会和常委会法制工作委员会联合召开座谈会，听取部分全国人大代表和中央有关部门、档案馆、企业、行业协会、专家等的意见。全国人大宪法和法律委员会、常委会法制工作委员会还赴北京、湖南、广东等地进行调研，听取部分全国人大代表和地方有关部门、档案馆、档案服务企业等的意见，并就《档案法》(修订草案)中的主要问题与有关部门交换意见，共同研究。2020年6月5日晚，全国人大宪法和法律委员会召开会议，根据常委会组成人员的审议意见和各方面意见，对《档案法》(修订草案)进行了逐条审议，全国人大教育科学文化卫生委员会、司法部、国家档案局的有关负责同志列席了会议。

2020年6月18日，十三届全国人大常委会召开第十九次会议。在这次会议上，全国人大宪法和法律委员会副主任委员胡可明作了关于《档案法》(修订草案)审议结果的报告。6月18日下午，对《档案法》(修订草案二次审议稿)进行了分组审议。常委会组成人员和列席人员普遍认为，《档案法》(修订草案二次审议稿)已经比较成熟，建议进一步修改后，提请本次会议表决通过，同时还提出了一些修改意见。6月18日晚，全国人大宪法和法律委员会召开会议，逐条研究了常委会组成人员的审议意见，对《档案法》(修订草案)进行了审议，全国人大教育科学文化卫生委员会、司法部、国家档案局的有关负责同志列席了会议。2020年6月20日下午，十三届全国人大常委会第十九次会议举行全体会议，经过表决，高票通过了修订后的《中华人民共和国档案法》。同日，习近平主席签署主席令予以公布。①

① 袁杰. 中华人民共和国档案法释义[M]. 北京：中国民主法制出版社，2020.

（二）档案法修订主要内容

栗战书委员长在2020年6月20日举行的十三届全国人大常委会第十九次全体会议上的讲话中指出："会议审议通过档案法修订草案，从收集、整理、保护、利用、监督等各环节健全完善了档案管理制度，强化机构和组织的档案管理责任，优化档案的开放和利用条件，鼓励档案数字化和资源共享，为我国档案事业现代化提供了更加坚实的法治保障。"本次修订《档案法》，全面贯彻落实习近平新时代中国特色社会主义思想和党中央关于加强和改进新形势下档案工作的重大决策部署，坚持以人民为中心的发展思想，坚持中国共产党对档案工作的领导，坚持档案工作统一领导、分级管理的原则，适应档案事业发展面临的新形势、新任务，坚持问题导向，立足实践需要，回应人民群众的期待，对档案管理的相关制度作了进一步修改完善。

修订后的《档案法》，从原来的6章27条增加到8章53条，增设"档案信息化建设""监督检查"两章，内容更加充实完善，对于推动档案事业科学发展，确保档案安全保密，维护人民群众合法权益，推进国家治理体系和治理能力现代化，具有重要意义。

1. 修订的主要情况

本次《档案法》的修订，是1988年《档案法》颁布以来的第一次全面修订，主要作了以下修改：

一是坚持党对档案工作的领导。习近平总书记指出，党政军民学，东西南北中，党是领导一切的。档案工作是党和国家事业的重要组成部分，必须坚持党的领导。新修订《档案法》第3条明确规定，"坚持中国共产党对档案工作的领导"。

二是完善档案管理体制，明确国家和地方档案主管部门负责全国或本行政区域内的档案工作，各级政府应当将档案事业发展经费列入政府预算，确保档案事业发展与国民经济和社会发展水平相适应。

三是健全档案管理相关制度，建立档案工作责任制，明确机关、团体、国有企业事业单位和其他组织归档范围，规定非国有企业、社会服务机构等单位的档案管理责任，同时规范档案收集工作，强化档案服务企业管理，做好突发事件应对活动相关档案工作。

四是推动档案开放与利用，缩短档案向社会开放的期限；要求档案馆不断完善利用规则，创新服务形式，强化服务功能，提高服务水平，为国家机关制定法律法规、政策和开展有关问题研究提供支持和便利。

五是加强档案信息化建设，规范电子档案，保障电子档案、传统载体档案数字化成果等档案数字资源的安全保存和有效利用。

六是完善档案安全工作机制，改善档案保管条件，保障档案信息安全。

七是加大对档案工作的支持保障力度，加强档案工作人才培养和队伍建设，推动档案科技进步，促进档案领域的国际交流与合作，支持社会力量参与档案事业。

八是健全档案监督检查制度，明确监督检查事项，完善监督检查措施。

九是完善法律责任，对损毁、擅自销毁档案，擅自复制属于国家所有的档案，不按规定向社会开放、提供利用档案，发生档案安全事故后不采取抢救措施或者隐瞒不报、拒绝调查等行为，规定相应的法律责任，明确罚款处罚的数额幅度。

2. 关于档案开放与利用

2003年，时任浙江省委书记的习近平指出，档案工作要由封闭向开放、由重保管向重服务转变，要及时向领导机关、向社会提供有价值的信息，为经济建设、社会发展服务。① 新修订《档案法》针对档案开放与利用，主要作了以下规定：

一是明确一切国家机关、武装力量、政党、团体、企业事业单位和公民都享有依法利用档案的权利。新修订《档案法》第五条规定："一切国家机关、武装力量、政党、团体、企业事业单位和公民都有保护档案的义务，享有依法利用档案的权利。"在维持原来各类主体保护档案义务的基础上，专门增加了各类主体"享有依法利用档案的权利"，体现了由侧重保护向保护与利用并重的转变。

二是明确县级以上各级档案馆的档案，应当自形成之日起满25年向社会开放。经济、教育、科技、文化等类档案，可以少于25年向社会开放；涉及国家安全或重大利益以及其他到期不宜开放的档案，可以多于25年向社会开放。国家鼓励和支持其他档案馆向社会开放档案。档案馆应当通过其网站或其他方式定期公布开放档案的目录，不断提高服务水平。

三是《档案法》第二十八条第二款明确规定："单位和个人持有合法证明，可以利用已经开放的档案。档案馆不按规定开放利用的，单位和个人可以向档案主管部门投诉，接到投诉的档案主管部门应当及时调查处理，并将处理结果告知投诉人。"档案馆应当不断完善档案利用规则，创新服务形式，强化服务功能，提高服务水平，积极为档案的利用创造条件，提供便利。

四是加强应对突发事件相关档案工作，发挥档案在应对突发事件中的作用。新修订《档案法》第二十六条明确规定："国家档案主管部门应当建立健全突发事件应对活动相关档案收集、整理、保护、利用工作机制。档案馆应当加强对突发事件应对活动相关档案的研究整理和开发利用，为突发事件应对活动提供文献参考和决策支持。"该规定为档案主管部门和档案馆开展应对突发事件相关档案工作提供了遵循和依据。

五是鼓励档案馆开放利用馆藏档案，通过开展专题展览、公益讲座、媒体宣传等活动，进行爱国主义、集体主义、中国特色社会主义教育，传承发展中华优秀传统文化，继承革命文化，发展社会主义先进文化，增强文化自信，弘扬社会主义核心价值观。②

---

① 省委书记、省人大常委会主任习近平同志在考察省档案局省档案馆时的讲话[J]. 浙江档案，2003(6)：5.

② 袁杰. 中华人民共和国档案法释义[M]. 北京：中国民主法制出版社，2020.

3. 关于档案信息化建设

随着信息化时代的到来，档案工作逐渐转向数字管理，许多新情况和新问题需要法律予以明确。新修订《档案法》专门增设“档案信息化建设”一章，主要作了以下针对性规定：

一是规定各级人民政府应当将档案信息化纳入信息化发展规划，保障电子档案、传统载体档案数字化成果等档案数字资源的安全保存和有效利用。

二是明确档案馆和机关、团体、企业事业单位以及其他组织应当加强档案信息化建设，并采取措施保障档案信息安全。

三是规定电子档案应当来源可靠、程序规范、要素合规，明确电子档案与传统载体档案具有同等效力，并对电子档案移交、检测和重要电子档案异地备份保管作了规定。

四是明确国家鼓励和支持档案馆和机关、团体、企业事业单位以及其他组织推进传统载体档案数字化；已经实现数字化的，应当对档案原件妥善保管。

五是规定机关、团体、企业事业单位和其他组织应当积极推进电子档案管理信息系统建设，有条件的档案馆应当建设数字档案馆，国家推动档案数字资源跨区域、跨部门共享利用。①

4. 关于保障档案安全

档案安全是档案工作的底线，确保档案安全对于维护国家安全具有重要意义。为保障档案实体安全和档案信息安全，新修订《档案法》主要作了以下规定：

一是完善档案安全工作机制，明确档案馆和机关、团体、企业事业单位以及其他组织应当建立健全档案安全工作机制，加强档案安全风险管理，提高档案安全应急处置能力。

二是保障档案实体安全，要求档案馆以及机关、团体、企业事业单位和其他组织的档案机构按照国家有关规定配置适宜档案保存的库房和必要的设施、设备，确保档案的安全。明确非国有企业、社会服务机构等单位和个人保管档案的条件不符合要求或者有其他不安全情形的，省级以上档案主管部门可以给予帮助，或者协商采取指定档案馆代为保管等措施。

三是保障档案信息安全，明确档案馆和机关、团体、企业事业单位以及其他组织应当采取措施保障档案信息安全。新修订《档案法》第三十九条要求电子档案应当通过符合安全管理要求的网络或者存储介质向档案馆移交，档案馆应当对接收的电子档案进行检测，确保电子档案的真实性、完整性、可用性和安全性，档案馆可以对重要电子档案进行异地备份保管。

四是明确档案馆和机关、团体、企业事业单位以及其他组织发现本单位存在档案安全隐患的，应当及时采取补救措施，消除档案安全隐患。发生档案损毁、信息泄露等情形

---

① 袁杰. 中华人民共和国档案法释义[M]. 北京：中国民主法制出版社，2020.

的，应当及时向档案主管部门报告。

五是严格法律责任，对明知存在档案安全隐患而不采取补救措施造成档案损毁、灭失，存在档案安全隐患被责令限期整改而逾期未整改，发生档案安全事故后不采取抢救措施或者隐瞒不报、拒绝调查等违法行为规定了法律责任。①

5. 关于监督检查

习近平总书记指出，制度的生命力在于执行；必须强化制度执行力，加强对制度执行的监督；要构建全覆盖的制度执行监督机制，坚决杜绝制度执行上做选择、搞变通、打折扣的现象，确保制度时时生威、处处有效。为了保障《档案法》的规定落到实处，确保档案工作在法治的轨道上运行，新修订《档案法》专门增设“监督检查”一章，作了以下主要的规定：

一是明确监督检查的主体、对象和依据。监督检查的主体是各级档案主管部门；被检查的对象是档案馆和机关、团体、企业事业单位以及其他组织，不包括个人；监督检查的依据是法律、行政法规，具体来讲，就是法律、行政法规有关档案管理的规定。

二是规定监督检查的事项。档案主管部门开展检查的事项有 6 项：①档案工作责任制和管理制度落实情况；②档案库房、设施、设备配置使用情况；③档案工作人员管理情况；④档案收集、整理、保管、提供利用等情况；⑤档案信息化建设和信息安全保障情况；⑥对所属单位等的档案工作监督和指导情况。同时，档案主管部门根据违法线索进行检查时，在符合安全保密要求的前提下，可以检查有关库房、设施、设备，查阅有关资料，询问有关人员，记录有关情况，有关单位和个人应当配合。

三是确立消除档案安全隐患的机制。档案馆和机关、团体、企业事业单位以及其他组织发现本单位存在安全隐患的，应当及时采取补救措施，消除档案安全隐患；发生档案损毁、信息泄露等情形的，应当及时向档案主管部门报告。档案主管部门发现档案馆和机关、团体、企业事业单位以及其他组织存在档案安全隐患的，应当责令限期整改，消除档案安全隐患。

四是建立档案违法行为的举报制度。新修订《档案法》第四十六条规定，任何单位和个人对档案违法行为，有权向档案主管部门和有关机关举报。同时，还规定接到举报的档案主管部门或者有关机关，应当及时依法处理。

五是明确公正文明执法的要求。公正文明是依法治国的基本要求，是依法行政的重要内容，也是行政执法工作必须遵循的基本原则。新修订《档案法》对公正文明执法提出了要求，即档案主管部门及其工作人员应当按照法定的职权和程序开展监督检查工作，做到科学、公正、严格、高效；同时，还对档案主管部门及其工作人员在开展监督检查工作时的禁止性行为作了明确规定，即不得利用职权牟取利益，不得泄露履职过程中知悉的国家秘

① 袁杰．中华人民共和国档案法释义[M]．北京：中国民主法制出版社，2020.

密、商业秘密或者个人隐私。

(三)新修订《档案法》的先进性和不足

2020年新修订的《档案法》是我国档案事业建设实践的总结与档案法制建设经验的结晶，是我国档案法治建设进程中一个新的里程碑，对新时代中国特色社会主义档案事业高质量发展产生重大而深远的影响。新修订《档案法》相较原法有较明显的先进性，同时也存在不足之处。

1. 新修订《档案法》的先进性

在立法理念方面具有先进性。一是新修订《档案法》将推进国家治理体系和治理能力现代化作为立法目的，突破了此前囿于档案圈的视野局限，① 以更高的站位和更广的视角赋予档案事业更宏大的使命。二是新修订《档案法》强调保障公民利用档案的权利，将组织和个人保护档案的义务与利用档案的权利置于同等重要的地位，凸显了“以人民为中心”的立法理念。三是新修订《档案法》坚决贯彻总体国家安全观，基于领导、组织、管理、技术等四个方面的安全考虑进行立法，具有先进的安全理念。②

在制度建设方面具有先进性。其一，新修订《档案法》将原法“档案行政管理部门”的表述调整为“档案主管部门”，既契合地方档案机构改革的实际情况，又理顺了“党管档案”的体制机制。其二，新修订《档案法》强调建立针对突发事件的档案安全工作机制，在“百年未有之大变局”的时代背景下强化档案安全风险管理与应急处置制度建设，体现了与时俱进的先进性。其三，新修订《档案法》明确了档案馆和档案形成单位的工作职责，要求建立档案工作责任制，有效地健全了档案管理制度。

在业务指导方面具有先进性。一方面，新修订《档案法》针对档案信息化建设业务增加了专章进行指导，明确了档案信息化建设的基本原则、电子档案的法律效力和档案信息化建设的内容。另一方面，新修订《档案法》针对档案监督检查业务增加了专章予以规范，明确了档案主管部门等主体对各类组织机构的监督检查职权及具体要点，并对相关人员履职过程中的廉洁性和保密性作了专条要求，而且提出了各类组织机构面对内部档案工作安全隐患的主动性要求。③

2. 新修订《档案法》的不足之处

宏观方面，新修订《档案法》与其他法律的关系定位和法理完善方面存在局限。一方面，新修订《档案法》对于在国家法律体系中应归属于行政法的属性表达不充分，法律调整

---

① 徐拥军. 新修订《中华人民共和国档案法》的特点[J]. 中国档案，2020(7)：26-27.

② 王英玮，杨千. 总体国家安全观视角下《中华人民共和国档案法》的安全理念[J]. 档案学研究，2020(6)：78-85.

③ 嘎拉森. 新档案法的进步性[J]. 档案学通讯，2020(6)：107-108.

边界不清晰，导致其仍像是一部行业内部规范条令，无法完全融入我国既成法律体系。另一方面，新修订《档案法》较多考虑档案行政管理者一方，仍较少关注档案使用者或第三方的合法权益，忽视档案管理部门与执业人员自身监督环节、档案被管理者合法权益保护环节等，导致系统内部的监督和制约机制缺位。①

微观方面，新修订《档案法》与我国档案事业和档案业务之间的协同发展存在不足。②其一，新修订《档案法》中档案馆设立要求、程序不明确，导致机关档案部门性质不一，档案馆设立、运行无章可循。其二，新修订《档案法》未对“属于国家所有档案”进行解释、界定，导致部分法条有生成“口袋罪”③的可能。其三，新修订《档案法》未涉及档案域外适用条款，导致中方企业、个人所有的档案在国外受到非法侵害时维权方式有限。例如，2019 年修订的《中华人民共和国证券法》第二条中增加了域外适用的相关条款“在中华人民共和国境外的证券发行和交易活动，扰乱中华人民共和国境内市场秩序，损害境内投资者合法权益的，依照本法有关规定处理并追究法律责任”。其四，新修订《档案法》对相关违法个人仅 5000 元的顶格处罚，导致违法成本低，对档案违法行为主体的威慑力有限。④ 其五，在海量的数据态档案记录不断生成的背景下，新修订《档案法》在档案数据安全方面未有着墨，有待补充完善。

《中华人民共和国档案法》
的制定与发展

课后思考题

1.《档案法》经过了哪几次修改？
2.《档案法》的主要内容有哪些？
3.《档案法》的特点有哪些？
4. 简述新修订《档案法》的主要内容。
5. 新修订《档案法》的先进性和不足是什么？

---

① 徐琳，王和民. 行政法视角下的档案立法探讨[J]. 档案学通讯，2020(5)：85-90.

② 宫晓东. 档案法修订局限性文化分析[J]. 档案学通讯，2020(6)：99-101.

③ 口袋罪，是指对某一行为是否触犯某一法条不明确，但与这一法条相似，而直接适用该法条定罪的情况，对罪名定义不清、对情况描述不明是口袋罪生成的重要来源。

④ 孟祥喜. 新档案法存在的若干问题分析[J]. 档案学通讯，2020(6)：103-105.

第五章　我国档案法规体系

本章要点

◎ 介绍我国档案法规体系的基本构成、建设过程和重要意义。

◎ 概述我国档案法律体系的建设情况。

◎ 概述我国档案行政法规体系的建设情况。

◎ 概述我国档案地方性法规的建设情况。

◎ 概述我国档案规章的建设情况。

一、档案法规体系建设

档案法规体系建设是一项系统工程。中华人民共和国成立后，我国的档案法规体系经历了一个从无到有、逐步发展、日臻成熟的建设过程。

从新中国成立到改革开放前，这一时期的档案法规建设集中体现在党和政府颁发的有关档案工作的令、通知、办法、决定或报告中，档案工作实际上是以政策和行政措施的运用为主。总的来看，这一时期的档案法规体系建设处于起步阶段，虽然尚不成规模，也未形成系统，但孕育了新中国档案事业发展的基础性原则与框架，起到了为档案工作立桩奠基的重要作用。

改革开放至2000年《中华人民共和国立法法》出台前的这段时期，档案法规体系建设开始进入一个具有自觉意识的新阶段。1987年9月5日，第六届全国人大常委会第二十二次会议通过了《中华人民共和国档案法》，1992年国家档案局发布《档案法规体系方案》。这一时期我国档案法规体系建设的特点是围绕国家改革开放和经济建设的大局，适应蓬勃发展的各项建设事业发展的需要，有计划、有重点地制定了国家档案领域中的重要法律法规，档案法制建设开始步入快车道。

2000年全国人大制定颁布《中华人民共和国立法法》开始，档案法规体系建设严格按照该法的要求开展，档案立法工作步入了法制化、规范化的轨道。2011年6月，国家档案局发布了新的《国家档案法规体系方案》，对档案法规体系的建设进行了重新谋划。①

党的十八大以来，以习近平同志为核心的党中央从关系党和国家前途命运的战略全局出发，把全面依法治国纳入“四个全面”战略布局，作出一系列重大决策部署，开启了法治中国建设的新时代。档案法治工作进入快车道，“立改废释”工作稳步推进。特别是新修订《档案法》的实施与颁布，是我国档案法治建设进程中一个新的里程碑，是档案工作适应国家治理体系和治理能力现代化要求，走向依法治理、走向开放、走向现代化的重要标志，必将对新时代中国特色社会主义档案事业高质量发展产生重大而深远的影响。时任国家档案局局长陆国强在《为新时代档案事业高质量发展提供坚强法治保障》一文中指出：“要按照党管档案工作，科学立法、民主立法、依法立法的原则，坚持不懈地推进档案法规制度建设，构建起系统完备、科学规范、可操作性强的档案法规体系。”②

现阶段的档案法规体系是以《中华人民共和国档案法》为核心的，由符合《中华人民共和国立法法》规定的若干有关档案工作的法律、行政法规、地方性法规和规章等所构成的相互联系、相互协调的统一体，为依法行政、依法治档提供了制度保障。③

档案法律。档案法律由全国人民代表大会及其常务委员会制定，并由国家主席签署主席令予以公布。主要有两个方面：一是专门法律，即《中华人民共和国档案法》，这是建设和发展我国档案事业的基本法，是我国档案法律体系中的核心和制定其他档案法规和规章的依据；二是其他法律中关于档案事务的规定，如《中华人民共和国刑法》《中华人民共和国文物保护法》等基本法和单行法中均有涉及档案管理的条文。④

档案行政法规。档案行政法规由国务院根据宪法和法律制定，并由总理签署国务院令予以公布。目前，由国家档案局负责起草的行政法规有 2 部，即《中华人民共和国档案法实施条例》和《科学技术档案工作条例》。另外，《国务院关于在线政务服务的若干规定》等 112 部行政法规中均有涉及档案工作的内容。

地方性档案法规。由省、自治区、直辖市以及设区的市、自治州人民代表大会及其常务委员会根据本行政区域的具体情况和实际需要制定。如《上海市档案条例》《甘肃省档案条例》《杭州市档案管理条例》等。

档案规章。档案规章包括国务院部门档案规章和地方政府档案规章。前者由国家档案局依据法定权限制定，或国家档案局与国务院其他专业主管机关或者部门联合制定，并由部门首长签署命令予以公布。如《科学技术研究档案管理规定》《会计档案管理办法》等。后者由省、自治区、直辖市和设区的市、自治州的人民政府依据法定权限制定，并由省长、自治区主席、市长或者自治州州长签署命令予以公布，如《福建省数字档案共享管理

---

① 邓涛. 解读《国家档案法规体系方案》之一 档案法规体系建设的历史和现状[J]. 中国档案，2011(8)：31-32.

② 陆国强. 为新时代档案事业高质量发展提供坚强法治保障[N]. 人民日报，2020-06-24(010).

③ 注：实际工作中，还有大量的党内法规和规范性文件等文件对档案工作提出了要求。因本书从行政法视角写作，不再将其他效力文件列入本书。

④ 注：截至检索日期 2024 年 3 月。

办法》等。

在这一体系中，档案法律具有最高法律效力，其他任何档案行政法规、地方性档案法规和规章不得与之相抵触；地方性档案法规和档案规章不得与档案行政法规相抵触；国务院部门档案规章与地方政府档案规章具有同等效力，在各自的权限范围内施行。

二、档案法律

法律，包括由全国人民代表大会制定和修改的刑事、民事、国家机构的和其他的基本法律。① 任何现行有效的法律都具有法的效力，即法律主体应当遵守、执行或者适用法律，而不得违法。

根据《中华人民共和国立法法》规定，一项法律的出台包括法律案的提出、审议、表决、公布等几个关键环节。除全国人大外，其他可以提出法律案的国家机构还有国务院、中央军事委员会、国家监察委员会、最高人民法院、最高人民检察院。法律草案向立法机关提出后，必须经过一定的程序才能列入会议议程，获得在立法机关进行审议的机会。法律案的审议程序，是立法程序中最重要的阶段。《中华人民共和国立法法》第三十二条对全国人大常委会审议法律的具体程序作了规定，明确全国人大常委会审议法律案，一般实行三审制。法律草案修改稿经常务委员会会议审议，由宪法和法律委员会根据常务委员会组成人员的审议意见进行修改，提出法律草案表决稿，由委员长会议提请常务委员会全体会议表决，由常务委员会全体组成人员的过半数通过。常务委员会通过的法律由国家主席签署主席令予以公布。

本教材所指档案法律主要包括两个方面，一是专门法律，即《中华人民共和国档案法》，已在前一章详细讲解；二是其他法律中关于档案事务的规定，如《中华人民共和国刑法》《中华人民共和国文物保护法》等61部基本法和单行法中均有涉及档案管理的条文。

通过对我国现行法律中“档案”一词的梳理，有助于了解各行各业对档案工作的要求，也将为档案专门法律法规修订工作提供法律渊源。经检索，除《中华人民共和国档案法》外，共有61部现行法提及“档案”②，如表5-1所示，具体条款参考附录5。

表5-1　提及“档案”法律清单（按照最新发布时间排序）

序号	名　　称	最新发布时间
1	中华人民共和国外国国家豁免法	2023年制定
2	中华人民共和国野生动物保护法	2022年修订
3	中华人民共和国畜牧法	2022年修订

① 参考全国人大常委会法制工作委员会国家法室. 中华人民共和国立法法解读[M]. 北京：中国法制出版社，2015.

② 检索日期为2024年3月。

续表

序号	名　　称	最新发布时间
4	中华人民共和国黄河保护法	2022 年制定
5	中华人民共和国黑土地保护法	2022 年制定
6	中华人民共和国期货和衍生品法	2022 年制定
7	中华人民共和国种子法	2021 年修正
8	中华人民共和国科学技术进步法	2021 年修订
9	中华人民共和国个人信息保护法	2021 年制定
10	中华人民共和国安全生产法	2021 年修正
11	中华人民共和国军事设施保护法	2021 年修订
12	中华人民共和国数据安全法	2021 年制定
13	中华人民共和国消防法	2021 年修正
14	中华人民共和国食品安全法	2021 年修正
15	中华人民共和国广告法	2021 年修正
16	中华人民共和国动物防疫法	2021 年修订
17	中华人民共和国刑法	2020 年修正
18	中华人民共和国长江保护法	2020 年制定
19	中华人民共和国退役军人保障法	2020 年制定
20	中华人民共和国著作权法	2020 年修正
21	中华人民共和国未成年人保护法	2020 年修订
22	中华人民共和国生物安全法	2020 年制定
23	中华人民共和国公职人员政务处分法	2020 年制定
24	中华人民共和国社区矫正法	2019 年制定
25	中华人民共和国基本医疗卫生与健康促进法	2019 年制定
26	中华人民共和国药品管理法	2019 年修订
27	中华人民共和国疫苗管理法	2019 年制定
28	中华人民共和国行政许可法	2019 年修正
29	中华人民共和国商标法	2019 年修正
30	中华人民共和国证券法	2019 年修订
31	中华人民共和国社会保险法	2018 年修正
32	中华人民共和国环境影响评价法	2018 年修正
33	中华人民共和国民办教育促进法	2018 年修正
34	中华人民共和国职业病防治法	2018 年修正
35	中华人民共和国村民委员会组织法	2018 年修正

续表

序号	名　称	最新发布时间
36	中华人民共和国公共图书馆法	2018 年修正
37	中华人民共和国旅游法	2018 年修正
38	中华人民共和国土壤污染防治法	2018 年制定
39	中华人民共和国电子商务法	2018 年制定
40	中华人民共和国精神卫生法	2018 年修正
41	中华人民共和国国家情报法	2018 年修正
42	中华人民共和国文物保护法	2017 年修正
43	中华人民共和国会计法	2017 年修正
44	中华人民共和国公证法	2017 年修正
45	中华人民共和国律师法	2017 年修正
46	中华人民共和国核安全法	2017 年制定
47	中华人民共和国测绘法	2017 年修订
48	中华人民共和国电影产业促进法	2016 年制定
49	中华人民共和国网络安全法	2016 年制定
50	中华人民共和国资产评估法	2016 年制定
51	中华人民共和国环境保护法	2014 年修订
52	中华人民共和国消费者权益保护法	2013 年修正
53	中华人民共和国特种设备安全法	2013 年制定
54	中华人民共和国劳动合同法	2012 年修正
55	中华人民共和国军人保险法	2012 年制定
56	中华人民共和国非物质文化遗产法	2011 年制定
57	中华人民共和国人民调解法	2010 年制定
58	中华人民共和国矿产资源法	2009 年修正
59	中华人民共和国防震减灾法	2008 年修订
60	中华人民共和国领事特权与豁免条例	1990 年制定
61	中华人民共和国外交特权与豁免条例	1986 年制定

其中，17 部法律明确要求，做出违法或失信行为时，将被记入诚信档案或信用档案。如《中华人民共和国证券法》第二百一十五条规定，国务院证券监督管理机构依法将有关市场主体遵守本法的情况纳入证券市场诚信档案。将不诚信行为记入档案，体现了档案正在成为一种参与社会治理的重要工具。党的十九大报告指出，要推进诚信建设，强化社会责任意识、规则意识、奉献意识。社会信用档案工作是社会信用体系建设重要组成部分，做

好社会信用档案工作对健全社会成员信用记录、夯实社会诚信基础、加强和创新社会治理、促进社会发展与文明进步具有十分重要的作用。目前，尽管专门针对诚信或信用档案的法规尚未出台，但是国家档案局已成为国务院社会信用体系建设部际联席会成员单位。长远来看，诚信档案或信用档案作为一类专业档案，需要各部门数据联通和共享，通过下位法细化归档范围、保管期限、整理方法、保管条件、利用程序、移交时限、鉴定销毁及信息化管理等内容，可考虑由国家档案局牵头相关部门完善相关法律法规。

25 部法律提出应在相关领域建立档案制度或档案管理制度。如《中华人民共和国广告法》第三十四条第一款规定，广告经营者、广告发布者应当按照国家有关规定，建立、健全广告业务的承接登记、审核、档案管理制度。制度是对某一岗位上或从事某一项工作的人员有约束作用的行动准则和依据。习近平总书记在十九届中央政治局第十七次集体学习时强调，各级党委和政府以及领导干部要增强制度意识，善于在制度的轨道上推进各项事业。广大党员、干部要做制度执行的表率，引领全社会增强制度意识，自觉维护制度权威。将建立档案制度或档案管理制度提升到法律的高度，体现了对档案工作的高度重视。这一要求也被新修订的《中华人民共和国档案法》吸收，即第十二条“按照国家规定应当形成档案的机关、团体、企业事业单位和其他组织，应当建立档案工作责任制，依法健全档案管理制度”。

11 部法律明确了禁止性档案行为的法律责任。从法律的角度看，法律责任就是行为主体因为违法行为或违约行为，即没有履行法定义务或约定义务，或主体虽未违反法律义务、但仅仅由于法律规定而应承担某种不利的法律后果。如《中华人民共和国刑法》第三百二十九条规定“抢夺、窃取国家所有的档案的，处五年以下有期徒刑或者拘役。违反档案法的规定，擅自出卖、转让国家所有的档案，情节严重的，处三年以下有期徒刑或者拘役”；《中华人民共和国核安全法》第八十六条规定“未建立放射性废物处置情况记录档案，未如实记录与处置活动有关的事项，或者未永久保存记录档案……由国务院核安全监督管理部门责令改正，处十万元以上五十万元以下的罚款；情节严重的，处五十万元以上二百万元以下的罚款；造成环境污染的，责令限期采取治理措施消除污染，逾期不采取措施的，指定有能力的单位代为履行，所需费用由污染者承担”；《中华人民共和国种子法》第七十九条规定了“……未按规定建立、保存种子生产经营档案的，由县级以上人民政府农业农村、林业草原主管部门责令改正，处二千元以上二万元以下罚款”的行政处罚条款；《中华人民共和国公证法》第四十二条规定“……毁损、篡改公证文书或者公证档案的，由省、自治区、直辖市或者设区的市人民政府司法行政部门对公证机构给予警告，并处二万元以上十万元以下罚款，并可以给予一个月以上三个月以下停业整顿的处罚；对公证员给予警告，并处二千元以上一万元以下罚款，并可以给予三个月以上十二个月以下停止执业的处罚；有违法所得的，没收违法所得；情节严重的，由省、自治区、直辖市人民政府司法行政部门吊销公证员执业证书；构成犯罪的，依法追究刑事责任”。法律责任的设定，在于追究法律责任，保障有关主体的合法权利，维护法律所调整的社会关系和社会秩序，通过惩罚与教育达到预防违法的目的，同时救济被违法行为人受到侵害的合法权利，恢复被违法行为人破坏的社会关系和社会秩序。

三、档案行政法规

需要制定行政法规的事项主要分为 3 类，一是为执行法律的规定；二是宪法第八十九条规定的国务院行政管理职权的事项；三是应当由全国人民代表大会及其常务委员会制定法律的事项，国务院根据全国人民代表大会及其常务委员会的授权决定先制定的行政法规。① 同样，一部行政法规的出台要经过立项、起草、审查、决定与公布、备案等制定程序，《中华人民共和国立法法》和《行政法规制定程序条例》对每一项程序都提出了具体要求。

（一）档案工作主要行政法规

目前，由国家档案局负责起草的行政法规共有 2 部，即《中华人民共和国档案法实施条例》和《科学技术档案工作条例》。

1.《中华人民共和国档案法实施条例》

2023 年 12 月 29 日，《中华人民共和国档案法实施条例》经国务院常务会议审议通过，并于 2024 年 3 月 1 日起正式施行，代替了原来的《中华人民共和国档案法实施办法》。这是继 2020 年档案法修订公布后档案法治建设又一新的重要里程碑。从“实施办法”到“实施条例”，这一变革标志着我国档案工作法治化水平的一个重大提升。它不仅显著增强了法律的权威性和执行力，更为档案管理工作提供了更加严密的法律保障，对于全面提升档案工作法治化、规范化、科学化水平，在法治轨道上加快推进档案事业高质量发展，意义重大。

（1）主要内容

《中华人民共和国档案法实施条例》是依据档案法对全国档案事业与档案管理工作作出具体规定、提出明确要求的行政法规和档案法的配套实施细则。《实施条例》共 8 章 52 条，涵盖总则、档案机构及其职责、档案的管理、档案的利用和公布、档案信息化建设、监督检查、法律责任、附则。

其主要内容重点包含以下六个层面：一是健全档案管理体制机制，进一步明确档案工作应坚持和加强党的领导；二是完善档案管理相关措施，如细化档案工作责任制、维护国有档案完整与安全等；三是优化档案利用和公布具体规定，进一步提高档案开放利用水平；四是强化档案信息化建设重点内容，明确电子档案管理相关要求；五是加强监督检查相关措施，建立档案工作情况定期报告制度；六是补充细化法律责任，实现责任认定到位。

---

① 全国人大常委会法制工作委员会国家法室. 中华人民共和国立法法解读[M]. 北京：中国法制出版社，2015.

(2)主要变化

《中华人民共和国档案法实施条例》是在《中华人民共和国档案法实施办法》的基础上演进而来。1999年5月5日，国务院批准了修改后的《中华人民共和国档案法实施办法》，由国家档案局发布施行。相较于上一版本，增加了由国家档案局和省级档案行政管理部门分别确定不同所有权的档案中对国家和社会有保存价值的档案的具体范围的规定；增加了对各级国家档案馆馆藏永久保管档案进行分级管理的规定；进一步明确规定了档案的移交期限；根据修订后的档案法关于法律责任的规定，完善了档案行政管理处罚制度；同时还对档案行政管理中的程序性、操作性规定进行了补充、完善。

《中华人民共和国档案法实施条例》与《中华人民共和国档案法实施办法》相比，在条款数量和具体内容上均发生重要变化。从数量上看，由30条增加至52条，新增了第五章"档案信息化建设"、第六章"监督检查"、并更改"罚则"一章为"法律责任"；从内容上看，《实施条例》依据《档案法》制定，在《档案法》基础上进一步明确了"党委领导、政府依托、部门主责、多方参与"的档案治理新格局。同时，调整了档案范围的界定要求、预留了档案馆发展的政策空间、细化了档案工作责任制、加强了国家档案资源管控、完善了档案开放审核机制、补齐了档案安全管理短板、明确了数字档案管理框架、创新了监督检查制度。整体而言，《实施条例》是总结多年来档案工作经验，有效衔接《实施办法》和各项档案法律法规、政策、标准，迎合档案事业发展现代化布局，蕴含档案工作新思路、新目标、新要求，具有承上启下重要作用的档案法规。

(3)主要特征

《实施条例》充分细化档案法相关要求、夯实档案法实施机制，在内容和形式上具有的政治性与专业性的统一、继承性与创新性的统一、整体性与协调性的统一、前瞻性与现实性的统一、规范性与引导性的统一等基本特征。同时，《实施条例》也紧扣时代脉搏，反映时代特点，做到与时代发展同频共振。其鲜明特征也反映在以下四个层面：

一是确立全新档案治理格局。《实施条例》不仅提出鼓励和支持企业事业单位、社会组织和个人等社会力量参与和支持档案事业的发展，也提出了强化数据协同治理的要求。

二是坚持和加强党的领导。《实施条例》提出加强党的领导的要求，并就落实这一要求从方针政策贯彻、体制机制建设、具体工作开展3个方面提出了具体措施。体现出政治性与专业性的统一，对于实现"为党管档，为国守史，为民服务"的使命具有重要指导意义。

三是贯彻以人民为中心的发展思想。《实施条例》重点加强档案利用工作，为人民群众利用档案提供便利。充分体现出其坚持人民群众是利用档案的主体。四是迎合信息化发展趋势。《实施条例》明确将档案信息化纳入单位的义务，压实单位推进档案信息化工作的责任，并将档案法中的"来源可靠、程序规范、要素合规"进行了具体化，为进一步推动并规范电子文件归档和电子档案管理工作提供了制度基础。

(4)重要价值

《实施条例》的施行标志着我国档案法治建设迈入新阶段，标志着档案工作走向依法治理、走向开放、走向现代化进入了一个新的阶段。它不仅显著增强了法律的权威性和执行力，更为档案管理工作提供了更加严密的法律保障，对于全面提升档案工作法治化、规范化、科学化水平，在法治轨道上加快推进档案事业高质量发展，意义重大。

首先，推动档案工作走向依法治理。《实施条例》作为《档案法》的配套行政法规，聚焦推动档案法各项规定落实落地，对档案法中的原则性条款作细化规定，修改完善与档案法不一致的内容，并将档案工作中的新问题、新做法、新经验上升为制度规定，有利于充分发挥档案法规制度的导向引领与保障支撑作用。

其次，推动档案工作走向开放。档案开放是社会公众接触和利用档案的重要途径，开放审核是确保档案开放工作安全有序的重要前提。《实施条例》以科学化的制度设计、规范化的开放要求、细致化的利用举措，在平衡好安全与规范、公共利益与个人利益的基础上，进一步提高档案开放利用水平。

最后，推动档案工作走向现代化。随着信息技术的迅猛发展，档案工作面临着前所未有的机遇和挑战。基于数据思维，《实施条例》第二十五条、第二十七条、第四十四条等分别提及数据汇集、数据出境、数据共享等内容，指引档案工作紧跟大数据时代发展潮流。这有助于实现档案信息的快速传递和高效利用，提高档案工作的效率和质量，推动档案工作与现代社会的深度融合。

2.《科学技术档案工作条例》

1980年12月17日，国家经济委员会、国家基本建设委员会、国家科学技术委员会、国家档案局联合发布了《科学技术档案工作条例》。《科学技术档案工作条例》在系统总结我国近30年科技档案工作正反两方面经验教训的基础上，对科技档案工作一系列重大问题进行了科学概括和总结，从法规的角度对科技档案工作作了较详细的规定，是指导我国科技档案工作从恢复整顿阶段走向发展提高阶段的指导性文件，成为我国科技档案工作需共同遵守的准则。

该条例共六章，36条。

第一章：总则，共4条(1—4条)。阐明了科技档案的含义，科技档案工作性质和原则。《科学技术档案工作条例》规定，科技档案是指在自然科学研究、生产技术、基本建设等活动中形成的应当归档保存的图纸、图表、文字材料、照片、影片、录像、录音带等科技文件材料。科技档案工作是生产管理、技术管理、科研管理的重要组成部分。《科学技术档案工作条例》还指明各单位应当按照集中统一管理科技档案的基本原则，建立、健全科技档案工作制度。

第二章：科技文件材料的形成和归档，共6条(5—10条)。要求各单位建立、健全科技文件材料的形成、积累、归档制度，并纳入科技工作程序和科研、生产、基建等计划中，列入有关部门和有关人员的职责范围。在对每一项科研成果、产品试制、基建工程或其他技术项目进行鉴定、验收时要有科技档案部门参加，对形成的科技文件材料要认真归档。

第三章：科技档案的管理，共15条(11—25条)。《科学技术档案工作条例》确定了科技档案的管理办法，对科技档案的整理、鉴定、统计、检索、保管、利用作出了规定。同时，规定了科技档案部门增添设备和用品的费用，分别从企业、事业单位的生产费、科研费或事业费中开支，为科技档案管理提供了经济保障。

第四章：科技档案工作管理体制，共5条(26—30条)。《科学技术档案工作条例》规定，国家档案局和各级档案行政部门要对科技档案工作进行指导、监督和检查。科技档案工作必须按专业实行统一管理。要建立专业档案馆，设立科技档案机构、科技档案室。各单位的科技档案工作由领导生产、科研的负责人或者总工程师分工领导。

第五章：科技档案干部，共4条(31—34条)。《科学技术档案工作条例》要求建立“坚持社会主义道路，具有科技档案专业知识和懂得有关的科学技术，有一定工作能力的科技档案干部队伍”。对科技档案干部提出了政治、业务、保密、纪律等方面的具体要求。

第六章：附则，共2条(35—36条)。规定中央和地方各专业主管机关的科技档案工作可以结合实际情况，制定实施细则。过去有关规定与本条例有抵触的，以本条例为准。①

《科学技术档案工作条例》的重要贡献主要表现在：它适应了我国经济形势发展的需要，确立了科技档案工作条块结合(专业与地方)的宏观管理体制，调动和发挥了科技档案管理制度，逐步实现了科技档案的规范化管理。《科学技术档案工作条例》明确规定了档案工作集中统一管理的原则，强化了科技档案基础工作，不断丰富了馆藏、室藏。《科学技术档案工作条例》提出了“完整地保存与科学管理科技档案，充分发挥科技档案在社会主义现代化建设中的作用”的指导思想，明确了坚持为经济建设服务的宗旨，使科技档案开发利用工作呈现出生动活泼的局面。②《科学技术档案工作条例》把科技档案工作作为一项国家的专门事业进行建设，以法规的形式明确了科技档案工作纳入科技管理工作的思想，体现了科技档案质量要求和科技档案工作客观实际的统一。③

作为颁布时间早于《中华人民共和国档案法》的行政法规，《科学技术档案工作条例》在我国档案法治体系中具有举足轻重的地位。在1987年《中华人民共和国档案法》颁布之前，《科学技术档案工作条例》是我国档案法治体系中法律位阶最高的法规政策，引领着全国的档案工作，在改革开放和社会主义现代化建设的新时期，服务于我国经济建设的各项重要事业。《科学技术档案工作条例》发布后，受到了全国广大经济、建设、科技等专业主管部门的拥护和支持。④ 各基层单位迅速贯彻《条例》精神，培训科技档案工作人员，建立科技档案管理部门。以《科学技术档案工作条例》为法律依据，各专业主管部门会同国家档

① 朱玉媛. 档案法规学新论[M]. 武汉：武汉大学出版社，2004.

② 冯鹤旺. 在纪念《科学技术档案工作条例》颁布20周年研讨会上的讲话[J]. 档案学研究，2001(1)：6-9.

③ 王传宇. 纪念《科学技术档案工作条例》发布实施20年[J]. 档案学研究，2000(2)：22-24，28.

④ 霍振礼. 对《科学技术档案工作条例》的实践及有关问题的认识[J]. 档案管理，2010(5)：20-23.

案局制定了本系统更具体、更有针对性的科技档案管理规定。

自1980年颁布实施以来，《科学技术档案工作条例》对于指导科技档案工作发挥了不容忽视的重要作用，以“科研档案—产品档案—设备仪器档案—建设项目档案”为重点的科学技术档案工作体系已然建立，并在实际档案工作领域达成共识。当今世界百年未有之大变局加速演进，科技创新空前活跃，与科技事业的高速发展相比，科技档案管理相对滞后，《科学技术档案工作条例》自发布后长达40余年未经修订。一方面，我国档案行业的最高法律《中华人民共和国档案法》最早于1987年颁布，后在1996年、2016年、2020年进行了三次修订，《中华人民共和国档案法》《中华人民共和国科学技术进步法》《中华人民共和国科学技术普及法》《中华人民共和国城乡规划法》等相继出台及修订，科技档案工作有关的上位立法依据不断充实、完善。《科学技术档案工作条例》发布时间早于其上位法，且未在上位法有所调整时随之进行修订，到目前很可能存在与《档案法》不一致之处，影响我国档案领域法律法规间的协同。另一方面，国家档案局不断制定、修订《科学技术研究档案管理规定》《企业档案管理规定》等科技档案相关的档案法规政策，各专业主管部门、企业也编制或更新内部科技档案管理规章制度。作为行政规章的《科学技术档案工作条例》在法律和规章制度之间起到“承上启下”的作用，却因长年未曾修订导致其与实际工作有所脱离，指导科技档案工作实践的效用大打折扣。

2021年，中共中央办公厅、国务院办公厅印发的《“十四五”全国档案事业发展规划》明确将《科学技术档案工作条例》等法规制度的修订列入档案制度规范建设工程。国家档案局已启动《科学技术档案工作条例》修订准备工作，2023年国家档案局科技项目重点项目“《科学技术档案工作条例》修订”立项，由武汉大学信息管理学院、中国人民大学信息资源管理学院、中国科学院档案馆三家单位承担此项目。面对新一轮科技革命和产业变革浪潮，做好《科学技术档案工作条例》的修订工作，是科技档案助力我国科技创新的应有之举，是档案事业服务党和国家工作大局的责任所在。

（二）其他涉及档案工作的行政法规

经梳理、分析，截至2024年3月31日，共有113部现行行政法规涉及档案工作，详细内容参见附录6。不管是政府机构依法行政，还是企业经营生产，抑或是高校管理学生，相关档案都要应收尽收，应留存尽留存。这些行政法规通过对法律的具体细化或补缺，体现了档案在保障公民权利、促进企业合法合规生产经营、提升政府决策高效合理方面的作用。

1. 体现公民权利的文件材料应纳入归档范围

档案是记录个人健康、教育、从业等情况的工具，有利于保障公民健康权、受教育权、自主择业权等权利。其中，《放射性同位素与射线装置安全和防护条例》《中华人民共和国船员条例》《病原微生物实验室生物安全管理条例》《中华人民共和国食品安全法实施条例》《放射性物品运输安全管理条例》要求为从事相关工作的员工建立健康档案或健康监测档案；《学校体育工作条例》《高等教育自学考试暂行条例》《行政学院工作条例》《学校卫生工作条例》等提出要将学生体质健康、参加体育活动、自学等情况记入档案；还有《人力资源市场暂行条例》《教学成果奖励条例》《国务院关于实行专业技术职务聘任制度的规定》《统计干部技术职务暂行规定》《国家自然科学基金条例》《建设工程安全生产管理条例》《行政机关公务员处分条例》《中华人民共和国民办教育促进法实施条例》《中国人民解放军文职人员条例》等提出将个人研究成果、考核成绩、技术职称、教育培训、奖惩情况等记入档案，作为个人职业发展的鉴证，影响个人提职、调薪、续聘或任命。

2. 反映企业研发、建设、生产、经营和管理等活动的文件材料应纳入归档范围

规范企业文件材料的归档工作，是社会主义市场经济体制完善和现代企业制度、现代产权制度的要求，能够有效地服务企业各项活动的凭证参考需要，并满足国家和公众对企业依法生产经营进行监督管理的要求。《建设工程质量管理条例》《政府投资条例》《机关团体建设楼堂馆所管理条例》《建设工程安全生产管理条例》要求承担建设工程的企业对项目资料进行归档；围绕高危或高风险行业制定的行政法规明确了将生产、经营、安全等文件材料纳入归档范围的要求，如《放射性废物安全管理条例》要求建立放射性固体废物贮存情况记录档案；《医疗废物管理条例》要求医疗废物集中处置单位将检测、评价结果存入医疗废物集中处置单位档案；《放射性物品运输安全管理条例》要求放射性物品运输容器设计单位应当建立健全档案制度，如实记录放射性物品运输容器的设计和安全性能评价过程；《特种设备安全监察条例》要求使用单位应当将其存入该特种设备的安全技术档案；《中华人民共和国矿山安全法实施条例》要求矿山企业应当对机电设备及其防护装置、安全检测仪器定期检查、维修，并建立技术档案，保证使用安全。其中，《放射性废物安全管理条例》《特种设备安全监察条例》明确规定未按要求建立档案责令限期改正，逾期不改正的给予行政处罚，《建设工程质量管理条例》规定未移交建设项目档案的，责令改正，并处罚款。

3. 反映国家治理活动、经济科技发展、社会历史面貌、文化习俗的文件材料应纳入归档范围

一般来说，这类文件材料伴随着政府机构行使职能活动产生，既是政府依法行政的凭证，又能成为提升政府决策水平和效率的工具，同时也是公众监督政府权力的桥梁。

在经济科技发展方面，《中华人民共和国企业法人登记管理条例》要求建立企业法人登记档案和登记统计制度；《饲料和饲料添加剂管理条例》要求建立饲料、饲料添加剂监督管理档案；《农药管理条例》要求应当建立农药生产、经营诚信档案并予以公布；《危险废物经营许可证管理办法》要求应当建立、健全危险废物经营许可证的档案管理制度；《安全生

产许可证条例》提出应当建立、健全安全生产许可证档案管理制度；《中华人民共和国商标法实施条例》提出工商行政管理部门应当建立商标代理机构信用档案；《煤矿安全监察条例》提出对每个煤矿建立煤矿安全监察档案；《中华人民共和国尘肺病防治条例》提出从事粉尘作业的单位必须建立测尘资料档案；《企业国有资产产权登记管理办法》提出应当建立健全产权登记档案制度；《建设工程抗震管理条例》提出要将竣工验收等全过程的信息资料进行采集和存储，并纳入建设项目档案。

在国家治理活动方面，《国务院关于在线政务服务的若干规定》要求政务服务机构应当对履行职责过程中形成的电子文件进行规范管理，按照档案管理要求及时以电子形式归档并向档案部门移交；《机关事务管理条例》要求政府各部门应当完善机关资产使用管理制度，建立健全资产账卡和使用档案；《中华人民共和国审计法实施条例》健全审计档案制度；《行政区划管理条例》要求加强对行政区划档案的管理；《行政区域界线管理条例》提出勘定行政区域界线以及行政区域界线管理中形成的协议书、工作图、界线标志记录、备案材料、批准文件以及其他与勘界记录有关的材料，应当按照有关档案管理的法律、行政法规的规定立卷归档，妥善保管；《地名管理条例》提出地名档案管理的具体办法，由国务院地名行政主管部门会同国家档案行政管理部门制定。

在社会历史面貌、文化习俗等文化建设方面，《古生物化石保护条例》提出建立全国的重点保护古生物化石档案和数据库；《地方志工作条例》提出修志工作完成后，应当依法移交本级国家档案馆或者方志馆保存、管理；《中华人民共和国文物保护法实施条例》提出建立记录档案；《历史文化名城名镇名村保护条例》提出应当对历史建筑设置保护标志，建立历史建筑档案；《博物馆条例》要求博物馆应当建立藏品账目及档案；《传统工艺美术保护条例》提出国家对认定的传统工艺美术技艺建立档案；《长城保护条例》提出建立本行政区域内的长城档案。在社会建设方面，《农业机械安全监督管理条例》要求建立农业机械安全监督管理档案；《水库大坝安全管理条例》要求建立技术档案；《大中型水利水电工程建设征地补偿和移民安置条例》要求应当建立移民工作档案；《公路安全保护条例》提出应当建立健全公路管理档案；《国有土地上房屋征收与补偿条例》提出建立房屋征收补偿档案；《基本农田保护条例》提出划定的基本农田保护区，由县级人民政府设立保护标志，予以公告，由县级人民政府土地行政主管部门建立档案；《长江三峡工程建设移民条例》提出应当对三峡工程移民档案加强管理；《计算机信息网络国际联网安全保护管理办法》提出公安机关计算机管理监察机构应当掌握互联单位、接入单位和用户的备案情况，建立备案档案；《汶川地震灾后恢复重建条例》提出对建设项目以及地震灾后恢复重建资金和物资的筹集、分配、拨付、使用情况登记造册，建立、健全档案，并在建设工程竣工验收和地震灾后恢复重建结束后，及时向建设主管部门或者其他有关部门移交档案；《劳动保障监察条例》要求劳动保障行政部门应当建立用人单位劳动保障守法诚信档案。用人单位有重大违反劳动保障法律法规或者规章的行为的，由有关的劳动保障行政部门向社会公布；《婚姻登记条例》第四章婚姻登记档案和婚姻登记证提出档案管理要求；《石油地震勘探损害补偿规定》

提出对地震波损害补偿范围内的机井的损害补偿，由当事人双方共同核实损害程度，并参照当地县级人民政府有关部门提供的机井档案资料、造价、使用年限，计算补偿费用予以补偿；《中华人民共和国矿产资源法实施细则》规定探矿权人应按照国务院有关规定汇交矿产资源勘查成果档案资料。

在生态文明建设方面，《全国污染源普查条例》提出建立健全重点污染源档案；《中华人民共和国森林法实施条例》要求建立森林、林木和林地权属管理档案；《中华人民共和国野生植物保护条例》要求建立资源档案；《中华人民共和国自然保护区条例》要求调查自然资源并建立档案；《中华人民共和国陆生野生动物保护实施条例》要求建立资源档案；《中华人民共和国水生野生动物保护实施条例》要求建立资源档案；《城市绿化条例》提出应当建立古树名木的档案；《城镇排水与污水处理条例》要求建立排水监测档案；《太湖流域管理条例》要求建立监督管理档案；《中华人民共和国水土保持法实施条例》要求建成的水土保持设施和种植的林草，应当按照国家技术标准进行检查验收，验收合格的，应当建立档案；《陆生野生动物保护实施条例》要求建立资源档案。

此外，党的十八大后，习近平总书记强调“没有网络安全就没有国家安全，没有信息化就没有现代化”。当今世界，任何不能赶上信息化浪潮的行业都无法在未来占有一席之地，档案管理概莫能外。两部行政法规规定了电子文件归档和电子档案管理。《国务院关于在线政务服务的若干规定》规定，政务服务机构应当对履行职责过程中形成的电子文件进行规范管理，按照档案管理要求及时以电子形式归档并向档案部门移交。除法律、行政法规另有规定外，电子文件不再以纸质形式归档和移交。符合档案管理要求的电子档案与纸质档案具有同等法律效力。《中华人民共和国政府采购法实施条例》规定，政府采购法第四十二条规定的采购文件，可以用电子档案方式保存。这两部行政法规有条件地承认了电子档案单套制管理方式。

此外，《中华人民共和国邮政法实施细则》《地方志工作条例》等行政法规规定了档案利用等工作。以上行政法规是档案法律法规体系中的重要组成部分，相关单位要将其作为《中华人民共和国档案法》的配套法规遵守，发挥档案留史存凭、资政育人的作用。

四、档案地方性法规

地方性法规，是指法定的地方国家权力机关依照法定的权限，在不同宪法、法律和行政法规相抵触的前提下，制定和颁布的在本行政区域范围内实施的规范性文件。① 地方性法规的立法主体为省、自治区和直辖市人大及其常委会或设区的市、自治州人大及其常委会。此外，根据全国人民代表大会关于修改《中华人民共和国立法法》的决定(2015)(2023)，广东省东莞市和中山市、甘肃省嘉峪关市、海南省三沙市和儋州市比照适用有关

① 参考全国人大常委会法制工作委员会国家法室. 中华人民共和国立法法解读[M]. 北京：中国法制出版社，2015.

赋予设区的市地方立法权的规定。地方性法规可以作出规定的事项包括三类：一是为执行法律、行政法规的规定，需要根据本行政区域的实际情况作具体规定的事项；二是属于地方性事务需要制定地方性法规的事项；三是在全国人大及其常委会专属立法权之外，国家尚未立法的事项。《中华人民共和国立法法》第八十七条规定："地方性法规案、自治条例和单行条例案的提出、审议和表决程序，根据中华人民共和国地方各级人民代表大会和地方各级人民政府组织法，参照本法第二章第二节、第三节、第五节的规定，由本级人民代表大会规定。"地方性法规的制定程序也不例外，在此不作赘述。

(一)档案地方性法规现状

1995—2010 年，31 个省级档案地方性法规陆续颁布。从颁布时间分析，1995 年颁布 2 部、1996 年颁布 3 部、1997 年颁布 6 部、1998 年颁布 8 部、1999 年颁布 4 部、2000 年颁布 1 部、2001 年颁布 3 部、2002 年颁布 3 部、2010 年颁布 1 部。可见，1996 年至 1999 年是各地颁布档案地方性法规的高峰(见图 5-1)。

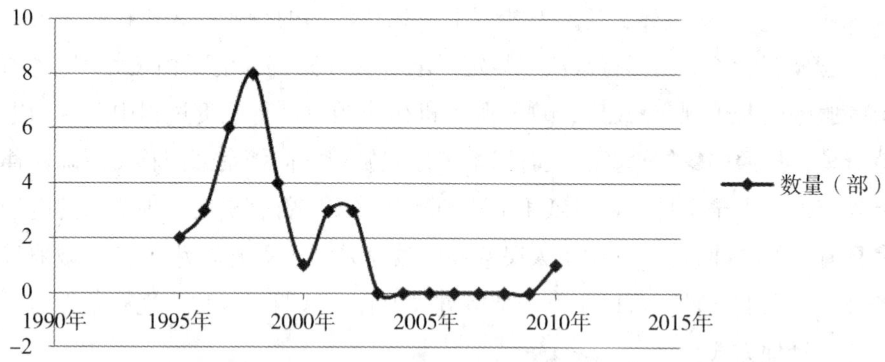

图 5-1　省级档案地方性法规颁布时间统计图

从名称上分析，河北省、山东省等 23 个省(区市)用"条例"，占绝大多数；四川省、浙江省等 8 个省(区市)用"办法"。法规名称中调整对象表述为"档案"的有 20 部，表述为"档案管理"的 10 部，表述为"档案工作"的 1 部。其中广东省、陕西省在修改档案地方性法规时将"档案管理"改为"档案"，在调整对象外延上的变化也一定程度上反映了档案地方性法规建设的发展轨迹(见表 5-2)。

表 5-2　31 部省级档案地方性法规(按照颁布时间排序)

序号	名　称	颁布时间(年)	最新版本时间(年)
1	《上海市档案条例》	1995	2021
2	《河北省档案工作条例》	1995	2017

续表

序号	名　　称	颁布时间(年)	最新版本时间(年)
3	《天津市档案管理条例》	1996	2018
4	《四川省〈中华人民共和国档案法〉实施办法》	1996	2009
5	《山东省档案条例》	1996	2004
6	《云南省档案条例》	1997	2007
7	《陕西省档案条例》	1997	2017
8	《辽宁省档案条例》	1997	2017
9	《甘肃省档案条例》	1997	2022
10	《北京市实施〈中华人民共和国档案法〉办法》	1997	2016
11	《安徽省档案条例》	1997	2017
12	《浙江省实施〈中华人民共和国档案法〉办法》	1998	2017
13	《江苏省档案管理条例》	1998	2021
14	《吉林省档案条例》	1998	2018
15	《海南省档案管理办法》	1998	2004
16	《重庆市实施〈中华人民共和国档案法〉办法》	1998	2022
17	《广东省档案条例》	1998	2007
18	《湖北省档案管理条例》	1998	2017
19	《湖南省档案管理条例》	1998	2020
20	《广西壮族自治区档案管理条例》	1999	2007
21	《新疆维吾尔自治区实施〈档案法〉办法》	1999	2005
22	《黑龙江省档案管理条例》	1999	2018
23	《内蒙古自治区档案条例》	1999	2022
24	《山西省档案管理条例》	2000	2023
25	《宁夏回族自治区档案条例》	2001	2015
26	《江西省档案管理条例》	2001	2018
27	《贵州省档案条例》	2001	2017
28	《福建省档案条例》	2002	未修订
29	《河南省档案管理条例》	2002	2004
30	《青海省实施〈中华人民共和国档案法〉办法》	2002	未修订
31	《西藏自治区实施〈中华人民共和国档案法〉办法》	2010	2013

设区的市档案地方性法规共36部。从内容上分析：属于综合性档案管理的21件、城乡建设档案管理的11件、档案征集的1件、行政村档案管理的1件、档案安全保护的1

件、地方特色档案保护的 1 件(见表 5-3)。

表 5-3　36 部设区的市档案地方性法规

序号	名　　称	颁布时间(年)	最新版本时间(年)	所属省份
1	《唐山市档案工作管理办法》	1998	未修订	河北
2	《太原市档案管理条例》	1997	2016	山西
3	《大同市档案管理办法》	2005	未修订	
4	《太原市城乡建设档案管理条例》	2011	未修订	
5	《沈阳市档案管理条例》	1996	2004	辽宁
6	《沈阳市城市建设档案管理条例》	2021	未修订	
7	《长春市档案安全保护条例》	1995	2015	吉林
8	《长春市档案征集条例》	2000	未修订	
9	《吉林市档案管理条例》	2012	未修订	
10	《长春市城市建设档案管理条例》	2013	2021	
11	《齐齐哈尔市档案管理条例》	1998	2018	黑龙江
12	《哈尔滨市档案管理条例》	2003	2018	
13	《无锡市档案管理条例》	2004	2011	江苏
14	《南京市档案条例》	2005	未修订	
15	《徐州市档案条例》	2005	未修订	
16	《苏州市档案条例》	2010	2018	
17	《宁波市档案工作条例》	1997	2018	浙江
18	《杭州市档案管理条例》	2007	未修订	
19	《淮南市城市建设档案管理条例》	2016	未修订	安徽
20	《黄山市徽州文书档案保护条例》	2021	未修订	
21	《南昌市城市建设档案管理条例》	2006	2019	江西
22	《济南市行政村档案管理办法》	1994	未修订	山东
23	《青岛市档案管理条例》	1997	2018	
24	《济南市档案管理若干规定》	2000	未修订	
25	《济南市城市建设档案管理规定》	2014	未修订	
26	《淄博市城乡建设档案管理条例》	2018	未修订	
27	《武汉市档案管理条例》	1999	2019	湖北
28	《长沙市城市地下管线工程档案管理条例》	2004	未修订	湖南
29	《长沙市城乡建设档案管理条例》	2010	未修订	

续表

序号	名　　称	颁布时间(年)	最新版本时间(年)	所属省份
30	《珠海市档案条例》	2003	2010	广东
31	《贵阳市档案管理规定》	2002	2021	贵州
32	《昆明市档案条例》	2009	未修订	云南
33	《西安市城乡建设档案管理条例》	2000	2020	陕西
34	《西安市档案管理条例》	2006	2020	
35	《西宁市城市建设档案管理条例》	2001	未修订	青海
36	《西宁市档案管理条例》	2013	2018	

注：按照制定主体所属省份排列。①

(二)档案地方性法规建设经验和问题

总体来看，档案地方性法规维护了国家法制统一，突出了地方特色，体现了前瞻性，增强了可操作性。

维护国家法制统一。在制定地方性档案法规时，坚持不抵触、不重复、不越权的原则，根据《中华人民共和国档案法》《中华人民共和国档案法实施办法》，结合本地方档案工作实际，在内容和法理上与上位法严格衔接、高度统一，保持了与国家法律法规的一致性。按照2004年颁布的《中华人民共和国行政许可法》和行政审批制度改革的要求，地方性档案法规及时修改，取消了档案人员持证上岗、档案中介机构和专业人员资质认定、集体和个人所有档案的出卖等行政许可事项。从省级档案法规看，全国除西藏等4个省(区)外，其他省(区市)均进行了修改。从修改次数看，重庆市修改了5次，次数最多。

突出地方特色。许多地方性档案法规关注本地区档案工作的新情况、新需求，着力于内容的创新与突破，作出了诸多创制性的规定，体现了本地区档案立法的创新特点和地方特色。《上海市档案条例》规定，国家档案列入国有资产管理的范围，重要档案要登记监管验收；《山东省档案条例》强化了档案行政执法主体的权威，加大了执法力度；甘肃省、黑龙江省档案地方性法规因地制宜地确定了与国家规定不同的档案移交进馆期限；《广东档案条例》规定公民可以建立个人档案馆；《云南档案条例》规定了加强对记述和反映少数民族档案的管理。

体现前瞻性。许多地方性档案法规着眼于当前档案工作的实际和未来一段时间内发展要求，规定了很多具有前瞻性的内容。福建省提出“加强对电子文件形成、归档和电子档

① 注：按北京、天津、河北、山西、内蒙古、辽宁、吉林、黑龙江、上海、江苏、浙江、安徽、福建、江西、山东、河南、湖北、湖南、广东、广西、海南、重庆、四川、贵州、云南、西藏、陕西、甘肃、青海、宁夏、新疆、香港、澳门、台湾的顺序排序(顺序来自网络)，相同省份的法规按颁布时间先后排列。

案的管理”；甘肃省提出“利用数字技术管理档案，提高计算机和网络管理水平，逐步实现档案数字化管理”，并就电子文件管理作出规定；云南省提出“建立电子文件与电子档案的管理制度，建立电子文件、电子档案灾难备份基地”等要求。

增强可操作性。相对于《中华人民共和国档案法》《中华人民共和国档案法实施办法》这些上位法，地方性档案法规就像是一部部指导如何操作的“说明书”，规则具体、指向明确、操作性强是地方立法的价值所在。很多地方档案法规设置条款简洁明了，便于操作，从各级人民政府的领导责任到法人和其他组织责任，从档案主管部门到各类档案机构，从档案工作原则到各项管理措施，从使用范围到具体实施，地方性法规规定得比较具体，有利于档案法律法规落到实处。

经研究发现，地方性档案法规建设中还存在一些问题。个别地方性档案法规违背了地方立法不抵触、不重复、不越权的原则，例如：有的省规定的档案行政处罚的数额与上位法相抵触；有的省行政许可设定与行政审批制度改革精神相抵触，要求档案人员需持证上岗。虽然，很多地区的地方性档案法规坚持有效管用的原则，重在解决实际问题，但也有个别地方照抄照搬上位法法条，与上位法重复性的规定很多。

五、档案规章

（一）档案部门规章

部门规章是指国务院各部门根据法律和国务院的行政法规、决定、命令在本部门的权限内按照规定的程序所制定的规定、办法、规则等规范性文件的总称。根据《中华人民共和国立法法》的规定，部门规章的制定主体为国务院各部、委员会、中国人民银行、审计署或具有行政管理职能的直属机构。部门规章的制定需要经历立项、起草、审查、决定、公布、解释等流程，具体要求参考《规章制定程序条例》。

1. 国家档案局制发的部门规章

目前，国家档案局主导制定的部门规章共22项(见表5-4)，是档案法制工作的基础内容，对指导档案主管部门开展宏观管理工作和各档案形成部门具体落实档案管理工作都具有很强的现实意义。本教材选取在机关、企业中使用率较高的且具有代表性的5部部门规章进行简要介绍，其他部门规章可在国家档案局官方网站政策法规库查询。

表5-4　国家档案局主导制定的部门规章(按发布时间排列)

序号	名　　称	制发部门	发布时间
1	《档案馆工作通则》	国家档案局	1983年4月26日
2	《开发利用科学技术档案信息资源暂行办法》	国家档案局、财政部	1988年10月26日

续表

序号	名　　称	制发部门	发布时间
3	《各级国家档案馆馆藏档案解密和划分控制使用范围的暂行规定》	国家档案局、国家保密局	1991年9月28日
4	《档案执法监督检查工作暂行规定》	国家档案局	1992年3月30日
5	《开发区档案管理暂行规定》	国家档案局、国务院特区办、原国家科委	1995年6月30日
6	《城市建设档案归属与流向暂行办法》	国家档案局	1997年7月28日
7	《国家重点建设项目档案管理登记办法》	国家档案局、原国家计委	1997年8月19日
8	《电子公文归档管理暂行办法》	国家档案局	2003年7月28日发布，2018年12月24日修改
9	《档案行政许可程序规定》	国家档案局	2005年5月17日
10	《机关文件材料归档范围和文书档案保管期限规定》	国家档案局	2006年12月18日
11	《各级各类档案馆收集档案范围的规定》	国家档案局	2011年11月21日
12	《企业文件材料归档范围和档案保管期限规定》	国家档案局	2012年12月17日
13	《城市社区档案管理办法》	国家档案局、民政部	2015年11月23日
14	《村级档案管理办法》	国家档案局、民政部、原农业部	2017年11月23日
15	《机关档案管理规定》	国家档案局	2018年10月11日
16	《科学技术研究档案管理规定》	国家档案局、科技部	2020年9月11日
17	《重大活动和突发事件档案管理办法》	国家档案局	2020年12月12日
18	《国有企业资产与产权变动档案处置办法》	国家档案局	2021年8月30日
19	《乡镇档案工作办法》	国家档案局	2021年9月22日
20	《国家档案馆档案开放办法》	国家档案局	2022年7月1日
21	《档案行政处罚程序规定》	国家档案局	2023年2月15日
22	《企业档案管理规定》	国家档案局	2023年8月8日

(1)《机关文件材料归档范围和文书档案保管期限规定》

2006年12月18日，国家档案局以第8号令的形式发布施行《机关文件材料归档范围和文书档案保管期限规定》。《机关文件材料归档范围和文书档案保管期限规定》是正确界定机关文件材料归档范围和文书档案保管期限的依据性文件。各级党政机关和人民团体，各级人大、政协、法院、检察院等都属于《机关文件材料归档范围和文书档案保管期限规定》的执行范围，必须按照《机关文件材料归档范围和文书档案保管期限规定》的要求，在同级档案行政管理部门的监督指导下，编制本机关文件材料归档范围和文书档案保管期限表。军队系统、民主党派、企业事业单位属于参照执行单位，要在同级档案行政管理部门的帮助指导下，开展本单位文件材料归档范围和文书档案保管期限表的编制工作。

该《机关文件材料归档范围和文书档案保管期限规定》将1987年颁发的《关于机关档案保管期限的规定》《机关文件材料归档和不归档的范围》两个业务文件合二为一。《机关文件材料归档范围和文书档案保管期限规定》中的附件《文书档案保管期限表》实际上既是文书档案保管期限的具体划分，也是机关文件材料的归档范围，具有一表两用的功能。相较于之前的文书档案管理，此《机关文件材料归档范围和文书档案保管期限规定》有以下特点：

一是改革了文书档案保管期限划分方法。将原来的“永久”“长期”“短期”保管期限的划分方法改变为“永久”“定期”。定期中再实行标时制，一般分为30年和10年。改变了过去短期为1~15年、长期为16~50年的时段式方法，更方便档案部门对到期的定期档案及时进行鉴定处置，减少保管压力，节省保管空间和人力、物力。

二是突出了立档单位的主体地位，在界定机关文件的归档范围和文书档案保管期限方面体现“以我为主”的思想。比如《机关文件材料归档范围和文书档案保管期限规定》指出：“机关联合召开会议、联合行文所形成的文件材料原件由主办机关归档，其他机关将相应的复制件或其他形式的副本归档。”而在保管期限的划分上，主办单位划分的保管期限明显高于其他联合办理单位，通过相关单位对相同档案划分为不同保管期限，以避免将来档案的重复进馆问题。

三是建立了机关文件材料归档范围和文书档案保管期限表的审批制度，即“各机关应根据本规定，结合本机关职能和各部门工作实际，编制本机关的文件材料归档范围和文书档案保管期限表，经同级档案行政管理部门审批同意后执行”。

此外，开展编制和审批工作是贯彻实施《机关文件材料归档范围和文书档案保管期限规定》的核心内容。由于各级机关情况不尽相同，编制审批工作不可能在短期内完成，可以分期分批完成机关文件材料和文书档案保管期限表的编制审批工作。

第一，制定编制工作方案。制定编制本机关文件材料归档范围和文书档案保管期限表的工作方案，是做好编制工作的前提。编制工作一般要与机关档案分类方案结合起来。比如，一个机关的档案分类方案采用的是“年度—机构—保管期限”的分类方法，在制定编制工作方案时，就要按机关内部各个工作部门一个一个地编制，最后形成一个总表。这种编制方法与以往一个机关编制一个笼统的归档范围和档案保管期限表相比，更具有针对性和实用性。

第二，掌握编制工作方法。深入实际、调查研究、系统归纳是做好编制工作的原则和方法。各机关档案部门要与本机关其他工作部门紧密配合，认真调查各工作部门形成的文件材料范围，确定文件材料的种类，与各工作部门认真研究，结合《机关文件材料归档范围和文书档案保管期限规定》的内容，确定哪类文件应该归档，再按照归档文件材料重要程序确定其保管期限。

第三，明确编制范围。机关文件材料归档范围和档案保管期限表的编制对象仅限于机关文书档案，其他门类档案不在编制范围之内。《机关文件材料归档范围和文书档案保管期限规定》的附件《文书档案保管期限表》是编制各机关文书档案保管期限表的基本依据，在具体编制过程中，应结合本机关工作实际，突出职能特色，不要照搬照抄。各机关其他门类档案的保管期限表要按照国家有关规定执行，即已有国家规定的按现有规定执行；目前没有规定的，待将来由国家档案局会同有关专业主管部门共同制定后执行。

第四，遵守审批程序。《机关文件材料归档范围和文书档案保管期限规定》施行后，各机关编制的文件材料归档范围和文书档案保管期限表，须经同级档案行政管理部门审查同意后才能实施。按《机关文件材料归档范围和文书档案保管期限规定》要求，中央和国家机关编制的本机关文件材料归档范围和文书档案保管期限表，要经国家档案局审查同意后方可执行。

《机关文件材料归档范围和文书档案保管期限规定》的实施是一个动态的过程，如果机关内部机构或工作职能发生变化，那么机关编制的文件材料归档范围和文书档案保管期限表也要作相应调整。调整后的机关文件材料归档范围和文书档案保管期限表也要经同级档案行政管理部门审查同意后方可执行。

(2)《企业文件材料归档范围和档案保管期限规定》

2012 年 12 月 17 日，国家档案局以第 10 号令的形式发布施行《企业文件材料归档范围和档案保管期限规定》，分为正文和附表两部分，正文对企业文件材料归档范围和档案保管期限表提出要求，包括 5 个部分。第 1 部分就《企业文件材料归档范围和档案保管期限规定》制定的目的、意义和有关定义进行说明，对管理责任提出了要求，第 2 部分就企业文件材料的归档范围提出了要求，第 3 部分就企业文件材料归档范围和档案保管期限表的划分提出要求，第 4 部分就企业文件材料归档范围和档案保管期限表的编制工作提出要求，第 5 部分对《企业文件材料归档范围和档案保管期限规定》内容的适用性、解释权和生效日期进行规定。附表为《企业管理类档案保管期限表》，是一表多用，既有归档范围又有保管期限。

《企业文件材料归档范围和档案保管期限规定》的主要特点：

一是《企业文件材料归档范围和档案保管期限规定》明确了归档范围的划分标准。主要体现在第四条和第五条，非常清楚地说明了哪些需要归档、哪些不需要归档。

二是明确了管理类档案保管期限界定标准。主要内容体现在第七、八条，分别清楚地划出了管理类的永久保管档案的划分原则和定期保管档案的划分原则，后面的附表完全是按照此原则来设定的，这也是以前有关规定所没有的。

三是将保管期限三分法改为标时制。将企业档案保管期限由永、长、短三分法改革为永久、定期，定期再分为 30 年和 10 年。《企业文件材料归档范围和档案保管期限规定》将企业档案保管期限由三分法改为标时制，这就意味着，不仅管理类档案，其他各类档案也要求采用标时制，主要是考虑档案管理的一致性。

四是对国有企业文件材料归档范围和档案保管期限表设置了审查机制。国家档案局负责管理中央企业总部文件材料归档范围和档案保管期限表的审查；省级以下档案行政管理部门负责本区域内地方国有企业制定的文件材料归档范围和档案保管期限表的审查；中央企业的下属企业，其文件材料归档范围和档案保管期限表由其上级企业，即中央企业总部或中央企业总部授权的机构审查。

五是《管理类档案保管期限表》是一个多功能表，属一表两用，既是归档范围表，同时又是保管期限表。表内按职能结合来源列出了企业管理类文件材料的归档范围和管理类档案的保管期限，共 18 条。依文件材料产生的先后顺序，把企业设立过程形成的文件材料排在最前面。依据文件材料的重要程度排列，把有关企业资产、资本、治理等重要文件材料置于前，其他置于后，把与企业领导活动有关的文件材料置于前，把其他活动文件材料续后。多种逻辑关系综合运行，其中包括来源原则结合档案分类、企业活动分类原则进行，在按来源原则划分后，对企业内部产生的文件材料基本按档案分类、企业活动分类原则进行排列。在事由原则下，对外部来文不再进行过分的细化，而把重点放在本企业产生文件上。在同一事由下，改变以前全部按事由叙述的方法，采用文种与事由相结合的方法，先叙述通用文种，再叙述每一事由下的其他文件。

由国家档案局时任领导编写的《〈企业文件材料归档范围和档案保管期限〉实施指南》，用 3 个专章详细讲解了编制准备、编制、业务指导与审查工作，笔者不在此重复叙述。一般来说，文件材料归档范围和管理类档案保管期限表编制过程中应遵循以下步骤：

第一步：部门职责分析，确定管理类档案保管期限表框架结构。

第二步：各部门业务流程梳理，依据业务流程、法律法规和规范性文件提出记录保存要求，初步形成部门文件材料归档范围和管理类档案保管期限表。

第三步：档案部门汇总各部门文件材料归档范围和管理类保管期限表，形成初稿。此过程中，档案部门可进行必要修改。

第四步：将初稿下发各部门征求意见，各部门可通过互相借鉴触发修改需求，补充有关内容。

第五步：档案部门逐一与各部门讨论确定文件材料归档范围和管理类档案保管期限表，形成定稿。

(3)《机关档案管理规定》

为了健全机关档案工作制度体系，解决机关档案工作制度建设中存在的问题，满足制度建设新需求，国家档案局 2015 年启动了《机关档案管理规定》的制定工作，并于 2018 年 10 月 11 日以国家档案局令第 13 号正式发布，2019 年 1 月 1 日起施行。

《机关档案管理规定》共七章七十条，提出了新形势下机关档案工作的新思路、新任务，对体制机制、组织机构、业务规范等提出了新目标、新要求，主要内容可概括为以下十点：

一是深化统一领导、分级管理体制。统一领导、分级管理是我国档案工作的组织原则和管理体制。这一管理体制既是《中华人民共和国档案法》的明确要求，又是经实践证明行之有效的做法。《机关档案管理规定》在严格遵循《中华人民共和国档案法》《机关档案工作条例》的基础上，重申了统一领导、分级管理的体制要求，同时明确提出中央和地方专业主管机关应当在档案行政管理部门的指导下进行监督、指导，并且在进行监督、指导时，"应当遵循统一领导、分级管理原则"，对中央和地方专业主管机关的行业管理职责进行了准确定位，对"统分结合，主辅有序"的业务监督指导模式进行了更加明确的表述。

二是健全组织架构，强化人员配备。在组织架构上，《机关档案管理规定》要求建立档案工作协调机制、确定机关档案部门(档案工作机构或指定的档案工作负责部门)、配备专(兼)职档案工作人员并组成机关档案工作网络，分角色承担起机关档案工作的决策协调、归口管理和具体执行职责，形成了较为合理的三级组织架构。在人员配备上，《机关档案管理规定》要求机关应当配备与工作量相匹配的专职档案工作人员，机关文书或业务部门应当指定人员，分别承担机关档案业务工作和相应部门文件材料的收集、整理和归档工作。基层机关则可以根据实际情况配备专职或兼职档案工作人员。为了保证工作成效，《机关档案管理规定》要求档案工作人员为正式在编人员，并且通过限定知识背景和明确培训要求等方式，对其专业素质和职业素养提出要求。

三是丰富、优化档案工作基本任务。《机关档案管理规定》在《机关档案工作条例》基础上，对机关档案工作的基本任务进行了丰富、优化，增加或进一步明确了一些任务类型，如贯彻执行档案法律法规和方针政策并建章立制；制定并组织实施档案工作发展规划或计划；统筹推进机关档案信息化工作；接受档案行政管理部门监督、指导和检查，并定期向国家综合档案馆移交档案；组织业务交流和人员培训、开展宣传教育；提出表彰奖励或处理建议等，同时对机关档案工作内部监督和指导任务进行优化，使机关档案工作的基本任务更加科学合理，更加符合工作实际。另外，《机关档案管理规定》提出了机关通过政府购买服务方式辅助实现档案工作基本任务的范围和要求，将允许以社会化服务形式实现的档案整理、传统载体档案数字化、纸质档案数字复制件全文识别、电子档案管理技术支持等辅助性工作予以列明。

四是创新监督检查和业务指导形式。监督、指导与检查是档案行政管理部门主管档案事业，履行《中华人民共和国档案法》赋予职责的重要形式。《机关档案管理规定》从以下几个方面对档案行政管理部门的监督检查和业务指导职责进行了强化：第一，界定档案行政管理部门的检查职权，规定"以进入相关场所检查，询问有关人员，查阅、复制有关档案资料等方式开展"，保证检查职责的履行；第二，创设年度报告制度，要求机关汇总分析当年档案工作情况并形成年度报告，报送同级档案行政管理部门、上级档案部门，以解决业务指导周期长、覆盖面不足等问题；第三，增加基本制度备案要求，规定机关将规范本单位和本系统档案管理的基本制度报档案行政管理部门备案，将档案行政管理部门的监督检查和业务指导要求前置，保证机关档案基本制度符合相关法律法规和方针政策要求；第四，将社会化服务纳入监督检查和业务指导范畴，加强过程监控与管理，提高监督、检查和指导效果。

五是为机关提供基础设施定制方案。相对于档案馆来说，机关档案室一般规模较小，因而在基础设施方面无法照搬档案馆的诸多要求。《机关档案管理规定》为机关提供了基础设施的定制方案，从档案用房类型、选址、面积与建筑设计，档案库房的温湿度监测调控系统、消防系统、安防系统，信息化基础设施三个方面，提出了适合机关档案工作的基础设施建设和设备配备要求。在档案用房上，考虑到整理用房在实践中的客观需求，《机关档案管理规定》将传统要求中办公、阅览、库房“三分开”调整为办公、整理、阅览、库房“四分开”，以更好地满足档案管理功能分区的需要。

六是明确档案库房面积和承重要求。机关档案库房的面积和承重是机关档案库房建设中的两个难点问题。《机关档案管理规定》对库房面积采用了“定标不定额”的方法，确定了面积计算公式，即(档案存量+年增长量×存放年限)×60m²/万卷(或 10 万件)。为保证实现档案基本管理要求，《机关档案管理规定》也给出了库房面积的底限要求，即 15m²。对于承重问题，由于机关库房一般基于办公用房改造，采用密集架装具时难以实现《档案馆建筑设计规范》(JGJ 25-2010)中 12kN/m² 的承重要求。《机关档案管理规定》根据机关档案库房的实际情况，将采用密集架的楼面均布活荷载标准值调整为不小于 8kN/m²，或按档案装载情况相应增加。不过，对于部门档案馆、事业单位档案馆来说，承重仍应按照 12kN/m² 的要求执行。

七是统一、规范机关档案门类划分。为了保证机关档案门类统一划分，为之后的规范管理和资源共享提供便利，《机关档案管理规定》结合机关档案工作经验和机关档案一般特点，以实现门类扁平化、标准化、规范化为目标，尽量压缩门类级次，将机关档案划分为文书档案(WS)、科技档案(KJ)、人事档案(RS)、会计档案(KU)、专业档案(ZY)、照片档案(ZP)、录音档案(LY)、录像档案(LX)、业务数据档案(SJ)、公务电子邮件档案(YJ)、网页信息档案(WY)、社交媒体档案(MT)、实物档案(SW)13 个一级门类，并依此确定一级门类代码。在此基础上，要求科技档案按照科研(KJ·KY)、基建(KJ·JJ)、设备(KJ·SB)，专业档案按照相关规定设置二级门类及代码。机关档案门类划分是档案资源规范建设的第一步，各单位既可以依此梳理机关档案实体，也可以为档案管理系统确定统一的门类菜单。

八是梳理档案管理流程，提出全新要求。《机关档案管理规定》系统梳理了机关档案管理流程，将档案管理分成形成与收集、整理与归档、保管与保护、鉴定与销毁、利用与开发、统计与移交六个部分，完整反映了机关档案工作的全过程。在这些流程中，除传统要求外，还提出了一些创新规定：一是增加形成流程，并分三个层次对档案形成进行规范。二是提出收集新要求，规定各机关制定包含各个档案门类的文件材料归档范围和档案保管期限表来指导收集工作。三是提出整理新观念，提出逐步推进卷、件融合管理。四是细化销毁流程，用较大篇幅规定销毁工作的人员、程序、场所安排，增强了可操作性。此外，《机关档案管理规定》在归档要求、对外利用批准、档案开发方式、统计结果可视化等方面提出了创新要求。

九是确认电子档案效力，细化管理要求。《机关档案管理规定》明确电子档案与传统载体档案具有同等效力，对电子档案的效力进行了正面回应，将近些年档案行业对电子档案属性的认识通过规章的形式确定下来，有利于定纷止争，将电子档案的关注方向从理论争议引导到具体管理上来。对于电子档案管理，《机关档案管理规定》采取了一般加特殊的方法来规范，即电子档案是档案的形式之一，首先要满足一般性管理要求，此外还要针对自身属性满足一些特殊要求，比如在归档中要“记录电子文件归档过程元数据”等。

十是提出机关档案信息化建设整体框架。《机关档案管理规定》对机关档案信息化建设进行了专章规定，提出机关档案信息化建设的基本框架。结合《机关档案管理规定》其他章节提出的仅以电子形式归档和数据分析、文本挖掘等管理要求，机关档案信息化的框架和路径基本完备，即以数字档案室建设为核心，以存量数字化和增量电子化为两翼，对数字复制件进行全文识别并连同电子档案完成数据化，实现对数字复制件和电子档案的数据挖掘。同时，解决好数字复制件、电子档案的真实性问题，最终实现仅以电子形式归档(单套制)。这些要求指向明确、环环相扣、层层推进，为机关档案信息化的开展指明了方向、明确了思路。

综上，《机关档案管理规定》总结了多年来机关档案工作经验，提出了新形势下机关档案工作的新目标、新要求，并在档案法律法规与一般规范性文件、标准之间进行了有效衔接，是一部承前启后、承上启下的部门规章，是今后一个时期开展机关档案工作的重要遵循。

(4)《电子公文归档管理暂行办法》

2003 年 7 月 28 日，国家档案局以 6 号令发布了《电子公文归档管理暂行办法》；2018 年 12 月 24 日，国家档案局以 14 号令修改了《电子公文归档管理暂行办法》第七条、第十三条。该部门规章作为国家档案局发布的第一部规范电子文档管理的部门规章，对推动全国档案信息化工作和促进国家电子政务工程建设都具有重要的意义。时任中共中央政治局候补委员、中央书记处书记、中央办公厅主任王刚同志对《国家档案局关于发布〈电子公文归档管理暂行办法〉的请示》作了重要批示。王刚同志在批示中指出：“电子公文的归档与管理、档案信息资源的保护与开发利用，是国家电子政务建设的重要内容和基础性工作。在当前信息技术手段层出不穷和机读数据大量出现的形势下，制定这一办法，对电子公文的归档管理进行相应规范很有必要，这对于促进全国的办公自动化和档案信息化工作具有指导意义。请国家档案局认真组织该办法的实施，在国家电子政务建设的总体框架下，认真研究新情况，加强分类指导。特别要针对电子公文的特点，进一步研究解决保真、保密和保存等问题，使电子公文和纸质公文一样得到科学保管和有效利用。”

2002 年 3 月，国务院成立国家电子政务协调小组，8 月，国务院办公厅部署全国政府系统办公业务资源网传输电子公文工作，提出由国家档案行政管理部门承担制定电子公文归档工作相应法规。作为国家电子政务协调小组成员的国家档案局，依据《中华人民共和国档案法》《中华人民共和国档案法实施办法》和《国家行政机关公文处理办法》等法规规定，开始了《电子公文归档管理暂行办法》的制定工作。经过了近一年时间的调研、探讨，完成了《电子公文归档管理暂行办法》制定任务。

2018年，为贯彻落实全国深化“放管服”改革转变政府职能电视电话会议精神，加快推进全国一体化在线政务服务平台建设，根据《国务院办公厅关于加快推进与政务服务“一网通办”不相适应的法规规章修订等工作的通知》(国办函〔2018〕69号)要求，国家档案局决定对《电子公文归档管理暂行办法》(国家档案局令第6号)予以修改，将第七条由“电子公文形成单位必须将具有永久、长期保存价值的电子公文，制成纸质公文与原电子公文的存储载体一同归档，并使两者建立互联”修改为“符合国家有关规定要求的电子公文可以仅以电子形式归档。电子公文归档应当符合电子文件归档和电子档案管理的要求”，将第十三条由“归档的电子文件，应按本单位档案分类方案进行分类整理，并拷贝至耐久性好的载体上，一式三套：一套封存保管，一套异地保管，一套提供利用”修改为“电子公文形成单位应在电子公文归档时按照国家有关要求对其真实性、完整性、可用性和安全性进行检查”。2018年12月14日，国家档案局令第十四号发布修改后的《电子公文归档管理暂行办法》。

《电子公文归档管理暂行办法》共二十三条，对电子公文的形成单位、档案管理和档案行政管理部门，在电子公文形成以及保密、利用、鉴定、销毁等工作中的职责作出了具体规定。其主要有：“电子公文”是指“各地区、各部门通过由国务院办公厅统一配置的电子公文传输系统处理后形成的具有规范格式的公文的电子数据”。“电子公文形成单位应指定有关部门或专人负责本单位的电子公文归档工作，将电子公文的收集、整理、归档、保管、利用纳入机关文书处理程序和相关人员的岗位责任。机关档案部门应参与和指导电子公文的形成、办理、收集和归档等各工作环节。”“副省级以上档案行政管理部门负责对电子公文的归档管理工作进行监督和指导。”“电子公文一般应在办理完毕后即时向机关档案部门归档。”“符合国家有关规定要求的电子公文可以仅以电子形式归档。电子公文归档应当符合电子文件归档和电子档案管理的要求。”“电子公文形成单位应在运行电子公文处理单位的硬件环境中设置足够容量、安全的暂存存储器，存放处理完毕应归档保存的电子文件，以保证归档电子公文的完整、安全。”“电子公文形成单位应在电子公文归档时按照国家有关要求对其真实性、完整性、可用性和安全性进行检查。”

国家档案主管部门主管全国的档案工作，负责电子档案的统筹规划和组织协调，根据《中华人民共和国档案法》第三十七条第三款，电子档案管理办法由国家档案主管部门会同有关部门制定。目前，我国电子档案管理方面的规定散见于几项部门规章、行政规范性文件、标准中，建议国家档案主管部门谋划电子档案宏观管理体系，完善相关法规。

(5)《科学技术研究档案管理规定》

为加强科研档案工作，国家档案局、科技部对《科学技术研究档案管理暂行规定》(国档发〔1987〕6号，以下简称《暂行规定》）进行了修订，以国家档案局、科技部令第15号发布了《科学技术研究档案管理规定》（以下简称《规定》），于2020年11月1日起施行。

科研档案是科学技术研究活动中形成的具有保存价值的各种形式和载体的记录，是科研成果的重要组成部分，对将来科研任务部署、科研项目组织实施、技术路线选择等科研积累具有重要意义，必须进一步加强集中统一管理，以便更好地开发利用。另一方面，随着我国科技创新不断加速，科研档案数量激增，档案内容越发丰富，科研档案工作也面临着更复杂的环境和新的更高的要求，提升档案工作服务科研活动能力，对促进科技创新具有重要意义，是档案工作围绕中心、服务大局的重要体现。

由国家档案局和原国家科委于1987年联合发布的《暂行规定》，对完善科研档案管理体制机制，加强科研活动的宏观管理产生了积极的作用。但是《暂行规定》毕竟形成30多年了，随着形势的发展和科技体制的改革，很多内容已不适用于当前的科研档案工作。以往科研档案管理过程中出现的主体责任不明确、归档范围不清晰、档案收集不完整、科研档案共享利用不方便等问题更加凸显，要求修改《暂行规定》的呼声也日益增多。近年，多位全国人大代表和全国政协委员提出建议或提案，要求修订《暂行规定》，加强科研档案管理。

本次修订对《暂行规定》进行了比较大的修改和完善。修订后的《规定》全文共28条，涵盖了新形势下科研档案管理工作的原则、管理职责、科研文件材料的形成和归档、科研档案的管理和利用等多个方面。与《暂行规定》相比，本次修订内容体现在以下七个方面：

一是完善了科研档案的定义。根据最新的科研项目管理过程，将科研档案定义为在科研项目立项论证、研究实施及过程管理、结题验收及绩效评价、成果管理等过程中形成的“具有保存价值的文字、图表、数据、图像、音频、视频等各种形式和载体的文件材料以及标本、样本等实物”，其中特别将“数据”“标本、样本等实物”纳入科研档案定义之中，进一步完善了科研档案定义。

二是进一步明确了科研档案管理责任。《规定》按照国家档案工作统一领导、分级管理的原则对科研档案管理责任进行了明确。明确了各级档案主管部门、科技主管部门、科研项目管理单位和科研项目承担单位、参加单位、科研项目负责人等的档案管理责任，尤其是对财政支持的科研项目档案工作责任进行了明确，并特别提出了科研项目承担单位对所承担科研项目的档案工作负总责等要求。

三是丰富了科研文件材料的归档内容。按照最新科研项目管理过程增补了应纳入归档范围的科研文件材料，如立项论证阶段的项目指南、立项评审材料，研究实施及过程管理阶段的科学数据、阶段进展情况报告，结题验收及绩效评价、成果管理阶段的验收申请书、绩效自评价报告、科技报告等。

四是增加了科研电子档案的管理要求。根据当前科研管理信息化发展趋势和科研文件材料形成特点，从减轻科研人员负担出发，提出了科研电子文件可实行电子单套制归档的要求，并明确了科研电子文件可单套制归档的系统功能或接口设置等要求。

五是对跨学科、跨领域、跨机构开展研究的科研项目的档案管理提出了要求。《规定》要求科研项目牵头承担单位对跨单位开展研究的科研项目档案工作负总责，对科研项目参加单位提出科研档案管理要求，明确档案归属与流向，并按照有关规定进行审查或验收。《规定》还要求科研项目参加单位在保存本单位承担任务所形成档案的同时，将副本或复制件或所承担科研项目档案目录送交牵头承担单位集中管理。

六是优化了科研档案验收制度。过去科研项目完成时要进行鉴定验收，因此《暂行规定》中提出了同时进行科研档案验收。随着科研项目绩效评价方式的改革，《规定》与时俱进，提出科研档案验收时可按规定进行审查或验收。

七是鼓励科研档案信息的共享利用。《规定》要求各单位要建立健全科研档案开放利用机制，并对分工完成科研项目形成科研档案的归属、流向等进行了规定。

2. 其他涉及档案工作的部门规章

针对某些专业领域的档案管理工作，相关单位通过与国家档案局联合行文或单独发文形式对档案管理工作提出了要求。总体来看，这类部门规章质量参差不齐，不少内容已过时，需要相关部门及时启动修订工作(具体内容及原文可查阅国家档案局网站：https://www.saac.gov.cn/daj/index.shtml)。

《外商投资企业档案管理暂行规定》由原对外贸易经济合作部、原国家经贸委和国家档案局于1994年12月29日发布，以加强外商投资企业(包括中外合资经营企业、中外合作经营企业、外资企业)的档案管理工作，有效地保护和利用档案，维护企业的合法权益。

《国有资产产权登记档案管理暂行办法》由原国家国有资产管理局、国家档案局于1997年8月26日发布，以做好国有资产产权登记档案管理工作。

《艺术档案管理办法》由原文化部、国家档案局于2001年12月31日发布，以加强对艺术档案的科学管理，充分发挥艺术档案在文化事业和社会主义现代化建设中的作用。

《婚姻登记档案管理办法》由民政部、国家档案局于2006年1月23日发布，以规范婚姻登记档案管理，维护婚姻当事人的合法权益。

《高等学校档案管理办法》由教育部、国家档案局于2008年8月20日发布，以规范高等学校档案工作，提高档案管理水平，有效保护和利用档案。

《社会保险业务档案管理规定(试行)》由人力资源和社会保障部、国家档案局于2009年7月23日发布，以规范社会保险业务档案管理，维护社会保险业务档案真实、完整和安全，发挥档案的服务作用。

《电影艺术档案管理规定》由原国家广播电影电视总局、国家档案局于2010年6月29日发布，以加强电影艺术档案的收集和管理，有效地保护和利用电影艺术档案，更好地为电影创作、生产、教学、研究和普及服务。

《审计机关审计档案管理规定》由审计署、国家档案局于2012年11月28日发布，以规范审计档案管理，维护审计档案的完整与安全，保证审计档案的质量，发挥审计档案的作用。

《档案管理违法违纪行为处分规定》由原监察部、人力资源和社会保障部、国家档案局于 2013 年 2 月 22 日发布，以预防和惩处档案管理违法违纪行为，有效保护和利用档案。

《集体林权制度改革档案管理办法》由原林业局、国家档案局 2013 年 5 月 2 日发布，以加强和规范集体林权制度改革档案工作，有效保护和利用集体林权制度改革档案。

《会计档案管理办法》由财政部、国家档案局于 2015 年 12 月 11 日修订后发布，以加强会计档案管理，有效保护和利用会计档案。

《环境保护档案管理办法》由原环保部、国家档案局于 2016 年 12 月 27 日修订后发布，以加强环境保护档案的形成、管理和保护工作，开发利用环境保护档案信息资源。

《城市建设档案管理规定》由原建设部于 1997 年 12 月 18 日发布，2011 年修订，以加强城市建设档案管理，充分发挥城建档案在城市规划、建设、管理中的作用。

《城市房地产权属档案管理办法》由原建设部于 2001 年 8 月 29 日发布，以加强城市房地产权属档案管理，保障房地产权利人的合法权益，有效保护和利用城市房地产权属档案。

《城市地下管线工程档案管理办法》由原建设部于 2005 年 5 月 1 日发布，以加强城市地下管线工程档案的管理。

《畜禽标识和养殖档案管理办法》由原农业部于 2006 年 7 月 1 日发布，以规范畜牧业生产经营行为，加强畜禽标识和养殖档案管理，建立畜禽及畜禽产品可追溯制度，有效防控重大动物疫病，保障畜禽产品质量安全。

(二)地方档案政府规章

1. 省级档案政府规章

省级档案政府规章共 56 件①。从制定主体分析：在 56 件省级档案政府规章中，广东省 6 件，天津、湖北、浙江、安徽省(市)各 4 件，宁夏、福建、河北、吉林省(区)各 3 件，内蒙古、海南、四川、山西、贵州、上海、云南省(市)各 2 件，北京、山东等 8 个省(区市)各 1 件(见表 5-5)。

表 5-5　省级档案政府规章 56 件(按照发布数量由多到少排列)

序号	名　　称	发布时间(年)	最近修订时间(年)	内　　容
1	《广东省档案馆收集档案范围实施细则》	1986	2013	档案收集
2	《广东省中外合资、合作经营企业档案管理规定》	1990	未修订	企业档案

① 检索日期为 2024 年 2 月。

续表

序号	名　称	发布时间（年）	最近修订时间（年）	内　容
3	《广东省名人档案管理办法》	1996	未修订	名人档案
4	《广东省乡（镇）档案管理办法》	1997	未修订	乡镇档案
5	《广东省驻境外及港澳地区国有企业档案管理办法》	2002	未修订	企业档案
6	《广东省侨批档案保护管理办法》	2018	未修订	侨批档案
7	《天津市档案行政执法工作规定》	1994	未修订	行政执法
8	《天津市非国家所有档案管理规定》	2003	未修订	非公档案
9	《天津市城市建设档案管理规定》	2003	未修订	城建档案
10	《天津市档案收集办法》	2013	未修订	档案收集
11	《湖北省中外合资、合作经营企业档案管理暂行办法》	1997	未修订	企业档案
12	《湖北省城市建设档案管理办法》	1997	未修订	城建档案
13	《湖北省档案登记办法》	2000	未修订	档案登记
14	《湖北省重大活动档案管理试行办法》	2008	未修订	重大活动档案
15	《浙江省重大活动档案管理办法》	2005	未修订	重大活动档案
16	《浙江省城市建设档案管理办法》	2006	2019	城建档案
17	《浙江省国家档案馆管理办法》	2007	未修订	档案馆管理
18	《浙江省档案登记备份管理办法》	2012	未修订	档案信息化
19	《安徽省机关档案工作实施办法》	1984	未修订	机关档案
20	《安徽省城建档案管理办法》	1994	未修订	城建档案
21	《安徽省开放档案馆档案实施办法》	1988	未修订	档案开放
22	《安徽省档案征集办法》	2004	未修订	档案征集
23	《宁夏回族自治区测绘档案管理办法》	1991	2014	测绘档案
24	《宁夏回族自治区国有企业档案工作规定》	1995	未修订	企业档案
25	《宁夏回族自治区城市建设档案管理办法》	1996	未修订	城建档案
26	《福建省重大活动档案管理办法》	2011	2015	重大活动档案
27	《福建省国家档案馆管理办法》	2015	2015	档案馆管理
28	《福建省数字档案共享管理办法》	2017	2020	档案信息化
29	《河北省乡（镇）档案管理办法》	1997	未修订	乡镇档案
30	《河北省城市建设档案管理规定》	2000	2018	城建档案
31	《河北省档案收集管理办法》	2012	未修订	档案收集

续表

序号	名　　称	发布时间（年）	最近修订时间（年）	内　　容
32	《吉林省著名人物档案管理办法》	2008	未修订	名人档案
33	《吉林省城市建设档案移交管理办法》	2005	未修订	城建档案
34	《吉林省城市建设档案管理规定》	1984	未修订	城建档案
35	《内蒙古自治区苏木、乡镇档案管理办法》	2004	2021	乡镇档案
36	《内蒙古自治区城镇建设档案管理办法》	2010	未修订	城建档案
37	《海南省关于省档案馆收集档案的办法》	1988	未修订	档案收集
38	《海南省关于使用省档案馆档案资料的暂行办法》	1988	2004	资料利用
39	《四川省档案馆安全管理规定》	1992	未修订	档案馆管理
40	《四川省国家档案馆管理办法》	2014	未修订	档案馆管理
41	《山西省城市建设档案管理办法》	1996	未修订	城建档案
42	《山西省重大活动档案管理办法》	2016	未修订	重大活动档案
43	《贵州省城乡建设档案管理办法》	2010	2021	城建档案
44	《贵州省重大活动档案管理办法》	2014	未修订	重大活动档案
45	《上海市档案馆设置管理办法》	1995	2010	档案馆管理
46	《上海市城市建设档案管理办法》	2023	未修订	城建档案
47	《云南省城市建设档案管理规定》	2000	未修订	城建档案
48	《云南省国家档案馆管理办法》	2017	未修订	档案馆管理
49	《北京市城市建设档案管理办法》	2003	未修订	城建档案
50	《山东省重大活动档案管理办法》	2011	未修订	重大活动档案
51	《陕西省各类档案馆管理办法》	2003	2010	档案馆管理
52	《江西省档案登记办法》	2007	未修订	档案登记
53	《江苏省城建档案管理办法》	2002	2022	城建档案
54	《重庆市城乡建设档案管理办法》	2010	未修订	城建档案
55	《黑龙江省城市建设档案管理办法》	2001	2011	城建档案
56	《新疆维吾尔自治区重大活动档案管理规定》	2008	未修订	重大活动档案

从省级档案政府规章的内容看：城建档案方面 17 件、重大活动档案方面 7 件、档案馆管理方面 7 件、企业档案方面 4 件、档案收集征集方面 3 件、乡镇档案方面 3 件、档案登记方面 2 件、档案信息化方面 2 件、名人档案方面 2 件、其他方面 9 件（见图 5-2）。

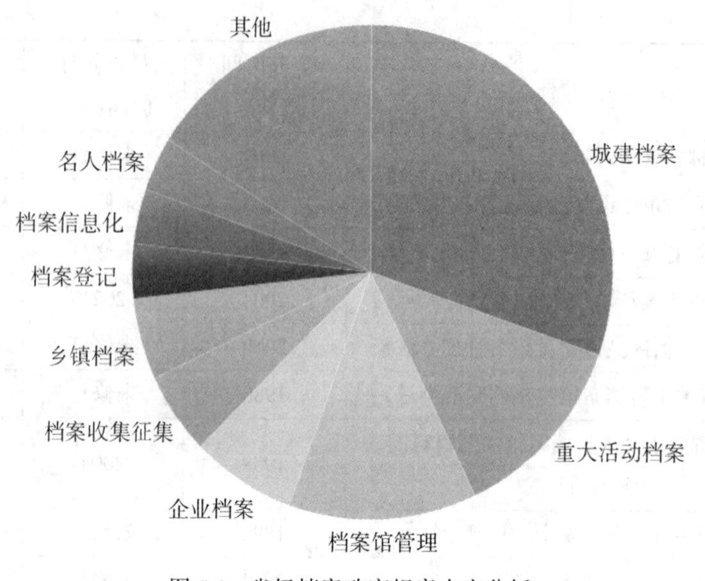

图 5-2　省级档案政府规章内容分析

2. 设区的市和自治州级档案政府规章

在 70 件设区的市和自治州级档案政府规章①中，辽宁省 11 件，江苏省 10 件，黑龙江、广东省各 8 件，河北省 4 件，山东、吉林省各 3 件，浙江、福建、宁夏、河南、甘肃、云南、海南省(区)各 2 件，贵州、安徽、青海、湖北、新疆、内蒙古、广西、山西、四川省等 7 个省(区)各 1 件。

从州市级档案政府规章的内容看：城建档案方面 37 件、企业档案方面 6 件，档案综合管理方面 7 件，档案馆收集征集、村级档案管理、乡镇档案、名人档案方面各 3 件，行政执法方面 2 件，职工档案、档案信息化、档案利用、档案馆设置、档案中介、重大事项档案各 1 件(见表 5-6)。

表 5-6　设区的市和自治州级档案工作政府规章 70 件(按照发布数量由多到少排列)

序号	名　　称	发布时间(年)	最近修订时间(年)	所属省份	内　　容
1	《鞍山市城市建设档案管理办法》	1996	2002	辽宁	城建档案
2	《大连市档案管理办法》	1997	2018	辽宁	档案综合管理
3	《鞍山市档案管理办法》	1999	2010	辽宁	档案综合管理
4	《抚顺市破产转制企业档案管理办法》	1999	2014	辽宁	企业档案

① 检索日期为 2024 年 2 月。

续表

序号	名　　称	发布时间（年）	最近修订时间（年）	所属省份	内　　容
5	《抚顺市档案管理办法》	2000	2014	辽宁	档案综合管理
6	《鞍山市村级档案管理办法》	2006	未修订	辽宁	村级档案
7	《沈阳市综合档案馆管理办法》	2007	未修订	辽宁	档案馆管理
8	《大连市行政执法档案管理办法》	2007	未修订	辽宁	行政执法档案
9	《抚顺市城乡建设档案管理办法》	2008	未修订	辽宁	城建档案
10	《抚顺市城市地下管线工程档案管理办法》	2008	未修订	辽宁	城建档案
11	《本溪市城市地下管线工程档案管理办法》	2015	未修订	辽宁	城建档案
12	《南京市引进技术档案管理暂行规定》	1987	未修订	江苏	技术引进档案
13	《南京市档案馆接收档案范围实施细则》	1991	未修订	江苏	档案接收
14	《南京市中外合资合作经营企业档案管理暂行办法》	1995	未修订	江苏	企业档案
15	《南京市档案管理办法》	1997	未修订	江苏	档案综合管理
16	《南京市档案条例实施细则》	2007	未修订	江苏	档案综合管理
17	《南京市城市建设档案管理办法》	2008	未修订	江苏	城建档案
18	《苏州市城市建设档案管理办法》	2001	2004	江苏	城建档案
19	《无锡市档案资料征集办法》	2005	未修订	江苏	档案征集
20	《无锡市档案资料利用管理办法》	2008	未修订	江苏	档案利用
21	《徐州市城建档案管理办法》	2016	未修订	江苏	城建档案
22	《齐齐哈尔市人物档案管理规定》	1991	2022	黑龙江	名人档案
23	《齐齐哈尔市中外合资合作经营企业档案管理办法》	1994	2022	黑龙江	企业档案
24	《齐齐哈尔市村级档案管理办法》	1999	2022	黑龙江	村级档案
25	《哈尔滨市城市建设档案管理办法》	2002	2016	黑龙江	城建档案
26	《哈尔滨市重大事项档案管理办法》	2005	未修订	黑龙江	重大事项档案
27	《哈尔滨市档案征集办法》	2006	2017	黑龙江	档案征集
28	《哈尔滨市职工档案管理办法》	2008	2017	黑龙江	职工档案
29	《哈尔滨市行政执法档案管理办法》	2014	未修订	黑龙江	行政执法档案
30	《广州市境外企业档案管理办法》	1994	未修订	广东	企业档案
31	《广州市城乡建设档案管理办法》	2018	2020	广东	城建档案
32	《汕头市名人档案管理办法》	2002	未修订	广东	名人档案
33	《广州市档案管理规定》	2008	未修订	广东	档案综合管理

续表

序号	名　　称	发布时间（年）	最近修订时间（年）	所属省份	内　　容
34	《汕头市名人档案管理办法》	2009	未修订	广东	档案综合管理
35	《深圳市城市建设档案管理规定》	2015	未修订	广东	城建档案
36	《中山市城乡建设档案管理办法》	2018	2020	广东	城建档案
37	《东莞市城乡建设档案管理办法》	2019	2021	广东	城建档案
38	《石家庄市行政村档案管理办法》	1999	2009	河北	村级档案
39	《石家庄市城市建设档案管理办法》	2001	未修订	河北	城建档案
40	《唐山市城市建设档案管理规定》	2004	未修订	河北	城建档案
41	《邯郸市城市建设档案管理办法》	2006	未修订	河北	城建档案
42	《青岛市城市建设档案管理办法》	1988	未修订	山东	城建档案
43	《青岛市国有企业产权变动档案管理办法》	2000	2004	山东	企业档案
44	《淄博市城市建设档案管理办法》	2009	未修订	山东	城建档案
45	《吉林市城市建设档案管理实施办法》	1985	未修订	吉林	城建档案
46	《吉林市城市建设档案移交管理办法》	2005	未修订	吉林	城建档案
47	《长春市电子档案远程利用管理暂行办法》	2014	未修订	吉林	档案信息化
48	《杭州市城市地下管线工程档案管理办法》	2000	2018	浙江	城建档案
49	《宁波市著名人物档案管理办法》	2012	未修订	浙江	名人档案
50	《厦门市地下管线工程档案管理办法》	2004	2012	福建	城建档案
51	《厦门市城乡建设档案管理办法》	2017	未修订	福建	城建档案
52	《银川市城市建设档案管理办法》	1998	2023	宁夏	城建档案
53	《银川市城市地下管线工程档案管理办法》	2006	未修订	宁夏	城建档案
54	《洛阳市档案管理规定》	2006	未修订	河南	档案综合管理
55	《郑州市城乡建设档案管理办法》	2019	未修订	河南	城建档案
56	《兰州市地下管线工程档案管理办法》	2013	未修订	甘肃	城建档案
57	《兰州市城乡建设档案管理办法》	2020	未修订	甘肃	城建档案
58	《昆明市城乡建设档案管理规定》	2011	未修订	云南	城建档案
59	《昆明市档案中介服务机构管理办法》	2016	未修订	云南	档案中介管理
60	《海口市城市建设档案管理办法》	2002	2019	海南	城建档案
61	《海口市档案管理办法》	2005	2019	海南	档案综合管理
62	《贵阳市城市建设档案管理规定》	2003	2014	贵州	城建档案
63	《合肥市城市建设档案管理办法》	2001	未修订	安徽	城建档案
64	《西宁市档案管理办法》	2001	未修订	青海	档案综合管理

续表

序号	名 称	发布时间（年）	最近修订时间(年)	所属省份	内 容
65	《武汉市城市建设档案管理办法》	2003	未修订	湖北	城建档案
66	《乌鲁木齐市城市建设档案管理办法》	2005	未修订	新疆	城建档案
67	《呼和浩特市城市建设档案管理办法》	2006	未修订	内蒙古	城建档案
68	《南宁市城市建设档案管理办法》	2007	未修订	广西	城建档案
69	《太原市城乡建设档案管理办法》	2008	未修订	山西	城建档案
70	《成都市城乡建设档案管理规定》	2009	未修订	四川	城建档案

此外，还有《关于加强和改进新形势下档案工作的意见》等党内法规对档案工作提出了要求，《档案专业人员继续教育规定》等58件规范性文件对档案工作某一具体领域提出指导意见或规范。总体来看，档案法律法规体系内容较为丰富、结构较为合理、可操作性较强。新修订《档案法》出台后，修改、增加了大量内容，相关部门要尽快根据上位法修改其他法律法规，保持与上位法要求一致，并对部门条款进行细化。

我国档案法规体系

课后思考题

1. 我国档案法规体系的基本构成要素有哪些?
2. 我国档案法规体系中各法规要素间的法律关系是什么?
3. 我国档案行政法规有哪些?
4. 简述一个档案地方性法规的具体内容。
5. 简述一个档案规章的具体内容。

第六章 《档案法》的遵守与法律责任

本章要点

◎ 说明遵守《档案法》的含义、意义、条件。
◎ 解释档案法律责任的含义，明确档案法律责任的特点、构成条件、种类、内容。
◎ 说明档案违法行为的特点、构成。
◎ 说明档案法律责任与违法行为的关系。
◎ 解释档案行政执法的含义，明确档案行政执法的含义、内容、特点、原则、类型与意义。
◎ 介绍《档案法》中有关档案行政监督检查的规定，说明档案行政监督检查的程序。
◎ 介绍档案行政处罚的内容、范围、类型。
◎ 解释档案行政许可的含义，说明档案行政许可的特征、实践与实施程序。
◎ 介绍我国档案行政执法的成效、现存问题和对策。

2021 年，我国新修订《档案法》的生效与实施，对遵从《档案法》、履行其规定的义务、承担档案法律责任提出一系列新要求。本章基于新修订《档案法》中有关档案守法、档案法律责任、档案违法行为以及档案行政执法的条例，结合当前我国《档案法》的前沿研究和实践，介绍遵守《档案法》的含义与条件，详细阐述行政、刑事与民事层面的档案违法行为及其惩治措施，厘清档案行政执法的定义、程序与内容，具体分析我国档案行政执法发展状况，并就推动档案行政执法提出相应对策。

融媒体点：推荐上海交通大学开设的《法律思维与法学经典阅读》课程。[①] 法律思维与法学经典阅读_ 上海交通大学_ 中国大学 MOOC(慕课) (icourse163. org)

一、《档案法》的遵守

守法是法的实施的基本要求和普遍形式，也是依法治国，建设社会主义法治国家的重

① 慕课链接：www.icourse163.org/course/SJTU-1003655002.

要环节。在我国依法治国方略的框架下，档案守法的重要性日益凸显，它是实现依法治档的根本要求和重要内容。《档案法》的遵守要求守法主体既行使档案权利，又要履行档案义务，这一行为活动全面涵盖守法主体、守法范围和守法内容三大方面，也对承担档案法律责任提出了具体要求。

(一)遵守《档案法》的含义与意义

法的遵守即守法，是指国家机关、社会组织和公民个人依照法律规定，行使权利(权力)和履行义务(职责)的活动。档案法遵守即档案守法，是指国家机关、社会组织和公民，依照国家制定和认可并以强制力保证实施的调整档案社会关系的法律规定，行使档案权利(权力)和履行档案义务(职责)的活动。① 国家制定法律的目的之一是为了保证法律在社会活动中得以顺利实施。我国《宪法》明确规定："全国各族人民、一切国家机关和武装力量、各政党和各社会团体、各企业事业组织，都必须以宪法为根本的活动准则，并且负有维护宪法尊严、保证宪法实施的职责。"

遵守《档案法》体现了国家和社会主体严格依照《档案法》办事的活动和状态，它不仅指禁令遵守和积极义务的履行，还包括档案法律权利的行使。遵守《档案法》对保障公众档案权利、推动我国档案事业发展以及促进社会法治建设等都具有重要意义。

其一，遵守《档案法》有利于确保我国档案事业建设沿着法治轨道健康发展，充分发挥档案工作的作用。我国档案工作的变革与转型、创新与发展需要充分发挥法律作用，而守法是保障法律实施的重要手段。档案主管部门职能和作用的实现，要依靠具体档案工作人员依法执行，《档案法》要求档案工作人员应当忠于职守，遵纪守法，具备相应的专业知识与技能。因此，档案机构工作人员正确遵守《档案法》，保证《档案法》的实施，有助于档案主管部门职能的充分发挥。

其二，遵守《档案法》能有效保障社会公众的档案权益，保证公民档案权利的合理合法行使。《档案法》体现了我国人民的意志和利益，人民遵守《档案法》，履行法律义务，增强档案社会关系间的信任，实现档案当事人之间、当事人与社会之间利益关系的平衡。这有助于营造良好的社会守法环境，维护公民的普遍利益，促使其更好地享受守法带来的社会利益。

其三，遵守《档案法》符合社会客观规律，按社会客观规律办事能促进法律规定内的自由民主发展。超越法律设定的权利与义务界限，意味着破坏法律规定的自由限度，行为人必将受到法律与社会的制裁。社会组织与公众守法的自觉程度，也是社会文明进步的重要标志。

其四，遵守《档案法》的现实情况能有效反映我国法制建设的综合效果。法律行为与法律意识紧密相连，二者共同影响国家社会的各个领域。公民自觉遵守《档案法》的过程，是

① 舒国滢. 法理学导论[M]. 北京：北京大学出版社，2019：201.

不断规范自身法律行为和增强法律意识的过程，也是档案法治不可或缺的内容之一。这不仅能有效维护我国法律的权威与尊严，也帮助巩固我国依法治国的基础。①

(二)遵守《档案法》的条件

遵守《档案法》受到客观与主观条件的共同影响和制约。主观方面，即守法主体的文化修养、法律意识和道德水平。客观方面，即社会的物质经济基础、政治文明水平、国家法制环境与司法制度系统。② 对任何国家的法制建设而言，法律的遵守都是至关重要的环节，公民的守法理由论也为全体公民遵守法律提供了理论正当性。总体来看，《档案法》的遵守应满足守法主体、守法范围和守法内容三方面的基本条件。

1. 守法主体

《档案法》的守法主体是全方位的、广泛的。新修订《档案法》第五条规定："一切国家机关、武装力量、政党、团体、企业事业单位和公民都有保护档案的义务，享有依法利用档案的权利。"

守法的主体首先包括一切国家机关、武装力量、政党、团体和企事业单位。其中首要的是共产党和国家必须守法。"档案工作姓党"，其政治属性决定党管档案的主体地位和为党管档的重要使命。国家机关的性质及其在国家生活中所占的重要地位，要求国家机关及其工作人员必须时时处处自觉维护法制的尊严和权威，带头遵守和执行《档案法》，严格依法办事。

我国全体公民是守法主体中最广泛、最普遍的主体。公民遵守《档案法》，是依法治档的要求，是现代法治社会的普遍要求，也是建立法治国家的要求。我国社会主义法律的本质在于实现广大人民的民主权利和利益，守法实际上就是在维护公民自身权益，这决定了公民要自觉遵守《档案法》。

此外，守法主体还包括在我国领域内的外国组织、外国人和无国籍人士。他们应在我国法律允许的范围内活动，这是维护我国主权和权益的体现。他们对我国档案主权和权益的侵害，实际就是在危害档案安全和国家主权。③

2. 守法范围

守法的范围是遵守特定国家机关制定的所有规范性法律文件和非规范性法律文件。规范性法律文件具体包括宪法、法律、行政法规、地方性法规等。非规范性文件包括执法机关、司法机关所制定的非规范性法律文件及其他文件，如人民法院的判决书，对相关组织

---

① 刘迎红. 档案法规基础教程[M]. 北京：知识产权出版社，2015：125-126.

② 张建，谢加兵. 简论法的遵守[J]. 思想政治课教学，2004(Z1)：120-121.

③ 舒国滢. 法理学导论[M]. 北京：北京大学出版社，2019：201-202.

和个人也具有法律效力，遵守这类法律文件也视为守法。①

目前，我国已形成相对成熟的档案法规体系，各省市、自治区与直辖市的档案主管部门也依据国家法规指导，制定了地方性的档案工作章程、办法及其他规定。这些文件共同构成国家机关、组织、社会团体与公民进行具体档案活动的法律依据，也为《档案法》的施行提供系统性的指导。

3. 守法内容

守法的内容，即行使法律权利和履行法律义务，两者有机统一、不可分割。行使法律权利意味着守法者必须按照法律的规定做出一定的行为，或者要求他人做出或不做出一定的行为，同时不得滥用法律权利。履行法律义务意味着守法者按照法律的规定和要求做出或不做出一定的行为。守法者按照法律的命令性规范积极做出一定行为以及按照法律的禁止性规范消极地不做出一定行为，都是履行法律义务的方式。在权利与义务的关系层面，人们以他人的配合与容忍为前提实现各自的合法权利，这种配合和容忍本质上就具化为他人的义务和责任。②

要让组织和公众规范地遵守《档案法》，除了守法主体的主观条件及其所处的客观环境外，《档案法》本身也必须具备可使公民遵守的条件。第一，《档案法》应具有一般性或普遍性。第二，《档案法》的内容要明确且协调。第三，权利和义务的界限要适当。不能规定人们无法实现的义务和权利，否则就会面临两难的选择：或是强迫公民履行无法做到的义务；或是对超越权限的行为熟视无睹，削弱人们对法的尊重。第四，应保持《档案法》的相对稳定性。③

二、档案法律责任

依法查处违法行为并追究行为主体的法律责任，是法治实践中保障法律事实的根本机制。在档案工作领域，档案法治的强制性、权威性主要通过追究档案违法行为当事人的法律责任体现，即以法律法规为准绳，确认档案违法行为的性质、危害后果，对当事人追究法律责任，实施法律制裁。这不仅是对违法者的惩罚，而且对社会成员具有告诫和警示作用，有助于引导各级单位、组织和公民自觉守法，从而有效防范档案违法行为的发生，保障《档案法》的贯彻实施。④

（一）档案法律责任与违法行为

责任，即职责和任务，是个人与他人及社会相关联的方式，是每个社会成员必须遵守

① 舒国滢. 法理学导论[M]. 北京：北京大学出版社，2019：201-203.

② 范忠信，陈会林. 法理学[M]. 北京：中国政法大学，2012：163.

③ 刘迎红. 档案法规基础教程[M]. 北京：知识产权出版社，2015：127.

④ 上海市档案局编. 档案法制与标准[M]. 上海：上海教育出版社，2016：62.

的规则和条文，是维持个体权利与社会存在的手段。法律责任，即法律规定的责任，是由于违反了法定义务或不当形式的法定权利(权力)，法律迫使行为人接受的制裁、强制和给他人以补救(赔偿、补偿)的必为状态。档案法律责任属于法律责任的一种，指各种档案法律关系主体，实施了档案违法行为，就其所造成的危害，应对国家、组织或受害者承担相应的各种直接强制性的法律责任或后果。①

法律责任具有法定性、因果性、负担性、国家性的特征。档案法律责任具有法律责任的一般特点。一方面，承担档案法律责任的最终依据是法律。一旦法律责任不能顺利承担或履行，就需要司法机关裁断。司法机关只能依据法律作出最终裁决。另一方面，档案法律责任具有国家强制性。即法律责任的履行由国家强制力保证，它在责任人不能主动履行其法律责任时发挥作用。除此之外，法律责任与其他社会责任如道德责任、政治责任等也有紧密联系。

档案法律责任具备以下构成条件：第一，行为人的行为已构成档案违法事实。法律责任一般以存在违法事实为前提，并且以具有损害事实为限，由此承担法律上的不利后果；第二，行为人具有相应的责任能力。法律责任的主体必须是具有行为能力或责任能力的人，就自然人而言，法律责任的主体必须是达到责任年龄和具备正常精神状态的人；第三，行为人的主观过错程度。法律要求违法者主观上具有一定的恶性，并且将过错划分为故意与过失；第四，违法行为的情况和后果。②

违法行为与法律责任紧密关联，它构成法律责任的核心与首要条件，同时是行为人承担法律责任的客观依据。

档案违法行为是指公民、法人和其他组织违反档案法律法规规定，对法定档案及其相关的国家和社会利益构成危害，应当承担法律责任的行为。③ 档案违法行为主要由三个部分构成：一是行为主体具有档案管理法律规范当中赋予的法律义务，一般是指行为人有义务收集、管理、保存和利用的义务；二是行为主体实施了违反档案管理秩序的行为，或者没有履行档案管理法律法规所规定的义务，即行为人的作为或者不作为行为危害了档案管理秩序；三是行为人主观上存在过错，即行为人具有故意或者过失。当事人的行为只有同时符合上述三个条件时，才构成档案违法行为，应当承担相应的法律责任。④

档案违法行为具有以下特点：第一，行为后果严重。这些行为会造成档案及其基础设施的损毁与灭失，以及档案相关权益的侵害，如档案原件的丢失，档案相关的著作权、隐私权受侵害等。第二，行为兼具主观性与客观性。行为人因自身主观的故意或过失而实施档案违法行为，且此行为在客观上造成了档案及相关事务的损失或档案权益受侵害，则构

① 刘迎红. 档案法规基础教程[M]. 北京：知识产权出版社，2015：127-128.

② 刘迎红. 档案法规基础教程[M]. 北京：知识产权出版社，2015：128-129.

③ 上海市档案局. 档案法制与标准[M]. 上海：上海教育出版社，2016：62.

④ 李阳梅. 档案违法行为的法律责任规范问题研究[J]. 兰台世界，2013(3)：37-38.

成档案违法行为。如果行为人因主观无意实施行为，则该行为不属于档案违法行为。① 第三，具有普遍性。这主要体现在三个方面，一是档案违法主体范围广；二是档案违法行为内容多样，涉及档案工作的方方面面；三是档案违法行为普遍且集中地反映在档案基础工作上。②

（二）档案法律责任的种类与内容

档案违法行为根据其性质、危害程度可以分为行政违法行为、民事违法行为和刑事违法行为。从当前我国档案立法中有关法律责任的规定来看，档案法律责任和其他法律责任一样，分为档案行政法律责任、档案民事法律责任、档案刑事法律责任三种，这是目前档案法律责任最普遍的分类形式，它们分别对相应类型的档案违法行为进行约束和控制。③目前，我国新修订《档案法》针对近年来档案寄存、数字化等档案服务蓬勃发展的新情况，增加了签订委托协议、约定服务内容、遵守安全保密规定等方面的制度安排，并增加了法律责任方面的规定，极大地丰富了档案法律责任的内容与适用范围。④

1. 行政法律责任

新修订《档案法》第七章为“法律责任”专章，其所强调的档案法律责任主要指处分和行政处罚。

（1）处分

《档案法》第四十八条对十类档案违法行为依法给予处分的规定，包括政务处分和处分。政务处分是监察机关作出的政治行为，处分是任免机关和单位做出的行为。具体规定如下：

> 第四十八条　单位或者个人有下列行为之一，由县级以上档案主管部门、有关机关对直接负责的主管人员和其他直接责任人员依法给予处分：
>
> （一）丢失属于国家所有的档案的；
>
> （二）擅自提供、抄录、复制、公布属于国家所有的档案的；
>
> （三）买卖或者非法转让属于国家所有的档案的；
>
> （四）篡改、损毁、伪造档案或者擅自销毁档案的；
>
> （五）将档案出卖、赠送给外国人或者外国组织的；
>
> （六）不按规定归档或者不按期移交档案，被责令改正而拒不改正的；
>
> （七）不按规定向社会开放、提供利用档案的；

① 施懿超，黄文，胡懿，等. 档案法理论与实务[M]. 重庆：重庆出版社，2002：35-36.
② 梁国灿. 档案违法普遍性的成因及对策分析[J]. 浙江档案，2015(7)：10-13.
③ 刘迎红. 档案法规基础教程[M]. 北京：知识产权出版社，2015：130.
④ 中华人民共和国档案局. 新修订的《中华人民共和国档案法》解读[N]. 中国档案报，2020-07-02(001).

(八)明知存在档案安全隐患而不采取补救措施，造成档案损毁、灭失，或者存在档案安全隐患被责令限期整改而逾期未整改的；

(九)发生档案安全事故后，不采取抢救措施或者隐瞒不报、拒绝调查的；

(十)档案工作人员玩忽职守，造成档案损毁、灭失的。

构成本条规定的违法行为，由县级以上档案主管部门、有关机关对直接负责的主管人员和其他直接责任人员依法给予处分。“依法”包括依照法律法规、规章等。① 比如《档案管理违法违纪行为处分规定》规定，将公务活动中形成的应当归档的文件材料、资料据为己有，拒绝交档案机构、档案工作人员归档的，对有关责任人员，给予警告处分；情节较重的，给予记过或者记大过处分；情节严重的，给予降级或者撤职处分(第三条)。拒不按照国家规定向指定的国家档案馆移交档案的，对有关责任人员，给予警告或者记过处分；情节较重的，给予记大过或者降级处分；情节严重的，给予撤职处分(第四条)。出卖或者违反国家规定转让、交换以及赠送档案的，对有关责任人员，给予撤职或者开除处分(第五条)。擅自销毁档案的，对有关责任人员，给予记过处分；情节较重的，给予记大过或者降级处分；情节严重的，给予撤职或者开除处分(第八条)。档案安全事故发生后，隐瞒不报、虚假报告或者不及时报告的对有关责任人员，给予记过或者记大过处分；情节较重的，给予降级或者撤职处分；情节严重的，给予开除处分(第十三条)。

(2)行政处罚

行政处罚指档案主管部门依法对违反档案法规但尚未构成犯罪的组织或公民给予的一种行政制裁。它既适用于对违法的公民个人的处罚，也适用于对组织的处罚。2021 年 1 月 22 日通过的新修订的《中华人民共和国行政处罚法》规定行政处罚的种类有：警告、通报批评；罚款、没收违法所得、没收非法财物；暂扣许可证件、降低资质等级、吊销许可证件；限制开展生产经营活动、责令停产停业、责令关闭、限制从业；行政拘留；法律行政法规规定的其他行政处罚。② 新修订《档案法》所涉及的档案行政处罚类型包括警告、罚款、没收违法所得等，其中第四十九条对部分档案违法行为给予行政处罚的具体规定如下：

第四十九条　利用档案馆的档案，有本法第四十八条第一项、第二项、第四项违法行为之一的，由县级以上档案主管部门给予警告，并对单位处一万元以上十万元以下的罚款，对个人处五百元以上五千元以下的罚款。

档案服务企业在服务过程中有本法第四十八条第一项、第二项、第四项违法行为之一的，由县级以上档案主管部门给予警告，并处二万元以上二十万元以下的罚款。

① 袁杰. 中华人民共和国档案法释义[M]. 北京：中国民主法制出版社，2020：109.

② 全国人民代表大会. 中华人民共和国行政处罚法[EB/OL]. [2021-01-22]. http://www.npc.gov.cn/npc/c30834/202101/49b50d96743946bda545ef0c333830b4.shtml.

单位或者个人有本法第四十八条第三项、第五项违法行为之一的，由县级以上档案主管部门给予警告，没收违法所得，并对单位处一万元以上十万元以下的罚款，对个人处五百元以上五千元以下的罚款；并可以依照本法第二十二条的规定征购所出卖或者赠送的档案。

首先，本条对利用档案馆的档案违法行为给予行政处罚。利用档案馆的档案，有丢失属于国家所有的档案，擅自提供、抄录、复制、公布属于国家所有的档案，或者篡改、损毁、伪造、擅自销毁档案行为之一的，即构成本条第一项规定的违法行为。并根据违法行为主体的违法情节、危害后果等不同情形，对单位违法和个人违法设定了不同的罚款数额。其次，对档案服务企业在服务过程中的违法行为给予行政处罚。档案服务企业在受委托开展档案整理、寄存、开发利用和数字化等服务过程中，有丢失属于国家所有的档案，擅自提供、抄录、复制、公布属于国家所有的档案，或者篡改、损毁、伪造、擅自销毁档案行为之一的，即构成本条第二项规定的违法行为。最后，对买卖、赠送属于国家所有的档案等违法行为给予行政处罚。单位或个人有买卖、非法转让属于国家所有的档案，或者将档案出卖、赠送给外国人、外国组织行为之一的，即构成本条第三项规定的违法行为。并根据违法行为主体的违法情节、危害后果等的不同，对单位违法和个人违法设定了不同的罚款数额。①

2. 民事法律责任

民事责任是指义务人不履行或者不完全履行民事义务，依照法律规定或者当事人的约定，应当承担的不利后果。根据《民法典》(2021 年 1 月 1 日起施行)第一百七十九条的规定，承担民事责任的方式主要有：停止侵害、排除妨碍、消除危险、返还财产、恢复原状、修理、重作、更换、继续履行、赔偿损失、支付违约金、消除影响、恢复名誉、赔礼道歉。上述民事责任可以单独使用也可以合并使用。民事责任分为违约责任和侵权责任。民法典第一百八十六条规定，因当事人一方的违约行为，损害对方人身权益、财产权益的，受损害方有权选择请求其承担违约责任或者侵权责任。新修订《档案法》第五十一条指出，违反本法规定，造成财产损失或者其他损害的，依法承担民事责任。

(1)违约责任

《民法典》第五百七十七条规定，当事人一方不履行合同义务或者履行合同义务不符合约定的，应当承担继续履行、采取补救措施或者赔偿损失等违约责任。第五百七十八条规定，当事人一方明确表示或者以自己的行为表明不履行合同义务的，对方可以在履行期限届满前请求其承担违约责任。第五百八十三条规定，当事人一方不履行合同义务或者履行合同义务不符合约定的，在履行义务或者采取补救措施后，对方还有其他损失的，应当赔

① 袁杰. 中华人民共和国档案法释义[M]. 北京：中国民主法制出版社，2020：110-111.

偿损失。如新修订《档案法》第二十四条规定，档案馆和机关、团体、企业事业单位以及其他组织委托档案整理、寄存、开发利用和数字化等服务的，应当与符合条件的档案服务企业签订委托协议，约定服务的范围、质量和技术标准等内容，并对受托方进行监督。如果受托方未履行委托协议约定的义务，就会构成违约责任。

(2)侵权责任

《民法典》第一千一百六十五条规定，行为人因过错侵害他人民事权益造成损害的，应当承担侵权责任。依照法律规定推定行为人有过错，其不能证明自己没有过错的，应当承担侵权责任。第一千一百六十六条规定，行为人造成他人民事权益损害，不论行为人有无过错，法律规定应当承担侵权责任的，依照其规定。第一千一百八十四条规定，故意侵害他人知识产权、情节严重的，被侵权人有权请求相应的惩罚性赔偿。确认档案所有权、恢复原状、排除妨碍、返还原物、赔偿损失等都可以归于侵权责任。新修订《档案法》第二十八条第三项规定，利用档案涉及知识产权、个人信息的，应当遵守有关法律、行政法规的规定。如果利用档案涉及侵犯知识产权、个人信息、个人隐私，需要承担侵权责任；如果利用者在利用档案的过程中造成了档案损失，需要赔偿损失。

3. 刑事法律责任

刑事法律责任是指到达法定年龄、精神正常的自然人故意或过失地实施了刑事法律所禁止的行为，而必须承担的刑事法律所规定的责任,① 是依据国家刑事法律规定，对犯罪分子依照刑事法律的规定追究的法律责任。新修订《档案法》第五十一条明确指出，违反本法规定，构成犯罪的，依法追究刑事责任。对于触犯国家法律而使档案遭受严重损失和破坏的行为人，构成犯罪的应由人民法院按照《中华人民共和国刑法》(以下简称《刑法》)的相关规定予以处罚。

违反本法(《档案法》)规定，可能构成的犯罪主要包括：一是抢夺、窃取、擅自出卖、转让国有档案罪。《刑法》第六章第四节第三百二十九条设置了盗窃、抢夺国有档案罪；擅自出卖、转让国有档案罪。抢夺、窃取国家所有的档案的，处五年以下有期徒刑或者拘役。违反《档案法》的规定，擅自出卖、转让国家所有的档案，情节严重的，处三年以下有期徒刑或者拘役。有前两项行为，同时又构成本法规定的其他犯罪的，依照处罚较重的规定定罪处罚。二是如果档案涉及国家秘密的，可能触犯非法获取国家秘密罪、故意泄露国家秘密罪以及为境外窃取、刺探、收买、非法提供国家秘密、情报罪。三是涉及商业秘密的，可能触犯侵犯商业秘密罪。四是如果档案属于文物的，可能触犯故意损毁文物罪，非法向外国人出售、赠送珍贵文物罪，倒卖文物罪，非法出售、私赠文物藏品罪等。②

在判定刑事法律责任时需要注意的是：

① 朱玉媛. 档案法规学新论[M]. 武汉：武汉大学出版社，2004：157.

② 袁杰. 中华人民共和国档案法释义[M]. 北京：中国民主法制出版社，2020：112-113.

（1）区分一般违法行为和犯罪行为

依法追究刑事责任，要区分和界定一般违法行为和犯罪行为。《刑法》第十三条规定："一切危害国家主权、领土完整和安全，分裂国家、颠覆人民民主专政的政权和推翻社会主义制度，破坏社会秩序和经济秩序，侵犯国有财产或者劳动群众集体所有财产，侵犯公民私人所有的财产，侵犯公民的人身权利、民主权利和其他权利，以及其他危害社会的行为，依照法律应当受刑罚处罚，都是犯罪，但情节显著轻微危害不大的，不认为是犯罪。"

根据《刑法》的相关规定，犯罪的定义可从以下几个方面进行区分。在形式上，犯罪是触犯了《刑法》的行为，一般的违法行为只是违反《刑法》之外的其他法律法规；在实质上，行为的社会危害性是否达到了犯罪的程度，情节显著轻微社会危害性不大的一般的违法行为，不认为是犯罪。在《刑法》条文的相关规定中，规定构成某种犯罪，必须是情节严重、情节恶劣或者必须达到某种严重后果。若不具备这些条件，则不能追究刑事责任。

（2）确定情节严重程度

依法追究刑事责任需要通过相应的方法来确定情节的严重程度。判定依据包括实施违法行为的动机、目的、手段、情节、后果及其社会危害性。其中对社会的危害程度是判别违法行为的罪与非罪的主要依据。例如，擅自提供属于国家所有的档案，一个是出于对国家的仇视而将国家机密档案泄露给他国，从而给本国带来一场严重的国际政治危机，这就构成了危害国家安全罪，情节十分恶劣，要依法追究刑事责任；另一个则是为了巩固职场关系，将少量普通档案的内容提供给友人，后果也不严重，属于一般违法行为，可依法追究其行政法律责任。①

（3）刑事法律责任的制裁

在所有法律责任中，刑事法律责任属于最严厉的法律制裁措施。《刑法》第三百二十九条规定："抢夺、窃取国家所有的档案的，处五年以下有期徒刑或者拘役。违反档案法的规定，擅自出卖、转让国家所有的档案，情节严重的，处三年以下有期徒刑或者拘役。有前两项行为，同时又构成本法规定的其他犯罪的，依照处罚较重的规定定罪处罚。"此外，《刑法》中与档案事务相关的犯罪还有妨害文物管理罪，玩忽职守罪，重大责任罪，为境外窃取、刺探、收买、非法提供国家秘密、情报罪等。随着档案资源蕴藏的巨大社会效益和经济价值日益为社会公众所知，国家法律也逐步加大了对档案资源的保护力度。②

在档案违法案例中，有时会出现法律责任竞合。如果某一档案行为违反了行政、民事和刑事三种规范，就会相应地产生三种责任，并由此发生三种责任之间的相互竞合。③《民法典》第一百八十七条规定，民事主体因同一行为应当承担民事责任、行政责任和刑事责任的，承担行政责任或者刑事责任不影响承担民事责任；民事主体的财产不足以支付

① 刘迎红. 档案法规基础教程[M]. 北京：知识产权出版社，2015：140-141.

② 刘迎红. 档案法规基础教程[M]. 北京：知识产权出版社，2015：140-141.

③ 马秋影. 论档案法中法律责任制度的完善——以112件档案违法违纪案例为样本[J]. 档案学研究，2018(6)：31-34.

的，优先用于承担民事责任。

三、档案行政执法

习近平总书记指出，制度的生命力在于执行，必须强化制度执行力，加强对制度执行的监督。我国档案行政管理不仅需要配套为完善的档案法律法规和规章，做到"有法可依"，更要通过执法环节将《档案法》在日常档案事务中加以贯彻落实，进而切实做到"有法必依、执法必严、违法必究"。档案行政执法是发挥《档案法》效力，遵守《档案法》的有效保障和基本实现方式。严格落实档案行政执法符合我国依法治国、依法治档的基本原则。回顾档案"十三五"建设，展望"十四五"规划，本节将具体阐述我国档案行政执法的具体内容，并结合《档案法》相关条款对具体的档案行政执法行为进行详细解读。最后，回归我国档案行政执法现状，总结成效，指出潜在问题，提出相应对策。

(一)档案行政执法的基本内容

1. 档案行政执法的含义、内容与特点

行政执法是行政机关实施宪法、法律、行政法规、地方性法规、自治条例和单行条例、规章等法律规范性文件的活动。① 档案行政执法是指在档案法治建设中，档案主管部门②依照《档案法》规定的职权和程序，实施档案法律法规的专门活动。其实质是国家通过档案主管部门，将档案法律法规规定的档案权利和义务，转化为各种组织和公民个人在处理档案事务中共同遵守的行为规范。③

档案行政执法的内容包罗万象，大致可概括为两类：一是通过各种形式，对个人、组织是否正当行使权利和履行义务的情况进行监督检查；二是档案行政管理部门依法作出决定，采取措施，直接影响个人或组织的权利和义务。④

档案行政执法具有以下主要特点：

第一，主体的特定性。档案行政执法属于行政执法范畴的行为，必须由法定的档案行政机关实施。档案行政执法是档案领域的行政执法活动，其主体依据档案法律法规确定。

第二，内容的法定性。主要表现在两个方面：档案行政执法必须依法进行，档案行政执法的具体内容、事项必须依法而定。档案行政执法的本质是贯彻实施档案法律法规，是档案主管部门履行法定行政职权，实施档案法律法规的行为。档案行政执法的权力和内容由法律决定、受法律制约。

第三，程序的法定性。行政执法行为有效的前提不仅是内容合法，而且要求程序合

① 宋大涵等. 行政执法教程[M]. 北京：中国法制出版社，2011：1.

② 注：新修订《档案法》将原法"档案行政管理部门"的表述调整为"档案主管部门"。

③ 刘迎红. 档案法规基础教程[M]. 北京：知识产权出版社，2015：153.

④ 刘迎红. 档案法规基础教程[M]. 北京：知识产权出版社，2015：153.

法。只有符合法定程序的行政行为才是合法的行政行为。这便要求行政执法行为既要符合行政程序的基本原则，又要符合行政程序的制度。

第四，行为的单向性。档案主管部门根据需要，可以依据职权单方面决定对档案行政相对人采取行政执法措施，施加行政执法影响，而这种决定和措施无须相对人的同意，是档案主管部门的单向行为。档案主管部门在行政执法中依法作出的决定一旦生效，相对人必须执行，不得拒绝和违抗，执法的效力不受相对人的影响，因而具有单向强制力。①

2. 档案行政执法的原则

《档案法》是以规范社会档案管理和保护行为，保障公民利用档案权利，促进国家和社会发展为宗旨的母法，属于行政法系。因此，档案行政执法受到行政法基本要求的约束，行政法的基本原则也要贯彻到《档案法》的具体规范之中。总体上，档案行政执法需要坚持以下原则：

(1)合法行政

行政执法权的享有和行使必须有法律依据或者符合法律，不能与法律相违背。这里所说的法律是广义的，包括法律、法规、自治条例、单行条例和规章，同时也包括规范性文件。合法性原则是行政执法的最重要原则，是依法治国在行政执法中的具体体现。按照这一原则的要求，档案行政执法单位在执法活动中应做到：①档案行政执法单位必须具有合法主体资格；②必须在法律赋予的职权范围内从事执法活动，不得擅自超越职权；③委托执法必须符合法律要求；④档案行政执法活动的内容必须有法律依据；⑤遵守法定程序。

(2)合理行政

档案行政机关行使职权应当遵循公平公正原则，在对待国有档案与非国有档案上应当一视同仁，尽量避免采取损害非国有档案管理者权益的方式和手段。档案行政机关享有对档案领域国际交流与合作进行审查审批的职权，由档案行政相对人提出申请后，档案主管部门作出的行政决定不得随意撤销、变更，相对人的信赖利益应受到充分保护。

(3)程序正当

严格遵循法定程序，是依法行政的内在要求。新修订《档案法》和新修订《档案法实施条例》对档案行政行为设置了更为具体的程序与法律衔接条例，弥补了旧版的空白。此外，1992 年发布的《档案执法监督检查工作暂行规定》和 2023 年新修订的《档案行政处罚程序规定》对两类档案行政行为的执行程序进行了细化，因此亟须为各类档案行政行为制定更为明确具体的程序规范标准。

(4)高效便民

我国现代公共行政整体正在向服务行政转变。档案行政执法的高效便民就是档案主管部门在保证依法行政的前提下，在对社会档案工作管理的过程中，能有效地发挥其功能以

① 上海市档案局. 档案法制与标准[M]. 上海：上海教育出版社，2016：79-80.

取得最大的行政执法效益。这一原则要求档案执法人员必须具有高度的工作责任感，对各单位和个人负责，不断改进工作，以保证执法活动既能迅速、准确、高效，又能合法、合理、公正，从而把执法效率和效益结合起来，以保证档案工作在法制轨道上稳定、协调、健康、有序地开展。① 新修订《档案法》在第四章“档案的利用与公布”中，规定了各级档案馆应当遵循法律规定，依法主动为档案的利用创造条件，简化手续，提供方便，主动减轻档案行政相对人的程序性负担。

(5)诚实信用

档案行政机关享有档案国际文化交流审查审批的职权，由档案行政相对人提出申请后，档案主管部门作出的行政决定不得随意撤销、变更，相对人的信赖利益应受到充分保护。

(6)权责一致

以《档案法》为代表的档案行政法律法规，赋予各级档案主管部门以行政执法的权限，并通过国家强制力保证行政行为的效力。相应地，档案行政机关行使职权应当严格限制在法定范围内，遵照法定程序执行，否则需要承担法律责任。这体现了有权必有责、违法受追究的行政权力自制精神。②

3. 档案行政执法的类型

行政事务范围的广泛性和内容的复杂性决定了行政执法行为的多样性。行政执法的类型可以从不同角度划分。横向来看，以性质和内容为划分标准，可将行政执法分为行政处罚、行政许可、行政强制、行政征收、行政指导、行政合同、行政给付、行政执行等。③ 也有学者认为，根据行为的内容、性质的不同，执法可以分为行政监督、行政处理、行政制裁、行政强制和行政司法。根据行为对行政相对人权利义务影响的不同，执法可分为赋予、暂停或取消行政相对人某种法律资格的执法，授予、限制或剥夺行政相对人某种法律权益的执法，加予、减少或免除行政相对人某种法律义务的执法，解决处理行政相对人争议的执法。根据执法机关的不同，执法可分为公安行政执法、市场监督执法行为、税务行政执法、人事行政执法、海关行政执法、档案行政执法等。④ 根据行政法学原理，结合档案领域实际，档案行政执法的基本内容包括档案行政检查、档案行政审批、档案行政处罚、档案行政强制、档案行政奖励、档案行政裁决等。⑤

基于新修订档案法的具体条文，档案行政执法主要包括行政处罚、行政许可、行政奖励、行政监督检查(见表 6-1)。

---

① 李富英，杨爱东. 档案行政执法应遵守的三个主要原则[J]. 云南档案，1998(3)：6.

② 侯韦锋. 档案行政执法的规范程序构建——兼谈档案法第 16 条第 1 款的行政行为属性[J]. 档案学研究，2020(4)：43-49.

③ 行政执法培训教材编辑委员会. 行政执法教程[M]. 北京：中国法制出版社，2011：127.

④ 刘迎红. 档案法规基础教程[M]. 北京：知识产权出版社，2015：147.

⑤ 上海市档案局. 档案法制与标准[M]. 上海：上海教育出版社，2016：79.

表 6-1　档案行政执法的主要形式

行政执法形式	条文出处(列举)	条文原文
行政许可	《档案法》第二十三条	禁止买卖属于国家所有的档案。国有企业事业单位资产转让时，转让有关档案的具体办法，由国家档案主管部门制定。档案复制件的交换、转让，按照国家有关规定办理。
	《档案法》第二十五条	属于国家所有的档案和本法第二十二条规定的档案及其复制件，禁止擅自运送、邮寄、携带出境或者通过互联网传输出境。确需出境的，按照国家有关规定办理审批手续。
行政监督检查	《档案法》第六章 监督检查	第四十二条　档案主管部门依照法律、行政法规有关档案管理的规定，可以对档案馆和机关、团体、企业事业单位以及其他组织的下列情况进行检查：(一)档案工作责任制和管理制度落实情况…… 第四十三条　档案主管部门根据违法线索进行检查时，在符合安全保密要求的前提下，可以检查有关库房、设施、设备，查阅有关材料，询问有关人员，记录有关情况，有关单位和个人应当配合。 第四十四条　档案馆和机关、团体、企业事业单位以及其他组织发现本单位存在档案安全隐患的，应当及时采取补救措施，消除档案安全隐患。发生档案损毁、信息泄露等情形的，应当及时向档案主管部门报告。 第四十五条　档案主管部门发现档案馆和机关、团体、企业事业单位以及其他组织存在档案安全隐患的，应当责令限期整改，消除档案安全隐患。 第四十六条　任何单位和个人对档案违法行为，有权向档案主管部门和有关机关举报。 接到举报的档案主管部门或者有关机关应当及时依法处理。 第四十七条　档案主管部门及其工作人员应当按照法定的职权和程序开展监督检查工作，做到科学、公正、严格、高效，不得利用职权牟取利益，不得泄露履职过程中知悉的国家秘密、商业秘密或者个人隐私。
行政奖励	《档案法》第七条	……对在档案收集、整理、保护、利用等方面做出突出贡献的单位和个人，按照国家有关规定给予表彰、奖励。
	《档案法》第二十二条	……向国家捐献重要、珍贵档案的，国家档案馆应当按照国家有关规定给予奖励。

续表

行政执法形式	条文出处(列举)	条文原文
行政处罚	《档案法》第四十九条	第四十九条　利用档案馆的档案，有本法第四十八条第一项、第二项、第四项违法行为之一的，由县级以上档案主管部门给予警告，并对单位处一万元以上十万元以下的罚款，对个人处五百元以上五千元以下的罚款。 档案服务企业在服务过程中有本法第四十八条第一项、第二项、第四项违法行为之一的，由县级以上档案主管部门给予警告，并处二万元以上二十万元以下的罚款。 单位或者个人有本法第四十八条第三项、第五项违法行为之一的，由县级以上档案主管部门给予警告，没收违法所得，并对单位处一万元以上十万元以下的罚款，对个人处五百元以上五千元以下的罚款；并可以依照本法第二十二条的规定征购所出卖或者赠送的档案。

4. 档案行政执法的意义

档案行政执法是档案法律法规赋予档案主管部门的权力与职责，是档案主管部门落实档案法律法规、规范社会档案行为、实现宏观管理职能的重要手段；是促进档案部门加快“三个体系”建设，发挥档案工作服务社会发展的重要保障；是确保档案事业依法、持续、健康发展的一项行政强制行为。依法治档的关键和重难点就是执法，可见档案行政执法在我国档案事业管理中意义重大。

首先，档案行政执法是国家各级档案主管部门依法实施档案行政管理的有效保障。依法治档，是我国档案事业当下和未来发展的必然趋势，是档案管理体制和档案工作改革的核心，也是档案主管部门的基本职能所在。档案主管部门要想充分发挥档案行政管理职能，档案行政执法是其根本保障。

其次，档案行政执法是增强档案法律意识的必要形式。依法适当增强档案行政执法力度，制裁违反档案法律法规的一系列行为，有利于提高社会对档案与档案工作的关注度，增加大众对档案法律法规内容的了解，增强人民群众的档案法律意识，最终促进档案事业的全面发展。

再次，档案行政执法是政府部门转变观念、职能的重要手段。长期以来，我国政府部门、档案主管部门都习惯于使用单一的行政手段处理档案事务，档案行政执法有利于档案主管部门转变观念和职能，从根本上将国家档案事业纳入依法治档的轨道。

最后，档案行政执法是促进档案执法队伍素质提高的重要途径。实现档案事业的高效管理，关键取决于一支高水平的档案行政执法队伍。增加档案行政执法的实践锻炼，使人员队伍在工作中不断得到锻炼，总结教训，积累经验和方法，对培养和造就一支高素质的执法人员队伍起到了重要作用。①

(二)档案行政监督检查

档案行政监督检查是档案主管部门对检查对象贯彻执行党和国家档案工作方针政策、档案法律行政法规情况进行监督管理的主要手段,② 是国家各级档案主管部门依照法定的权限、程序和方式,对国家机关、社会组织和广大公民处理档案事务的合法性、有效性进行监督。新修订《档案法》专门增加“监督检查”的章节和内容,为依法治档提供了最权威、最直接、最有力的法律武器。③

1. 档案行政监督检查的规定

第一,明确档案行政监督的主体、对象和依据。监督检查的主体是各级档案主管部门;被检查的对象是档案馆和机关、团体、企业事业单位以及其他组织,不包括个人;监督检查的依据是法律、行政法规、具体来讲,就是法律、行政法规有关档案管理的规定。

第二,规定档案行政监督的事项。新修订《档案法》规定档案主管部门需开展六项检查:①档案工作责任制和管理制度落实情况;②档案库房、设施、设备配置使用情况;③档案工作人员管理情况;④档案收集、整理、保管、提供利用等情况;⑤档案信息化建设和信息安全保障情况;⑥对所属单位等的档案工作监督和指导情况。同时,档案主管部门根据违法线索进行检查时,在符合安全保密要求的前提下,可以检查有关库房、设施、设备、查阅有关材料,询问有关人员,记录有关情况,有关单位和个人应当配合。

第三,建立档案违法行为的举报制度。举报档案违法行为是所有单位和个人的法定权利。新修订《档案法》第四十六条规定,任何单位和个人对档案违法行为,有权向档案主管部门和有关机关举报,有关机关主要是指检察机关。同时,还规定接到举报的档案主管部门或者有关机关,应当及时依法处理。如不及时处理造成档案毁损、灭失的,可以依照新修订《档案法》第四十八条第十项追究法律责任。

第四,明确公正文明执法的要求。新修订《档案法》第四十七条要求档案主管部门及其工作人员应当按照法定的职权和程序开展监督检查工作,做到科学、公正、严格、高效;同时还对档案主管部门及其工作人员在开展监督检查工作时的禁止性行为作了明确规定,即不得利用职权牟取利益,不得泄露履职过程中知悉的国家秘密、商业秘密或者个人隐私。④

2. 档案行政监督检查的程序

根据《档案执法监督检查工作暂行规定》,规范开展监督检查活动的具体程序如下:

① 刘迎红. 档案法规基础教程[M]. 北京:知识产权出版社,2015:149-150.

② 袁杰. 中华人民共和国档案法释义[M]. 北京:中国民主法制出版社,2020:98.

③ 池年霞. 档案行政执法和监督研究[J]. 办公室业务,2018(4):110.

④ 袁杰. 中华人民共和国档案法释义[M]. 北京:中国民主法制出版社,2020:98-105.

一是出示有效执法证件。执法人员要向当事人或者相关单位出示表明执法身份的证件，以便相关单位和人员积极有效地配合。这里的证件应当是国家档案主管部门或者地方政府法制部门颁发的行政执法证件，机关一般工作人员的工作证件不在此列。

二是出具书面通知。档案主管部门决定采取检查措施时，应当制作书面通知，交由检查人员向相关单位或个人现场出示，以证明检查人员的行为经过档案主管部门合法授权。

三是由两人以上进行，与检查对象有利害关系或有其他关系可能影响检查工作的人员应当回避。

四是形成笔录、报告等书面材料，并由相关人员签名、盖章。特别是在询问人员或检查物品时，应当依法形成笔录。笔录、报告等书面材料是证据的重要载体，有利于保证证据的客观和真实。

五是档案主管部门的负责人应当对案件的调查结果和处理意见进行审查，特别要审查执法人员是否严格按照法定程序进行调查，作出的行政行为适用法律是否适当、违法事实是否确凿、证据是否充分，发现证据不足的，应当责成执法人员补充等。

值得注意的是，监督检察机关及其工作人员的身份、工作程序、检查内容等的合法性，是监督检查对象接受监督检查的基本前提。若档案主管部门的执法人员违反规定进行检查，如进入场地没有向被检查单位对象出示检查证明文件，被检查对象有权拒绝检查。①

此外，《"十四五"全国档案事业发展规划》指出，要创新档案业务监督指导方式。健全"互联网+监管"手段，建立档案数字治理新模式，推动档案工作融入各项业务全流程，推进档案业务在线监督指导，提升档案治理网络化、智能化、精细化水平。开展副省级以上综合档案馆网站及移动服务端绩效评估工作。优化副省级以上综合档案馆业务建设评价机制，进一步推动业务建设评价向市县两级综合档案馆延伸。健全机关档案监督指导工作机制，探索实施机关、所属单位、部门档案馆分层次监督指导。完善档案主管部门与行业主管部门协同配合的专业档案管理体制，强化各类专业文件材料、电子数据归档监督指导。建立企业档案工作分类监督指导机制，完善对上市企业档案业务的监督指导，加强对企业境外档案工作的指导。着力引导开发区建设区内企业档案管理服务平台和联合档案室，提升开发区档案管理服务水平。创新建设项目档案监督指导方式，对国家重大建设项目档案验收实行事前指导及事中、事后监管。进一步加强对非国有企业、社会服务机构档案业务指导，引导档案服务企业健康有序发展。建立健全企业职工、流动人员等人事档案监督管理机制。

（三）档案行政处罚

档案行政处罚是档案主管部门依法对违反档案行政管理秩序但尚未构成犯罪的个人或

① 袁杰. 中华人民共和国档案法释义[M]. 北京：中国民主法制出版社，2020：105.

组织予以制裁的一种行政行为。本章第二节对档案行政处罚的内容与范围已作解释，在此不赘述。根据我国《行政处罚法》与《档案行政处罚程序规定》，档案行政处罚程序分为简易程序和一般程序。

1. 简易程序

档案行政处罚的简易程序，即当场处罚程序，是指档案行政执法人员在特定条件下，对档案违法行为当事人作出行政处罚决定的程序。违反新修订《档案法》相关条例，违法事实确凿、具备适用简易程序的法定情形，且须由县级以上档案主管部门对公民、法人或者其他组织给予警告处罚的，才可以适用档案行政处罚的简易程序。

《行政处罚法》明确规定了档案行政执法简易程序的适用范围与条件，根据该法第五章第二节第五十一条，违法事实确凿并有法定依据，对公民处以二百元以下、对法人或者其他组织处以三千元以下罚款或者警告的行政处罚，可以当场作出行政处罚决定。法律另有规定的，从其规定。因此，档案行政处罚采用简易程序时，仅适用对相对人单处警告的情形，如果并处罚款则不能采用简易程序，因为根据新修订《档案法》中的相关规定，实施档案行政处罚罚款时，对个人的起罚额数为五百元，对组织的起罚额数为一万元。

档案行政处罚的简易程序具体包括：第一，表明身份，档案行政执法人员应当向当事人出示有效证件，表明档案执法员的身份和执法资格。第二，确认档案违法行为的存在，说明认定违法事实的理由及法律依据。第三，告知当事人法定权利，包括当事人有陈述权、申辩权，以及对档案行政处罚依法申请行政复议或提起行政诉讼的权利。第四，制作处罚决定书，决定书的格式、内容应符合行政处罚法律文书的要求。第五，送达，即应当将档案行政处罚决定书当场交付给当事人。第六，备案，档案行政执法人员应将处罚决定书的副本报所属机关备案。①

2. 一般程序

一般程序又称普通程序，指行政处罚普遍适用的程序，具有程序完整、手续严格、适用广泛的特点。档案行政处罚也不例外，实施档案行政处罚时，对当事人并处罚款的，必须适用一般程序。

根据《档案行政处罚程序规定》，档案行政处罚一般程序的实施应当遵守下列程序：

立案。档案主管部门对依据监督检查职权或者通过投诉、举报、其他部门移送、上级交办等途径发现的违法行为线索，应当自发现线索或者收到相关材料之日起十五个工作日内予以核查并决定是否立案(第十六条)。经核查，符合下列条件的，应当立案：①有初步证据证明存在违反档案管理法律法规、规章的行为；②依据档案管理法律法规、规章应当给予行政处罚；③属于本部门管辖；④违法行为未超过行政处罚时效。决定立案的，应当

---

① 上海市档案局. 档案法制与标准[M]. 上海：上海教育出版社，2016：102.

填写立案审批表，由两名以上具有行政执法资格的执法人员负责调查处理(第十七条)。

调查取证。档案主管部门对档案违法案件应当全面、客观、公正地进行调查，依法收集、调取有关证据；必要时，按照法律、行政法规的规定进行检查(第十八条)；执法人员在进行调查或者检查时，不得少于两人，并应当主动向当事人或者有关人员出示执法证件。执法人员应当文明执法，尊重和保护当事人合法权益。当事人或者有关人员应当协助调查或者检查，不得拒绝或者阻挠(第十九条)；证据包括：书证、物证、视听资料、电子数据、证人证言、当事人的陈述、鉴定意见、勘验笔录和现场笔录。证据经查证属实，方可作为认定案件事实的根据。以非法手段取得的证据，不得作为认定案件事实的根据(第二十条)。

听取申辩与听证。拟作出档案行政处罚的案件，在作出行政处罚决定前，应当书面告知当事人拟作出的行政处罚内容及事实、理由、依据，并告知当事人依法享有陈述权、申辩权(第三十一条)；档案主管部门拟作出《中华人民共和国行政处罚法》第六十三条所列行政处罚决定的，应当告知当事人有要求举行听证的权利；当事人要求听证的，应当在被告知后五个工作日内提出，档案主管部门应当组织听证。当事人不承担听证的费用(第三十二条)；档案主管部门在告知当事人拟作出的行政处罚决定后，应当充分听取当事人的意见，对当事人提出的事实、理由和证据进行复核。当事人提出的事实、理由或者证据成立的，档案主管部门应当予以采纳，不得因当事人陈述、申辩或者要求听证而给予更重的行政处罚(第三十三条)。

作出处罚决定。档案主管部门负责人对调查终结的档案违法案件根据不同情况可以分别作出如下决定：①确有依法应当给予行政处罚的违法行为的，根据情节轻重及具体情况，作出行政处罚决定；②确有违法行为，但有依法不予行政处罚情形的，不予行政处罚；③违法事实不能成立的，不予行政处罚；④违法行为涉嫌犯罪的，移送司法机关；对于案情复杂或者重大违法行为给予较重的行政处罚的，档案主管部门负责人应当集体讨论决定(第三十四条)。

送达与执行。行政处罚决定书应当在宣告后当场交付当事人；当事人不在场的，档案主管部门应当在七个工作日内依照《中华人民共和国民事诉讼法》的有关规定，将行政处罚决定书送达当事人(第三十七条)；行政处罚决定依法作出后，当事人应当在行政处罚决定书载明的期限内，予以履行。当事人应当自收到行政处罚决定书之日起十五日内，到指定的银行或者通过电子支付系统缴纳罚款。当事人确有经济困难，需要延期或者分期缴纳罚款的，经当事人申请和档案主管部门批准，可以暂缓或者分期缴纳(第三十八条)。①

(四)档案行政许可

2004年，《中华人民共和国行政许可法》(以下简称《行政许可法》)颁布实施。作为世

① 廖成. 我国档案行政处罚的基本程序解读[J]. 四川档案，2007(2)：12-13.

界上首部以单行法形式颁布的法律，《行政许可法》规定了行政许可的设定和实施细则，并于2019年修订，进一步完善了法律内容。我国行政许可制度的建立，体现了以民为本、执政为民的立法精神，对于转变政府职能，保护公民、法人和其他组织的合法权益，保障和监督行政机关有效实施行政管理，从源头上预防和治理腐败具有重要意义。[①] 档案行政许可也符合我国行政许可制度的实施原则，以下将从档案行政许可的定义、实践与实施程序三个方面展开介绍。

1. 档案行政许可的定义与特征

行政许可是享有行政许可权的行政机关根据行政相对人的申请，对其是否符合条件进行审查，从而做出准许或者不予准许决定的行政行为。[②]《行政许可法》第二条规定[③]："本法所称行政许可，是指行政机关根据公民、法人或者其他组织的申请，经依法审查，准予其从事特定活动的行为。"该法第三条进一步规定："有关行政机关对其他机关或者对其直接管理的事业单位的人事、财务、外事等事项的审批，不适用本法。"结合我国实践经验，行政许可有三种功能：控制危险，配置资源，证明或者提供某种信誉、信息。[④]

档案行政许可是指档案主管部门根据公民、法人或者其他组织的申请，经依法审查，准予其从事特定档案活动的行为。我国《行政许可法》实际上将行政许可分为一般(普通)许可、特许、认可、核准、登记五类，并针对不同许可的特点规定了不同的特别程序。[⑤]

行政许可具备的四个特征同样适用于档案行政许可：

第一，行政许可是依申请的行为。即行政许可行为发生具有被动性，是因相对人申请而发生的，这是它与其他行政行为的不同之处。

第二，行政许可是管理性行为。它是行政主体所为的一种管理行为，其他主体没有从事行政许可行为的权力；行政许可是一种行政主体单方的行政管理行为，只有行政主体才能实施行政许可行为。

第三，行政许可是一种授益行为。行政主体经过审查后，同意相对人从事特定活动，这种特定活动是针对稀缺资源而非一般行为开展的，国家通过这一方式和手段配置稀缺资源。国家同意相对人对一定的稀缺资源有一定的支配、使用和处分的权利，实际是赋予相对人一定特殊的利益。

第四，行政许可范围和内容具有确定性。行政许可是一种法定行为，行政主体在什么范围内，什么内容上可以给予相对人一定的特殊权限，都由法律规定，行政主体本身也不

① 刘迎红. 档案法规基础教程[M]. 北京：知识产权出版社，2015：157.

② 曾哲. 行政许可执法制度研究[M]. 北京：知识产权出版社，2016：7.

③ 全国人民代表大会. 中华人民共和国行政许可法[EB/OL]. [2024-05-07]. http://www.npc.gov.cn/npc/c30834/201905/64f52a065d3142ae92d95fa860e2f0e0.shtml.

④ 行政执法培训教材编辑委员会. 行政许可法教程[M]. 北京：中国法制出版社，2011：7.

⑤ 曾哲. 行政许可执法制度研究[M]. 北京：知识产权出版社，2016：7.

得擅自改变其内容。①

2. 档案行政许可的程序

《行政许可法》按照公开、效能与便民的原则，对行政许可的申请、受理、审查、决定等程序和时限作了专门规定。此外，2005 年颁行的《档案行政许可程序规定》详细规定了档案行政许可程序与实施要求。整体而言，档案行政许可程序可概括如下：

申请：申请人提交申请材料，可以直接送、委托他人提交申请和以信函等方式提出申请。

受理：档案行政许可实行同意受理制度，档案主管部门的法制工作机构为受理部门，办理该项事宜。受理部门必须依法及时作出受理或不予受理的处理。以信函方式提出申请的，自接到申请材料之日起 5 日内作出相应处理。

审查与决定：由受理部门或其他部门办理审查事项，受理部门与审查部门非同一部门的，申请材料要及时移交审查部门进行审查，提出处理意见，依法作出准予许可或不准予许可的决定。

期限与送达：自受理申请之日起 20 日内作出处理决定，如情况复杂，可延长 10 日。在处理决定作出之日起 20 日内向申请人送达书面决定，除邮寄等方式外，在特殊情况下，可以公告送达，自公告之日起，经 60 日即视为送达。

与处理其他档案行政事务的要求相同，在执行档案行政许可的过程中需要填写相应的法律文书，主要包括《档案行政许可申请材料接收凭证》《档案行政许可受理通知书》《档案许可不予受理通知书》《准予档案行政许可决定书》《不予档案行政许可决定书》等，以此为凭据，使档案行政许可活动严格依法有效地开展。②

3. 我国档案行政许可事项

我国档案行政许可审批的历史可追溯至 20 世纪 50 年代。1959 年国家档案局发布了第一份具有行政许可性质的文件《原大区一级机关档案整理工作暂行办法》。在《行政许可法》颁行前，国家档案局设定的档案行政许可、审批相对较多，后来国家档案局按照国务院文件要求，不断调整和取消档案行政许可和行政审批项目。

自 2001 年行政审批制度改革以来，国家档案局先后调整、取消了 42 项行政审批项目，目前仅余 3 项。2016 年，国家档案局召开听证会，就是否取消“对出卖、转让集体所有、个人所有以及其他不属于国家所有的对国家和社会具有保存价值的或者应当保密的档案的审批”和“对赠送、交换、出卖国家所有档案的复制件的审批”两项档案行政许可事项进行听证，广泛听取社会各方意见。③ 根据最新发布的《国家档案局行政审批事项公开目

① 温晋锋，徐国利. 行政法与行政诉讼法[M]. 南京：南京大学出版社，2015：5-6.

② 刘迎红. 档案法规基础教程[M]. 北京：知识产权出版社，2015：161.

③ 国家档案局政策法规司. 国家档案局召开调整、取消档案行政许可项目听证会[J]. 兰台世界：2016(16)：4.

录》与《国家档案局行政许可标准化工作规范》①，由《档案法》与《档案法实施条例》(2023最新修订)规定且继续实施的档案行政许可审批项目共3项(见表6-2)。

表6-2 档案行政许可审批事项

项目名称	设定依据	审批对象	实施机关
赠送、交换、出售属于国家所有的档案的复制件	《档案法》第二十三条、《档案法实施条例》第二十六条	档案馆和机关、团体、企业事业单位以及其他组织	国家档案主管部门或者省、自治区、直辖市档案主管部门
运送、邮寄、携带或者通过互联网传输属于国家所有和档案法第二十二条规定的档案(二级档案)及其复制件出境的审批	《档案法》第二十五条、《档案法实施条例》第二十七条	档案馆、机关、团体、企业事业单位和其他组织以及个人	国家档案主管部门或者省、自治区、直辖市档案主管部门
延期向社会开放档案审批	《档案法》第二十七条、《档案法实施条例》第三十一条	各级国家档案馆	同级档案主管部门

2004年国办发〔2004〕62号文件《国务院办公厅关于保留部分非行政许可审批项目的通知》(已失效)，规定依照法律、行政法规设定的非行政许可审批事项继续实施，其中涉及档案事项的共3项。随着社会事业与国家政策发展，2015年国发〔2015〕27号文件《国务院关于取消非行政许可审批事项的决定》指出，为进一步深化行政体制改革，深入推进简政放权、放管结合，加快政府职能转变，不断提高政府管理科学化、规范化、法治化水平，今后不再保留"非行政许可审批"这一审批类别。②

(五)我国档案行政执法现状

在全面建成社会主义现代化强国的进程中，档案工作越来越重要。回顾我国档案事业"十三五"的建设，展望"十四五"的档案工作。"十四五"时期是我国开启全面建设社会主义现代化国家新征程的第一个五年，是档案事业步入转型发展、高质量发展的重要阶段，为档案强国建设打下坚实基础的关键时期。

1. 我国档案行政执法的成效

"十三五"时期，我国档案事业取得长足发展。档案法治建设取得重要成果，颁布新修

① 中华人民共和国国家档案局. 国家档案局行政审批事项公开目录[EB/OL]. [2024-05-07]. http://www.saac.gov.cn/daj/fzgz/201809/c88b737b4ca24e09afad98cd01e7f656.shtml.

② 国务院. 国务院关于取消非行政许可审批事项的决定[EB/OL]. [2024-05-07]. http://www.gov.cn/zhengce/content/2015-05/14/content_9749.htm.

订《档案法》，一批重要规章发布实施，法规制度保障更加坚实；行政执法和监督规范运行，依法管理能力得到提升；普法责任制全面落实，全社会档案意识不断增强。① 总的来说，我国依法治档全面加强，新常态下的档案法治建设持续推进。具体来说：

一是规范了档案行政执法相关事项。围绕“放管服”改革，落实简政放权，规范网上档案政务服务流程。按照“双随机、一公开”的监管要求，对符合执法资质的档案行政执法人员开展培训，实行动态管理，扎实落实好档案随机抽查规范事中事后监管等一系列工作。

二是全面梳理了权责清单。积极配合党委、政府做好党内法规和规范性文件清理工作；按照“法定职责必须为、法无授权不可为”的针对性要求，梳理、细化了档案行政职权及其运行各环节对应的责任事项，对行政审批事项的受理单位、办理依据、基本流程、申请材料、办理时限等进行了全面规范；不断推进档案行政许可、档案行政检查、档案行政处罚、档案行政复议和行政诉讼的制度化、规范化建设。

三是依法行政能力有所提升。通过对机关、企事业单位、重点建设项目、农业农村以及集体林权改革、土地确权、精准扶贫、馆库建设、档案资源建设等开展档案工作督导、年检和专项验收等手段，促进了规范化管理。

四是开展档案法治宣传教育。档案部门根据《全国档案“七五”法治宣传教育规划(2016—2020年)》，每年结合“4·15”国家安全教育日、“6·9”国际档案日及“9·5”档案开放日、“12·4”全国法治宣传日，广泛开展了内容丰富、形式多样的档案法律法规学习宣传活动，增强了全社会档案法治观念，依法治档水平明显提高，档案工作在服务经济社会发展中的作用愈加显著。②

2. 我国档案行政执法现存问题

“十四五”时期，档案作为重要信息资源和独特历史文化遗产，价值日益凸显，档案工作对党和国家各项事业的基础性、支撑性作用更加突出。社会主义法治国家建设和新修订《档案法》施行，都迫切要求深化依法治档、提高档案治理能力和水平。

尽管“十三五”时期我国法治建设取得重要成果，但随着新一代信息技术的广泛应用，档案工作环境、对象、内容发生巨大变化，迫切要求创新档案工作理念、方法、模式，加快全面数字转型和智能升级。档案工作存在制约高质量发展的观念障碍、制度缺陷、技术瓶颈和人才短板，地区及行业间发展不平衡问题仍然明显存在，档案利用服务不充分问题依然突出，基层基础工作还存在薄弱环节。具体表现为：

(1)法治意识淡薄

在新时期，我国社会主义市场经济改革不断深化，法制与法治建设逐步完善，这要求档案工作必须转到依法行政的轨道上。但现实情况中，仍有不少档案部门重业务活动，轻

① 中华人民共和国国家档案局. 中办国办印发《“十四五”全国档案事业发展规划》[EB/OL]. [2021-06-09]. https://www.saac.gov.cn/daj/yaow/202106/899650c1b1ec4c0e9ad3c2ca7310eca4.shtml.

② 林华东. 完善档案执法监督检查的思考[J]. 档案建设，2017(5)：35-37.

法制建设；重行政手段，轻法制手段，总体的执法意识相对淡薄，这导致国家和社会有保存价值的档案很难有效被监管起来。

社会整体的档案意识、少数领导干部的档案法治意识较为淡薄，部分地方和部门对档案工作经费投入不足，档案工作水平与当地经济社会发展水平不相适应，有的地方档案管理状况堪忧。档案部门自身对依法治档面临的形势与要求认识不足，在工作中往往只是强调档案行政执法权力，忽视了档案部门的自身义务，在档案数字资源建设、档案鉴定开放、档案高质量利用服务、档案信息化工作等方面远远滞后于档案法律法规要求，不能及时满足社会公众需求，在社会公众法律意识普遍提高的情况下，上述问题容易产生法律风险，带来档案行政诉讼案件，给档案主管部门造成困扰。①

(2)配套档案法规体系不够完善

一方面，法律法规文件相对缺乏。我国自 20 世纪 80 年代起开始了大规模的立法工作，如今大部分法律法规得到了完善和修正，以《档案法》为核心的档案法规体系也基本形成。档案法律、档案行政法规、地方性档案法规、档案规章法律文件共同构成了目前的档案法规体系。目前在北大法宝数据库中含有档案内容的有 63 部法律文件，其中《档案法》《刑法》《文物保护法》《畜牧法》《种子法》《动物防疫法》《公职人员政务处分法》《职业病防治法》《公证法》《核安全法》《电影产业促进法》《资产评估法》《劳动合同法》《军人保险法》等 14 部国家法律中包含档案违法惩戒内容。

另一方面，配套法律法规亟待更新和完善。2020 年 6 月 20 日十三届全国人大常委会第十九次会议修订通过了新的《档案法》，档案主管部门对地方档案条例的修订也需要随即启动，同时应针对新情况、新问题，诸如电子文件与电子档案管理、档案鉴定与开放、传统载体档案与档案数据融合管理等方面完善相应的地方政府规章、规范性文件，建立健全地方档案法规体系。这些事项已产生且具有紧迫性，应尽快行动才能解决问题，与时俱进。

(3)档案行政执法人员难以满足实际工作需要

档案工作领域从党政机关向企业事业单位、农业农村、重点建设项目不断拓展，档案载体形态从传统载体向电子档案转化，二者并存的态势促使档案资源数量呈现爆发式增长。相应地，有关档案违法行为和案件也迅速增加，面对档案部门工作面大大拓展、工作量大大增加的状况，有的地方档案行政执法工作人员在机构改革后不增反减，势必影响档案依法行政工作的正常开展。

由于受到机构职数与人员编制数的制约，大部分县区档案主管部门没有下设档案管理执法部门，执法监督检查职责大多由机关内设科室承担，这导致业务指导与执法监督混为一体，阻碍了档案执法监督效能的提高。②

① 姜钦芳. 档案依法行政中的成效、问题与对策[J]. 陕西档案，2020(5)：31-32.
② 姜钦芳. 档案依法行政中的成效、问题与对策[J]. 陕西档案，2020(5)：31-32.

(4)档案执法人员素质有待提高

部分档案执法人员对法律法规理解不够深入，导致档案行政执法在实施程序、手段等方面缺乏规范性，这些问题很大程度上影响了档案法律法规的严肃性；另有部分工作人员在执法检查工作中未能坚持原则，过于顾及人情面子，怯于向强势部门执法，这导致档案执法监督最终变成了“软执法”，无疑会给档案依法行政的整体工作带来负面影响。

3. 推动档案行政执法工作的对策

针对上述诸多问题，面对档案工作高质量发展的新态势、新要求，档案主管部门应认真贯彻落实党的十九大、十九届四中全会精神，以习近平总书记关于“档案工作走向依法管理”指示精神为根本遵循，不断提高档案部门法律知识素养及法治思维能力，营造良好的档案法治环境。为此，本书针对上述问题，提出以下几点建议：

(1)深入贯彻落实依法行政

实施档案行政执法检查、开展档案业务督导既是推动档案事业高质量发展的内在需要，也是实现档案依法行政的基本途径和档案工作攻坚克难、提质增效的主要抓手。在档案行政执法过程中，档案主管部门需要抓住依法行政中在行政处罚工作机制、规范性文件法律审查备案、法律咨询等方面的弱项短板，把档案法治建设与业务工作同研究、同部署、同考核，提高档案行政管理中依法决策的能力，大力推进档案治理体系和治理能力建设。

(2)健全档案法规体系

近年来，地方档案部门依据《档案法》《档案法实施办法》等法律法规，结合本地区档案工作实际情况，已经初步建立起地方档案法规体系。但是，具有行业特点、地域特点、操作性强的配套规范性文件尚不完备，部分法规制度已无法适应新时代档案工作高质量发展的需求。配合新修订《档案法》和《档案法实施条例》，档案主管部门应结合实际，深入调研，启动修订地方档案条例及有关规章、规范性文件的工作，对重点行业、特殊行业、新型组织的档案业务进行规范管理，尤其是对涉及公众切身利益的民生类档案管理与共享，应多方征求意见，尊重并体现民意。

(3)创新档案执法机制

档案主管部门要深化“放管服”改革，推进档案政务服务事项简政放权，推进“双随机、一公开”监管工作，加强监督制约、防止权力滥用等，不断提高档案工作服务效能。对已建立的档案执法检查对象名录库和档案执法检查人员名录库，应实行动态科学管理，根据变化情况予以适时调整；结合机关、团体、企业事业单位、农业农村、重点建设项目、各级国家档案馆的不同特点，实施分类督导、检查；对发现的档案违法违纪行为，及时依据档案法律法规和《档案管理违法违纪行为处分规定》进行查处，查处结果要通过不同的形式向社会公布。同时，档案主管部门应把执法与服务紧密结合起来，加强与有关部门的联系，做到行政执法“不越位、不错位、不缺位”，推进各项档案法律法规和规章的正确实施，切实维护档案法律法规的严肃性和权威性。①

(4)规范履行执法职能

一方面，档案主管部门要树立“科学立法、严格执法、公正司法、全民守法”的法治思维，进一步贯彻落实《关于加强和改进新形势下档案工作的意见》，在地方机构改革中完善体制机制，健全依法行政决策机制，依法规范档案行政执法范围、程序，建立常态化监督机制，抓好档案违法违纪案件的应诉、行政复议等工作。

另一方面，档案行政执法是一项牵涉面广、政策性和法律性强的工作，要使档案行政执法工作顺利进行，必须加强执法监督，规范执法行为。档案行政执法行为受到监察、审计等行政部门的监督，也受到档案主管部门内部监督，更受其上级和同级管理机关的监督。此类常规且系统的监督工作，有利于保证档案主管部门及其工作人员正确合理地行使执法权。此外，司法监督、社会监督与群众监督能帮助发现并纠正档案行政执法偏差，规范档案行政执法行为，有助于档案行政执法工作健康有序地发展。在我国制度改革的大背景下，档案主管部门要落实行政执法三项制度，即行政执法公示制度、执法全过程记录制度、重大执法决定法制审核制度，促进档案法治建设新发展。各地要积极推进制度改革试点工作，为全国档案系统顺利推进改革工作打下基础。②

(5)强化档案执法队伍建设

利用各种机会，积极创造条件，培养高素质的档案行政执法队伍。档案事业关乎全社会利益，档案执法与社会方方面面的工作密不可分，这要求档案执法人员既要有较高的档案业务水平，又要精通档案工作的法律法规，熟悉行政执法的具体程序，具备相关领域的法律法规知识，只有这样才能保证档案执法工作的质量。总体而言，档案部门法律人才仍然紧缺，这在一定程度上制约了档案执法工作的深入开展。只有积极主动，大力培养既有丰富档案知识，又有深厚法学功底的档案执法人才队伍，才能从根本上推进依法治档的进程。③ 因此，要严格设置档案执法人员准入门槛，实行档案行政执法人员持证上岗和资格管理制度。完善档案执法人员储备，配置好、培养好省市县三级档案执法员队伍，严格按照法定权限和程序行使职权、履行职责，依法开展档案安全、民生档案、重点建设项目档案、电子文件接收和电子档案管理的执法检查。

(6)加强档案法律法规宣传

按照全面依法治国新要求，各级档案主管部门要更加广泛深入持久地开展档案法治宣传，提升社会整体档案意识，为档案事业高质量发展打造良好档案法治环境。首先，要提高各立档单位领导干部和专兼职档案人员的档案法治理念，严格履行在文件材料积累归档、档案管理利用方面的法律责任。其次，借助多媒体、网络等平台，多形式、多渠道地传播档案法律法规知识、宣传档案工作，提高社会公众利用档案解决纠纷、维护自身权益

① 姜钦芳. 档案依法行政中的成效、问题与对策[J]. 陕西档案，2020(5)：31-32.

② 边晓琳. 以行政执法三项制度为引擎，促进档案法治建设新发展[J]. 北京档案，2017(8)：35-36.

③ 孙妍. 档案行政执法问题与对策[J]. 山西档案，2019(2)：67-69.

的意识。最后，要培养档案人员善用法治思维建设档案治理体系的能力，运用档案法律法规提升档案治理能力，把制度优势转化为档案管理效能。①

总之，各级档案部门要依法履行好法律规定的职责，加强和改进执法监督工作，逐步建立起运行高效、权责明确、程序规范、执行有力的执法机制，培养高素质档案行政执法队伍，强化监管，坚决依法查处违法行为，鼓励社会力量参与和支持档案事业的发展，加强档案教育，增强全社会档案法治意识，努力开创新时代档案工作的新局面。②

《档案法》的遵守与法律责任

课后思考题

1. 简述遵守《档案法》的意义。
2. 《档案法》的遵守应满足哪些条件？
3. 档案法律责任与档案违法行为的关系是什么？
4. 档案法律责任包含哪些内容？
5. 简述档案行政监督检查和档案行政许可的区别。
6. 当前我国行政执法的成效如何？现存哪些问题？
7. 如何推动我国档案行政执法工作的开展？

① 姜钦芳. 档案依法行政中的成效、问题与对策[J]. 陕西档案，2020(5)：31-32.

② 陆国强. 为新时代档案事业高质量发展提供坚强法治保障[J]. 中国档案 2020(7)：18-19.

第七章 档案职业道德建设

本章要点

◎ 阐释档案工作人员的含义，说明档案工作人员的任职条件、职责与我国档案工作人员的类型。

◎ 阐释我国档案职业道德的含义，明确我国档案职业道德的特点、功能与内容。

◎ 说明档案职业道德建设的意义、形式。

◎ 介绍国际档案界职业道德相关规定及制定特点。

◎ 介绍美国、加拿大、澳大利亚、日本档案工作者职业要求。

坚持和发展中国特色社会主义，需要物质文明和精神文明全面发展。2019 年 10 月，中共中央、国务院印发了《新时代公民道德建设实施纲要》，对加强公民道德建设、提高全社会道德水平提出要求。职业道德是公民道德建设的重要内容，加强职业道德建设，是全面建设社会主义精神文明的要求，也是贯彻落实社会主义核心价值观的重要任务。

近年来，特别是进入 21 世纪以来，国家各行各业都制定了相应的职业道德准则，对特定职业工作人员的行为进行规约。如 2002 年 11 月 15 日，中国图书馆学会六届四次理事会通过的《中国图书馆员职业道德准则》(试行)；2009 年 9 月最高人民检察院出台《中华人民共和国检察官职业道德基本准则》(试行)；2010 年 10 月，国家公务员局印发《公务员职业道德培训大纲》；2012 年 7 月 4 日，中国文物协会、中国博物馆协会颁布修订后的《中国文物、博物馆工作者职业道德准则》；2012 年 12 月，民政部制定的《社会工作者职业道德指引》向社会发布；2016 年，中组部、人社部、国家公务员局联合印发《关于推进公务员职业道德建设工程的意见》对公务员职业道德建设工作进行了进一步拓展和深化；2019 年 12 月 15 日，新修订的《中国新闻工作者职业道德准则》向社会公布；2022 年 3 月，中国文联通过《中国文艺工作者职业道德公约(修订稿)》……尽管目前我国档案领域尚无直接围绕档案职业道德的准则规范，但档案工作人员职业道德建设已在各类档案法规中出现并加以强调。

加强档案职业道德建设，有助于档案工作人员形成与社会主义核心价值观和国家治理现代化要求相适应的职业价值观和道德素养，有助于统一思想、凝聚力量、团结一致搞好新时代的档案工作，有助于建设一支思想观念现代化、思维开放、道德素养优良的档案工作人员队伍。档案职业道德建设，能够从观念、思维、意识等内在层面驱动档案工作人员不断进步与发展。加强档案工作人员职业道德建设，对档案工作人员自身的成长、对档案事业的发展乃至国家治理体系和治理能力现代化进程的推进，均具有非常重要的意义。

一、档案工作人员的定义与职责

《中华人民共和国职业分类大典》(2015 年版)①将职业定义为“从业人员为获取主要生活来源所从事的社会工作类别”。谌新民、唐东方在《职业生涯规划》一书中认为：“所谓职业，指人为维持自己的生计，同时实现社会联系和实现自我而进行的持续活动方式。”②职业道德是指一定职业的从业人员在职业活动范围内应当遵守的、与其特定职业活动相适应的行为规范的总和。对于档案事业而言，档案工作理论和技术的掌握、档案管理活动的进行、档案工作方针政策的贯彻、档案法规的施行、档案学科体系的完善、档案工作新领域的开拓，无一不是档案工作者实现的。③ 档案工作人员作为档案事业发展过程中积极能动的主体要素，其职业道德与业务水平的高低决定着档案事业的兴衰。因此，对档案职业道德的理解必须基于对档案工作人员本身的定义、类型、职责等的充分认识。

(一)档案工作人员的含义

国际档案理事会所编《档案术语词典》(*Dictionary of Archival Terminology*)将档案工作者(archivist)界定为：“受过档案科学教育并(或)肩负管理档案馆(室)责任的专业人士。”④

《档案学百科全书》(*Encyclopedia of Archival Science*)一书中将档案工作者界定为：“是保存具有永久保存价值的记录以确保其证据价值的人。”⑤

美国档案工作者协会在《档案与文件术语汇编》(*A Glossary of Archival and Records Terminology*)中对档案工作者有两种定义“1. 根据来源原则、尊重原始顺序原则和集成控制原则负责对档案的鉴定、获取、整理、著录、保护和提供访问服务的个人；2. 负责管理和监督档案馆库中具有永久保存价值档案的个人”⑥；澳大利亚档案工作者协会认为“档

---

① 国家职业分类大典修订工作委员会组织编写. 中华人民共和国职业分类大典(2015 年版)[M]. 北京：中国劳动社会保障出版社，2015：9.

② 谌新民，唐东方. 职业生涯规划[M]. 广州：广东经济出版社，2002：3.

③ 刘迎红. 档案法规基础教程[M]. 北京：知识产权出版社，2015.

④ Archivist：A professional educated in archival science and/or responsible for the administration of archives. 具体参见 Dictionary of Archival Terminology [EB/OL]. [2020-03-16]. http://www.ciscra.org/mat/mat/term/65/123. Archivist.

⑤ An archivist is an individual who keeps records of enduring value so that they may function as reliable evidence of past actions. 具体参见 Luciana Duranti, Patricia C Franks. Encyclopedia of Archival Science[M]. Washington, DC：Rowman & Littlefield, 2015：199.

⑥ archivist, 1. An individual responsible for appraising, acquiring, arranging, describing, preserving, and providing access to records of enduring value, according to the principles of provenance, original order, and collective control to protect the materials' authenticity and context. 2. An individual with responsibility for management and oversight of an archival repository or of records of enduring value. 详见 A Glossary of Archival and Records Terminology [EB/OL]. [2020-03-16]. http://files.archivists.org/pubs/free/SAA-Glossary-2005.pdf.

案工作者是负责档案管理的人，而档案是个人或组织在处理事务过程中创造、接收和积累的，并因其长远价值而保存的文件”①。

我国新修订《档案法》中尚无对档案工作人员的明确定义，但其第二条“从事档案收集、整理、保护、利用及其监督管理活动，适用本法……”规定了《档案法》的适用范围。也就是说，凡是从事档案收集、整理、保护、利用及其监督管理活动的单位和个人，都要遵守《档案法》的规定，接受《档案法》的约束。② 从《档案法》对人的效力范围来看，凡是从事档案收集、整理、保护、利用及其监督管理活动的个人都属于档案工作人员。

一般来说，档案工作人员，亦称档案工作者，是对从事档案工作人员的统称，即包括在各级各类档案馆和机关、团体、企业事业单位档案部门从事档案业务工作的档案人员、从事档案行政管理工作的人员、从事档案教学、科研等的档案教学研究人员，以及商业性档案服务机构中的档案工作人员。

（二）我国档案工作人员的类型

2015 年版的《中华人民共和国职业分类大典》首次将“档案专业人员”列入第二大类“专业技术人员”类别下的“新闻出版、文化专业人员”中的小类，将其定义为“从事档案接收、征集、整理、编目、鉴定、保管、保护、利用、编研的专业人员”，并由 1999 年版的“档案业务人员”更名为“档案专业人员”，明确了档案职业人员是指档案专业人员而不是档案业务人员。2022 年版的《中华人民共和国职业分类大典》修订围绕数字经济、绿色经济、制造强国和依法治国等要求，专门增设或调整了相关中类、小类和职业，首次标注了数字职业，其中在档案领域，在“4-13 文化教育服务人员”类别中新增职业“档案数字化管理师 S”（4-13-01-07），归属于“社会文化活动服务人员”（4-13-01）类别。

基于对“职业”和“档案工作”的不同认识，胡鸿杰认为，只有公共档案馆的档案管理人员才算是档案职业人员；③ 杨静认为，可以将所有接触档案或档案工作的人员分为：各级档案局工作人员、各级各类档案馆工作人员、机关及企事业单位内部档案部门工作人员、专门从事档案科研与教育工作的人员、商业性档案服务机构档案工作人员五种；④ 杨光将档案职业主体分为：档案行政管理人员、公共档案馆的档案专业人员、各机构内的档案业务人员三种。⑤ 李财富认为，在我国从事档案职业的人员大致有两类：一是应用类，主要指从事档案行政管理和档案相关实务的工作人员；二是学术类，主要指档案学专业教

---

① What is an archivist［EB/OL］.［2020-03-16］. https://www.archivists.org.au/learning-publications/the-archival-profession/an-overview.

② 袁杰. 中华人民共和国档案法释义［M］. 北京：中国民主法制出版社，2020：31.

③ 胡鸿杰. 社会与组织：档案职业辨析［J］. 档案学通讯，2016(5)：8-11.

④ 杨静. 组织属性与工作内容：关于档案职业主体问题的探讨——兼与《社会与组织：档案职业辨析》一文商榷［J］. 档案学通讯，2018(2)：14-18.

⑤ 杨光. 道德结构理论视角下档案职业伦理的缺失与建构［J］. 档案学通讯，2017(3)：84-88.

师和教学研究人员。[①] 刘迎红将我国档案工作人员划分为：①档案行政工作人员；②档案馆工作人员；③机关、团体、企事业单位和其他组织的工作人员；④档案科研、教育及宣传出版人员四种类型。[②]《关于深化档案专业人员职称制度改革的指导意见》根据档案工作特点，将档案专业人员分为主要从事档案业务工作的“工匠型”人员和主要从事档案研究工作的“学术型”人员两大类。[③]

对于档案职业主体的界定和划分反映了人们如何对档案工作人员进行定位，赋予档案工作人员怎样的社会地位，目前尚无关于档案工作人员类型的统一认知。因此在本书中，根据档案职业主体所从事的档案工作的性质和任务，将我国档案工作人员划分为五种类型：

1. 档案行政管理人员

档案行政管理人员是指在县级以上档案行政管理部门从事档案行政管理工作的人员，负责管理本行政区域内的档案工作。档案行政管理人员属于公务员，管理国家事务，其职业道德本质上属于政治道德的范畴，根本宗旨是为人民服务。在晋升方式上，按照行政序列晋升。

2. 各级各类档案馆的档案专业人员

各级各类档案馆的档案专业人员指的是在各级各类档案馆工作的人员，其主要职责是档案的接收、征集、整理、编目、鉴定、保管、保护、利用、编研。根据《人力资源社会保障部 国家档案局关于深化档案专业人员职称制度改革的指导意见》规定，档案专业职务分为研究馆员、副研究馆员、馆员、助理馆员、管理员。其主要的道德义务是通过自己的职业技能保证档案内容的真实、延长档案的寿命、为社会各方面提供档案利用服务等。就晋升方式来说，需要按照《档案专业人员职称评价基本标准》评定技术职称。

3. 各机构内的档案业务人员

各机构内的档案业务人员是指在机关、团体、企事业单位和其他组织档案机构从事档案工作的人员，主要负责所属单位的文书和档案事务处理。这类档案工作人员的结构、工作任务比较庞杂，档案业务监督与档案管理工作兼而有之，在实际工作中往往由秘书部门及其他办公部门人员兼任。[④] 他们的价值取向和所属单位的性质保持一致，其职责就是为

---

① 李财富，童兰玲．档案职业与档案学硕士研究生教育研究[J]．浙江档案，2009(3)：22-25.

② 刘迎红．档案法规基础教程[M]．北京：知识产权出版社，2015：184-185.

③ 人社部．人力资源社会保障部、国家档案局有关司局负责同志就印发《关于深化档案专业人员职称制度改革的指导意见》答记者问[EB/OL]．[2020-06-22]．http://www.mohrss.gov.cn/SYrlzyhshbzb/dongtaixinwen/buneiyaowen/202004/t20200423_366250.html.

④ 刘迎红．档案法规基础教程[M]．北京：知识产权出版社，2015：185.

所属单位的总目标的实现而服务。①

4. 从事档案科研与教育工作的人员

从事档案科研与教育工作的人员主要指档案学专业教师和教学研究人员,② 如档案科研部门从事档案科学研究、技术更新的科研人员，在高校等档案教育机构从事档案专业教育的教师。他们肩负着为国家和社会发展培养档案专门人才的重任，承担着促进档案学学科发展、理论革新与实践进步的使命。

5. 商业性档案服务机构档案工作人员

商业性档案服务机构档案工作人员指介于档案行政管理部门和社会基层档案工作之间的、为档案部门提供各种档案业务服务的社会中介机构人员，比如为档案部门承接档案代归档、代管理、代开发、代缩微、代数字化加工、代其他业务工作和技术服务的人员。③他们是档案事业发展中的新兴力量和重要补充，是档案职业队伍中不可缺少的一部分。

【国际视野】

在国外，美国人事管理办公室(Office of Personnel Management，OPM)发布的《职位分类标准》第 1400 条图书馆和档案馆组别(Library and Archives Group)分别介绍了档案管理员和档案技术员两种职位的工作内容和内部级别划分。④ 此外，美国国家档案馆的档案工作人员可分为五类：档案管理员(Archivists)、档案专家(Archives Specialists)、档案技术人员(Archives Technicians)、档案保护人员(Conservators)、文件管理人员(Records managers)。⑤

根据 2016 年更新的加拿大国家职业分类(National Occupational Classification)，档案工作人员受雇于档案馆、公共部门、私营企业等组织，负责管理、处理、存储、研究组织档案中所包含的信息。其档案工作人员可分为档案保管员、助理档案员、收藏档案员、企业档案员、艺术档案员、历史档案员、多媒体档案员、照片档案员、档案研究员、视频档案员等。⑥

2013 年《澳大利亚和新西兰标准职业分类》中指出档案工作人员负责分析和存档

① 杨光. 道德结构理论视角下档案职业伦理的缺失与建构[J]. 档案学通讯，2017(3)：84-88.

② 李财富，童兰玲. 档案职业与档案学硕士研究生教育研究[J]. 浙江档案，2009(3)：22-25.

③ 杨冬权. 我国档案事业与档案职业迭代更新的 40 年[J]. 秘书，2019(4)：66-74.

④ Office of Personnel Management. Position classification standards[EB/OL]. [2020-06-22]. https://www.opm.gov/policy-data-oversight/classification-qualifications/classifying-general-schedule-positions/#url=Overview.

⑤ Jobs, Internships & Volunteering Opportunities [EB/OL]. [2020-03-16]. https://www.archives.gov/careers/jobs/positions.html.

⑥ National Occupational Classification (NOC) 2016 Version 1. 3[EB/OL]. [2020-03-16]. https://www23.statcan.gc.ca/imdb/p3VD.pl? Function=getAllExample&TVD=1267777&CVD=1267974&CPV=5113&CST=01012016&CLV=4&MLV=4&V=394606&VST=01012016.

记录、规划和组织相关系统和程序，以保存和记录具有历史价值的文件，并根据其具体的专业方向分为电影档案员、法律档案员、手稿档案员、议会档案员等。①

（二）档案工作人员的任职条件及职责

1981年1月30日，为了更好地培养和合理使用图书、档案、资料专业干部，做好考核提升工作，加强相关干部队伍建设，更好地为现代化建设服务，国家档案局、国家人事局、文化部发布《图书、档案、资料专业干部业务职称暂行规定》②（详见附录7），将档案专业干部的业务职称分为研究馆员、副研究馆员、馆员、助理馆员、管理员五个层次，并分别规定了其任职条件。

1983年，为贯彻执行《图书、档案、资料专业干部业务职称暂行规定》，便于档案专业干部业务干部的评定，劳动人事部、国家档案局印发《档案专业干部业务职称实施办法》《档案专业干部考核业务职称参考标准》《科学技术档案工作中科研、技术干部技术职称考核条件》系列法规，③ 档案专业干部业务职称制度从此揭开序幕。

1986年，中央职称改革工作领导小组批转了《档案专业人员职务试行条例》《关于全国档案专业职称改革工作安排的请示》，改革档案职称评定制度，开始档案专业职务聘任制，④ 其中《档案专业人员职务试行条例》⑤将档案专业职务分高级职务（研究馆员、副研究馆员）、中级职务（馆员）、初级职务（助理馆员、管理员）三个级别五种层次，并规定了各档次岗位人员相应的任职条件和职责。

30多年过去，随着经济社会的发展，档案专业人员职称制度暴露出评价标准不够科学、评价机制有待完善、用人主体自主权落实不够等问题，急需改革。

2020年4月9日，人力资源和社会保障部、国家档案局发布《人力资源社会保障部 国家档案局关于深化档案专业人员职称制度改革的指导意见》（人社部发〔2020〕20号）⑥，制定《档案专业人员职称评价基本标准》（详见附录8），在档案专业人员评价标准、评价机制、职称制度与人才培养、职称评审监督和服务等方面进行了改革和创新，能够为建设高素质的档案干部队伍提供进一步的制度保障。

《"十四五"全国档案事业发展规划》提出，"十四五"期间要完善人才评价机制。深化

---

① Australian Bureau of Statistics. ANZSCO-Australian and New Zealand Standard Classification of Occupations, 2013, Version 1. 2 [EB/OL]. [2020-06-22]. https://www.abs.gov.au/ausstats/abs@.nsf/Product+Lookup/8B479E6E0D993210CA257B950013113F? opendocument.

② 图书、档案、资料专业干部业务职称暂行规定[J]. 档案工作，1981(3)：2-3.

③ 档案专业干部业务职称实施办法[J]. 档案工作，1983(4)：5-6.

④ 吴以文. 全国档案职称改革工作会议部署档案专业职务聘任工作[J]. 档案工作，1986(5)：4.

⑤ 中华人民共和国国家档案局. 档案专业人员职务试行条例[EB/OL]. [2020-03-16]. http://www.saac.gov.cn/daj/xxgk/201205/0b8c124a9de64e9ca9992a545de00e6f/files/f589910243894565a42df302e535ce8e.doc.

⑥ 中华人民共和国国家档案局. 人力资源社会保障部 国家档案局关于深化档案专业人员职称制度改革的指导意见[EB/OL]. [2020-06-23]. http://www.saac.gov.cn/daj/tzgg/202004/0fa809785abb4c8492d9e6338f93d8b3.shtml.

档案专业人员职称制度改革，充分发挥人才评价“指挥棒”作用。促进人才评价与人才培养有效衔接，将人才评价有机融合到档案事业发展大局中。保障非公有制经济领域档案专业人员、档案服务企业人员平等参与职称评审权利。按有关规定选树一批档案工作先进典型，从而提升档案智力支撑能力。①

2020年新修订的《中华人民共和国档案法》中对档案工作人员的规定如下：“国家加强档案工作人才培养和队伍建设，提高档案工作人员业务素质。档案工作人员应当忠于职守，遵纪守法，具备相应的专业知识与技能，其中档案专业人员可以按照国家有关规定评定专业技术职称。”这是法律对档案工作人员提出的任职条件及职责所在，也是对档案工作人员提出的基本素质要求。档案工作承担着为党管档、为国守史、为民服务的重任，档案工作人员应当站稳政治立场，自觉做到忠于职守，遵纪守法。② 此前，旧《档案法》仅在第二章第九条第1款中指出“档案工作人员应当忠于职守，遵守纪律，具备专业知识”。可见，新修订《档案法》在修订过程中增加了对档案工作人员专业技能的相关要求。

同时，新修订《档案法》虽未以明确、专门的章节条款来规定对档案工作人员能力要求，但《档案法》的主要落实主体便是档案工作人员，因而也体现出对其职业能力的要求。

如在信息化建设层面，新修订《档案法》第三十七条指出“电子档案与传统载体档案具有同等效力，可以以电子形式作为凭证使用”，这一条在肯定电子档案法律效力的同时，一方面要求档案工作人员制定相应的电子档案管理制度、接收制度、安全保密制度等，另一方面也对档案工作人员接纳和应用信息技术的意识和能力提出了要求，以更好地推进电子档案的管理。

在明确档案馆的文化职能方面，新修订《档案法》第三十四条规定“国家鼓励档案馆开发利用馆藏档案，通过开展专题展览、公益讲座、媒体宣传等活动，进行爱国主义、集体主义、中国特色社会主义教育，传承发展中华优秀传统文化，继承革命文化，发展社会主义先进文化，增强文化自信，弘扬社会主义核心价值观。”这些内容强调了档案馆所具有的文化职能，而在具体落实过程中，档案工作人员须以身作则，提高自身对档案文化的识别和认知能力，增强相关活动的组织策划能力。

在档案开发利用方面，新修订《档案法》第二十七条将档案封闭期由三十年缩短到二十五年，第二十八条将档案利用主体由“中华人民共和国公民和组织”扩大到“单位和个人”，扩大了档案利用范围和档案利用主体范围，这就要求档案工作人员重视档案的开发和利用，同时提供服务意识，让档案更好地服务社会、服务公众。③

【知识补充】

在我国，各省市、各单位、各行业对档案工作人员的具体要求又有所不同，如

① 中华人民共和国国家档案局. 中办国办印发《“十四五”全国档案事业发展规划》[EB/OL]. [2021-06-09]. https://www.saac.gov.cn/daj/yaow/202106/899650c1b1ec4c0e9ad3c2ca7310eca4.shtml.

② 袁杰. 中华人民共和国档案法释义[M]. 北京：中国民主法制出版社，2020：46.

③ 周秋萍. 修订档案法对档案职业能力的新要求[J]. 浙江档案，2020(6)：56-57.

《山西省档案馆员职评标准》在其基础上增加了"计算机应用能力"的要求，并有工作实绩、科研成果、著作、论文等方面的量化标准。图情档职位公务员的报考也会对学历、政治面貌、专业、基层年限、生源地等作出要求，如2023年中央档案馆国家档案局工作人员，要求中国档案报社的报考者为本科学历及以上，政治面貌要求为中共党员或共青团员，档案科学技术研究所的报考者为硕士研究生及以上，政治面貌要求为中共党员。① 高校档案馆的招聘要求里也将学历、年龄等作为招聘审核条件；2023年南京大学档案馆招聘档案馆员时，除了要求其图书情报与档案管理、计算机科学与技术、档案学、图书情报、信息资源管理等相关专业以外，还要求应聘人员有一定的数字档案资源管理或者计算机应用能力；具有档案信息化相关项目经验，并具有较强的项目协调沟通能力，团队意识强，踏实肯干，工作细致。②

【国际视野】

2018年12月，日本国家档案馆颁布实施《档案工作者业务职责与能力要求》(*Standard of Tasks and Competencies for Archivists*)③，要求主要有五个部分：①档案工作者的任务；②档案工作者的道德准则和基本职位；③任务；④必要的知识和技能；⑤备注。其中，档案工作者的任务包括四大类："(1)鉴定、鉴选、扩充馆藏；(2)馆藏管理；(3)提供利用；(4)外联与交流服务"，同时，为履行相应的业务职责，必须具备对公共档案等相关法律的理解、对与档案相关的基础理论及方法论的理解、对相关学科知识的掌握、对档案保护的理解、对数字化、电子文件和信息系统等相关知识的掌握、研究等基础能力，以及业务能力和综合管理能力。除此以外，档案工作者必须具备沟通能力、团队协作能力、独立自主精神、解决问题的能力、自我管理能力、持续学习能力以及适应新技术的能力。

二、我国档案工作人员的职业道德

职业，是在社会分工的历史条件下，人们为了推动社会发展，满足自我需求而从事的具有一定专门性要求的社会实践活动。④ 职业伴随劳动分工的深化而产生和发展起来，具有一定的专门性，不同的职业有着不同的道德要求、技能要求和知识要求，职业活动具有

① 国家档案局. 中央档案馆国家档案局2023年度公开招聘工作人员公告[EB/OL]. [2024-03-26]. https://www.saac.gov.cn/daj/tzgg/202304/33d753c28ea740a083c48268c1d0d922.shtml.

② 图情招聘. 南京大学档案馆招聘[EB/OL]. [2024-03-26]. https://mp.weixin.qq.com/s/vOdnpXAkfVEEP2rcx8wnIw.

③ NATIONAL ARCHIVES OF JAPAN. Standard of Tasks and Competencies for Archivists[EB/OL]. [2020-03-16]. http://www.archives.go.jp/about/report/pdf/TasksandCompetencies_NAJ.pdf.

④ 贾玉敏. 当前中国职业道德教育研究[D]. 武汉：武汉大学，2012：6.

推动社会发展、满足个人需求的社会功能，同时，职业还是一种社会实践活动。①

职业的性质和地位，决定了它必然要在道德上有自己的特殊要求。职业道德是社会道德体系的重要组成部分。它广泛渗透于职业活动的各个方面，是人类社会生活中最普遍、最基本的道德规范之一，对各行各业的从业者具有引导和约束作用，同时保障着社会的持续、稳定、有序发展。②

新修订《档案法》第十一条第1款规定，国家加强档案工作人才培养和队伍建设，提高档案工作人员业务素质。做好档案工作，离不开一支高素质的档案工作人才队伍。受各种因素制约，我国档案工作人才队伍还不能完全适应档案事业发展的需要。《关于加强和改进新形势下档案工作的意见》在列举档案工作还存在不适应之处时就指出，档案干部队伍素质需要进一步提高。2021年6月8日中共中央办公厅、国务院办公厅印发的《“十四五”全国档案事业发展规划》将“档案人才队伍建设取得新发展”列入“十四五”时期档案事业的发展目标，推动档案人才培养激励和教育培训机制更加健全、成效日益明显，人才评价体系更加科学，档案队伍结构更加合理、素质更加优良、作风更加过硬，职业认同感、自豪感明显提升。③ 其中，素质更加优良、作风更加过硬，职业认同感、自豪感明显提升便是对档案工作人员职业道德的要求。

（一）我国档案职业道德的含义、特点及功能

职业道德，是从事一定职业的人在一定的职业活动中所应遵循的、具有自身职业特征的道德准则和规范。职业道德包括职业认识的提高、职业情感的培养、职业意志的锻炼、职业理想的树立，以及良好的职业行为的形成等内容。④ 档案职业道德是整个社会职业道德体系中的一个重要组成部分，是社会职业道德的基本原则和要求在档案职业领域中的反映和体现。⑤

1. 含义

我国目前尚无关于档案职业道德的统一定义，刘迎红将档案职业道德定义为档案工作者在从事档案行政、档案保管和利用服务等各项职能活动中，应当遵守的基本行为准则。⑥ 赵林华认为档案职业道德是指档案工作者在从事档案行政、档案保管和利用等各项职能活动中，应当遵守的基本行为准则。⑦ 李思瑶认为档案职业伦理是指档案工作者在从

① 叶黔达. 职业道德[M]. 成都：电子科技大学出版社，2004：54.

② 贾玉敏. 当前中国职业道德教育研究[D]. 武汉：武汉大学，2012：1.

③ 中华人民共和国国家档案局. 中办国办印发《“十四五”全国档案事业发展规划》[EB/OL]. [2024-04-09]. https://www.saac.gov.cn/daj/yaow/202106/899650c1b1ec4c0e9ad3c2ca7310eca4.shtml.

④ 刘迎红. 档案法规基础教程[M]. 北京：知识产权出版社，2015：186-187.

⑤ 周胜. 档案职业伦理道德问题与对策探究[J]. 广东水利电力职业技术学院学报，2020，18(2)：68-70，80.

⑥ 刘迎红. 档案法规基础教程[M]. 北京：知识产权出版社，2015：187.

⑦ 赵林华. 新时代依法治档与档案职业道德建设[J]. 兰台内外，2020(32)：82-84.

事档案管理工作过程中，作为档案工作的主体，面对档案工作的客体——档案，开展档案收集、档案保管和档案利用等相关管理工作时，所要遵循的基本行为准则和工作规范。①

基于档案工作人员的定义及对其类型的划分，在本书中，档案职业道德是指从事档案职业的人员在开展档案工作过程中所应具备的道德原则、行为规范、业务技能和组织纪律的总称。既可用于档案工作人员的自我评价，还可用于判断和评价他人的行为。形成良好的职业道德，是正确处理档案工作人员与国家、社会、社会各部门及内部各岗位间关系的前提条件，是提高档案工作水平的重要一环，是社会主义精神文明建设的重要内容。

2. 特点

档案职业道德与各行各业的职业道德既具有共同性，同时又具有自己的特殊性，即体现档案工作这一特定职业的要求和特点。档案职业道德的特点主要体现在以下几个方面：

(1)档案职业道德在调节上具有广泛性

档案工作是一个大的系统，横贯各行各业，与社会方方面面都有联系。这种联系必然会涉及各种利益，产生一定的矛盾。比如档案部门之间，有档案室与档案馆之间的关系和矛盾；档案馆之间，有国家综合档案馆与部门、专业档案馆之间的关系和矛盾；档案部门与社会之间，有档案部门与文博等部门之间的关系和矛盾，有档案部门与社会各个层面利用者之间的关系和矛盾。另外，档案工作人员之间在工作活动中必然会产生各种关系和矛盾。要使档案工作有序健康地发展，必然要正确处理上述关系，解决各种矛盾。除了运用行政、法律、经济手段外，档案职业道德的调节也将发挥重要作用。

(2)档案职业道德在要求上具有层次性

档案工作是一项系统工程，我国的档案工作实行统一领导、分级管理的原则，同时，不同岗位的档案工作人员有着不同的工作内容和要求，因而档案职业道德的要求也具有相应的层次性。例如，档案职业政治性的特征，决定了档案职业道德的政治性，这是对全体档案工作人员共同的道德要求。但是，对于党政领导机关和部队等机构的档案工作人员来说，由于其管理的档案机密程度高，严重关系到国家安全、社会稳定，因而档案职业道德的政治性要求更为突出。再如，由于档案馆和档案室的工作职能不同，特别是国家档案馆具有对社会开放的义务和责任，因而对档案馆工作人员来说，档案职业道德中热心服务社会的要求更为凸显。当然，档案职业道德要求的层次性，并不是说可以降低档案工作人员职业道德的水准，而是指有些职业道德要求，对于相应的档案工作岗位的人员来说，要求更高。

(3)档案职业道德在内容上具有继承性

我国档案工作源远流长，有着悠久的历史和优良的传统。在档案工作的发展进程中，历代档案工作人员不仅为后人留下了弥足珍贵的档案文献，而且也为后人留下了忠于职

① 李思瑶. 新形势下我国档案职业伦理的现实困境与合理内涵[D]. 济南：山东大学，2019：14.

守、维护史实的优良传统和道德品质。孔子在编纂《六经》的过程中杜绝主观武断，坚持无征不信，注重对材料的考证；汉代史学家司马迁，以坚韧不拔的意志，在广泛收集整理、研究考证档案、图书史料的基础上，在留下《史记》这部“史家之绝唱”的同时，也为后代档案工作人员做出了实录直书、善择慎取的榜样；革命年代，为了保护中央文库的绝对安全，在白色恐怖的恶劣环境里，几任文库负责人和工作人员前仆后继，历经千难万险，终于在上海解放时，成功将文件送交至党中央。回望整个历史长河，档案工作人员求真求实、不畏艰难的道德品质，展现出档案工作人员特有的精神风貌。档案职业道德内容在一代又一代的继承中不断发展，不断得到升华。①

3. 功能

职业道德的主要功能，是协调职业劳动过程中个人、集体与社会之间的关系。② 对于档案职业道德来说，其主要功能具体包括：

第一，对档案工作人员而言，具有价值导向、凝聚激励和规范约束的功能。

首先，档案职业道德具有价值导向功能。档案职业道德是档案职业群体的道德标准和坐标，它引导档案职业群体从整个职业发展的角度去认识自身的价值，提高职业境界，增强档案职业的社会价值感。其次，档案职业道德具有凝聚激励功能。档案职业道德是关于档案职业行为善与恶、好与坏的标准，对于从事档案职业的群体和个人来说，能够作为维护自身荣誉和形象、热爱本职工作的动力，发挥凝聚力量的作用。整个社会组织和成员都是依据档案职业标准与原则，对其行为进行评价，使档案群体受到褒扬与鼓励，获得物质和精神满足，激励他们提高职业道德水平，建立良好的职业道德风尚。再次，档案道德具有规范约束功能。档案职业道德是职业道德的理性反映，一方面具有规范职业行为的作用，使得档案群体和个人在从事档案活动中，严守职业道德规范，按照档案道德标准，处理档案事务。另一方面，档案职业道德也要求档案群体和个人约束自己的职业活动，遵守档案纪律和制度，履行权利和义务，防止职业不端行为。③

第二，对档案工作内部关系而言，能够调整档案职业内部各种关系。

如前文所述，档案工作人员包括了档案行政管理人员、各级各类档案馆的档案专业人员、各机构内的档案业务人员、从事档案科研与教育工作的人员以及商业性档案服务机构的档案工作人员五种类型。在档案职业内部便存在着上下级从属关系、甲乙方服务关系、平级平行等复杂关系。虽然各类档案工作人员的工作内容、所属机构、晋升方式各不相同，但档案职业道德是对档案从业人员所应遵循的行为准则的规范性要求，具有行业内部的普适性。各类档案工作人员通过严格遵守档案职业道德规范，做到互相理解、互相支持、互相体谅、互相帮助，形成协调、融洽的行业内部关系，让行业不正之风丧失存在的

① 郭红解. 论档案职业道德[J]. 浙江档案，2006(5)：14-17.
② 刘迎红. 档案法规基础教程[M]. 北京：知识产权出版社，2015：187.
③ 赵钊. 浅谈档案职业伦理问题与对策[J]. 兰台世界，2015(35)：116-117.

土壤，促进社会对档案职业的认识认同，从而从内部有机促进档案事业的发展。

第三，就协调档案职业与其他职业之间的关系而言，档案记录人类社会实践的各个方面，具有广泛的社会作用。

现阶段，档案事业的参与主体日趋多元化，档案工作已突破原本档案工作人员这一单一主体，融合了多种行业之所长。以国家档案局每年颁布的优秀科技成果奖励为例，其主要获奖单位的构成体现出档案工作中多种职业融合发展的趋势。例如 2019 年二等奖项目之一"基于大数据的居民电子健康档案共享、开放和应用的研究"，其主要获奖单位就包括了宁波市卫生信息中心、宁波市卫生健康委员会、宁波市档案局。① 可见，档案职业可以延伸到社会各行各业，而不同职业有不同的职业特点和行为规范，尤其在国家治理的背景下，档案职业要想发挥好自身在国家治理、社会治理中的作用，要加强档案工作人员职业道德建设，以良好的职业道德、精神面貌开展工作，适应新形势下档案工作的发展情况，促进社会形成相互尊重、彼此学习的社会职业道德风尚，进而促进不同行业间的利益平衡与合作。

（二）档案职业道德的内容

档案职业道德是档案职业发展到一定阶段的产物，既是整个社会职业道德体系中的一个重要组成部分，又因其特殊的职业性质和工作内容而具有特定的内容。

1. 热爱祖国，坚定政治方向

爱国是每个公民最基本的政治觉悟和道德品质，也是社会主义核心价值观之一。2019 年 4 月 30 日，习近平在纪念五四运动 100 周年大会上的讲话中强调，热爱祖国是新时代中国青年的立身之本、成才之基。做好档案工作，必须持续深入学习贯彻习近平新时代中国特色社会主义思想，坚持用马克思主义中国化最新成果武装头脑、指导实践、推动工作，把报国、兴国、强国视为神圣的使命，树立民族自尊心和民族自信心，并在忘我的工作中时刻以祖国的利益高于一切来引导和制约自己的行为。同时，政治属性是我国档案工作的根本属性，这一特征决定了档案工作人员职业道德的政治属性。在新修订《档案法》中强调立法目的是"为中国特色社会主义事业服务"，并且"坚持中国共产党对档案工作的领导"，将档案工作的政治属性通过法律提升到了前所未有的新高度。《"十四五"全国档案事业发展规划》进一步提出要加强政治能力建设，锤炼档案干部忠诚干净担当的政治品格，着力提高政治判断力、政治领悟力、政治执行力。当前，档案工作者应当比以往更加牢记"为党管档、为国守史、为民服务"的重要使命和职责，明确自身工作的政治属性，提高政治站位，在业务工作和组织建设中不断锤炼自我，提升政治素养，② 以准确理解档案工作

① 国家档案局．国家档案局关于 2019 年度国家档案局优秀科技成果奖励的通知［EB/OL］．［2020-07-07］．http://www.saac.gov.cn/daj/tzgg/201911/840313af9be844dd8bda6b73282cbdd3.shtml.

② 丁海悦，曹宇．新《档案法》中所见档案工作者转型的法律依据［J］．兰台世界，2020(12)：27-31.

在党和国家事业发展中的地位和作用，切实增强做好档案工作的政治责任感和历史使命感。档案工作人员要在学习中增强政治定力，始终牢记“档案工作姓党”，牢固树立“四个意识”，坚定“四个自信”，坚决做到“两个维护”，践行“五个坚持”，切实在政治立场、政治方向、政治原则、政治道路上自觉同以习近平同志为核心的党中央保持高度一致。①

2. 忠于职守，遵守法律法规

新修订《档案法》体现了档案职业道德最本质的精神，它要求档案工作人员忠于职守，遵纪守法。② 忠于职守就是要求档案工作人员忠于档案事业，诚实地履职尽责，具有强烈的责任感，尽到管理、保护档案的义务，尽到为社会各方面提供档案信息服务的职责，达到以从事档案工作为荣，以做好本职工作为乐的思想道德境界。特别是面对档案机构改革，“局馆分设”尚处于磨合期、优化期，要确保局馆履行职责不缺位、不越位、不错位，确保档案工作不弱化、档案事业不停滞。③ 同时，档案工作鲜明的政治性和机要性特征，要求档案工作人员要有高度的政治责任感，增强保密观念，严格遵守保密纪律和相关法律法规，养成良好的保密习惯。以身作则，维护国家、集体和个人的合法权益，不让国家和人民的利益受到人为的损害。除此之外，档案工作人员还要做国家机密的忠实捍卫者，要同一切违反国家保密规定的人和行为做斗争，切实担负起维护档案完整与安全的职责。

3. 求真务实，守护国家记忆

一方面，求真务实是我们党的思想路线和作风建设的核心内容，推动档案事业发展也必须坚持求真务实的工作作风。要在实践中发现事物的本质和规律，讲真话、报真情、办实事、求实效，坚持埋头苦干，摒弃形式主义。另一方面，档案安全的最大保障是人的认真，档案安全的最大危险是人的疏忽。④ 档案是社会活动的直接记录和见证，是国家重要的信息资源，因此必须保证档案的原始记录性、真实性，切实维护历史的本来面貌。新修订《档案法》拓展和细化了档案工作人员的职能范围，明确了档案工作者在“存史”和“资政”方面的职责，并关注到档案信息资源在应急公共管理领域的重要作用。⑤ 档案工作人员应吸取国内外重大安全事故教训，不仅要在正常的整理、保管和提供利用过程中确保档案实体的完整与安全，而且要充分利用现代科学技术，尽可能地确保档案信息安全，延长档案的寿命。档案工作人员应当忠实地履行职责，视档案文献的真实与安全高于一切，要

---

① 中央档案馆国家档案局. 丁薛祥在中央档案馆国家档案局主要负责同志调整宣布会议上强调牢记政治属性 积极主动作为 努力谱写新时代档案事业发展新篇章[EB/OL]. [2020-06-22]. http://www.saac.gov.cn/daj/yaow/202005/feaff6751c514903bdd9eeca5e6a57e5.shtml.

② 韩彬彬. 新时代档案职业道德法治建设探析[J]. 云南档案，2020(7)：53-55.

③ 国家档案局. 在全国档案局长馆长会议上的工作报告[EB/OL]. [2020-06-22]. http://www.saac.gov.cn/daj/yaow/201904/2d342fff80f845709782fd023b925536.shtml.

④ 国家档案局. 在全国档案局长馆长会议上的工作报告[EB/OL]. [2020-06-22]. http://www.saac.gov.cn/daj/yaow/201904/2d342fff80f845709782fd023b925536.shtml.

⑤ 丁海悦，曹宇. 新《档案法》中所见档案工作者转型的法律依据[J]. 兰台世界，2020(12)：27-31.

坚决与破坏档案、伪造档案、篡改档案的行为作斗争。特别是各级综合档案馆应发挥档案安全保管基地的功能，构建人防、物防、技防相结合的档案安全防范体系，确保接收进馆的档案得到妥善保管。

4. 奉献无悔，心怀大我情怀

“慨然抚长剑，济世岂邀名。”档案工作是一项服务性、基础性的工作。在新的历史时期，档案工作人员还需要有甘为人梯的奉献精神。档案工作人员应当热爱档案工作，具有强烈的事业心，全身心地投入档案工作。学习档案领域先进集体和先进工作者“对党忠诚、信念坚定的政治品格，一心为民、服务为本的公仆情怀，兢兢业业、克己奉公的责任担当，与时俱进、开拓进取的创新精神，默默无闻、埋头苦干的优良作风，清正廉洁、干净做事的道德操守”，为新时代档案事业发展作出更大的贡献。① 心怀大我情怀，把个人理想融入国家，以档案事业的发展和国家发展目标为己任，发挥敬业精神，在道德价值的追求和实践过程中，最大限度地挖掘出自身的潜力，在满足人的基本物质利益的同时，提高和完善自身的素质和人格。唯有如此，才能使档案工作切实担负起为国家建设事业服务的职能。

5. 精细管档，尊重合法权益

档案工作是党和国家事业发展不可或缺的一项基础性、支撑性工作，档案部门承担着为党管档、为国守史、为民服务的重要职责。随着党和国家事业的快速发展，档案和档案工作的价值日益凸显，社会各界查阅利用档案的需求也持续增长。截至 2022 年年底，全国共有各级各类档案馆 4154 个。其中，国家综合档案馆 3301 个，国家专门档案馆 261 个，部门档案馆 106 个，企业档案馆 135 个，省、部属事业单位档案馆 351 个。承担着集中保管国家档案资源，为社会各方面提供利用服务的重要职责。②

衡量档案工作的好坏、质量的高低，根本上取决于档案工作人员管理水平的高低。在档案机构全面推进信息化建设的背景下，档案工作者将从传统的档案保管者向知识和信息的管理者转变。这一转变的一个重要先决条件就是档案工作者具备良好的信息资源管理能力。数字化、数据化的档案信息资源的管理和传统载体档案的管理存在差异。

首先，在管理理念上要树立信息资源管理意识，从主观上接受并认可管理模式的转变，积极融入档案机构的信息化建设。

其次，档案工作者应当熟练掌握最新版本电子档案管理信息系统以及信息资源共享平台的使用方法，提升管理效率。

---

① 李明华. 在全国档案工作暨表彰先进会议上的讲话[EB/OL]. [2020-06-22]. http://www.saac.gov.cn/daj/yaow/202001/afbf92881b5c4f36a311316d1e3690da.shtml.

② 国家档案局. 2022 年度全国档案主管部门和档案馆基本情况摘要(一)[EB/OL]. [2024-03-26]. https://www.saac.gov.cn/daj/zhdt/202308/b2d8cfbede0546c68b4bfdb0889f2702.shtml.

最后，档案工作者应不断提升理论知识素养，不能仅依靠工作实践经验的积累来提升管理水平，而是要通过理论知识的学习对信息资源管理的基本原理有所掌握，从浅层次的经验累积向深层次的能力内化转变。①

此外，档案实体安全、信息安全的维护以及做好档案提供利用服务也至关重要。一方面，要构建人防、物防、技防相结合的档案安全防范体系，确保接收进馆的档案得到妥善安全保管；另一方面，须做好档案查阅利用服务，尊重协调不同主体的合法权益，在确保安全的前提下不断加大档案开放力度主动服务，并通过档案资源共建共享、互联网在线服务等方式，使档案利用服务更加方便快捷、优质高效。

(三)档案职业道德建设的意义

习近平总书记在浙江省工作时指出，档案工作是一项非常重要的工作，经验得以总结，规律得以认识，历史得以延续，各项事业得以发展，都离不开档案。② 栗战书委员长指出，档案工作承担着为党管档、为国守史、为民服务的重任。③ 而档案工作人员是承担档案工作的主体。加强档案职业道德建设，提高档案工作人员的道德素质，对社会各项工作的开展具有重要意义。

1. 加强档案工作人员职业道德建设是维护党和国家利益的需要

档案是真实的历史凭证，是历史事件、工程建设、科研项目从开始到结束的真实记录。部分档案所承载的内容，涉及国防军工、科技公关、公共安全等领域的国家机密，关系到党和国家的现实利益和长远利益。如中共中央办公厅副主任陈世炬所言："守护档案安全，是档案工作者的重要政治责任，是档案工作的底线所在，也是档案事业科学发展的根本所在。"④加强档案职业道德建设，需要档案工作人员认真履行为党管档、为国守史、为民服务的职责使命，时刻绷紧档案安全这根弦，尽职尽责确保档案实体安全与信息安全，以高度的政治责任感和历史使命感做好新时代档案工作，从而维护党和国家利益不受侵害。

2. 加强档案工作人员职业道德建设是国家各项事业建设的需要

2019年，中共十九届四中全会审议通过《中共中央关于坚持和完善中国特色社会主义制度 推进国家治理体系和治理能力现代化若干重大问题的决定》，进一步将"治理"推进到我国制度程序和制度建设不断完善的议程中。"档案"作为国家重要的战略信息资源和记忆

---

① 丁海悦，曹宇．新《档案法》中所见档案工作者转型的法律依据[J]．兰台世界，2020(12)：27-31.

② 省委书记、省人大常委会主任习近平同志在考察省档案局省档案馆时的讲话[J]．浙江档案，2003(6)：5.

③ 栗战书．在中国第一历史档案馆成立90周年纪念会上的讲话(2015年11月1日)[J]．中国档案，2015(12)：14-15.

④ 国家档案局．学习先进勇担当 实干创新谋发展——全国档案工作暨表彰先进会议在北京召开[EB/OL]．[2020-06-22]．http://www.saac.gov.cn/daj/yaow/201912/62d283ddd1554eea99073b321517355c.shtml.

载体，是“推进国家治理体系和治理能力现代化”进程中的重要智力支撑，离开档案的支撑，国家治理将成为“无源之水，无本之木”。随之伴生的社会各行各业对档案信息资源的利用需要越来越频繁，越来越趋向专业化，对档案工作人员的业务水平和为此所提供的服务质量也提出了更高的要求。加强档案职业道德建设能够使档案工作人员以良好的精神风貌，主动、热情的服务态度，先进的服务理念，精湛的业务水平，快捷、准确的服务质量，满足社会各界建档用档需求，为现代化建设提供有力的支持。此外，档案工作人员职业道德水平的提高，也有利于增强其遵法守法的意识和自觉性，有助于档案法治乃至社会主义法治环境的形成。

3. 加强职业道德建设是档案事业发展的需要

2019年年末，原国家档案局局长李明华在《在全国档案工作暨表彰先进会议上的讲话》中提到：“先进工作者、先进集体应发挥模范表率作用，各级档案部门和广大档案工作者应学习他们对党忠诚、信念坚定的政治品格，学习他们一心为民、服务为本的公仆情怀，学习他们兢兢业业、克己奉公的责任担当，学习他们与时俱进、开拓进取的创新精神，学习他们默默无闻、埋头苦干的优良作风，学习他们清正廉洁、干净做事的道德操守……他们的先进事迹和先进经验是我们进一步做好档案工作的宝贵财富。”①其中的政治品格、公仆情怀、优良作风、道德操守均是对档案工作人员职业道德的要求。加强档案职业道德建设能够促进档案系统形成良好的工作氛围，为推进新时代全国档案事业发展贡献智慧和力量，推动档案事业的进一步发展。

4. 加强职业道德建设是提高档案工作人员素质的需要

思想是行动的先导，加强档案职业道德建设，在于培养政治成熟、业务过硬、道德高尚的档案工作者，是档案职业道德建设的核心内容之一。② 2020年4月，在职称制度改革方面，《关于深化档案专业人员职称制度改革的指导意见》将德才兼备、以德为先放在职称评价的首位，全面考察档案专业人员的职业道德和从业操守，引导档案专业人员坚定政治立场，坚守道德底线，对学术不端、弄虚作假等行为实行“零容忍”。③ 从中可以窥见，加强档案职业道德建设，提高档案工作人员的道德素质，是加强档案人才队伍建设的重要维度，能够进而推动档案工作人员更好地为党管档、为国守史、为民服务的各项职责任务。从这个意义上讲，档案工作人员素质的提高，是档案职业道德建设的中心环节。

---

① 李明华. 在全国档案工作暨表彰先进会议上的讲话[EB/OL]. [2020-06-22]. http://www.saac.gov.cn/daj/yaow/202001/afbf92881b5c4f36a311316d1e3690da.shtml.

② 刘迎红. 档案法规基础教程[M]. 北京：知识产权出版社，2015：188.

③ 人社部. 人力资源社会保障部、国家档案局有关司局负责同志就印发《关于深化档案专业人员职称制度改革的指导意见》答记者问[EB/OL]. [2020-06-22]. http://www.mohrss.gov.cn/SYrlzyhshbzb/dongtaixinwen/buneiyaowen/202004/t20200423_366250.html.

(四)我国档案职业道德的建设

搞好档案职业道德建设，是贯彻落实习近平总书记重要讲话精神、培养高素质的档案干部队伍、发展中国档案事业的迫切需要。但职业道德建设是一项伴随档案事业发展而不断开展的长期持续性的工作，需要通过内外协同等各种方式不断强化，才能收到成效。①当前，档案工作人员职业道德建设通过自律和他律两种形式实现，自律指的是自我修养，他律指的是教育与监督。

1. 自律：提升自我修养

档案工作人员职业道德自我修养的基本任务，就是要使档案工作人员职业道德的原则和规范的内容，内化为档案工作人员的内心情感和信念，并付诸档案工作实践。培养档案工作人员的内在自律可以从以下两个方面入手：

一方面，端正职业态度。档案职业是从业者获取生活资料的主要来源，但是档案工作人员不应将档案工作的本质理解为获取物质利益和谋生的工具，而应将自己和档案职业之间的关系作为一个“荣辱与共的利益共同体”来看待。因为，从业人员的所言所行不仅是档案职业精神风貌的体现，也会直接影响档案职业的发展，而档案职业发展的好坏是与自身的切身利益相挂钩的。档案职业发展得好，档案工作人员的社会声誉以及福利待遇才会得到提高，反之则降低。档案工作人员除了应看到职业道德对于本行业发展的促进作用之外，更应理解档案职业道德的终极意义在于社会整体的利益而非档案职业本身。正如费希特所指出的：“我应当履行我的地位和职业所要求的特殊职责……我应当把特殊职责看作实现一切人的普遍职责的手段。”②档案工作人员只有将职业利益的立足点从个人拓展到社会，树立正确的档案职业道德观念，才能为档案职业活动的成功建立起一种内在的保障。

另一方面，深入档案实践活动。档案职业道德作为一种特殊的意识形态，其形成和发展的基础始终源于档案实践活动。因此，亲身实践档案管理活动是领悟档案职业道德真谛的根本途径。档案工作人员只有在不断地实践过程中，认真完成档案收集、整理、检索、编研等工作，体会档案作为人类社会原始记录的神圣性，才能将职业道德的精神内化为自身的道德品性，即形成职业德性。职业德性不断成熟的过程，是档案职业道德从单一的外在他律约束转化为内在自律主导的过程，也是档案工作人员形成职业良心的过程。而“职业良心是职业伦理在个体当事人的主观精神中存在的最高形式”，它引导档案工作人员将完成职业职责看作内心的需要，从而促进档案工作人员的自知与自觉。③

---

① 崔红倩. 新形势下如何加强档案职业道德建设[J]. 科技视界，2015(31)：205.

② [德]费希特. 伦理学体系[M]. 梁志学，李理，译. 北京：中国社会科学出版社，1995：327.

③ 杨光. 道德结构理论视角下档案职业伦理的缺失与建构[J]. 档案学通讯，2017(3)：84-88.

2. 他律：加强教育与监督

(1)区分阶段，优化档案职业道德教育机制

在从业前和从业后两个阶段分别加强档案职业道德教育，优化档案职业道德教育机制。一方面，在从业前，将档案职业道德的理论教育纳入档案学基础教育的范畴，与传统的专业课程衔接，构成一个涵盖基础理论、专业技能、职业道德等方面内容完备的档案学教育体系。① 同时，在内容层面，要在教学的内容上突破原有的说教式陈述，对于"忠于职守，遵守纪律"此类普适性的职业道德规定，要根据档案职业的道德要求和道德规定，深度挖掘其职业道德内涵，以适应档案职业发展的要求。另一方面，在从业后，各档案机构应根据各自机构职业活动的特点，制订中长期的档案道德教育培养计划，对档案职业人员开展岗位职业道德教育，并将档案部门与党、团等部门相联系，形成一个完善的职业道德教育机制。②

(2)制度建设，推进档案职业道德法治化建设

档案职业道德规范的法治化建设能够为档案职业道德活动的进行提供法律保障。可由国家档案局(馆)联合档案学会基于我国档案行业的国情，制定《档案工作人员道德规范》，通过明文规定固定档案职业的伦理要求和伦理规定。并在《档案工作人员道德规范》的基础上，针对不同档案职业岗位的工作要求和工作环境，进一步细化、具化不同档案职业人员的职业道德规范，从而引导各种类型的档案工作人员逐步形成合乎档案职业发展要求的职业道德观。③

(3)道德监督，完善档案职业道德监督评价机制

档案工作人员职业道德监督，分为内部监督和外部监督两个方面，内部监督是指档案系统内的检查考核，即档案部门在制定制度、工作目标责任和各项工作的要求、标准中，列入职业道德的内容并进行检查，与考核挂钩；外部监督是指社会舆论监督，社会舆论监督是影响档案工作人员职业道德意识和行为的强大的精神力量，是档案工作人员职业道德监督的重要方面。档案职业道德失范很大程度上是因为缺乏完善的职业道德监督评价机制，没有发挥职业道德应有的调控与约束功能。档案机构应该建立职业道德监督机制，鼓励档案工作人员在日常工作中对彼此的职业活动进行道德监督，并在年终设立道德评估环节。当然，由于职业道德的约束力在强制性上低于法律，所以档案职业道德监督评价机制必须与相关法律相结合。例如，如果档案行政人员在工作中违反了职业道德规范并构成了违法或犯罪行为，除了要予以道德谴责外，还要诉诸《中华人民共和国公务员法》进行法律制裁。④

---

① 杨光. 道德结构理论视角下档案职业伦理的缺失与建构[J]. 档案学通讯，2017(3)：84-88.

② 杨光. 道德结构理论视角下档案职业伦理的缺失与建构[J]. 档案学通讯，2017(3)：84-88.

③ 杨光. 道德结构理论视角下档案职业伦理的缺失与建构[J]. 档案学通讯，2017(3)：84-88.

④ 杨光. 道德结构理论视角下档案职业伦理的缺失与建构[J]. 档案学通讯，2017(3)：84-88.

三、国际档案界职业道德的相关规定

(一)国际档案理事会

1.《档案工作者职业道德准则》[1](*Code of Ethics, International Council on Archives*)

1996年9月在我国北京召开的第13届国际档案大会上通过了国际档案理事会制定的《档案工作者职业道德准则》。虽然《档案工作者职业道德准则》对各国档案工作者不具备强制约束力，但体现了各国档案工作者对档案职业道德规范共同追求的内容。该准则分为引言和正文两大部分，正文包括档案工作者的十条道德准则，每条准则都附有说明，简明扼要地阐述了国际范围内档案工作者共同遵循的职业道德规范。其内容包括档案工作者在档案“完整性、筛选鉴定保管、整理与保护、信息连续性、服务、隐私以及与其他机构合作”等方面。

《档案工作者职业道德准则》(以下简称《道德准则》)体现出对档案工作者参与档案全程管理的要求和对“来源原则”的尊重，如《道德准则》第2条：“档案工作者应根据普遍所接受的原则和方法进行工作，必须根据档案的原则履行他们的职责，这些原则包括现行、半现行文件、电子和媒体文件的产生、保护和处置、移交到档案馆永久保存的文件的挑选和收集、对档案的安全保管和保护，以及档案的整理、著录、出版和提供利用。档案工作者应依熟练了解文件产生机构的形成管理史和文件收集政策对所接受的文件进行公平的鉴定，并尽快地根据档案原则(即来源原则和文件原顺序原则)和普遍认可的标准，对挑选进馆的文件进行整理和著录。”并在《道德准则》第6条中对社会公众的利用权利和档案部门的服务工作予以重视：“档案工作者应编写他所保存的全部文件的一般性查找工具和专门的查找工具，对所有利用者提供公正的服务，利用所能得到的条件提供各种服务。档案工作者应该礼貌地、以合作的精神答复有关馆藏情况的所有合理的问题，尽可能地鼓励利用者根据档案馆的规定、馆藏保管情况、法律规定、私人权利、馈赠协议等利用他们所保存的档案，并向未来的利用者公正地解释档案限制提供利用的原因。”此外，《道德准则》还对档案工作者的知识技能做出如下要求：“档案工作者应努力发挥他们的专业知识，献身所从事的专业机构，确保他们所监督的专业培训机构设备完好，能顺利地进行培训任务。”

【评注】

1996年《档案工作者职业道德准则》在第十三届国家档案大会上通过之后，国内

① Code of Ethics[EB/OL]. [2020-03-16]. https://www.ica.org/sites/default/files/ICA_1996-09-06_code%20of%20ethics_EN.pdf.

就有学者对其进行了翻译。正如《档案工作者职业道德准则》所提出的："制定本准则的宗旨，是为档案专业工作人员提供一个指导性的道德规范，而不是为解决某些问题提供专门的解决办法。"

《中国档案》期刊 1996 年第 11 期也有类似评价："国际档案理事会是一个非政府组织，由它提出的准则，对于世界各国的档案工作者来说，并没有强制性的约束力。但由于该准则充分吸收了各国档案专家的意见，充分注意到了计算机、光盘等现代通讯技术对档案工作的影响，因而在现代技术条件下对档案工作者提出了一些新的要求。研究它，并充分地借鉴其中的有益思想，对于我们加强档案干部队伍建设，做好档案工作也许不无益处。"

麻新纯认为，这十条准则从档案职业行为的各方面，对档案从业者提出了规范性要求，虽说对各国档案工作者不具备强制性的约束力，但体现了各国档案工作者对档案职业道德规范共同追求的内容，也值得各国档案部门在制定职业道德规范时加以借鉴。① 格伦·丁沃尔(Glenn Dingwall)②认为大多数国家的档案职业道德准则并未注意到其准则的受众也包括公众，而国际档案理事会的《档案工作者职业道德准则》表明，公众有权对档案工作者应遵守的行为标准提出要求，并力图向公众解释档案工作者开展的活动。

2.《历史档案工作者和档案管理人员在支持人权的角色上的基本原则》(草案)③(*Basic Principles on the role of Archivists and Records Managers in support of Human Rights*)

2016 年 9 月，在首尔举行的国际档案大会通过了国际档案理事会原人权工作组④(Human Rights Working Group)起草的《历史档案工作者和档案管理人员在支持人权的角色上的基本原则》(以下简称《原则》)。制定该《原则》的目的在于：①协助历史档案保管机构，使它们的历史档案工作者能发挥支持人权的适当角色；②为历史档案工作者和档案管理人员在日常工作涉及决定有可能影响人权的实践和保护方面提供指引；③为历史档案工作者和档案管理人员专业协会提供支持；④帮助处理人权问题的国际机构了解《原则》所涵盖的问题的重要性，以及历史档案工作者和档案管理人员对保护人权能作出的贡献。

---

① 麻新纯. 加强档案馆职业伦理建设[J]. 中国档案，2009(9)：50-51.

② Glenn Dingwall. Trusting Archivists：The Role of Archival Ethics Codes in Establishing Public Faith[J]. The American Archivist，2004，67 (Spring/Summer)：11-30.

③ Human Rights Working Group. Basic Principles on the Role of Archivists and Records Managers in Support of Human Rights[EB/OL]. [2020-06-22]. https://www.ica.org/en/basic-principles-role-archivists-and-records-managers-support-human-rights.

④ 注：2019 年 10 月 22 日在阿德莱德举办的国家档案大会上决定改为"档案与人权委员会"(Section on Archives and Human Rights，SAHR).

《原则》分为两个部分：前言和原则。前言对原则的概念架构作出说明。每一项原则都配有解释文字，但解释文字并不是原则的一部分。原则分为“选择和保留历史档案”“提供查阅的历史档案内的信息”“特殊保障措施”“教育与培训”“言论和结社自由”五个章节：第一章和第二章涵盖基本历史档案管理职能；第三章是关于如何处理记录了不当行为的历史档案和散失的历史档案等特殊情况；第四章和第五章谈论历史档案工作者和档案管理人员作为专业人士的角色和权利。

其中，第 3 条是关于历史档案收集应具有包容性的规定：“历史档案工作者和档案管理人员应选择、收集和保留所属机构的职责和授权范围内的历史档案，不得有《世界人权宣言》所禁止的歧视”；第 8 条提出是否涉及人权是决定历史档案著录先后次序的关键因素：“历史档案工作者和档案管理人员应当及时整理和著录馆藏，以确保使用者能够公平、公正和有效地利用历史档案，并特别需要优先处理那些记录严重侵犯人权的历史档案”；第 11 条“机构、历史档案工作者和档案管理人员要确保设立机制保护私人信息，使其免遭未获授权利用，以确保尊重相关人士的人权、基本自由和个人尊严”是对档案产生者或当事人隐私的尊重，对历史档案工作者和档案管理人员应在真相和隐私保护之间寻求平衡作出规定；第 12、13、14 条是关于提供档案利用的规定，包括尽量使历史档案的查阅公正和平等，不区分原告和被告，主动提供利用，确保弱势群体的特殊需求得到照顾。

《历史档案工作者和档案管理人员在支持人权的角色上的基本原则》从职业道德和现实层面审视《档案工作者职业道德准则》和《档案共同宣言》，再次强调了《档案共同宣言》在推动档案工作者提供档案利用、尊重保障相关人士的人权和自由、收集整理和著录馆藏、确保档案完整等方面的重要意义。

（二）联合国教科文组织

2011 年 11 月 10 日，联合国教科文组织第三十六届会议通过了《档案共同宣言》（*Universal Declaration on Archives*）①，强调了历史档案专业以及历史档案工作者和档案管理人员的重要性。《档案共同宣言》认为：“档案工作者是接受过基础和继续教育的专业人士，他们通过支持文件的形成，通过选择、保存并提供利用文件而为社会服务；所有公民、公共管理者和决策制定者、公共或私人档案馆的管理者或拥有者，档案工作者和其他信息专家在档案管理方面具有集体责任……以正确的方式管理和保护档案，以保护其真实性、可靠性、完整性和可用性；在遵守相关法律并尊重个人、形成者、所有者和利用者权利的前提下，向所有人提供利用档案。”这也是国际层面对档案工作人员职业道德与行为规范的要求之一。

此外，从档案馆作为记忆机构/文献遗产保存机构的角度来看，联合国教科文组织始

① International Council on Archives. Universal Declaration on Archives[EB/OL]. [2020-06-22]. https://www.ica.org/en/universal-declaration-archives.

终致力于世界文献遗产的保护，并于 1992 年为此特别设立了“世界记忆项目”(Memory of the World Programme)。自《世界记忆文献遗产保护总方针》(*Memory of World: General Guidelines to safeguard Documentary Heritage*, 1995)颁布以来，联合国教科文组织出台了多部文献遗产保护政策法规性文件。如 2015 年，联合国教科文组织通过《关于保存和获取包括数字遗产在内的文献遗产建议书》(*The Recommendation Concerning the Preservation of, and Access to, Documentary Heritage Including in Digital Form*)①，体现出记忆机构在文献遗产鉴定、保存文献遗产、建立政策标准、促进公众获取、加强国际国家交流与合作等方面的职责。其中关于“文献遗产的普遍获取必须既尊重权利持有人的合法权益，也尊重保存和获取文献遗产的公共利益”“世界文献遗产具有全球性重要意义，人人都负有责任，应当为全人类保护和保存好文献遗产，并应适当尊重和认可文化习俗和习惯”的阐述对全球记忆机构保存保护文献遗产的总体原则作出了规定。具体来说，在文献遗产鉴定方面，规定“各记忆机构应与民间社会协调，制定文献遗产的选择、购置和取消选择的政策、机制及标准，不仅要考虑主要文件，还要考虑其背景资料，包括社交媒体。选择标准必须是非歧视的、清晰界定的。与知识领域、艺术表现形式和历史时代相关的选择还必须保持平衡和中立”。此外，在文献遗产获取方面，“敦请会员国增强记忆机构的权能，使其能够利用国际最佳做法标准，提供准确和最新的编目和检索工具、公平的人对人原始文献获取服务、为研究所必需的互联网和基于网络的出版物与门户网站、电子和数字化内容，促进并便利最具包容性地获取和使用文献遗产”。档案是文献遗产的重要组成部分，档案馆是保存文献遗产的重要记忆机构，文献遗产保护工作是档案馆工作的重要内容。因此，以上建议和规定自然也是对档案工作人员职业道德的要求，档案工作人员应当基于以上建议和规定开展文献遗产的遴选和提供利用工作。

2015 年 12 月 4 日，联合国教科文组织保护非物质文化遗产政府间委员会在纳米比亚的温得和克举行的第十届会议上通过了《保护非物质文化遗产的伦理原则》(*Ethical Principles for Safeguarding Intangible Cultural Heritage*)②，它是 2003 年的《非物质文化遗产保护公约》(*Convention for the Safeguarding of the Intangible Cultural Heritage*)在道德方面的指导和补充，旨在成为制定适应不同地区不同部门情况的具体道德规范的基础。该伦理原则共 12 条，包括第 3 条“在国家之间以及社区、群体和有关个人之间的互动中，应尽量相互尊重并欣赏非物质文化遗产”；第 4 条“与创造、保护、维持和传播非物质文化遗产的社区、群体和有关个人之间的所有互动，应以透明合作、对话、谈判和协商为特征，并以自愿、事先、持续和知情同意为前提”；第 11 条“应充分尊重文化多样性及社区、群体和个人的特性。就社区、群体和个人承认的价值及文化规范敏感性而言，在设计和实施保护措施时

① UNESCO. The Recommendation Concerning the Preservation of, and Access to, Documentary Heritage Including in Digital form[EB/OL]. [2020-06-22]. https://unesdoc.unesco.org/ark:/48223/pf0000243325_chi.

② UNESCO. Ethical Principles for Safeguarding Intangible Cultural Heritage [EB/OL]. [2020-06-22]. https://ich.unesco.org/en/ethics-and-ich-00866.

应特别考虑性别平等、青年参与和对族裔特性的尊重”；第12条“非物质文化遗产保护对人类具有普遍意义，因此应通过双边、次区域、区域和国际各方合作进行；但是，不应将社区、群体和有关个人同其自身非物质文化遗产相分离”。档案馆作为重要的记忆机构之一，其工作人员在履行“保存文献遗产、建立政策标准、文献遗产鉴定、促进公众获取、加强交流合作”等职责之余，这些伦理原则也是联合国教科文组织对包括档案馆在内的记忆机构的共同要求。档案工作者应基于对基本人权的尊重和保护，开展文献遗产保护、档案资源利用、档案管理等具体工作。

四、国外部分国家档案工作者职业要求

（一）美国档案工作者协会：《档案工作者职业道德规范》（*Code of Ethics for Archivists*）

1955年，美国档案工作者韦恩·格罗佛（Wayne C. Grover）制订了世界上第一份档案工作者职业道德规范，但在格罗佛的任期内，该规范作为国家档案馆内部的文件，用于国家档案馆的在职培训项目。1976年，美国档案工作者协会成立了一个道德委员会，开始制定一部涵盖整个档案行业的道德准则。1980年，《档案工作者职业道德规范》（*Code of Ethics for Archivists*）①发布，提出档案工作者的工作规范、业务素质和职业道德要求，美国档案工作者协会继而在1980年②、1992年、2005年、2012年及2020年对规范先后进行了五次修订。

2011年5月，美国档案工作者协会（Society of American Archivists，SAA）发布《档案工作者的核心价值观》（*Core Value of Archivists*）③，阐述了档案工作者在“访问和利用”“问责”“宣传”“多样性”“历史与记忆”“保存”“专业精神”“妥善保存”“收集”“服务”“社会责任”等个人和集体档案工作实践过程中应坚持的核心价值观。如此，《档案工作者职业道德规范》与《档案工作者的核心价值观》共同对档案工作人员开展档案工作、增强职业道德意识进行指导，促使档案工作人员以更高的职业操守开展档案职业活动。

2018年7月，道德和职业行为委员会（Committee on Ethics and Professional Conduct，CEPC）开始对《对档案工作者职业道德规范》与《档案工作者的核心价值观》进行审查修订，并公开呼吁美国档案工作者协会成员提供反馈意见，对上述两份文件进行了多轮修订。

① Code of Ethics for Archivists［EB/OL］.［2020-03-16］. https://www2.archivists.org/statements/saa-core-values-statement-and-code-of-ethics.

② 编者注：1955年的《档案工作者职业道德规范》是一份局限在国家档案馆的文件。1976年，美国档案工作者协会成立了一个道德委员会，开始制定一部涵盖整个档案行业的道德准则。1980年，《档案工作者职业道德规范》（Code of Ethics for Archivists）发布，提出档案工作者的工作规范、业务素质和职业道德要求，成为真正意义上适用于整个档案行业的职业道德规范。

③ Society of American Archivists. SAA Core Values Statement and Code of Ethics［EB/OL］.［2020-06-22］. https://www2.archivists.org/statements/saa-core-values-statement-and-code-of-ethics.

2020年春，道德和职业行为委员会批准了两项修订案文的最终草案，并转交美国档案工作者协会审议。修订后的《档案工作者职业道德规范》与《档案工作者的核心价值观》明确声明档案工作者和档案工作不是中立的；认识到创建者、档案工作者和组织之间存在着复杂的权力流动；承认那些通过档案决策塑造历史的人所拥有的特权和权力；注意到"可持续性"在档案和档案工作中对地球环境的持续影响。反映出美国档案工作者协会对公平、多样性和包容性的承诺。① 2020年8月3日，美国档案工作者协会理事会通过《档案工作者职业道德规范》与《档案工作者的核心价值观》的修订版本，并对官网上的相关内容进行了更新。②

修订后的《档案工作者的核心价值观》包括"访问与利用；真实性；问责；宣传；多样性；历史与记忆；保存；负责人的管理；收集；服务；社会责任；可持续性"12个方面。《档案工作者职业道德规范》依然是从"职业关系、判断力、真实性、安全保护、访问和利用、隐私以及信任"7个方面，对档案工作者的立场、职责、开展业务工作的原则等做出了规定。

在具体内容上，《档案工作者的核心价值观》也进行了诸多修改。

其一，修改完善了档案的定义。将2012年版本中"档案是由各种各样的团体形成的，并提供人类活动的大量证据"修改为"档案是由各种各样的个人和团体创建的，提供并保护人类活动和社会组织的证据"。将个人纳入其中，扩大了档案的形成主体范围。

其二，扩大职业合作主体范围。在"职业关系"中，明确了档案工作者应与其他档案工作者以及所有从事档案工作的个人、团体和组织相互合作与协作。

其三，承认档案工作的非绝对中立性。在"判断力"中规定："尽管档案工作中没有不偏不倚和中立，但档案工作者仍应努力在评估、获取、获取和处理档案材料时运用他们的道德和专业判断……记录所有与收集相关的政策决定。"

其四，突出档案工作的透明度。在原本有关"真实性"的规定中，增加了"档案工作者应利用鉴定和证据来源文件提供有关真实性来源的透明信息"。在有关"隐私"的规定中，相比于2012年"档案工作者应认识到隐私受到法律的保护。他们应制定程序和政策来保护捐赠者、个人、团体和机构的利益，这些捐赠者、个人、团体和机构的公共和私人生活与活动均记录在其档案中。归档人员应酌情对馆藏设置访问限制，以确保维护隐私和机密性，特别是对于在馆藏的创建、保留或公共使用中没有发言权或角色的个人和团体……"一段，增加了"档案工作者设置访问限制时，应当保持透明，说明原因以及访问限制的时间"。在提出酌情设置访问限制来维护隐私、保护机密的同时，确保档案工作的透明度，从而更好地保障利用者的权利。

---

① Recommended Revisions to SAA Core Values Statement and Code of Ethics[EB/OL]. [2021-01-20]. https://www2.archivists.org/sites/all/files/0820-IV-A-CEPC-CodeRevisions_0.pdf.

② SAA Core Values Statement and Code of Ethics[EB/OL]. [2021-01-20]. https://www2.archivists.org/statements/saa-core-values-statement-and-code-of-ethics.

【评注】

1993年，我国学者宗文萍、张琳发表文章，认为美国《档案工作者职业道德规范》是根据美国档案工作实际情况制定的较全面的职业道德行为准则，对我国档案工作者职业道德规范建设具有一定的借鉴作用。① 玛丽·尼尔佐(Mary Neazor)认为该规范将道德规范与档案工作者具体工作实践相结合，同时体现出对知识产权和人权的重视，规定有防止歧视的人权立法等条目。②

但是也有反对的声音，例如大卫·霍恩(David E. Horn)在抨击美国档案工作者协会的道德守则草案没有对档案工作者这个职业进行足够的宣传，"我们知道，道德守则的形成和颁布不会自动提高档案工作者的职业地位，但是如果没有对其进行宣传、没有对档案工作者需求的持续关注，美国档案工作者协会和档案业界都不能为档案工作者乃至公众提供充分的服务"③。2004年，本尼·迪克特(Richard E. Barry)对美国《档案工作者职业道德规范》进行了一些批判，认为它过于笼统，并有一些重要的遗漏。美国档案工作者协会设计忽略了一些重要机构特定领域，以使其普遍适用，他们认为这是一个优势，但本尼·迪克特认为这是一个明显的缺陷。她提出的解决办法是，让协会的机构附属部分制定产生自己的道德守则，将很好地解决这一问题。④

(二)加拿大档案工作者协会：《档案工作者职业道德及行为规范》(*Association of Canadian Archivists Code of Ethics and Professional Conduct*)

2017年10月18日，加拿大档案工作者协会颁布了《档案工作者职业道德及行为规范》(*Association of Canadian Archivists Code of Ethics and Professional Conduct*)⑤，以确保档案材料的长期保存和长效利用为基础，适用于加拿大范围内公共与私人档案工作。

《档案工作者职业道德及行为规范》涵盖档案的以下九个方面：背景信息、保存、访问、价值、主权、知识、风险管理、社会福利以及人格完整性，其中前五项为"原则"，后四项为"原则的运用"。

首先，该《规范》中关于"背景信息"的规定体现出档案信息化特别是数字化对档案工作的影响和对档案工作者的要求。其次，该《规范》多次提到原则1. a"我们在记录和保存文件、创建文件以及保存文件与活动之间关系时应格外谨慎和努力，并注意到这些关系是

① 宗文萍，张琳. 从职业道德的角度来看待我们的工作——美国《档案工作人员道德规范》简介[J]. 北京档案，1993(6)：40-41.

② Mary Neazor. Recordkeeping Professional Ethics and their Application[J]. Archivaria，2007(64)：47-87.

③ Horn D E. The Development of Ethics in Archival Practice[J]. American Archivist，1989，52(Winter)：71.

④ Barry R E. Karen Benedict，Ethics and the Archival Profession：Introduction and Case Studies[J]. American Archivist，2004，67. 2(Fall/Winter)：299-305.

⑤ Association of Canadian Archivists Code of Ethics and Professional Conduct[EB/OL]. [2020-03-16]. https://www.archivists.ca/resources/Documents/Governance and Structure/aca_code_of_ethics_final_october_2017.pdf.

文件本身的必要组成部分”以及7. b“我们积极促进和支持问责制的文件政策和实践的建立，包括我们所在的工作单位以及整个社会中对我们工作流程和决策的记录”，将其作为档案选择、获取、描述、删除、销毁和提供文件访问的考虑原则，反映出该《规范》的实践操作性以及档案工作人员对档案管理的谨慎、对利益相关方的尊重。最后，该《规范》对于“社会福利”和“人格完整性”的规定，实际上是对档案工作者的社会责任和工作方式的要求，同时体现出该《规范》对社会公平和人权的尊重。

【评注】

格伦·丁沃尔(Glenn Dingwall)认为，加拿大的《档案工作者职业道德规范》与国际档案理事会的《档案工作者职业道德准则》一样，注重公众对档案工作者的信任，表明公众有权对档案工作者应遵守的行为标准提出要求，并力图向公众解释档案工作者开展的活动。

同时，他们也注意到道德准则只有在实践落实后才有意义，这就要求档案工作者对职业道德规范有深层的掌握和了解，加拿大档案工作者协会道德委员会道德专责委员会在向档案工作者协会提交报告时建议努力推动档案工作者道德教育，但却并未对档案工作者是否有义务遵守该原则做出明确声明；① 玛丽·尼尔佐(Mary Neazor)认为加拿大的《档案工作者职业道德规范》在人权或公民权利领域，虽然强调了档案记录的主体和使用者的隐私权，但并未将信息获取与公民权利明确联系起来。②

(三)澳大利亚档案工作者协会：《道德规范》(*Code of Ethics*)

1993年6月17日，澳大利亚档案工作者协会在墨尔本举行的档案工作者年会上通过了《道德规范》(*Code of Ethics*)③，该《规范》包括前言、法律责任、专业职责和行为、专业职责和文件四部分，涉及对档案工作人员的“任命、批评投诉、诚信、知识技能”等要求和对档案“收购、转让、保存、完整性、访问、保密”等规定。

值得注意的是，《道德规范》提到雇主、档案工作人员、专业标准之间的复杂关系时有此表述：“档案工作人员通常根据广泛的法定授权或机构政策执行其职责。但是，对于档案工作人员来说(无论是否任职)，没有正式的文件、档案或信息政策来指导他们，这绝非罕见。由于档案工作人员(雇员)必须遵守雇主的期望、行为标准或指导，例如举止和服从、处理机密性或隐私问题、资源水平等，这些可能与专业标准相抵触。”这表明澳大利亚档案工作者协会认识到该《规范》涉及的多元社会主体以及档案工作者在其中的尴尬处境，

---

① Glenn Dingwall. Trusting Archivists: The Role of Archival Ethics Codes in Establishing Public Faith[J]. The American Archivist, 2004, 67(Spring/Summer): 11-30.

② Mary Neazor. Recordkeeping Professional Ethics and their Application[J]. Archivaria, 2007(64): 47-87.

③ Code of Ethics[EB/OL]. [2020-03-16]. https://www.archivists.org.au/about-us/code-of-ethics.

而"该准则旨在为所有人制定最低行为标准"其实也为档案工作者开展工作提供了底线和灵活度。

此外，该《规范》重点强调了档案的"访问、保密和隐私"，突出对个人知情权和隐私权的保护。如第三部分"专业职责和文件"中规定，"档案工作人员确保任何有权使用其服务或查阅其保管的文件的人都可以正常访问，且不受歧视或优惠待遇，但须注意法律、行政或行政决定或文件的所有者或捐赠者对文件访问的限制……并且不鼓励限制对文件的访问和利用"，隐私权方面，"档案工作人员应保护雇主、客户、捐赠者和利用者在查找信息和咨询的材料方面的隐私……不将一个用户的研究问题出卖给另一个用户……"

【评注】

在结构方面，格伦·丁沃尔(Glenn Dingwall)认为澳大利亚的《道德规范》与其他国家将一般原理与评注、解释结合的模式不同。它由更多的条款组成，解释性陈述较少，且每个条款都比国际档案理事会(ICA)、美国档案工作者协会(SAA)、加拿大档案工作者协会(ACA)的相关法规中阐明的一般原则更为具体。此外，该规范对涉及收益和潜在商业利益冲突的问题给予了极大的关注，但与此同时，缺少对档案工作者相关活动的描述和讨论。① 玛丽·尼尔佐(Mary Neazor)认为《道德规范》存在前后矛盾的表述，她认为："尽管澳大利亚档案工作者协会通过的《道德规范》在序言中指出'档案工作者可以参与文件和系统的管理和设计'表现出该规范扩展到信息/文件管理领域的可能性，但它后续对档案的界定又潜在地限制了该规范的适用广度。"②

(四)日本国家档案馆：《档案工作者业务职责与能力要求》(*Standard of Tasks and Competencies for Archivists*)

2018年12月，日本国家档案馆颁布实施了《档案工作者业务职责与能力要求》③(*Standard of Tasks and Competencies for Archivists*)，该《要求》主要有五部分：①档案工作者的任务；②档案工作者的道德准则和基本职位；③任务；④必要的知识和技能；⑤备注。该要求建立了一个系统培养档案工作者的结构，分为"(1)鉴定、鉴选、扩充馆藏；(2)馆藏管理；(3)提供利用；(4)外联与交流服务"4个职能领域，确立了22条档案工作者的具体业务职责和所需能力要求，并对所需要的36个能力进行说明。其中，在第2部分"档案工作者的道德准则和基本职位"中指出"档案工作者必须按照国际档案理事会《档案工作者

① Glenn Dingwall. Trusting Archivists: The Role of Archival Ethics Codes in Establishing Public Faith[J]. The American Archivist, 2004, 67(Spring/Summer): 11-30.

② Mary Neazor. Recordkeeping Professional Ethics and their Application[J]. Archivaria, 2007(64): 47-87.

③ National Archives of Japan. Standard of Tasks and Competencies for Archivists[EB/OL]. [2020-03-16]. http://www.archives.go.jp/about/report/pdf/TasksandCompetencies_NAJ.pdf.

职业道德准则》(1996年9月6日在北京举行的国际档案大会上通过)开展工作。档案工作者还应始终确保公平和中立，真诚地履行其使命，不屈服于通过操纵证据隐瞒或歪曲事实的压力，保持高度的职业道德，以及不断自我改进的坚定态度”。

【评注】

原崎和木(Apakaki Kazuaki)在《日本国家档案馆面临的数字挑战：浅谈数字技术的应用与新时代档案职业的培养》一文中提到：“在数字政府转型的过程中，日本正在迅速开展档案数字化工作，亟须档案机构提供一个全面的专业培训系统。换言之，面对当前档案多样性急剧增加的数字时代，需要重新思考档案工作者的使命和应完成的任务。该作者同时提出日本国家档案馆保护和培训档案工作者计划的三个要点：①编制《档案工作者业务职责和能力要求》；②以《要求》作为培育专业人员的基础；③建立档案工作者能力认证制度(预计于2020年开始)。”①将数字技术的应用与档案工作者的业务职责和所需能力密切联系起来，通过档案工作者的培训，使其充分利用知识和与数字化有关的技术进行档案管理。

(五)欧盟历史档案馆：《档案职业道德守则》(*Code of Archival Ethics*)

2023年10月，根据国际档案理事会(ICA)的建议，欧盟历史档案馆(HAEU)发布了《档案职业道德守则》(Code of Archival Ethics)，作为欧洲大学学院(EUI)《学术研究伦理守则》的补充。该守则明确规定了档案工作者对档案保管者、研究人员和公众的职业责任，涵盖了档案工作全流程。内容主要由四个部分组成，分别是档案馆的使命、职业操守、档案工作流程和档案的可获取性。同时，针对HAEU机构的独特性，专门对档案工作者的专业技能和岗位职责作出相关规定，并就公众获取和查阅HAEU档案的权利提供了建议。②

其中，守则在第二部分职业操守中提出“欧盟历史档案馆的档案保管者和工作人员都是经过专业培训的专家，至少掌握三种欧盟官方语言。他们拥有跨国文化思维，并通过大量跨文化关系与合作活动不断丰富这种思维。我们鼓励档案馆工作人员参与与其档案能力相关的专业发展活动”③。

---

① Apakaki Kazuaki. Digital Challenges Facing the National Archives of Japan: Towards the Application of Digital Technologies and Cultivation of Archival Profession in the New Reiwa Era [EB/OL]. [2020-07-04]. http://www.archives.go.jp/english/news/pdf/20191125_27e_09.pdf.

② European University Institute. HAEU Code of Archival Ethics now online [EB/OL]. [2024-03-26]. https://www.eui.eu/news-hub? id=haeu-code-of-archival-ethics-now-online&lang=en-GB.

③ Historical Archives of the European Union Code of Archival Ethics-2023. [EB/OL]. [2024-03-26]. https://www.eui.eu/Documents/Research/HistoricalArchivesofEU/Official-Documents/HAEU-Code-of-Archival-Ethics-2023.pdf.

小　结

档案职业作为社会职业形态之一，其发展对档案事业和社会发展具有重要的意义。档案工作人员身为档案职业的主体，不仅应具有专业的档案知识和技能，也应具备良好的职业道德素质。“档案工作人员职业道德规范”既是衡量其职业素质、道德水平的可靠标准，也是档案工作人员开展档案工作的指南针。总的来说，国外档案职业道德规范的制定有以下几个特点：

第一，从制定主体来看，除了国际档案理事会这一国际组织，其他国家档案职业道德规范的制定者多为本国档案工作者协会。一方面，它们作为专业的档案组织，对本国档案事业的发展状况及档案学的研究现状掌握深刻，拥有大量的专业人才，能从实际出发制定具有可操作性的规范、准则。另一方面，由档案工作人员自发形成的组织制定的档案职业道德规范又存在欠缺约束力的问题。

第二，从结构角度来看，大多数国家的档案职业道德规范采用原则加评注解释的模式，这种模式对原则的具体运用落实有很大帮助。

第三，从内容角度来看，一方面，国外档案职业道德规范都对档案工作者从事档案职业活动的基本原则、基本态度、基本职责进行了规定和约束。具体而言，它们均涉及保护档案真实与完整、积极提供档案利用、处理好档案所有者、利用者、保管单位等各方的权利关系、遵守利用和隐私两大原则、不得利用职业优势谋利，以及要公正、无歧视地开展职业活动等方面，但又并非面面俱到的详细规定，而是简洁明了、一目了然的文字陈述。另一方面，其内容涉及档案工作人员、公众、档案工作人员服务的机构、档案工作者协会等多个主体，体现出对档案工作人员的要求，对公众权利、所服务机构的利益以及档案职业发展的关怀。

第四，随着社会环境和档案实践的变化，它们均从档案利用的角度对制定的档案工作人员行为规范进行了修订。例如，美国自 1955 年制定了档案工作者职业道德规范以来，分别于 1980 年、1992 年、2005 年、2012 年、2020 年先后进行五次修订。①

对于我国而言，1996 年国际档案大会通过的《档案工作者职业道德准则》是对世界各国档案职业道德行为和道德规律的总结和浓缩，也是一般意义上的职业道德规范，并未考虑到我国档案工作特殊的职业环境。且其发布的时间距今已有 20 余年，在这期间我国的档案工作在体制改革和技术应用方面都发生了变化，这就使得如何基于国情建设适用于我国档案工作的职业伦理制度显得迫在眉睫。②

然而，我国至今尚没有一个由档案专业协会或国家档案行政管理机关制定的档案职业道德规范，仅在《档案法》第十一条规定：“国家加强档案工作人才培养和队伍建设，提高

① 陈阳，赵娟. 基于职业主体的中外档案职业比较研究[J]. 档案，2018(6)：17-21.

② 杨光. 道德结构理论视角下档案职业伦理的缺失与建构[J]. 档案学通讯，2017(3)：84-88.

档案工作人员业务素质。档案工作人员应当忠于职守，遵纪守法，具备相应的专业知识与技能……”或在部门规章中规定档案工作者的专业要求。如2023年修订的《企业档案管理规定》提到“企业应当加强档案工作人才培养和队伍建设，提高档案工作人员业务素质，为其评聘职称创造条件。档案工作人员应当忠于职守、遵纪守法，具备相应的专业知识与技能”。2018年修订的《机关档案管理规定》提出“档案工作人员应当为机关正式在编人员，且政治可靠、遵纪守法、忠于职守，具备胜任岗位要求的工作能力。档案工作人员应当熟悉机关工作，具备档案管理、信息管理等相关知识背景，并定期参加业务培训。不具备前述知识背景的档案工作人员，应当经过相关专业知识和技能培训”。这就使得档案工作者缺乏专业规则及职业道德规范的制约。而档案作为国家重要的信息资源，对道德规范的遵循也应成为档案工作者的任职条件之一，宽泛的道德原则要求无法体现出对档案职业保密性、服务性等的特殊要求。现有的档案法仅能针对法律层面的违法案例进行惩处，属于“事后”惩处。就我国实际来讲，应由国家档案局牵头组织力量，在全国档案业界、学界集思广益，借鉴国际上的相关标准，共同研究制定我国的档案行业道德规范，从而形成道德与法律的双重约束，促进本行业乃至整个社会道德水平的提高。

档案工作者职业道德建设

课后思考题

1. 我国档案工作人员有哪些类型？
2. 简述档案工作人员应履行的职责。
3. 简述档案职业道德的特点。
4. 档案职业道德包含哪些内容？
5. 为什么要加强档案职业道德建设？
6. 我国档案职业道德的建设包含哪两种形式？
7. 简述国际档案界档案职业道德的相关规定。
8. 简述美国、加拿大、澳大利亚、日本档案职业道德相关规定的区别和联系。

第八章　国外部分国家档案立法概览

本章要点

◎ 介绍法国、美国、加拿大、英国、俄罗斯、瑞士、比利时、澳大利亚档案立法的历史沿革评价。
◎ 简述法国、美国、加拿大、英国、俄罗斯、瑞士、比利时、澳大利亚档案立法的内容与特点。
◎ 评价法国、美国、加拿大、英国、俄罗斯、瑞士、比利时、澳大利亚档案立法。

一、法国档案立法

法国大革命时期的政权更迭，产生了保存旧政权档案的需求，这一需求推动了档案立法的形成。1794 年，《穑月七日档案法令》的颁布标志着世界上第一部近代档案法的出现。此后近 200 年时间里，法国围绕档案工作的发展与变化，颁布了各类法令和行政规定。20 世纪 70 年代，由于透明政府建设和政府信息公开的需要，法国将之前颁布的法律条文进行整合和修订，形成了 1979 年《档案法》。2004 年，《档案法》被纳入《遗产法典》(*Code du Patrimoine*)，成为法典的第二卷：《档案馆》(*Livre Ⅱ：Archives*)。2008 年，第二卷“档案馆”被重新修订。①

(一)法国档案立法历史沿革(1789 年至今)

1. 档案立法的萌芽阶段：大革命时期(1789—1800 年)

最初的档案立法在大革命时期出现，当时并没有遇到太多的障碍和困难。因为在这个

① LOI n° 2008-696 du 15 juillet 2008 relative aux archives (1) [EB/OL]. [2024-05-11]. https://www.legifrance.gouv.fr/loda/id/JORFTEXT000019198529? dateSignature = 01% 2F01% 2F2008 +% 3E + 31% 2F12% 2F2008&datePublication = &etatTexte = VIGUEUR&etatTexte = ABROGE_DIFF&sortValue = PUBLICATION_DATE_DESC&pageSize = 50&page = 39&tab_selection = all#lois.

时期，档案学在法国还处于萌芽阶段，几乎不为人所知，也就不存在任何对立的法理指导。在《穑月七日档案法令》出现之前，法国就已零散地出现与档案管理相关的法律条文。这些规定多在处理宗教机构和皇家政权财产移交的过程中产生，如在1789年11月27日，路易十六发布"公众信"，要求寺院和教会向法庭和市政府的书记室，提交其图书和档案目录；1790年9月12日，国会决定建立"国家档案馆"(Archives Nationales)，用来保存其档案文件。①

伴随大革命的深入发展，国家面临着政治和社会的巨大变革，大量的行政和法律文件需要妥善管理，革命者越来越意识到档案工作的重要性。特别是在1790年国家档案馆建立以后，迫切需要一部专门针对档案管理的法律，对其工作进行限定和指导。正是在此现实需求推动下，《穑月七日档案法令》应运而生。

从形式上来看，它的颁布标志着世界范围内第一部近代档案法的出现，开创了整个近代档案立法的先河，具有非常重要的里程碑意义。从内容上来看，它强调国家对地方档案机构的管理，确立集中制的档案管理模式。最为重要的是，该法令提出："查阅和获取档案是一项公民权利；国家档案应该免费向公众开放。"这是世界范围内第一次明确提出"档案公开"的思想，并将其认定为"公民权利"(Droit Civique)。该思想被欧洲档案学界认为是"革命性的突破"②。在此之前，档案作为统治阶级的工具，仅向皇权人员、部分政府官员和拥有特权的研究人员开放。在《穑月七日档案法》颁布之后，为了更好地管理地方档案，法国颁布了《雾月五日档案法》③和《雨月二十八日档案法》④来调整地方档案管理工作。

2. 档案立法的形成阶段：档案学建立(1838—1970年)

大革命之后，档案学在法国逐渐建立与发展，开启了法国档案立法的第二个主要阶段。在拿破仑的倡导下，法国国立宪章学院(又称"法国档案学院"或"法国文献学院"，École nationale des chartes)于1821年成立。该学院是世界上最早的档案学院之一，其建立目的是开展历史学、档案学和古文字学(Paléographe)的研究，为法国公共档案机构定向培养馆员。随着档案学在法国的进一步建立与发展，专业的档案工作者团队不断扩大，档案工作开始更广泛地被大众所熟知和接纳。档案立法工作也随之进一步丰富和深入，不再像大革命时期只是"档案管理"的理念，而是将档案学的理论与原则逐渐融入立法工作中。例如，1841年4月10日指令，规定了省级档案馆的归档范围，同时规定了档案局(Bureau

---

① Décret du 12 septembre 1790 [EB/OL]. [2021-01-11]. https://assignat.fr/3-loi/loi-1790-09-12.

② Michel Duchein. The History of European Archives and the Development of the Archival Profession in Europe[J]. The American Archivist, 1992, 55(1): 14-25.

③ La loi du 5 brumaire an V[EB/OL]. [2021-01-11]. http://archives.sarthe.fr/r/236/la-loi-du-26-octobre-1796-et-la-creation-des-archives-departementales/.

④ Loi du 28 pluviôse an VIII[EB/OL]. [2021-01-21]. http://www.cndp.fr/crdp-reims/ressources/dossiers/prefets/panneau2.htm.

des archives)归内务部管理。同月,“尊重全宗原则”被写入档案局的法规中。

3. 档案立法的新阶段(1979 年至今)

20 世纪 70 年代,随着透明政府建设的需要,法国出台了一系列与政府信息公开相关的法律。其中包括 1978 年 1 月颁布的《信息与自由法》①和 1978 年 7 月颁布的《行政文件获取法》②以及 1979 年 1 月颁布的《档案法》③,三部法律共同架构起法国政府信息公开的立法体系。

此后,1983 年的法国行政机构的改革④,对档案工作产生了巨大影响。随着法国行政机构权力下移,国家档案部门只管理中央部门的档案,地方政府成为其档案的所有人,自主管理其管辖范围内的档案。同时,伴随着社会发展和技术革新,1979 年《档案法》的很多内容已经不能满足实际工作的需求。为此,法国档案局时任局长吉尔·布莱邦(Guy Braibant)先生于 1996 年撰写《法国档案工作发展现状》⑤(*Les archives en France: Rapport au Premier ministre*)报告,阐述了法国全面修订一部新的档案法之必要性。此后,法国档案界和立法界着手档案法的修订工作,这一工作进行了十年之久。

在此过程中,欧盟出台《个人信息保护指令》⑥(1995)和《公共部门信息再利用指令》⑦(2003),指导成员国调整本国相关法令,使其符合欧盟标准。2004 年法国颁布《遗产法典》,涉及档案立法的部分被纳入该法典的第二卷“档案馆”。2006 年,法国文化部进行机构调整,将原来直属于文化部的法国档案局(Direction des archives de France, DAF)更名为法国档案服务部(Service interministériel des Archives de France, SIAF)与建筑遗产部和博物馆部共同组建了法国文化部遗产司(Direction générale des Patrimoines)。2008 年,1979 年《档案法》颁布近 30 年之际,在行政改革、社会发展以及技术进步的三重推动下,法国颁布 La loi n° 2008-696 号法令,对《遗产法典》中的第二卷“档案馆”进行全面修订。

---

① Loi n° 78-17 du 6 janvier 1978 relative à l'informatique, aux fichiers et aux libertés[EB/OL]. [2021-01-11]. https://www.legifrance.gouv.fr/loda/id/JORFTEXT000000886460/2021-01-11/.

② Loi n° 78-753 du 17 juillet 1978 De la liberté d'accès aux documents administratifs[EB/OL]. [2021-01-11]. https://www.legifrance.gouv.fr/loda/id/JORFTEXT000000339241?tab_selection=all&searchField=ALL&query=Loi+n%C2%B0+78-753+du+17&page=1&init=true.

③ Loi n° 79-18 du 3 janvier 1979 sur les archives[EB/OL]. [2021-01-11]. https://www.legifrance.gouv.fr/loda/id/LEGITEXT000006068663/2021-01-11/.

④ 1983 年政府行政改革后,中央政府将部分权力下移至地方政府。不同层级的地方政府不但管理的地幅不同,其管理的社会领域也不同。每个法国公民所直接面对的不再是一个政府,而是四个政府:市镇政府、省政府、大区政府和中央政府,他们各有专职,独负其职,分别服务于公共生活的某一个或几个方面。例如:大区政府主要负责其区域内的经济计划,省政府负责社会保障,市镇政府负责为居民生活提供密切相关的服务等。

⑤ Guy Braibant. Les archives en France: rapport au premier minister[EB/OL]. [2021-01-11]. https://www.vie-publique.fr/sites/default/files/rapport/pdf/964093000.pdf.

⑥ Directive 95/46/CE du Parlement européen et du Conseil, du 24 octobre 1995, relative à la protection des personnes physiques à l'égard du traitement des données à caractère personnel et à la libre circulation de ces données[EB/OL]. [2021-01-11]. https://eur-lex.europa.eu/legal-content/FR/TXT/?uri=celex%3A31995L0046#.

⑦ Directive 2003/98/CE du Parlement européen et du Conseil du 17 novembre 2003 concernant la réutilisation des informations du secteur public[EB/OL]. [2021-01-11]. https://www.legifrance.gouv.fr/jorf/id/JORFTEXT000000521881.

(二)法国《遗产法典(第二卷：档案馆)》内容解读

《遗产法典》的第二卷：档案馆，是与档案相关的立法内容。该部分以1979年《档案法》的内容为基础，于2008年7月修改了其中的20条，删除已经不符合时代发展的部分，新增了在近三十年过程中其他立法对档案工作有影响的内容，同时更改了部分法律条文的表述方式，使之与《遗产法典》其他章节内容相协调。修改后的第二卷分两个部分："档案制度的基本规定"(Régime général des Archives)和"司法音像档案"(Archives audiovisuelles de la justice)。其中，"档案制度的基本规定"是档案立法的主体部分，它由四章组成：一般规定，收集、保存和保护，利用规则，惩罚。

1. 一般规定(Dispositions générales)

"一般规定"中定义了档案工作的基本内容。这一章节首先明确了"档案"的概念：档案是所有自然人和法人活动中产生或接收的，无论其产生时间、保存地点、存在形式、载体状态，所有文件的统称。(Article L211-1)在这个定义中强调了两点：第一，"档案"这个概念是不受存在形式(时间、形式、载体等)影响的；第二，不仅仅是社会活动中"产生"的叫档案，"接收"的也叫档案，例如在信件往来中，发出的和收到的信件属于档案范畴。

以档案的定义为基础，紧接着明确了"公共档案"(Archives publiques)和"私人档案"(Archives privées)的定义，以及不同的处理方式。指明"公共档案"是来源于以下部门的档案文件：(1)政府部门、国家机构、公共机构以及其他公共或私人部门为实现公共服务相关的文件；(2)政府服务的外包私人机构；(3)所有的公务员，特别是公证员所持有的公务文件。所谓的"私人档案"，使用排除法来定义："符合档案的定义，但不在公共档案范围内的其他所有档案的统称。"(Article L211-5)

此外，该章节强调了档案工作以服务"公共利益"为原则。档案工作人员需要遵守职业道德，对未公开档案的内容保密。档案工作的最高委员(无论其名称是什么)归属文化部管理。

2. 收集、保存和保护(Collecte, Conservation et Protection)

第二章"收集、保存和保护"是针对档案收集和保管流程的法律规定。值得一提的是，在这一部分中"公共档案"和"私人档案"是分开探讨的。前十四条针对公共档案的收集、保管、保存和保护问题，后十二条针对由公共档案部门保管的"私人档案"的管理问题。

在公共档案的部分里，着重强调了公共档案的"不受时效性"(Imprescriptibilité)，即公共档案自其产生开始就确定其"公共"性质，该性质不受时间变化的影响。这与整个《遗产法典》的"不可渡让性"原则保持一致。自1983年法国行政分权改革开始，地方政府成为其档案的所有人和责任人，对其档案有管理的责任和权力。Article L212-6 到 Article L212-

14，这八条规定了地方政府如何既确保档案的“安全性”，同时需要采取不同的方式，使其馆藏档案的价值得以被公众了解。同时强调，国家档案局对地方档案馆的工作有“业务指导”和“技术监督”的责任。

在私人档案的部分里，着重针对“经国家档案部门认定的具有公共价值的私人档案”的管理问题(Article L212-15)。这类对国家有历史价值的私人档案，在其所有权不变的前提下应受国家监管。它的买卖、转让等问题必须提前十五天报备国家档案馆(Article L212-23)。未经国家档案机构许可，任何人不可以对其进行修改或篡改(Article L212-25)。同时，规定允许这类私人档案仅可短期出境(Article L212-28)。

3. 档案的公开与利用 (Régime de communication)

法国公共档案以“自由公开”(Libre communication)为原则，除非涉及其他权利矛盾(例如隐私权等)需要设立封闭期，其他公共档案都应随时向公众公开。这是 2008 年对《遗产法典》(第二卷：档案馆)修改时最重要的改变。它删除了自 1979 年《档案法》颁布以来法国公共档案 30 年的普遍封闭期，而将这个数字降为“0”。所有入馆之前根据《行政文件获取法》要求可以公开的“行政文件”，则可以直接公开。

若涉及其他权利矛盾，需要封闭一段时间，则根据不同类型和内容，遵循具体的 25-120 年不等的封闭期限。这些特殊的档案可以根据法律的规定“推迟公开”(art. L. 213-1)，或者“提前公开”(L. 213-2)。对于尚未到公开期限的档案，公众和研究人员仍然有权向档案的所属机关提出提前公开的申请，被称为“公开特许”(Dérogation)。档案部门针对申请提前公开的档案内容，与档案原形成部门进行探讨，确认是否可以提前公开。如果档案部门拒绝提前公开的申请，需要给出明确的理由，并在两个月内进行回复(L. 213-1, 2)。在法国，目前每年申请提前公开档案的数量约为 62000，其中 96%的申请最终经同意提前公开。

4. 刑事处罚(Disposition pénale)

最后一章，主要针对档案工作中可能出现的违法现象及其相应的处罚规则。2008 年的《遗产法典》对该部分进行了全面修改。修改之后，对于危害公共档案(以及经国家归档后保存在公共档案馆的私人档案)的行为，将进行具体的惩罚，例如：利用职权，非法占有、盗取或销毁其管辖范围内的公共档案，将被处以 3 年有期徒刑和 45000 欧元的罚款。同时，有可能被剥夺民法权利和公民权利，并且从此不可在公共部门任职，禁止从事某些专业活动(Article L214-3)；经国家归档后的私人档案的拥有者，私自转让或销毁其持有的私人档案，将被处以 3 年的有期徒刑和 45000 欧元的罚款(Article L214-6)等。刑罚的范围既涉及公共档案，同时，涉及对国家有价值的私人档案，通过加强惩罚措施，确保档案遗产的安全。

5. 司法音像档案(Les archives audiovisuelles de la justice)

司法审理过程中的视频档案，具有复杂性和特殊性。因此，在整体档案管理的规定之外，需单独讨论“司法音像档案”的管理和权利问题。该部分确认可以通过视频的形式记录下部分案件审理过程，保存法庭遗产(Patrimoine de la justice)。这部分的法律条文中还详细规定了申请拍摄的过程，决定机关以及拍摄过程等具体问题(Article L221-2，3，4，5)。

此外，司法音像档案的利用问题也被专门列出。自诉讼彻底完结且不能继续申诉为止，审理过程中的视频档案才可以开始使用。庭审记录的影音材料根据机关决定意见，可以为历史研究或者科学研究的需要提供利用。但是，它们的复制和公开需要得到法官的允许。对于违反人权的案件的审理，自案件彻底结案后，可以立刻被扩散(Diffusion)。视频自拍摄之日起，五十年以后，可以自由地被复制和扩散，不受限制(Article L222-1，2，3)。①

国外档案立法——
法国档案立法

二、美国档案立法

美国档案事业管理体制的总体特征是全局分散、中央集中。在联邦政府系统内部，档案工作实行高度集中的统一管理。美国国家档案与文件署(The National Archives and Records Administration，NARA)是联邦政府档案工作行政管理的最高管理机构，直接领导和管辖指导国家档案馆及地区分馆、联邦文件中心和总统图书馆，依法制定并组织实施联邦政府档案工作相关规定和标准。各州制定档案法规对州及所属市、县档案工作进行规范，不受联邦的管理和制约。美国国家档案与文件署同各州档案馆既无纵向的隶属关系，也无横向的业务关系。在立法层面，中央和各州拥有各自独立的立法权，各州政府参考美国国家档案与文件署制定的档案管理法律规范和标准来制定本州档案管理法规。本部分将重点介绍联邦档案立法相关内容。

(一)美国档案立法历史沿革

1934年6月19日，美国国会批准、罗斯福总统签署的《国家档案馆法》(*National Archives Act of 1934*)②，这是美国第一部专门的档案法令。该法令宣布了国家档案馆的诞

① 注：本节主要参考王玉珏. 遗产保护体系下的档案立法：法国《遗产法典(第二卷：档案馆)》解读[J]. 档案学通讯，2016(4)：17-22.

② 注：《国家档案馆法》(*National Archives Act of* 1934)又称《关于建立国家档案馆的法令》(*An Act to establish a National Archives of the United States Government, and for other purposes*)，本书选取《国家档案馆法》的译法。

生，确立了国家档案馆作为政府直属机构在美国政府中的独立地位。

在立法层面，《美国法典》(*United States Code*，*USC*)第 44 卷“公共印刷与文件”(Public Printing and Documents)中第 21、22、29、31、33 章，是联邦档案管理法律的主要章节。①

除专门的档案法律外，《美国法典》几乎每个主题卷中有对相关档案管理的规定或要求。同时，《联邦法规》(*Code of Federal Regulations*，*CFR*)是法律的具体化，为法律的具体贯彻执行提供了依据，其中涉及联邦档案管理的法规在第 36 卷“公园、森林与公共财产”(Parks，Forests，and Public Property)第 12 章《联邦档案馆藏与档案管理法规》中。除联邦档案法律外，美国各州还制定有大量州档案法律，这些法律法规在不同程度、不同范围规范指导了美国的档案工作。美国档案相关立法概况如表 8-1 所示。

表 8-1　美国联邦档案立法概览(部分)

名　称	颁布时间	主要内容
《国家档案馆法》(*National Archives Act of 1934*)	1934 年	规定国家档案馆的设立及其职责。
《国家档案和文件管理法案》*National Archives And Records Administration Act*，(*44 U. S. C. Chapter 21*)，*1985*	1985 年	国家档案与文件署的设立及其地位；任命与职责；历史材料的接收；档案的受托保管、利用与撤回；档案的保管、整理、复制与展示；声像档案保存；利用限制等。
《总统档案法》*Presidential Records Act*，(*44 U. S. C. Chapter 22*)，*1978*	1978 年	明确总统档案的共有属性，并对总统档案进行界定； 总统档案的所有权； 总统档案的管理和保管； 限制查阅总统档案； 限制利用的例外情况； 条例； 副总统档案的管理办法； 使用非官方电子通信帐户进行公务的披露规定等。
《国家档案局档案管理法》*Records Management by the Archivist of the United States*(*44 U. S. C. Chapter 29*)，*1984*	1984 年	定义； 档案管理的目标； 财产的监管与控制； 档案管理的一般职责； 制定档案选择性留存标准及安全措施； 机关档案检查； 档案中心与集中式管理或数字化服务； 规章； 档案保存； 自由民事务管理局档案的保存； 公务活动使用非公务电子通信账户的公开要求。

① 国家档案局政策法规研究司. 境外国家和地区档案法律法规选编[M]. 北京：中国政法出版社，2017.

续表

名　称	颁布时间	主要内容
《联邦机构档案管理法》*Records Management by Federal Agencies（44 U. S. C. Chapter 31），1976*	1976 年	各联邦机构负责人的档案管理职责和一般职责； 建立档案管理方案； 档案移交至文件中心； 移交档案的认证和确认； 保障措施，规定为防止丢失和损坏档案的安全保证措施； 规定了各联邦机构负责人对非法丢弃、销毁档案的责任； 规定了美国总审计长相对应的职权。
《档案处置法》*Records Disposal Act（44 U. S. C. Chapter 33），1943*	1943 年	档案处置的目的和意义、档案的分类、档案处置的条件、特殊档案的处置、处置的方法及效果的检查等。
《联邦档案馆藏与档案管理法规》*National Archives and Records Management Act，（36 CFR. Chapter 12）*	—	该法规分为总则、档案管理、公共利用、解密、总统档案、尼克松总统材料、NARA 设施、肯尼迪刺杀档案等八个分章。
《总统和联邦档案法修正案》*Presidential and Federal Records Act Amendments of 2014*	2014 年	加强"联邦档案法"，扩大联邦档案的定义，明确包括电子档案； 确认联邦电子档案将以电子形式移交到国家档案馆； 授予美国档案工作者联邦档案的鉴定权； 授权将联邦和总统的永久电子记录尽早移交给国家档案馆，同时由该机构或总统负责合法保管； 明确联邦政府官员在使用非政府电子邮件系统时的责任，等等。

(二)联邦机构档案立法

由于联邦机构档案法的数量以及涉及的内容较多，以下选取较为典型和重要的档案立法进行介绍。

1.《国家档案馆法》(*National Archives Act of 1934*)①

1934 年 6 月 19 日，罗斯福总统签署了《关于建立美国国家档案馆的法令》(*An Act to establish a National Archives of the United States Government, and for other purposes*)，又称《国家

① National Archives. Creating the National Archives[EB/OL]. [2020-08-17]. https://www.archives.gov/publications/prologue/2004/summer/nat-archives-70.html.

档案馆法》。这是美国建国史上第一个专门的档案法令。该法令的主要内容包括：

①机构设置及人员任命；

②档案工作者的年薪及国家档案馆人员的任职条件；

③政府档案的管理；

④国家档案馆设施；

⑤设立国家历史出版委员会(National Historical Publications Commission)

⑥设立国家档案馆理事会(National Archives Council)；

⑦国家档案馆在音像档案接收、保存和利用方面的职责；

⑧加盖公章；

⑨档案工作者向国会进行年度报告；

⑩财务；

⑪指控。

它规定了国家档案馆工作人员的任职条件和标准，宣布了美国国家档案馆的诞生，确定了该馆作为政府直属机构在美国政府机构系统中的独立地位。

2.《国家档案馆和文件管理法案》[*National Archives And Records Administration Act*，(*44 U. S. C. Chapter 21*)，*1985*][①]

《国家档案馆和文件管理法案》由国家档案与文件署(The National Archives and Records Administration，NARA)于1984年10月19日颁布，自1985年4月1日起生效。其主要内容包括：

①总统档案馆、历史材料、局长、国家档案馆和档案管理局等的定义；

②国家档案与文件署的设立及其地位；

③档案局局长、副局长等的任命；

④行政管理规定，主要指档案局局长的职责及权限；

⑤人事与服务，档案局局长的权利、官员及职员的选择雇用；

⑥向国会的报告，报告的时间及内容；

⑦接收档案为历史保管；

⑧档案的受托保管、利用与撤回；

⑨档案的保管、整理、复制与展示；

⑨档案利用服务；

---

① National Archives And Records Administration[EB/OL]. [2020-03-22]. https://www.govregs.com/uscode/title44_chapter21.

⑪接受保存的材料；

⑫总统档案馆；

⑬各州条约馆藏；

⑭声像档案保存；

⑮报告：违规之更正；

⑯复制件的法律效力、官方印章、拷贝及复制收费；

⑰关于信函及其他知识产品在展示、审查、研究、复制等利用时的责任限制；

⑱国会档案；

⑲合作协议；

⑳在线利用华盛顿、汉密尔顿、杰弗逊、富兰克林、亚当斯、麦迪逊等开国先辈的文件。

该法的颁布实施使国家档案与文件署成为政府行政部门中的一个独立机构。此外，其中第二条"兹设立政府独立行政部门——国家档案与文件署，由局长负责监督和指导本行政机关的行政管理工作"明确了国家档案与文件署作为独立的政府行政部门的地位；第七条"接受档案为历史保管"除了相关条文规定，还遵从《1992 年约翰·F. 肯尼迪总统遇刺档案收集法案》(*President John F. Kennedy Assassination Records Collection Act of 1992*)、国家奴役、解放黑奴和内战后档案数据库的重建，以及《2018 年民权悬案档案收集法》(*Civil Rights Cold Case Records Collection Act of 2018*)等的相关档案收集规定；第十一条"接受保存的材料"中，特别强调了特定总统材料的接受保存须遵循《总统录音与材料保存法》(*Presidential Recordings and Materials Preservation Act*，*1974*)。

3.《总统档案法》[*Presidential Records Act*，(*44 U. S. C. Chapter 22*)，*1978*][①]

1978 年，美国国会正式通过《总统档案法》,《总统档案法》主要用于规范 1981 年 1 月 20 日以后创建或接收的总统和副总统(即从里根政府开始)的官方正式档案的管理工作。该法律改变了总统档案的所有权，从私人转为公共。其主要内容是：

①明确总统档案的共有属性，并对总统档案进行界定；

②现任总统档案的保管和管理权仍属于总统本人；

③区分个人档案与总统档案；

④在处理意见得到国家档案馆馆长的审核同意的情况下，现任总统有权处置不具有行政、历史、信息或证据价值的档案；

① Presidential Records Act (PRA) of 1978[EB/OL]. [2020-03-15]. https://www.archives.gov/presidential-libraries/laws/1978-act.html.

⑤总统档案自总统离任后自动移交档案管理员合法保管；

⑥明确公众利用档案的规定，公众可根据《信息自由法案》调阅总统档案，但总统有权申请对6类档案保密期的延长；

⑦副总统档案的管理办法与总统相同；

⑧国会、法院或相关部门申请接触军事、外交、官员任命、商业机密、个人医疗信息等相关保密档案时，必须提前30天告知时任总统及现任总统等；

⑨公务活动使用非公务电子信息账号的公开要求。

2014年《总统档案和联邦档案修正案》再次明确对总统档案的生成、收集、保管和使用规定，建立了前任总统和现任总统依据宪法赋予的特权审查总统档案的成文程序。同时，该修正案首次规定，不得使用“非官方电子信息账户”生成总统档案。但什么账户属于“非官方”，修正案缺乏明确界定。

【知识补充】

实际上，总统档案成为国家档案在美国其实是近代才有的制度。从乔治·华盛顿总统到富兰克林·罗斯福总统，对于近200年的33位美国总统而言，他们在白宫处理的文件都是私人物品，总统可全权处置本人所有的文书，直到20世纪70年代，“水门事件”①爆出丑闻，使得总统档案的所有权成为政治斗争的焦点。

东窗事发后，尼克松与白宫总务管理局立即签署了一份“尼克松—桑普森”协议，再次“确认”总统对其档案的所有权。国会根据1974年通过的《总统档案与材料保管法》拒不承认“尼克松—桑普森”协议的合法性，严令白宫立即向司法部门交出录音等涉案档案。这个案子最终闹到最高法院，法官裁定总统对白宫档案享有的行政特权是有限度的。由此，为了防止争议重演，1978年美国国会正式通过《总统档案法》，对总统档案的所有权等相关问题做出了规定。②

此后的美国总统也出于自身利益对《总统档案法》造成了不同程度的冲击。如2001年11月1日，小布什总统颁布行政令，授权上一任、现任总统甚至是副总统有权阻止公众利用总统档案。这一行政令几乎全盘推翻《美国总统档案法》，这与上任总统里根和作为里根助手的老布什之间的机密通信档案不无关系。

① 注：在1972年的总统大选中，为了取得民主党内部竞选策略的情报，尼克松总统下令在位于华盛顿水门大厦的民主党全国委员会办公室，安装窃听器并偷拍有关文件，非法窃取政治对手竞选秘密。事件发生后尼克松曾一度竭力掩盖开脱，但在随后对这一案件的继续调查中，尼克松政府里的许多人被陆续揭发出来，并直接涉及尼克松本人，从而引发更为严重的宪法危机。

② 郭彩虹.《美国总统档案法》的“斗法史”[N].中国档案报，2017-04-17(003).

4.《美国档案馆馆长档案管理法》[*Records Management by the Archivist of the United States*(*44 U. S. C. Chapter 29*), *1984*]

《美国档案馆馆长档案管理法》是《美利坚合众国法典》(简称《美国法典》)①的一部分，为第44卷公共印刷及文档的第29章，目前条文序号为§2901~§2912。早期设立该卷章的主要目的是解决早期联邦档案管理实践规范化、系统化不足的问题。相较于之前的版本，1984年版本首次在章标题中增加"美国档案馆馆长"，成为《美国档案馆馆长和总务管理局局长档案管理法》。此后，2014年版本删除了原标题中的"总务管理局局长"；因此，现该章节被称为《美国档案馆馆长档案管理法》。该法规旨在赋予国家档案与文件署及其档案馆长具体的职责和权力，特别是对美国档案馆馆长有序开展文件、档案管理工作予以指导和规范。

目前，该法规的最新条文主题如下②：

§2901. 定义

§2901 注：文件中心周转资金

§2902. 档案管理的目标

§2903. 财产的保管和控制

§2904. 档案管理的一般职责

§2905. 制定选择性保管档案的标准；安全措施

§2906. 机构档案的检查

§2907. 文件中心和集中缩微或数字化服务

§2908. 规章制度

§2909. 档案的保管

§2910. "自由民局"(Freedmen's Bureau)档案的保存

§2911. 使用非官方电子信息账户处理公务的披露要求

§2912. 保存电子信息和其他档案(2021年新增)

该法规的主要内容包括如下方面：

第一，该法规重点界定了美国档案管理工作的基本术语，如"档案管理""文件中心"等。其中，"档案管理"是指与档案形成、保存、利用以及档案处置有关的规划、控制、指导、组织、培训、推广和其他管理性活动，以便对联邦政府的政策和业务活动予以充分、

---

① 美利坚合众国法典(英语：Code of Laws of the United States of America，又称 United States Code，缩写为 U. S. C.)，简称美国法典，是美国联邦成文法的汇编法典。早期对美国国会立法通过的联邦成文法的法典汇编都由私人机构进行。1874年1月22日起，美国国会开始进行官方法典汇编。1926年，国会正式开始汇编《美国法典》，一般每6年刊印一版。该法典分为53编(title)，涉及广泛的、有逻辑组织的立法领域。每编之下可能细分作分编(subtitle)、部(part)、分部(subpart)、章(chapter)、分章(subchapter)。每一编均以节(section，或称作条，以"§"为前导记号)作为其基本连贯单元，并且同一编内的所有节连续编号，无论编之下是否存在高于节的单位。

② 具体内容可参见：https://www.archives.gov/about/laws/records-management.html.

适当的记录，并对机构运作进行有效和经济的管理；“文件中心”是指由美国档案馆馆长或其他联邦机构维护和运营的机构，主要用于存储、服务、安全保管和处置需定期保存且无需保留在办公设备或空间中的档案。

第二，该法规着眼于机构管理视角，对美国财政部设立“文件中心周转资金”予以专门性规定，强调该资金“用于支付联邦政府机构和其他部门在联邦国家和地区文件中心储存或保管所有临时和归档前联邦档案所需的费用”。

第三，该法规倡导建立档案管理的规范化标准和流程，指出档案管理的具体目标在于：①准确、完整地记录联邦政府的政策和业务活动；②控制联邦政府档案形成的数量和质量；③建立、维护档案形成有关的控制机制，以防范不必要档案的产生，并确保机构有效和经济地运作；④简化档案形成、保存、移交和使用的活动、系统和流程；⑤合理保存和处置档案；⑥持续关注档案从最初形成到最终处置的整个过程，特别强调规避不必要的联邦档案工作，并尽最大可能以数字或电子形式将档案从联邦机构移交到美国国家档案馆；⑦建立、维护美国档案馆馆长或署长认为必要的其他系统或技术。

第四，该法规较为全面地规定了美国档案馆馆长的具体职责，其关键要点涉及：直接保管、控制国家档案馆大楼及其设施；颁布法规，要求所有联邦机构尽可能将所有数字或电子档案以数字或电子形式移交至美国国家档案馆；检查任何联邦机构的档案或档案管理实践和计划，以便提出改进档案管理实践和计划的建议；为联邦机构提供建立、维护和运营文件中心以及集中缩微胶卷或数字化服务等。

5.《联邦机构档案管理法》[*Records Management by Federal Agencies* (*44 U. S. C. Chapter 31*), *1976*]①

《联邦机构档案管理法》同属于《美国法典》的一部分，为第 44 卷公共印刷及文档的第 31 章，目前条文序号为 § 3101- § 3107。目前最新版本为 2021 年版本。《联邦机构档案管理法》的制定是为了规范各联邦机构档案管理。该法案共 7 条，目的是规范各联邦机构档案管理。其中第二条“每个联邦机构的负责人应建立和维持一个积极、持续的方案，以便对该机构的档案进行经济有效的管理”和第五条“每个联邦机构的负责人应建立防止档案被移除或丢失的安全保障措施，机构负责人确定档案工作者应该遵循的规章制度。保障措施向该机构的官员和雇员公布”提出“经济、有效、安全”的档案管理要求；第三条“当联邦机构负责人确定这种行动可能影响经济效益或提高业务效率时，该机构的负责人应规定将档案移交到档案工作者维护和经营的文件中心，或经档案工作者批准后，移交到由联邦机构负责人维持和经营的中心”中所提到的“文件中心”则是美国管理半现行文件的重要机构。

① Records Management by Federal Agencies (44 U. S. C. Chapter 31) [EB/OL]. [2020-03-15]. https://www.archives.gov/about/laws/fed-agencies.html.

21世纪以来，技术进步带来机构运作方式的转变为机构档案管理带来了新的挑战和机遇，对电子通讯系统的使用和依赖使得各机构需要管理的档案数量和种类增加，迫切要求更新数字时代档案管理的政策和做法。2011年11月28日，时任美国总统奥巴马签署《总统备忘录——政府档案管理》(*Presidential Memorandum — Managing Government Records*)①。这份备忘录的目的是推动行政部门改革档案管理政策和做法，通过更好地记录机构的行动和决定，改进档案管理，提高管理效能，促进公开性和问责制。同时，确定21世纪联邦机构档案管理框架，奠定开放政府的基础。

此外，要求美国国家档案与文件署、管理与预算办公室、司法部通力合作，监督并执行备忘录中提出的各项工作。2012年8月24日，美国总统办公室以备忘录形式，向联邦各机构发布由管理和预算执行局(OMB)和国家档案馆和档案管理局制定的《政府档案管理指令》(*Managing Government Records Directive*, M-12-18号)②。该《指令》是依据2011年奥巴马签署的《政府档案管理》总统备忘录的要求，面向21世纪数字政府和档案管理改革要求而制定的，确立了21世纪美国政府档案管理的框架。2019年6月28日，美国总统办公室管理和预算执行局联合国家档案与文件管理署(NARA)向联邦行政部门和机关负责人发出《关于向电子档案过渡的备忘录》(*Transition to Electronic Records*, M-19-21号)③。该备忘录取代了2012年的《政府档案管理指令》和2014年的《电子邮件管理指南》，成为联邦机构彻底向电子档案管理转型的标志。

6.《档案处置法》[*Records Disposal Act (44 U. S. C. Chapter 33), 1943*]④

《档案处置法》也属于《美国法典》的一部分，为第44卷公共印刷及文档的第33章，目前条文序号为§3301-§3314。该法律最早于1943年7月7日颁布，其主要内容包括：档案处置的目的和意义、档案的分类、档案处置的条件、特殊档案的处置、处置的方法及效果的检查等。具体来说：

§ 3301 档案定义；

§ 3302 档案处置清单、处置程序和复制标准的规定；

§ 3303 各政府机构首脑应向国家档案局提交的档案清单和保管期限表；

§ 3303a 国家档案馆和档案管理局对无保存价值的档案的清单和保管期限表的检查、档案的处置；

① The White House Office of the Press Secretary. Presidential Memorandum — Managing Government Records [EB/OL]. [2020-07-07]. https://obamawhitehouse.archives.gov/the-press-office/2011/11/28/presidential-memorandum-managing-government-records.

② National Archives And Records Administration. Managing Government Records Directive [EB/OL]. [2020-07-07]. https://www.archives.gov/records-mgmt/prmd.html.

③ Transition to Electronic Records [EB/OL]. [2020-07-07]. https://www.whitehouse.gov/wp-content/uploads/2019/06/M-19-21.pdf.

④ Chapter 33 (Records Disposal Act of 1943) [EB/OL]. [2020-03-15]. https://www.govregs.com/uscode/title44_chapter33.

§ 3308　先前处置(方式)已授权的类似档案的处置;

§ 3309　保留政府权利主张直到(美国)政府问责局予以确认，根据总审计长的书面批准授权处置;

§ 3310　对健康、生命、财产构成威胁的档案的处置;

§ 3311　战争时期或敌对行动即将来临之际美国本土之外的档案的销毁;提交档案工作者的书面报告;

§ 3312　视为原件的档案照片或缩微照片、可作为证据的已认证复制件;

§ 3313　档案出售应缴入财政部的款项(资金);

§ 3314　档案处置专用程序。

《档案处置法》的颁布，规范了政府机关的档案处置工作，为国家档案馆和档案管理局授权档案处置的权力提供了法律保障，减少了不必要的空间和设备的占用，是美国现代档案处置工作的基础。①

7.《联邦档案馆藏与档案管理法规》[*National Archives and Records Management Act* (*36 CFR. Chapter 12*)]②

《联邦法规》是法律的具体化，包含50个主题卷，其中有关联邦档案管理的法规在第36卷“公园、森林与公共财产”第12章《联邦档案馆藏与档案管理法规》。该法规分为总则、档案管理、公共利用、解密、总统档案、尼克松总统材料、国家档案馆与档案管理局设施、肯尼迪刺杀档案8个分章。其中档案管理分章(分章B)内容最为丰富和具体。其主要条款有:联邦档案管理总则;档案的形成与维护;紧要档案的管理;档案处置程序;确定档案保管期限;通用保管期限表;机构之间档案移交;向联邦档案中心的移交、使用和处置;向国家档案馆移交;电子档案管理;声像及图像档案管理;缩微档案管理等，具体规定了NARA对联邦档案管理的职责、任务与权限，以及联邦机构档案管理、移交与利用的责任和权力。解密分章(分章D)详细规定了国家安全信息解密的主体(不同内容的主体不同)、解密的客体(所覆盖的国家档案局馆藏)、解密的类型(自动解密、系统解密、强制性解密等)，等等。

《联邦法规》作为法律的具体化，其中几乎每一章下属的每一节会详细说明其所适用的范围、依据、具有的法定权限、参见的相关标准。如1222节“联邦档案的形成与保管”依据《美国法典》第44卷第2904、3101、3102、3301条，符合ISO15489-1:2001《信息与文献——档案管理》的要求，其中第7. 1(档案管理规划的原则)、7. 2(档案的特征)、8. 3. 5(转移和迁移)、8. 3. 6(利用、检索和使用)、9. 6(存储和处理)适用于档案的形成与保

① 朱伶杰. 美国的档案法规体系及其特点研究[J]. 辽宁大学学报(哲学社会科学版), 2011, 39(5): 81-85.

② Electronic Code of Federal Regulations . National Archives and Records Administration [EB/OL]. [2020-07-12]. https://www. ecfr. gov/cgi-bin/text-idx? SID = d6b787cb8bfa065b3f99f3056d5a60c9&mc = true&tpl =/ecfrbrowse/Title36/36chapterXII.tpl.

管；第1224节“档案处置程序”依据《美国法典》第44卷第2111、2904、3101、3102条，符合ISO15489-1：2001《信息与文献——档案管理》的要求，其中的7.1(档案管理规划的原则)、8.3.7(保管与处置)、8.5(档案系统的终止)、9.9(实施处置)适用于档案处置。如此一来，《联邦法规》与《美国法典》以及相关国际标准协同呼应，既有法律层面的规定作为指导，也有法规层面的规定进行贯彻执行，共同规范美国档案管理工作。

8.《总统和联邦档案法修正案》①(*Presidential and Federal Records Act Amendments of 2014*)②

1950年，国会通过《联邦档案法》。这是联邦政府档案工作实行集中管理的法律依据，加强了对政府机关文件和档案的管理，赋予美国国家档案与文件署如下角色：指导联邦机构开展符合实际情况的档案管理实践、开展档案鉴定工作、审批档案保管及处置期限、行使检查监督权、在确认是否为联邦档案和是否需要保存时具有决定权。③

2014年11月16日，奥巴马总统签署了《总统和联邦档案法修正案》(Presidential and Federal Records Act Amendments of 2014)。这项新法律修订了1950年的《联邦档案法》和1978年的《总统档案法》，更关注电子档案的管理，使档案管理现代化。针对《联邦档案法》，2014年修订的《总统和联邦档案法修正案》主要涉及以下内容：

(1)扩大联邦档案的定义，承认电子档案的地位，明确将电子档案纳入联邦档案之中(这是自1950年颁布该法案以来，对联邦档案定义的第一次修改)；

(2)确认联邦电子档案将以电子形式移交到国家档案馆；

(3)授予美国档案保管员关于联邦档案内容和范围的最后决定权；

(4)明确联邦政府官员在使用非政府电子邮件系统时的责任。

(三)其他与档案相关的法律法规

1.《信息自由法》(*Freedom of Information Act, FOIA, 1966*)④

美国的《信息自由法》于1966年颁布，是联邦政府信息公开化的行政法规，建立了公众有权向联邦政府机关索取任何材料的制度。其主要内容是规定民众在获得行政情报方面的权利和行政机关在向民众提供行政情报方面的义务，包括但不限于：原则上联邦政府的记录和档案向所有人开放；公民可向任何一级政府机构提出查阅档案、索取复印件的申请；政府机构必须公布本部门的建制和本部门各级组织受理情报咨询、查找程序、方法和

① 编者注：鉴于前文已对《总统档案法》相关内容进行介绍，此部分主要介绍《总统和联邦档案法修正案》对《联邦档案法》的修订。

② Presidential and Federal Records Act Amendments of 2014[EB/OL].[2020-03-15]. https://www.congress.gov/113/plaws/publ187/PLAW-113publ187.pdf.

③ 胡文苑.美国档案管理的法规遵从：理念、技术、工具与实践[J].浙江档案，2018(1)：14-17.

④ Freedom of Information Act Statute[EB/OL].[2020-03-15]. https://www.foia.gov/foia-statute.html.

项目，并提供信息分类索引；公民在查询档案信息的要求被拒绝后，可以向司法部门提起诉讼，并应得到法院的优先处理。可以说，《信息自由法》为公众提供了获取政府信息的权利。但是，它在方便公众获取政府信息的同时，一些犯罪分子、恐怖分子也能轻而易举得到政府信息。比如，“9·11”事件就是深刻教训。于是，在“9·11”事件之后，美国修改了《信息自由法》，限制外国机构获取美国情报局的信息资料。①

1996年，随着计算机技术的广泛使用，政府机构开始以电子形式保存信息，《电子信息自由法》作为《信息自由法》的修正案颁布，规定《信息自由法》同样适用于电子信息，规定政府机构应提供大量的在线信息，保障公众获取电子信息的权利。随着信息网络、在线办公的发展和公众对信息知情权的要求，2016年6月30日，奥巴马总统签署2016年《信息自由法修正案》②(*FOIA Improvement Act of 2016*)，并以第114-185号公法(Public Law No. 114-185)的形式颁布。该修正案涉及一系列程序问题，包括：联邦机构记录和文件的提供查阅形式、经常请求查阅文件的提供、费用；对主动披露和披露的要求；对FOIA首席干事的职责要求；设立新的信息自由官员理事会作为跨机构与公众、社区合作的论坛；要求政府信息服务办公室(Office of Government Information Services，OGIS)提供调节服务以解决机构与信息请求者之间的矛盾；以电子形式提供机构参考指南；要求创建综合的在线请求门户网站等。③

2.《电子信息自由法修正案》(*Electronic Freedom of Information Act Amendments of 1996*，*E-FOIA*)④

从20世纪90年代开始，计算机技术广泛使用使政府机构开始以电子形式保存信息，国际上掀起了“电子政府”建设的热潮，与之呼应，有关电子政务的立法也大量出现。1996年10月2日，美国总统克林顿签署《电子信息自由法修正案》，作为对《信息自由法》的更新和修正。该法案规定，电子信息适用于《信息自由法》，要求机构为1996年11月1日后创建的文件创建数字记录，并要求各机构努力以电子方式响应《信息自由法》的规定，而且规定政府机构应当提供大量的在线信息，通过建立虚拟阅览室等方式，保障公众获取电子信息的权利。要求供公众查阅与复制的联邦政府机关材料必须能够从电子和纸质两种方式获得。对应在档案界，其实就是归档时采用“单轨制”还是“双轨制”，是“单套制”还是“双套制”的问题。

① 赵冬梅. 美国档案法律法规体系专题培训纪实之一——洛杉矶学习培训受益匪浅[J]. 黑龙江档案，2018(2)：109.

② FOIA Improvement Act of 2016 [EB/OL]. [2020-03-15]. https://www.congress.gov/114/bills/s337/BILLS-114s337enr.xml.

③ Congress Passes Amendments to the FOIA [EB/OL]. [2020-03-15]. https://www.justice.gov/oip/oip-summary-foia-improvement-act-2016.

④ Electronic Freedom of Information Act Amendments of 1996 [EB/OL]. [2020-03-15]. https://www.govinfo.gov/content/pkg/PLAW-104publ231/pdf/PLAW-104publ231.pdf.

3.《隐私权法》(*Privacy Act, 1974*)[①]

1974年，随着"水门事件"的曝光，美国国会关注到遏制在"水门事件"期间曝光的联邦机构对个人的非法监视和调查；同时，政府越来越多地使用计算机存储和检索个人数据，比如个人的社会安全号码。颁布《隐私法》的目的是在政府需要保持有关个人的信息与个人受到保护的权利二者之间取得平衡，以免由于联邦机构收集、维护、使用和披露有关他们的个人信息而造成对其隐私的无理侵犯。该法基于四个基本的政策目标：①限制机构披露所保存的个人可识别的记录；②个人有权查询关于自己的信息记录；③个人在证明记录不准确、不相关、不及时、不完整时，有权对机构保存的个人记录进行修改；④制定《公平信息惯例》准则，要求各机构遵守收集、保存和传播记录的法定规范。

《隐私权法》是解决政府信息公开与保护私人秘密这两种制度矛盾的法律。它承认政府掌握的个人信息的有关人的利益及保护其隐私权，通过控制政府处理个人记录的行为，平衡个人隐私权的利益和行政机关合法执行职务的公共利益。

4.《萨班斯—奥克斯莱法案》(*Sarbanes-Oxley Act, 2002*)[②]

2001年秋天，美国爆发一系列财务虚假案，导致安然、世通等大公司破产，也史无前例地导致安达信这样一个有90多年历史的世界级会计师事务所退出审计市场。为此，美国制定颁布了一系列法律法规，其中《萨班斯—奥克斯莱法案》便是由美国国会两院通过，布什总统签署的根据安然有限公司、世界通信公司等财务欺诈事件破产暴露出来的公司和证券监管问题所设立的监管法规，主要针对审计档案。在信息保存方面，《萨班斯—奥克斯莱法案》明确规定了各公司对信息保存的要求：①对信息保护的能力。要求公司运用细致入微的存取控制和保护手段，防止非授权或因疏忽而更改、毁坏或破坏业务记录和财务信息。②对信息准确跟踪的能力。要求公司能够提供审计人员与保存关键记录和信息的系统之间所有交互行动的"审计轨迹"，信息和记录以及文档管理软件、硬件和安全存储环境形成了关键的"内部控制"，它确保各公司的财务和业务信息是准确和可靠的。③对信息长期保存的能力。要求公司确保用于保留要求记录的档案载体、存储系统及其介质支持长期可靠地存取，对某些特定信息要求保存长达7年的时间。

(四)美国档案立法的特点与评价

1. 一部法律规范某一特定对象

美国关于档案工作的法律法规数量众多，根据美国国家档案与文件署官网的信息，在美国现行档案法规中，直接关于档案工作的法规有29个，间接涉及档案工作的法规有34

① The Privacy Act of 1974[EB/OL]. [2020-03-15]. https://www.archives.gov/about/laws/privacy-act-1974.html.

② 萨班斯——奥克斯利法案精要[M]. 北京：中国时代经济出版社，2008：1.

个，关于档案工作的总统行政命令有9个。但没有一个以《档案法》为名称规范全国档案工作的全面完整的法律，一方面，这与美国分散式的档案事业管理体制息息相关，另一方面，也是美国“凡做一事，必立一法”立法理念的体现。美国采取分散式立法模式，制定的档案法律通常只规范某一特定对象，通过制定若干法律法规来解决档案工作的机构、管理、利用、权限等不同维度的问题。例如，《总统档案法》对总统档案、文件的收集管理和开放时间范围作出了规定；《档案处置法》对文件的分类、处置方法及效果检查作出了规定；《联邦机构档案管理法》的制定是为了规范各联邦机构档案管理中的职责、职权、移交程序、保障措施等问题。这种立法模式和档案法律体系使得档案工作的各个维度都有相关法律作为支撑进行规范，可以有效地减少档案工作的随意性，保障档案事业的有法可依、规范运行。

2. 成文法为主体，判例法为补充

与我国采取成文法的立法体例确有不同，美国在法律体系上属于英美法系，档案立法以成文法为主体、判例法为补充，而且判例法在整个法律体系中占有非常重要的地位。“水门事件”的处理结果成为美国对总统录音和其他材料处置的经典判例；“希拉里邮件门事件”成为私人电子邮箱违法处理公务涉密邮件的判例；美国安达信公司销毁安然公司档案案是美国企业档案管理违法的经典判例，《萨班斯法案》的颁布极大地提升了对文件管理的各项要求；[①] 国家档案馆与档案管理局自1998年始投入资金研究建设电子文件档案馆(Electronic Records Archives，ERA)，颁布《文件管理指令》以及向电子文件转型的备忘录等也是美国白宫电子邮件删除案件十年官司(1989—1999年)现实倒逼的表征。判例法的运用，提高了人们行为的可预测性，也有效限制了法官的自由裁量权。

3. 立足公民权利的实现，以权利为法本位

公民权利是公民所拥有、政府所保障的合法权利，它是社会成员的个体自主和自由在法律上的反映，是国家对公民所承诺和维护的权利。相比于我国以义务为法本位，把“法”看作禁止性规范，美国以权利为法本位，把“法”看成权利，憧憬自由和正义，在积极主动的权利斗争中求利益。[②] 档案立法侧重于对公民档案知情权、利用权和私人档案的保护等方面。如美国《信息自由法》的颁布实施促使政府向公众公开其所持有的档案、文件信息，使公众通过对政务信息的知情和认识来实现对权力的监督和制衡。同时。以《信息自由法》为代表的美国档案法律体系也趋向于最大限度地提供档案和文件的开放利用，内容方面以开放为普遍，以不开放为例外，不断放宽档案利用主体年龄的限制，从16岁降为14岁，放宽对利用主体国别的限制，外国人也享有与当地公民同等利用档案的权利；利用档案的途径多，信息获取量大，除了可以在文件中心查阅纸质档案文件之外，《电子信息自由法》还要求政府机构应当提供在线信息，供公众查阅的联邦政府机关材料必须能够从网上和书

---

① 赵冬梅. 美国档案法律法规体系专题培训纪实之三[J]. 黑龙江档案，2018(4)：111.

② 赵冬梅. 中美档案法规比较研究——美国档案法律法规体系专题培训收获与思考[J]. 中国档案，2018(1)：74-75.

面两种方式获得。此外，对于普通公民的个人信息安全，《隐私权法》以须经本人许可、确保信息用向合法合理为立法原则，规定任何个人都可以查看联邦机关保存的有关他们本人的材料，且如果个人权利受到侵犯，可以提起民事诉讼。

4. 规定明确，操作性强

这一点尤其体现在档案的鉴定、解密方面。根据《联邦档案法》的授权，国家档案与文件署先后制发了《联邦文件处理手册》《永久文件鉴定指南》《一般文件处理表》等一系列法规性文件，各联邦政权机关根据这些规定提出文件处理方案，国家档案馆和档案管理局受理及登录各机关所提档案保存年限案件，由国家档案馆和档案管理局所属文件事务司指定档案鉴定员会同相关审查单位办理鉴定及协调工作，报国家档案与文件署批准后执行。这种由国家档案与文件署直接负责联邦政权机关的文件鉴定工作，使鉴定工作井然有序地开展，有效地保证了进馆档案的完整和精炼。《档案处置法》对档案的移交时间、销毁或永久保存做出了具体规定，有助于档案鉴定保管工作的高效进行。此外，1966 年国会通过的《信息自由法》规定了信息公开与不公开的标准，赋予公众向联邦政府机关索取档案材料的权利，美国规定涉密档案解密之后，便可以对研究者开放，如果要向社会开放，档案馆会按照《信息自由法》对档案进行审查，如果不属于禁止公开的内容，档案馆会进行归档处理并提供在线利用。同时，美国国家档案与文件署还开设专栏实时公布解密工作动态，发布各部门已完成解密处理的档案目录。①

三、加拿大档案立法

加拿大档案事业管理体制属于分散式，联邦政府和各州有独立的立法权。1912 年，加拿大颁布第一部联邦档案法——《公共档案馆法》。随着对档案的认识不断深化以及档案理论的发展，1987 年，联邦政府颁布《加拿大国家档案馆法》。2004 年，颁布《加拿大图书馆与档案馆法》(Library and Archives of Canada Act)，将图书馆和档案馆合二为一，“以推动加拿大文献遗产的获取、保存和传播，进而为促进加拿大文化、社会和经济进步提供知识储备”。②

(一)加拿大档案立法历史沿革

1. 第一部联邦档案法规的诞生：《公共档案馆法》(*The Public Archives Act*, 1912—1987)

1867 年，加拿大结束其作为英属北美殖民地的历史，独立并成立加拿大联邦。1872

① 朱伶杰. 美国的档案法规体系及其特点研究[J]. 辽宁大学学报(哲学社会科学版)，2011，39(5)：81-85.

② 编者注：《加拿大图书馆与档案馆法》在前言中提到，(制定该法)a. 为了现代和后代人的利益，保护加拿大文献遗产；b. 成立服务于加拿大的机构，成为对公众公开的永久的知识储藏地，从而有利于作为自由民主社会的加拿大的文化、社会和经济进步；c. 该机构(加拿大图书馆与档案馆)促进加拿大社区之间在知识获取、保存和传播方面的协作；d. 该机构服务于加拿大政府及其所属机构永久记忆的保存。本书借鉴其说法来说明制定《加拿大图书馆与档案馆法》的意义。

年，加拿大国会批准农业部成立“档案分部”(Archives Branch of Department of Agriculture)① 来保存对国家具有重要价值的文献资料，这标志着加拿大联邦档案事业的开始。该机构也是加拿大公共档案馆最早的组织源头，受农业部管理，并无太大权力。随后，各州政府、各大学以及一些教堂纷纷建立起自己的档案库房。但直到 20 世纪 70 年代，整个国家的档案管理仍然比较松散，联邦缺乏统一的政策法规来约束，档案工作者之间也鲜少沟通，缺乏行业共识。直到 70 年代以后，随着国家经济的扩张，文化领域也开始迅速发展，档案事业迎来了一批朝气蓬勃的档案工作者。而在这一时期，历史学家出于档案资料的需求，也开始呼吁对档案进行更妥善的保管。②

1912 年，联邦政府颁布《公共档案馆法》(*The Public Archives Act*)，成为加拿大第一部档案法。从性质来看，这是一部机构法，它只有 10 节(section)，内容简明扼要，其目的在于建立一个受联邦法律约束的档案机构来专门负责档案相关事宜。③ 依据该法而建立起来的机构为“加拿大公共档案馆”(Public Archives of Canada)，其负责人由总督任命，称为“自治领档案馆长”(Dominion Archivist)，副部长级。公共档案馆员的工作对象是档案材料，范围涵盖公私档案工作。这部法律的颁布更多地由历史学家推动，因而受到档案实践以及档案理论的影响较小。④ 从内容来看，该法的颁布使得加拿大档案分部成为独立机构，也在理论意义上确认了档案馆在保管政府文件领域的地位和职责，使得加拿大公共档案馆体系开始萌芽。

总的来说，这部法律重点强调了公共档案馆对档案材料的集中保管，以防有历史价值的档案材料被破坏。而它对集中管理的强调也在无意之间为档案管理的其他功能如整理和著录、提供咨询服务等留出了发展空间。但由于当时加拿大的档案理论发展尚未完全成熟，该法仅仅强调了档案的获取和保管，而在条款制定等方面较为含糊，未对档案、档案工作等进行定义，所以并不能充分满足档案工作的需要。⑤

2.《加拿大国家档案馆法》(*National Archives of Canada Act*，1987—2004)

20 世纪 70 年代，加拿大人口种族越来越多，民族主义进一步发展，到 70 年代后期，多元文化成为一项明确的文化政策。加之政府财政赤字的影响，许多公共项目难以开展。在档案领域，人们强烈呼吁公共档案馆文化功能权力下放，强化地区性管理。全国档案储

---

① Library and Archives Canada. Library and Archives Canada-Sources of Federal Government and Employee Information 2018 (Info Source) [EB/OL]. [2020-08-13]. https://www.bac-lac.gc.ca/eng/transparency/atip/info-source/Pages/infosource.aspx.

② Lewis H. Thomas. Library and Archives Canada [EB/OL]. [2020-08-13]. https://www.erudit.org/fr/revues/ram/1962-v41-n1-ram1272/300604ar/.

③ 谢丽，马林青. 国家·政府·社会：加拿大联邦政府档案法分析[J]. 山西档案，2010(4)：19-22.

④ 楚艳娜. 加拿大公共档案馆转型发展研究(1912—1987)[D]. 济南：山东大学，2018.

⑤ 谢丽，马林青. 国家·政府·社会：加拿大联邦政府档案法分析[J]. 山西档案，2010(4)：19-22.

藏室数量增加，各省开始独立开展各种形式的档案项目，全国范围内档案机构增多，加拿大档案系统不断发展，档案系统似乎逐渐脱离“总体”，向“个体”发展。①

为协调权利与权力之间的关系，平衡公共档案馆的文化功能与文件管理职能，1987 年 6 月 11 日，联邦政府通过《加拿大国家档案馆法》②(*National Archives of Canada Act*)。这部法律共 15 条，包括简称(Short Title)、解释(Interpretation)、国家档案馆(National Archives of Canada)、目标与职能(Objects and Functions)、政府机构及部门档案(Records of Government Institutions and Ministerial Records)、部分录制品的存放(Deposit of Certain Recording)、财务规定(Financial)、一般规定(General)、暂行措施(Transitional Provisions)、版权法(Copyright Act)、废止《公共档案馆法》(*Public Archives Act*)、生效(Coming into Force)等部分。

事实上，这部法律的完整含义就是“一部关于国家档案馆和加拿大政府机构文件的法律”(An Act respecting the National Archives of Canada and records of government institutions of Canada)，而不是像它的前身和后任那样是“一部关于公共档案馆的法律”和“一部设立加拿大图书馆与档案馆的法律”。③ 此次档案法的修订，增强了档案馆的国家地位，对文件管理进行了高强度和大范围的规范，并对先前《加拿大公共档案馆法》中比较模糊的部分进行了完善。如：第二条“解释”中对“文件”④、“政府文件”⑤、“政府机构”⑥等概念进行了明确划分，详细规定了馆长的权力与职责等。此外，法令第四条“目标与职能”详细说明了加拿大国家档案馆三个基本任务：第一，收集和管理涉及加拿大人民生活各方面、各种载体形式、具有全国意义的文件，并向公众提供利用；第二，国家档案馆要帮助联邦政府的各个部门和机构妥善管理它们所形成的文件；第三，国家档案馆在全国范围内促进档案活动的开展和档案团体的建立。⑦

《加拿大国家档案馆法》的颁布及施行，使得档案馆馆长的权力增大，馆长对档案馆的管理具有自主决策权，并对现行文件的销毁和移交具有绝对控制权。《加拿大国家档案馆法》全称是“一部关于国家档案馆和加拿大政府机构文件的法律”⑧，在馆长享有的关于获

---

① 楚艳娜. 加拿大公共档案馆转型发展研究(1912—1987)[D]. 济南：山东大学，2018.

② National Archives of Canada Act[EB/OL]. [2020-08-11]. https://laws.justice.gc.ca/eng/acts/N-2.5/20021231/P1TT3xt3.html.

③ 谢丽，马林青. 国家·政府·社会：加拿大联邦政府档案法分析[J]. 山西档案，2010(4)：19-22.

④ “record” includes any correspondence, memorandum, book, plan, map, drawing, diagram, pictorial or graphic work, photograph, film, microform, sound recording, videotape, machine readable record, and any other documentary material, regardless of physical form or characteristics, and any copy thereof. (*documents*)

⑤ “ministerial record” means a record of a member of the Queen's Privy Council for Canada who holds the office of a minister and that pertains to that office, other than a record that is of a personal or political nature or that is under the control of a government institution. (*documents ministériels*)

⑥ “government institution” means a government institution listed in Schedule I to the Access to Information Act or the schedule to the Privacy Act or any institution designated by regulations of the Governor in Council as a government institution for the purposes of this Act. (*institution fédérale*)

⑦ J. 皮埃尔·沃特，张秀娟. 新的档案立法和加拿大国家档案馆的基本职能[J]. 北京档案，1989(4)：29-30.

⑧ 谢丽，马林青. 国家·政府·社会：加拿大联邦政府档案法分析[J]. 山西档案，2010(4)：19-22.

取、利用和档案活动等13项权力中，有6项与文件管理有关。这部法律将文件管理和档案管理联系在一起，档案馆的文化功能和政府文件管理职能也得到更加紧密地融合。①

3. 档案馆与图书馆的融合：《加拿大图书馆与档案馆法》②（或称《加拿大图书档案馆法》，*Library and Archives of Canada Act*③，2004年至今）

20世纪末，国际范围内开始出现图书馆与档案馆结盟、合作的态势。1996年12月17日，以"两个专业、同一前景——21世纪图书档案工作者的合作"为主题，国际档案理事会与国际图书馆协会联合会签署了框架性合作文件——《北京宣言》，该宣言认为：国际图书馆协会联合会和国际档案理事会更加紧密合作，共享智力资源，对技术上、管理上的发展作出共同的反应，并联合开发旨在协调图书档案工作者教育培训计划的国际性战略。④

2002年，加拿大国家档案馆馆长伊恩·E. 威尔逊(I. E. Willson)和加拿大国家图书馆馆长罗克·卡里(R. Carrier)联合署名提出"组建加拿大图书馆与档案馆"的议案。该议案提出，"加拿大图书馆与档案馆应该具备一种新的力量，以便能够对知识社会带来的种种挑战做出反应，建立一个现代机构，保存并促进加拿大文献遗产的发展"。该议案规定，要对加拿大的网站进行定期的抽样调查，以确保它们能够没有任何限制地开放，并且实现包括在线出版物在内的法律保证的现代化。⑤ 2003年5月8日，加拿大遗产部部长莎拉·卡普(S. Copps)向加拿大下议院提交了将"加拿大国家图书馆"和"加拿大国家档案馆"合并为"加拿大图书馆与档案馆"(Library and Archives of Canada, LAC)的议案。2003年10月2日，加拿大图书馆与档案馆正式成立，成为"一个集中了原加拿大国家图书馆与国家档案馆全部馆藏和专门人才"的新机构。

2004年2月11日，加拿大遗产部部长向下议院再次提出了要求建立加拿大图书馆与档案馆并对《著作权法》以及其他一些法律进行修正的议案。经过下议院、参议院、王室等流程环节后，2004年5月21日，《加拿大图书馆与档案馆法》(*Library and Archives of Canada Act*)在国会的指示下正式施行，同时废除原《加拿大国家档案馆法》和《加拿大国家图书馆法》。

《加拿大图书馆与档案馆法》在图书、档案一体化的浪潮中产生。它创新性地将图书馆和档案馆这两个在某些功能上有相近之处的机构合并，使二者的馆藏、技术和人力优化组合后形成了一个创新性知识机构——加拿大图书馆与档案馆，打破了图书馆、档案馆之间的层层壁垒，成为保管加拿大文献遗产的基地和服务全社会的持久的知识的来源，真正实

① 楚艳娜. 加拿大公共档案馆转型发展研究(1912—1987)[D]. 济南：山东大学，2018.

② 注：《加拿大图书馆与档案馆法》的中文翻译更为准确，但考虑到部分中文研究成果已使用《加拿大图书档案馆法》，特加此批注用以说明。

③ Library and Archives of Canada Act [EB/OL]. [2020-07-24]. https://laws-lois.justice.gc.ca/eng/acts/L-7.7/page-1.html#h-5.

④ 王良城. 北京宣言[J]. 中国档案，1997(2)：40.

⑤ 郑雅婷.《加拿大图书馆和档案馆法》及其对我国图书馆立法的启示[J]. 知识管理论坛，2013(6)：56-62.

现了信息资源的优化整合，极大地提高了信息服务的效率和质量。①

(二)《加拿大图书馆与档案馆法》内容概述

《加拿大图书馆与档案馆法》在序言中明确了加拿大图书馆与档案馆的宗旨，“为了现代和后代人的利益，保护加拿大文献遗产；成立服务于加拿大的机构，成为对公众公开的永久的知识储藏地，从而有利于作为自由民主社会的加拿大的文化、社会和经济进步；该机构(加拿大图书馆与档案馆)促进加拿大社区之间在知识获取、保存和传播方面的协作；服务于加拿大政府及其所属机构永久记忆的保存”。

《加拿大图书馆与档案馆法》共17章57条(前20条为本法条款，其后为其他法律的相应修正条款)，官方文件有英语与法语两个版本，其内容包括：

第一章　简称(Short Title)；

第二章　解释和适用(Interpretation and Application)；

第三章　建立与组织机构(Establishment and Organization)；

第四章　目标和权力(Objects and Powers)；

第五章　法定存储(Legal Deposit)；

第六章　为保存而获取具有长久保存品质的录制品(Obtaining Archival Quality Recordings for Preservation Purposes)；

第七章　政府和各部档案(Government and Ministerial Records)；

第八章　《皇家资产盈余法》(*Surplus Crown Assets Act*)；

第九章　财政规定(Financial Provisions)；

第十章　总则(General)；

第十一章　违法行为与处罚(Offences and Penalties)；

第十二章　《著作权法修正案》(*Amendments to the Copyright Act*)；

第十三章　相应修正案(Consequential Amendments)；

第十四章　过渡条款(Transitional Provisions)；

第十五章　协调修正(Coordinating Amendments)；

第十六章　撤销(Repeal)；

第十七章　生效(Coming into Force)。

具体来说，解释和适用、建立与组织机构、目标和权力等部分章节从总体上解释了这部法律的目的以及调整对象；法定存储、录制品、政府及各部档案等部分章节则针对不同类型的档案做出了管理方面的具体规定。《皇家资产盈余法》以及财政规定这两节，针对皇家资产和机构的财务问题进行了法律上的解释。总则、违法行为与处罚这两章节对图书档

① 曹宇，孙沁.《加拿大图书档案馆法》述评及其对我国《档案法》建设修改的启示[J].档案学通讯，2011(1)：39-42.

案馆以及其他社会主体进行了约束。

随着加拿大图书馆资源整合实践的深入，联邦政府对《加拿大图书馆与档案馆法》进行了数次修订。最近一次是2015年，《加拿大图书馆与档案馆法》根据《信息利用法》《版权法》《受伤军人事务法》《海关税收法》《金融管理法》《消费税法》《历史遗址和纪念碑法》《所得税法》《努纳武特领土声明协议法》《加拿大议会法》《退休金法》《隐私法》《公共部门赔偿法》《公共服务人员关系法》《退伍军人津贴法》《青年刑事司法法》《育空原住民土地权利法》《育空原住民自治法》①进行了修订，并与以上法律的相关条文相互补充、协同调节社会关系。②

1. 定义解释与部门结构

由于两馆融合的背景，该法的管理对象比一般的图书馆法或档案法范围更广，种类也更为多样。第一章"简称"中规定，本法可以称为《加拿大图书馆与档案馆法》。第二章"解释与适用"中 对"文献遗产"(document heritage)③、"出版物"(publication) ④、"档案"(record)⑤、"政府档案"(government record)⑥、"枢密院档案"(ministerial record)⑦等作出了明确定义。除此之外，对于在法律条款中多次出现的法律主体，这部分条文也进行了解释，如"部长"(minister)、"政府机构"(government institution)等。由于打破了图书与档案的界限，将文献信息资源视为一体，因而不论媒介或产生该信息的主体，都将作为文献遗产为全社会所用，因此该规定也体现了加拿大图档融合带来的便捷性。

第三章"建立与组织机构"中规定，根据《加拿大图书馆与档案馆法》建立加拿大图书馆与档案馆是联邦公共管理的分支机构，由部长主持工作，受图书馆与档案馆馆长指导。正是这一性质和地位的规定，使得加拿大图书馆与档案馆所控制的信息资源能够在《信息利用法》等相关法律的规定下，得到更好的利用，也使得这两部法律的内容相协调。⑧ 其组织结构关系如图8-1所示，部长与馆长分别在行政事务和管理事务上主持图书馆与档案

---

① Library and Archives of Canada Act[EB/OL]. [2020-06-27]. https://laws-lois.justice.gc.ca/eng/acts/L-7.7/page-1.html#docCont.

② Act current to 2020-06-28 and last amended on 2015-02-26. Previous Versions[EB/OL]. [2020-07-27]. https://laws-lois.justice.gc.ca/eng/acts/L-7.7/20150226/P1TT3xt3.html.

③ "documentary heritage" means publications and records of interest to Canada. (*patrimoine documentaire*)

④ "publication" means any library matter that is made avail-able in multiple copies or at multiple locations, whether without charge or otherwise, to the public generally or to qualifying members of the public by subscription or oth-erwise. Publications may be made available through any medium and may be in any form, including printed ma-terial, on-line items or recordings. (*publication*)

⑤ "record" means any documentary material other than a publication, regardless of medium or form. (*document*)

⑥ "government record" means a record that is under the control of a government institution. (*document fédéral*)

⑦ "ministerial record" means a record of a member of the Queen's Privy Council for Canada who holds the office of a minister and that pertains to that office, other than a record that is of a personal or political nature or that is a government record. (*document ministériel*)

⑧ 曹宇，孙沁.《加拿大图书档案馆法》述评及其对我国《档案法》建设修改的启示[J]. 档案学通讯，2011(1)：39-42.

馆的工作，从而使图书馆与档案馆能够有条不紊地运行。

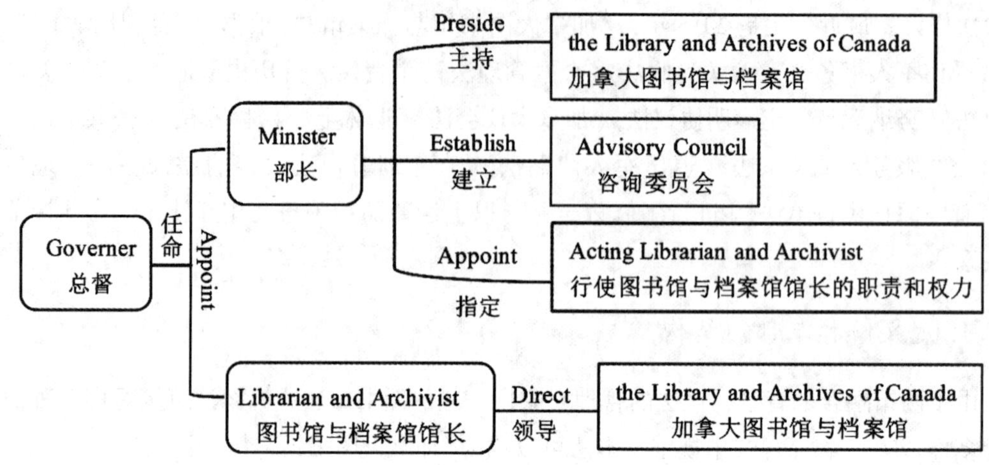

图 8-1　加拿大图书馆与档案馆行政结构图

2. 机构目标与馆长职责

第四章“目标与权力”介绍了加拿大国家图书馆与档案馆的目标(objectives)，突出强调了档案收集、利用、保管等工作的地位。目标包括：

①为了当代和后代人的利益而获取和保存加拿大的文献遗产；

②促进所有加拿大人以及对加拿大感兴趣的人对加拿大文献遗产的获取和利用；

③永久地保存有价值的加拿大政府档案；

④促进政府的信息管理工作以及图书馆服务；

⑤支持图书馆与档案馆委员会的发展。

在第四章的第 8 条中列出了图书馆与档案馆馆长为实现以上目标而具有的职责和权力，这些职责与权力涵盖了档案管理工作的各个方面。第 9 条规定：“如果图书馆与档案馆馆长认为不再有必要保存，则可以处置甚至销毁其管理的任何出版物或档案。”

此外，第四章还规定为了完成以上目标，图书馆与档案馆馆长应履行的包括收集出版物和档案、编制目录、汇编和保管信息资源、提供借阅服务、组织展览等在内的职责。而除此之外，整部法律并未针对有关权力提出更细致的规定，可以看出对于文献遗产的获取和管理，图书馆与档案馆馆长及部长在职权内具有较大的自主权，对档案的管理工作相对灵活。

值得注意的是，对于文献资源的保存与获取，该条款特意指出：“图书馆与档案馆馆长可以通过其认为合适的时间和方式，获取与加拿大有关的文献材料的代表性样本，以使加拿大公众可以通过网络或其他相似媒介不受限制地利用这些样本。”这一条款也被称为网络采样制度，是《加拿大图书馆与档案馆法》中独具特色的条款，可见加拿大图书馆与档案馆收集的文献资源不拘泥于纸质文献，任何媒介的文献都是其收集和获取的目标，特别是在当下，数字出版物和其他线上文献材料已经成为社会生活中不可忽视的信息资源，数字馆藏的搜集为全世界的档案工作者都提出了不少的难题，加拿大图书档案立法在这方面的考量是十分难得和具有意义的。

3. 特定制度

(1)法定存储

第五章“法定存储”中规定：“在加拿大发行出版物的出版商，必须在下列时间内无偿为国家图书馆与档案馆提供两份样书，且国家图书馆与档案馆应出具回执。”一般情况下，时间期限为 7 天，而在特殊情况下，可以由国家图书馆与档案馆针对时间提出书面要求。

(2)录制品

第六章“为保存而获取具有长久保存品质的录制品”中将“录制品”(recordings)定义为使用设备读取的声音、影像或者其他信息内容的材料，并对其获取管理作出了明确规定。“如果国家图书馆与档案馆认为某一在加拿大发行的录制品具有历史和长久保存价值，可以书面要求相关人员依照规定条例和质量形式要求为国家图书馆与档案馆提供录制品的复制品。”这一规定保证了图书馆与档案馆在收集过程中的全面性和多样性，保障了其馆藏资源的丰富性。① 对于提供了复制品的人，国家图书馆与档案馆应当为其支付这份复制品的实际花费。这样的规定在保证了文献遗产能够被及时获取和保存的同时，也保护了原持有者的权益，更有利于录制品社会资源的收集。

(3)政府及各部档案

政府及各部档案是图书档案馆馆藏的重要来源。对这部分文件收集工作的规定也相对更为详细。可以说，第七章“政府及各部档案”是本法中规定最详尽的章节之一，对政府及各部档案的移交、利用、访问、销毁等都有详细规定。《加拿大图书馆与档案馆法》规定“国家图书馆与档案馆认为具有历史和档案价值的政府或各部档案，应当依据相关档案移交协议转给国家图书馆与档案馆管控。此协议由国家图书馆与档案馆与政府机构或对档案负责的个人签订”(subsection 13)。但是，“如果图书馆与档案馆认为前面所提及的政府和部门档案有遭遇严重损害的风险，则国家图书馆与档案馆可以要求将这些文件在其指定的时间内，按照其指定的方式进行移交”。也就是说，现行文件虽然处于政府手中，但是如果加拿大图书档案馆认为它们处于危险之中的话，也可以进行接收，这便使得国家图书馆与档案馆的收集工作有法可依，政府及各部档案的去处更加明确。

这一章同时规定，为公众舆论调查所收集的数据应当在 6 个月内向国家图书馆与档案馆提交书面报告，该公众舆论调查是应部门要求在合同指导下实施，是女王在加拿大的专属权利。这一条款是加拿大政治制度的体现。

---

① 曹宇，孙沁.《加拿大图书档案馆法》述评及其对我国《档案法》建设修改的启示[J]. 档案学通讯，2011(1)：39-42.

(4)《皇家资产盈余法》以及财政规定

第八章《皇家资产盈余法》(*Surplus Crown Assets Act*)中规定，根据《加拿大图书馆与档案馆法》，政府机构要求以外的所有多余出版物均归国家图书馆与档案馆管控，而由国家图书馆与档案馆管控的任何出版物不受《皇家资产盈余法》的制约。

第九章“财政规定”专门对加拿大图书馆与档案馆的财务工作进行了明确描述并加以规定，这在各国档案法规中并不常见。它要求将加拿大图书馆与档案馆收到的所有款项(包括他人赠予)，都归入加拿大图书馆与档案馆账户。尽管目前国家图书馆与档案馆腐败或滥用资金的情况总体来说较少，但在法案中做出这样的清楚声明，确实可以很好地防患于未然，使捐赠者和作为监督者的公众安心。

4. 总则

第十章主要说明了在法院、法庭等场合下档案所具有的凭证价值，分为两种情况，第一种情况是在被要求出示档案或出版物时，国家图书馆与档案馆可以认证并制作副本，本条款规定该副本与原件具有相同的证据效力。第二种情况是当法院、法庭等实体要求图书馆与档案馆制作一份原件的情况下，考虑到原件制作过程中的风险及之后保护它的重要性，法院或法庭应负责提供相应的保护和保存设施以预防风险，并确保当不再需要该原件后立刻将其送回馆中。

5. 违法行为和处罚

第十一章“违法行为和处罚”中明确规定，本法所说的违法行为仅有两种，一是违反法定存储的相关规定，二是未遵守规定按时提供录制品的副本。对于违反本法的个人和团体，将分别依据不同刑法条款进行罚款，支付给女王。

(三)加拿大档案立法的特点与评价

1. 融合性与先进性

《加拿大图书馆与档案馆法》的出台顺应了图书馆与档案馆一体化的潮流。在两所文化机构合并之后，这部法律立足保护文化遗产的宗旨，对于文献资源收集利用等方面的制度进行了创新和突破，力图为加拿大社会实现信息资源的优化整合，为加拿大人提供更优越便利的文化服务。在工作目的和职责范围上，该法明确了文化机构所担负的为公民与社会保存一切有价值的文献材料的使命，从宏观层面列出图书馆与档案馆新的职责所在，赋予加拿大图书馆与档案馆新的权力，例如进行网络采样、接收其认为处于危险中的政府现行文件等。在馆藏内容上，该法的规定涵盖了原图书馆和档案馆的管理对象，对图书馆与档案馆的管理范畴进行了统一的规定，纳入各种类型、各种形式及各种主题的文献及记录，打破了传统图书馆及档案馆的收存界限，推动了国家对于文化遗产保护的力度。在工作方法上，该法对于文献材料的收存和利用进行统一的规定，实现了图书馆与档案馆在共建基础上的资源共享，优化了技术和人力资源结构，从而节约了社会资源，也提升了信息服务的深度和广度。

2. 法定存储制度，范围涵盖图书和档案

呈缴本制度是各国国家图书馆保证馆藏的一项重要制度，而《加拿大图书馆与档案馆法》中的"法定存储"是呈缴本制度在加拿大的另一种说法，实质上也是呈缴本制度的一种。《加拿大图书馆与档案馆法》第 10 条是针对图书馆工作中的出版物复本，第 11 条则是相应地针对档案馆工作中的档案复本。需要注意的是，在《加拿大图书馆与档案馆法》中，呈缴范围已经从传统的纸质出版物延伸到纸以外的媒介，如音像、电子出版物等，可见《加拿大图书馆与档案馆法》极大地拓宽了传统呈缴制度的范围，从而使信息资源的获取效率提高，而对数字出版物的囊括，则是加拿大图书馆与档案馆法与时俱进的重要体现。①

3. 强调保管，对文献材料的现实利用关注较少

《加拿大图书馆与档案馆法》将"获取和保存文献遗产"列为加拿大图书馆与档案馆的目标之一，并在图书馆与档案馆的权力、法定存储、为保管而获取具有长久保存品质的录制品、政府和各部档案等很多地方规定了出版物和档案等的具体接收。但是对于提供利用，涉及得却不多。"目标和权力"一章中规定，要使文献遗产为加拿大人和对加拿大感兴趣的人知晓，并方便被利用。但是却没有把自由、平等地获取政府公布的信息作为公民的权利，仅从图书馆与档案馆馆长职责的角度对档案提供利用的方法作出大致规定，对公民利用文献材料的规定相当被动单一，更没有相应的救济途径。这便会导致图书馆与档案馆在工作中，过多地注重收集、保管，而忽视了利用工作，从而不能很好地达到该法前言中提出的目标，难以保证人们能够自由、平等地获取政府的信息。②

4. 权力边界界定不明，政府自由裁量权过大

公民获取信息的权利与政府对信息的控制之间的矛盾一向是立法需要解决的关键问题，而该法并没有很好地协调两者的关系。对于"政府机构""政府档案"等的定义导致在档案的收集上，政府对文件材料的裁量权过大，并且在一定程度上挤占了图书馆与档案馆行使收集文献信息权力的空间，使很多文件避开图书馆与档案馆的管辖。加拿大档案学者伊夫·弗雷内特(Yves Frenette)指出："由于大多数加拿大知识分子都不支持信息保守原则，因而政府的核心圈层对艺术家、记者、学者甚至高级公务员都存在着深深的不信任。"③在这样

---

① 郑雅婷.《加拿大图书馆和档案馆法》及其对我国图书馆立法的启示[J]. 知识管理论坛，2013(6)：56-62.

② 曹宇，孙沁.《加拿大图书档案馆法》述评及其对我国《档案法》建设修改的启示[J]. 档案学通讯，2011(1)：39-42.

③ Yves Frenette . Conscripting Canada's Past：The Harper Government and the Politics of Memory [J]. Canadian Journal of History，2014(49)：49-65.

的情况下，加拿大图书馆与档案馆不得不在实际规章上作出妥协，规定其员工被禁止参与部分教育、演讲以及发布会活动，因为对信息的控制会与他们对加拿大图书馆与档案馆记录职责的忠诚造成冲突。① 这无疑对档案信息的收集与保存造成了损害。而在将文件记录数字化的路途上，数字化的优先级在很大程度上由政府的需要来决定，而不是根据加拿大公众的需要。2012年，加拿大议员卡隆(Mr. Daniel J. Caron)宣称，“数字化是有选择性的”“并不是所有的文档都应该数字化”“有些收藏品(collections)并没有那么多的意义，或者只会吸引一小部分人，它们不一定会数字化，也有可能永远都不会数字化”。②

四、英国档案立法

英国档案事业管理体制属于典型的“分散式”体制。在英国，全国没有设立统一的档案事业领导中心，国家档案馆与各郡档案馆并无上下隶属关系。公共档案系统之外的档案机构更是不受国家档案馆的统辖和领导。各类档案馆之间也没有法定的业务联系。1838年8月14日议会通过《公共档案馆》(又译为《公共文件法》)，规定把分散在各处的档案集中起来，成立英国公共档案馆。这是英国至今唯一的中央级综合性档案馆。1958年颁布了新的《公共档案法》，并于1967年进行了修订。

(一)《公共档案法》(*Public Records Act 1958*)③的产生背景

1836年，经英国议会多次商讨后成立了档案委员会(The Record Commission)，负责研究档案改革和提出关于建立总档案馆的方案。1838年8月14日，英国议会通过《公共档案馆法》(*The Public Record Office Act*)，确定成立英国公共档案馆，由主簿官(The Master of Rolls)进行管理。该法律在1877年和1898年进行了修订。这一时期，“档案”一词仅指法律档案，不包括政府的行政档案，同时也未对政府部门提供其档案给公众查阅做出规定，对于政府档案的收集、销毁、保管缺乏系统关注。

1952年，皇家公共档案委员会(Royal Commission on Public Records)专门成立格里格委员会(The Grigg Committee)，委员会主席是前战争办公室(Permanent Under Secretary of the War Office)常任副秘书长詹姆斯·格里格爵士(Sir James Grigg)。1954年，委员会提交的报告(Cmd 9163)的主要内容是：

①政府部门应承担鉴定和移交值得永久保存的档案的责任。

②公共档案馆应负责过程中的指导、协调和监督。

③公共档案馆的职责应从主簿官转移到一个内阁成员手中。

---

① Library and Archives Canada. Code of conduct：Values and ethics-4. 4. 2[EB/OL]. [2020-08-13]. https://utlibrarians.files.wordpress.com/2013/03/130187655-lac-code-of-conduct-values-and-ethics.pdf.

② Parliament of Canada. Standing Committee on Official Languages[EB/OL]. [2020-08-13]. https://www.ourcommons.ca/DocumentViewer/en/41-1/LANG/meeting-59/evidence.

③ Public Records Act 1958[EB/OL]. [2020-08-05]. https://www.legislation.gov.uk/ukpga/Eliz2/6-7/51.

④大部分档案均须经过两次审核，以决定哪些档案可保存至部门进行第二次复核，以决定哪些档案应根据部门的需要或者历史重要性予以永久保存。

⑤除特殊情况外，档案应在档案形成30年后转移到公共档案馆，并应在形成50年后开放给公众查阅。

⑥每个部门应任命一个“部门档案官”(Departmental Record Officer)负责管理从档案创建或首次审核起，直至销毁或移交给专业人员的所有相关活动，并向机构主管或高级官员汇报情况。

⑦在公共档案馆中应任命一名“行政档案官”(Records Administration Officer)以履行公共档案馆的职责，且该人选须经委员会成员同意。

⑧电影胶片、照片和录音应被视为公共档案。

1955年7月，英国政府宣布通过该报告中的有关提议，并于当年12月任命了第一位行政档案官(Records Administration Officer, RAO)。1956年政府任命了第一批检查官(Inspecting Officer)，并引入了部门档案官(Departmental Record Officer)来处理现有档案并实施新的档案审核程序。由于格里格委员会的许多建议必须进行新的立法方能实施，因此，英国于1958年通过《公共档案法》(*Public Records Act 1958*)，并于1959年1月1日生效实施，这为新的档案管理系统下协调公共档案馆和政府部门之间的新关系提供了法律基础。[①] 该法自1967年以来进行了多次修订。

(二)《公共档案法》(*Public Records Act 1958*)[②]内容简述

《公共档案法》是管理英国国家档案的基础性的法律，它规定了档案分散管理的体制，建立了一个完善的档案保管体系。它确立了以大法官责任制为基础的工作责任制，而非如其他国家是由各部门所统辖，这是英国国家档案法律体系与他国档案法律体系最大的不同。它对档案的管理、开发与利用以及利用中的法律效力等问题进行了详细的规定，从而使整个档案工作在法律的指导下良好地运行，促进了英国整个档案工作的发展。该法不仅奠定了英国近代档案工作的基础，而且由于其颁布时间较早，内容比较完备，所以在欧美国家具有广泛影响。

1.《公共档案法》整体框架

《公共档案法》是英国国家档案法律体系的基础性法律，规定了全国的档案工作体制、英国档案事业的基本原则以及档案工作的内容。《公共档案法》自1958年颁布以来，进行了多次修订，现行《公共档案法》包括大法官对公共档案的一般责任，公共档案馆，公共档案的选择与保存，公共档案之馆库场所，公共档案的利用，公共档案馆或其他馆库场所保

① History of the Public Records Acts[EB/OL].[2020-08-11]. http://www.nationalarchives.gov.uk/information-management/legislation/public-records-act/history-of-pra/.

② Public Records Act 1958[EB/OL].[2020-08-05]. https://www.legislation.gov.uk/ukpga/Eliz2/6-7/51.

存公共档案的销毁，仍属于主簿官负责的档案，法院档案，公共档案的法律有效性及等效拷贝，解释，《公共档案馆法》失效，北爱尔兰，简称，撤销及生效共 13 章。

2. 关于公共档案馆的人员与职责

第 1 章“大法官对公共档案的一般责任”，规定了大法官所具有公共档案馆的监督管理、建立公共档案咨询理事会、每年向议会两院提交公共档案工作情况的报告等三项责任，体现英国档案法特色——大法官责任制。

第 2 章“公共档案馆”，规定了公共档案馆人员、工作职能及其费用。首先，本部分在大法官负责制的基础上规定：大法官可任命公共档案馆馆长，并与财政部共同任命适合公共档案馆服务的其他人员；并且规定了公共档案馆馆长的职责是：采取所有可行的措施，确保其所管理档案的保存，且公共档案馆馆长应当有权采取以下其认为必要或适宜的方法，维护公共档案馆的利用服务。①

3. 关于公共档案的选择与保存

《公共档案法》在第 3、4、6 章规定了档案管理工作的内容包括档案选择、保存和销毁等事项。第 3 章规定了相关责任人职责、永久保存档案期限，相关档案的移交，永久保存档案继续保存的条件，规定了 1660 年以前的公共档案，都应当属于永久保存的档案，且当永久保存档案因某些原因需要继续保存时，经责任者申请且大法官批准后可继续保存。

而第 4 章规定了公共档案之馆库场所，大法官对库存场所具有指定或者协商建议的权利。当原移交部门请求公共档案馆保存的公共档案或由大法官依据本法指定的其他馆库场所保存的档案时，应当依请求临时借回，即原机构拥有召回权；第 6 章是关于公共档案馆或其他馆库场所保存公共档案的销毁，规定了档案销毁的前提条件。

4. 关于档案利用

档案开放和利用都是档案工作的重要组成部分，关系到档案馆能否为用户提供所需要的信息，以及用户通过档案的利用能否满足自身的利用需求。《公共档案法》第 5 章“公共档案的利用”和第 9 章“公共档案的法律有效性及等效拷贝”就规定了公共档案利用的相关条款。第 5 章是关于公共档案利用的一般性规定，从法律上具体规定了公共档案馆馆长应当履行其职责，合理配置其设施，供公众查阅和复制公共档案馆所藏、属于依据《2000 年信息自由法》所规定应当公开的公共档案，以及档案不满 30 年或不到大法官规定的其他期限不得开放，也规定了档案延迟开放的具体情形（如损害政府或情报索取者的声誉）和特权人查阅未开放档案的合法性；② 第 9 章规定公共档案馆藏之公共档案的拷贝或摘要，如已由相关官员进

---

① 境外国家和地区档案法律法规选编［M］. 北京：中国政法大学出版社，2017：303-334.

② 曹宇，赖文渊. 英国国家档案法律体系概述［J］. 辽宁大学学报（哲学社会科学版），2011，39（5）：73-80.

行审查和证明其真实性，并且被封存或加盖公共档案馆印章，则在任何司法程序中就应当视为具有证据作用，不需进一步证明其档案原件在该司法程序中是否被接受为证据。

需要注意的是，2005年《信息自由法》的颁布，对信息的获取、豁免、获取信息的保障措施做出具体规定，同时规定信息自由访问制度取代了30年封闭期(满30年向公众开放)的旧条款，这也意味着英国公共档案已经没有了普遍意义上的封闭期，档案一旦移交到公共档案馆，经过90天的分类处理后，便对公众开放。所谓真正意义上的封闭期，仅仅针对部分涉及英国及其附属领土的国防、国际关系、国家安全、经济利益等拥有豁免权的敏感档案。①

5. 关于法院档案

出于英国重视立法、司法的传统，《公共档案法》对法院档案也非常重视，在第7章、第8章对于法院档案的保管、移存等作出具体规定。第7章具体规定了主簿官应当继续负责并监管英格兰大法官法庭的档案，包括本法生效后形成的档案，并且有权决定这些档案或其中任何部分的临时存储地；但已经存储在公共档案馆的档案除外；第8章则规定了法院档案的相关事项，包括遗嘱、私人文件等的移交、保存、转让以及大法官的相关权利。

6. 说明、解释及附表

《公共档案法》第10、11、12章以及最后的附表是对该法的说明解释和补充。第10章明确了档案的定义以及形成日期的规定；第11章规定1838年至1958年制定的公共档案法全部失效；第12章中规定了任何政府部门、其他组织或个人，凡持有任何与北爱尔兰有关的公共档案，应将其移交给北爱尔兰公共档案馆，即北爱尔兰对其公共档案具有自主管理权；第13章中规定了本法的名称、撤销本法相关条目的规定和本法的生效日期；最后，在几个附表中主要介绍了公共档案的范围、部门档案等一些档案的定义和本法相关的修订情况等。

(三)其他与档案相关的法律

英国档案法律之所以能够形成一个完整的体系，除拥有《公共档案法》这样的基础性的法律外，还因为在这部基础性的法律之上衍生出各种各样的分支，从而使之彼此相互联系成为一个有机整体。在这些相关法律中主要包括三部：《信息自由法》《数据保护法》和《环境信息条例》。它们建立在基础性法律之上，同时也是对基础性法律的完善和补充。

1.《信息自由法》(*Freedom of Information Act of 2000*)②

《信息自由法》是在1999年5月提出草案，并于2000年11月30日经英国议会讨论后

① 李少建. 英国档案封闭期再认识[J]. 档案学研究，2019(6)：122-125.

② Freedom of Information Act 2000[EB/OL]. [2020-08-01]. https://www.legislation.gov.uk/ukpga/2000/36.

正式通过，2002年经女王批准，从2002年开始逐步在一些部门中分步骤实施，并于2005年1月1日全面生效实施。[①]《信息自由法》大体包含正文和附录两个部分。正文部分总共包含8章，共88条；附录部分主要是正文特殊规定内容的详细列表，以便在实际工作中参照执行。其主要内容包括：①适用范围；②《信息自由法》免予公开的信息；③内务大臣、大法官和信息专员的职能分工；④执行；⑤其他。《信息自由法》以“公开为原则，不公开为例外”，通过排除“例外信息”来界定信息公开范围。它的颁布对于保障公民权利和提高政府透明度具有显著效用，增强了公共档案部门日常工作的可操作性，从侧面激发了公民利用信息的需求。[②]

其中的获取条款替代了《公共档案法》中对公共档案的访问规定，并且还规定了公民对大多数公共部门机构申请信息公开的权利。此外《信息自由法》的部分条款取代了此前的《政府信息公开条例》(*Code of Practice on Access to Government Information*)和1998年的《数据保护法》(*Data Protection Act 1998*)一些相关条款。

2.《环境信息条例》(*Environmental Information Regulations*)[③]

1992年，英国颁布了第一部《环境信息条例》，新的《环境信息条例》在2004年11月21日获得议会批准，并从2005年1月1日与《信息自由法》一同正式生效。《环境信息条例》包含五章21条，主要包括总则、公共机构环境信息利用、披露环境信息的责任例外情况、业务守则和历史记录以及强制执行、上诉、违反、修订和撤销五个部分。对环境信息的利用、救济程序、不可公开的环境信息、不予公开的情形、信息专员(Commissioner)等人的职能和守则以及对利用档案不当行为定罪处罚等作出了全面规定。

《环境信息条例》的颁布，进一步促进了英国档案信息公开利用工作的发展，极大地拓展了人们获得相关“环境信息”的数量和类型，极大地满足和激发了公民的信息利用需求。同时，《环境信息条例》和《信息自由法》有着十分紧密的联系，《信息自由法》规定了获取广泛信息的权利。然而，获取环境信息及环境档案的权利是由一个单独的法定制度提供的，即《环境信息条例》。《环境信息条例》的颁布不仅是对《信息自由法》在“环境信息”[④]上真空状态的弥补，同时也对《信息自由法》实施起到了积极推动作用；二者相互配合、补充，共同构成了英国档案信息公开利用的“双子法”。[⑤]

---

① 肖永英. 英国信息自由法的主要内容及其影响初探[J]. 情报杂志，2003(9)：93-97.

② 曹宇，赖文渊. 英国国家档案法律体系概述[J]. 辽宁大学学报(哲学社会科学版)，2011，39(5)：73-80.

③ The Environmental Information Regulations 2004[EB/OL]. [2020-08-01]. https://www.legislation.gov.uk/uksi/2004/3391/contents/made.

④ 所谓“环境信息”，指的是以实体形式、虚拟形式、听觉形式、电子形式或其他形式存在的有关空气、水、泥沙、土地、风景和动植物及其多样性(包括转基因生物)；有关于排放、泄漏、能源、噪声、辐射、废品和其他物质；政策、计划、协议等措施和活动；报道、成本和经济效益材料；人类身体健康及安全状况、食物链污染信息以及其他可能引起环境变化的因素的相关信息。

⑤ 曹宇，赖文渊. 英国国家档案法律体系概述[J]. 辽宁大学学报(哲学社会科学版)，2011，39(5)：73-80.

3.《数据保护法》(*Data Protection Act 2018*, *DPA*)①

1984 年，英国颁布了第一部《数据保护法》，随着欧盟在 1995 年通过《个人数据保护指令》，英国于 1998 年 7 月 16 日通过新的《数据保护法》，并于 2000 年 3 月 1 日起生效。随着 2018 年 5 月欧盟《通用数据保护条例》(*General Data Protection Regulation*, *GDPR*)的正式实施，2018 年 5 月 23 日，英国《数据保护法》(2018)获女王御准，正式生效并取代了实施近 20 年的《数据保护法》(1998)，为《通用数据保护条例》在英国国内的实施铺平了道路，填补并扩充了《通用数据保护条例》在移民、法律执行、情报部门、国家安全等领域的立法空缺，并对与其他相关法律(如《信息自由法》)之间的关系做出调整和规范。②

2018 年的《数据保护法》包括前言、一般性程序、执法程序、情报服务程序、信息专员、执行、补充及附属条文、附录八个部分。其中第二部分"执法程序"的第三章规定了数据主体所具有的访问权、更正权或删除权以及个人决策权利；第四部分为情报部门处理个人数据提供了数据保护机制，它规定了情报部门处理个人数据的六大原则，即：合法公平原则；处理目的详尽、明确与合法；个人数据适当、相关，不能过度收集；个人数据准确并保持更新；个人数据保存时间不超过必要所需；个人数据安全处理。同时也再次重申数据主体在此情况下所拥有的知情权、访问权、决策权、修改和删除权等权利。

(四)英国档案立法的特点与评价

经过较长时间的发展和完善，英国形成了一个以《公共档案法》为基础，《信息自由法》《环境信息条例》和《数据保护法》为分支，附以其他档案法规作为补充的相对完善的档案法律体系。各个法律各司其职、各守其责，以法律形式确立并保障公民的合法权益，共同推动档案事业的系统、规范、高效发展。英国独特的社会环境和历史发展，使其在档案立法上有着区别于其他国家的特点。

1. 单行法和"众星拱月"的特征

在英国国家档案法律体系中包括《公共档案法》《信息自由法》《环境信息条例》《数据保护法》以及其他档案法律法规均为具体规范某一方面社会关系的法律法规。而在这个体系中，《公共档案法》是一部基础性的法律法规，它直接明确地规定了英国档案工作所应遵循的基本工作制度、原则以及档案管理要求。而其他相关法律在各自所分管的方面发挥着各自的社会规范作用，《信息自由法》和《环境信息条例》主要解决的是公共机构信息(包括档案信息在内)对外开放的问题，《数据保护法》主要针对的是各种信息中所包含的有关可能

---

① Data Protection Act 2018 [EB/OL]. [2020-08-01]. https://www.legislation.gov.uk/ukpga/2018/12/contents/enacted? cn=ZmxleGlibGVfcmVjcw%3D%3D&refsrc=email.

② 韩家铭. 欧盟及英国个人数据保护法的最新发展及对中国立法的启示[D]. 北京：北京外国语大学，2019.

涉及个人利益的个人信息的保护等。①

在某种意义上，英国的档案法律体系有着“众星拱月”之势，《公共档案法》为“月”，以其他规范性档案法律法规为“星”。《公共档案法》同时相当于英国档案法律体系中的“宪法”性档案法规，其规定了最根本的档案工作制度——大法官责任制，以及最基础的英国档案事业的基本原则以及内容等问题。在社会发生变迁的时候，《公共档案法》除外的其他法律法规，往往是对其某些没有提及、或者存在真空的领域进行补充，但是所有的档案法规思想和准则往往是具有共通性的。

2. 权利保障的全面性

英国档案法律体系充分彰显出“以公开为原则，不公开为例外”的信息公开原则，这体现了对公民的档案获取权和信息知情权的尊重。相关档案法律体系，如《环境信息条例》极大地拓展了人们获得相关“环境信息”的数量和类型，它要求公共机构和对环境负有责任的私人机构都必须满足任何人对其所保管和掌握的“环境信息”的合法要求，从而推动了公民合法信息权利的保障；《信息自由法》中，往往是通过排除“例外信息”来界定信息的公开范围，这拓宽了公民可以获取档案的范围和类型，并且在法理上赋予了公民依法查询自己感兴趣的信息是否存在的权利。此外，《数据保护法》中对个人数据的保护中还体现了对人身与人格权的保护。《数据保护法》还规定了一项特殊的权利，即数据所有人享有将相关数据或信息在一定条件下进行删除的权利，即被遗忘权。被遗忘权在互联网时代“记忆成常态，遗忘成例外”的情形下，是英国档案立法工作者对时代的有力回应。从 19 世纪保障公民的档案获取权开始，到 21 世纪信息时代的“被遗忘权”，英国档案法规对个人权利的重视和保护从未止步，这是时代大潮的推动，更是英国档案立法工作者在思想和实践中与时俱进、开拓创新的重要成果。

3. 大法官工作责任制

英国国家档案法律体系与他国档案法律体系最大的不同，在于英国将档案的管理权限主要归于大法官之下，确立了以大法官责任制为基础的工作责任制，而非如其他国家是由各部门所统辖。为了统筹全国的档案工作，英国在《公共档案法》中确立了以大法官责任制为基础的工作责任制，在《公共档案法》第 1 章便规定了大法官应对《公共档案法》的实施和对公共档案的保存与管理进行监督等工作进行全面负责；建立公共档案咨询理事会；每年要向议会两院报告公共档案馆的工作等。② 此外，大法官还应任命公共档案馆馆长(The Keeper of Public Records)，负责对公共档案馆(Public Record Office)及其保管的档案进行指导，并就机构人员和条件，与财政部(Treasury)一同任命他认为适合公共档案馆服务的其

① 曹宇，赖文渊. 英国国家档案法律体系概述[J]. 辽宁大学学报(哲学社会科学版)，2011，39(5)：73-80.

② 曹宇，赖文渊. 英国国家档案法律体系概述[J]. 辽宁大学学报(哲学社会科学版)，2011，39(5)：73-80.

他人员，由此可以看出大法官在英国档案事业中具有毋庸置疑的领导地位。

英国的档案事业管理体制属于典型的分散式体制。一般来说，分散式的档案管理体制往往会使得国家档案事业政令不通、运行不畅，且各个档案机关会遇到无法根据同一制度进行系统性的人员的统一管理，以及资源的统一调配等问题。

“大法官责任制”的确立，使英国的档案事业可以在统一领导下得以顺利运行、发展，并进行必要的改革，同时英国大法官终身制的这一制度可以使得档案政策具有较强的延续性，避免档案政策“朝令夕改”。

4.“信息专员”制度

信息专员制度是英国档案立法里面的一项特殊制度，它起源于1988年颁布的《数据保护法》，当时的“信息专员”被称为数据保护登记署署长(Register)；后来，于1998年修订的《数据保护法》中将原来的数据保护登记署长更名为数据保护专员(Commissioner)，并加强了其职权；在之后的《信息自由法》和《环境信息条例》中，信息专员的职权得到了扩大，名称由“数据保护专员”变成了现在的“信息专员”。[①]

信息专员的总体职责是推动公共机构履行《信息自由法》《环境信息条例》和《数据保护法》，不仅可以在职务范围下监督档案法律法规的实施和推进情况，还可以接受民众的上诉，如当某些机构拒绝公开民众请求的档案文件时，民众可以对信息专员提出申请和上诉，由信息专员权衡相关社会利益关系后进行裁决是否公开。同时，在《信息自由法》《数据保护法》和《环境信息条例》中都有关于“信息专员”具体职能的规定。这一制度的确立从一定程度上弥补了分散制管理体制的不足和各项单行法规执行中的协调问题，对于健全和完善英国国家档案法律体系有着重要的意义。

5.详实规定和自由裁量

英国档案法律作为规范英国档案工作的重要尺度，详细规定了档案工作的流程，如每部法律适用的机构和档案或者数据类型、公众获取所需信息的详细流程、机构若拒绝公开后的处理和应对措施、上诉后机构及时处理时间的规定，接受上诉的时效问题、利用者毁坏档案时的处罚等。《公共档案法》中对这些问题进行概述，其他档案法规中对其进行补充和具体化，从而使档案工作者和民众能够更加清楚地了解依法获取档案的必要环节，并避免执行过程中的常识性问题、降低工作开展过程中的社会成本。同时，个人和相关机构都能够“有法可依”，维护自己的利益。

除了以上详细的规定，英国档案法律也给予机构和个人进行自由裁量的权利。其中最突出的是以法律的形式对于大法官和信息专员的职责和权力进行详细规定，大法官可以以自己的标准任命适合的官员，或将档案保存在他认为合适的保管机构或者地点，大法官和

① 曹宇，赖文渊. 英国国家档案法律体系概述[J]. 辽宁大学学报(哲学社会科学版)，2011，39(5)：73-80.

信息专员在向议会提交述职报告的时候也可以提交他们认为需要提交的任何文件，面对信息利用者的上诉时，信息专员需要根据客观事实和自己的价值观念来进行判决。当信息专员认为机构没有履行档案法规中的法定职责时，他可以发一份“执行通知”告知相关机构情况，促进法律实际上的落实。详实规定和自由裁量的结合使得英国档案法系在兼顾实际的基础上具有一定的变通性和灵活性，为在实际社会生活中更好地开展档案工作打下坚实的基础。

五、俄罗斯档案立法①

2004年《俄罗斯联邦档案事业法》(以下简称2004年《档案法》)是继《俄罗斯联邦档案全宗和档案馆法》(以下简称1993年《档案法》)之后的一部新的档案大法。与1993年《档案法》相比，2004年《档案法》在结构体例、内容设置等方面都有不少新的突破，综合反映了新时期俄罗斯档案事业和档案工作的最新进展和立法特色。

(一)总体特色：结构完备，内容充实具体

2004年《档案法》共有九章三十二条，翻译成中文约万余字。而1993年《档案法》共有七章二十五条。比照这两部法律的具体章节条款，可以发现，2004年《档案法》不是对1993年《档案法》个别条款的简单修订，而是从结构到内容上的全面修改。主要体现在：

第一，在结构上，更清晰，系统性强。最大的变动是将1993年《档案法》的第五章“档案文件的保管、收集、统计和利用”扩展细分为三章，即“档案的保管和统计”(第四章)、“档案馆对档案文件的补充”(第五章)、“档案文件的借阅和利用”(第六章)。其次，将1993年《档案法》的第三章“俄罗斯联邦的档案馆”取消，并把其中的相关内容吸收进2004年《档案法》的第二章“俄罗斯联邦档案全宗”和第三章“俄罗斯联邦档案事业管理”。此外，增加第九章“附则”，规定该法的生效日期及有关条款的例外生效期限和程序。

第二，在内容上，更具体，针对性强。一方面，该法针对俄罗斯档案工作和档案事业在市场经济和私有化中出现的问题作出了具体规定，尤其是对私人档案所有权的转移、国有和非国有组织机构调整过程中的档案流向、人事文件的保管、档案利用过程中公民隐私权保护等敏感问题作出了相关规定。另一方面，该法对于现代技术在档案和档案工作中的应用也有所体现。如将电子和遥测文件等新型文件列入俄罗斯联邦档案全宗。

(二)特色之一：明确规定法律所调整的对象，界定基本的档案法律概念

2004年《档案法》第一章“基本概念”的第一条明确规定了该法所调整的对象是“在组织对俄罗斯联邦档案全宗文件和其他任何所有制形式的档案文件的保管、补充、统计、利用中所产生的关系，以及在为了俄罗斯联邦公民、社会、国家利益的档案事业管理中所产生

① 注：本节主要参考肖秋惠.俄罗斯档案立法的最新进展[J].中国档案，2006(6)：55-57；肖秋会.俄罗斯档案事业改革与发展研究[M].武汉：武汉大学出版社，2019.

的关系”，表明该法既对档案业务工作中所产生的关系进行调整，也对档案事业管理中所产生的关系进行调整，既包括在组织管理俄罗斯联邦档案全宗的文件中所产生的关系，也包括在组织管理其他任何所有制形式的档案文件中所产生的关系。

该法第三条界定了19个档案基本概念。如，该法在1993年《档案法》基础上，从本质属性、价值及载体表现形式对“档案文件”作出了新的定义：“具有原始证明要素，对于公民、社会和国家具有重要意义而必须保存的固化有信息的物理实体”；“档案全宗”保持原有定义：“相互之间具有历史联系或逻辑联系的档案文件的总和”。此外，规定“人事文件”是“反映雇佣双方之间劳动关系的档案文件”；“特别贵重的档案文件”是“具有永久的文化历史价值和科学价值，对社会和国家特别重要，并对其统计、保管和利用确立了特殊制度的俄罗斯联邦档案文件”。“孤本文件”是“在内容和外在特征方面具有唯一性，从其意义和(或)真迹来看，一旦丧失则无可弥补的特别贵重的文件”。“孤本文件”是“特别贵重的档案文件”的一个组成部分。

(三)特色之二：通过对俄罗斯联邦档案全宗概念、成分及所有权形式的认定，确保该法所保护的国家档案财富的完整性、全面性和安全性

首先，在概念上，该法规定，俄罗斯联邦档案全宗是“反映社会物质和精神生活的，具有历史、科学、社会、经济、政治和文化意义，通过历史积累并不断补充的档案文件总和，是俄罗斯联邦人民历史文化遗产不可分割的组成部分，属于信息资源并必须永久保存”，不仅从文化遗产角度确认了俄罗斯联邦档案全宗的历史文化价值，而且首次在法律上确认了俄罗斯联邦档案全宗的信息资源属性，有利于档案文件的开发和利用。

其次，在成分上，该法以先总述后列举的形式规定，俄罗斯联邦档案全宗“包括存在于俄罗斯联邦版图上的所有档案文件，不论其来源、产生时间和方式、载体形态、所有权形式和保管地点如何。包括法律文件，机关文件，含有科学研究成果的文件，工程设计和技术成果文件，电影、照片、录像、录音文件，电子和遥测文件，手稿、图画、图纸、日记、书信、回忆录、档案文件正确正本的副本，以及设立于国外的俄罗斯国家机关的档案文件”，比1993年《档案法》关于俄罗斯联邦档案全宗的成分规定更加具体，为该法适用于各类文件的管理提供了明确的依据，扩大了该法的适用范围。尤其是在所有制形式上，将自治组织和私人所有的档案文件纳入俄罗斯联邦档案全宗；在档案文件的种类上，将电子和遥测文件等新型文件纳入俄罗斯联邦档案全宗，确保了该法所保护的国家档案财富的完整性和全面性。

再次，该法从所有权角度，详细规定了俄罗斯联邦档案全宗中国家所有、自治城市所有，以及私人所有的档案文件的构成。该法第二章“俄罗斯联邦档案全宗”(第五条至第十二条)共八条，是该法内容最多，分量最重，也是最令人关注的部分。这一章以较大篇幅对于国家所有的档案文件、联邦主体所有的档案文件、市政所有的档案文件、私人所有的档案文件的具体构成给予了全面规定，将“由于第二次世界大战而迁移至苏联，并处于俄

罗斯联邦版图上的历史上的敌对国家的档案文件”划归国有。特别列举了私人所有的构成俄罗斯联邦档案全宗的档案文件所有权转移的各种情形。

此外，明确规定要在文件价值鉴定的基础上将档案文件编入俄罗斯联邦档案全宗，指明了负责文件价值鉴定的机关。尤为重要的是，该法对“特别贵重的档案文件”和“孤本文件”的鉴定、保管、统计和利用作出了特殊规定。有利于确保联邦档案全宗的质量和保护珍贵档案的安全，防止其流失。根据该法第六条第二部分、第十一条第三部分、第十七条第三部分和第四部分、第十九条第一部分的规定，对于特别贵重的档案文件包括孤本文件的鉴定，由联邦政府专门授权的中央鉴定检查委员会负责；私人对其所有的特别贵重的档案文件没有很好履行保管、统计和利用义务的，可由法院依法判决没收；由专门授权的联邦政府执行权力机关为特别贵重的档案文件，包括孤本文件确立特殊的统计、保管和利用制度，并建立安全副本，编制专门的俄罗斯联邦档案全宗孤本文件清册。

(四)特色之三：坚持集中式的档案事业管理体制，但地方的自主权增大

根据俄罗斯 1993 年新《宪法》的规定，俄罗斯联邦是共和制的民主联邦制国家，俄罗斯联邦现有 89 个联邦主体，其中包括 21 个共和国、6 个边疆区、49 个州、2 个联邦直辖市(莫斯科市和圣彼得堡市)、1 个自治州，以及 10 个民族自治区。此外，俄罗斯的城市有 1000 多个，城市型市镇近 2200 个。联邦、联邦主体和自治城市依法享有在政治、经济和文化领域相对独立的权力，在档案事业领域也同样如此。

该法第一章第四条详细列举了俄罗斯联邦、联邦主体和市政组织在档案事业领域各自的权力。其中，俄罗斯联邦有权依法制定和执行档案事业领域统一的国家政策，而各个联邦主体和市政组织有权在各自的行政区域内执行国家档案事业政策，城市和自治区对“属于国家所有并位于市政组织区域内的档案文件的保管、补充、统计和利用享有独立的国家权力”。由此可见，俄罗斯联邦的档案事业管理仍然以集中式管理体制为主体，但城市和自治区拥有较大的自主权。

(五)特色之四：加大了对私人档案的保护和监控力度

该法针对私人所有的档案文件的构成、入馆鉴定、所有权转移、保管、借阅和出境等问题作出了相关规定。

该法所调整的私人档案文件的范围相当广泛。第九条明确规定，属于私人所有的档案文件有两种构成方式，一种是俄罗斯联邦境内的非国家和非自治地方的社会组织的档案文件，另一种是由公民产生或者依法获得的档案文件。该法第六条第七部分规定，将私人档案编入联邦档案全宗必须经过文件价值鉴定，这样有利于防止价值不大的私人档案大量进馆。

该法第十一条特别规定了俄罗斯联邦档案全宗文件中的私人所有文件的所有权转移的几种情形：

①私人所有的俄罗斯联邦档案全宗的文件可以收归国有，也可以通过合法继承等多种方式进行所有权的转移；

②私人所有的俄罗斯联邦档案全宗的档案文件的所有权转让时，应该依本法第六条第七部分的规定，在转让协议中指明义务的转让；

③如果特别贵重的档案文件的所有者和国家文件的保管者没有履行保管、统计和利用这些文件的义务，可能导致它们丧失重要意义的，根据俄罗斯联邦民法典第二百四十条的规定可由法院判决没收；

④私人所有的档案文件进行拍卖时，拍卖组织者必须在距拍卖当天30天以内以书面形式，向拍卖地的由联邦政府专门授权的档案事业领域的执行权力机关、联邦主体专门授权的档案事业领域的执行权力机关通报，并注明出售的条件、时间和地点。对于违反上述程序出售的，联邦政府专门授权的档案事业领域的执行权力机关、联邦主体专门授权的档案事业领域的执行权力机关可依据民法相关规定，据此要求通过司法程序而获得作为购买者的权利和义务。

此外，根据该法第十八条、第二十四条、第二十九条的规定，私人所有的档案文件可由文件所有者或占有者自行保管，也可以通过协议由国家或市立档案馆、博物馆、图书馆，以及俄罗斯科学院组织保管；借阅私人所有的档案文件须征得文件所有者或占有者同意；私人所有的构成俄罗斯联邦档案全宗的档案文件，禁止运出境外。私人所有的不构成联邦档案全宗的档案文件可以运出境外，申请出境的档案文件必须通过文件价值鉴定。

（六）特色之五：明确规定了档案文件利用者的权利，以及档案馆、博物馆、图书馆等文化机构的职责

该法第二十六条规定，档案文件利用者有权为了任何合法目的和采取任何合法方式，利用、转递、传播提供给他的档案文件和档案文件副本中所含有的信息；国家和市立档案馆、博物馆、图书馆和俄罗斯科学院组织要为档案文件利用者提供必要的查找和研究档案文件的条件；不具有法人资格的国家机关、地方自治机关、组织和公民从事企业活动的，必须按照规定的制度，以其拥有的相关档案文件为档案文件利用者无偿提供与公民的社会保障有关的，包含有养老保障以及依法获得其他优惠待遇和补偿的档案证明或者档案文件副本；地方和市立（地方自治机关的下属机构除外）档案馆、博物馆、图书馆和俄罗斯科学院组织，以及国家和市政组织，可依法在其拥有的档案文件和档案检索工具的基础上，为档案文件利用者提供有偿信息服务，可与他们签订利用档案文件和检索工具的协议；国家和市立档案馆的档案利用制度由联邦政府专门授权的联邦执行权力机关制定，国家机关、地方自治机关、国家和市政组织、国家和市立的博物馆、图书馆、俄罗斯科学院组织的档案利用制度，由它们根据联邦法律，以及联邦政府专门授权的联邦执行权力机关制定的规则来确定；对受到俄罗斯联邦知识产权法调整的档案文件的利用要考虑到该法的要求；国家和市立档案馆、博物馆、图书馆和俄罗斯科学院组织，国家机关档案馆、地方自治机关档案

馆、国家和市政组织档案馆，要为国家机关和地方自治机关实现其权力提供必要的档案信息和档案文件副本，公布和展览档案文件，编制关于馆藏文件内容成分的信息检索出版物；根据俄罗斯联邦法律作为物证没收的档案文件必须归还给档案文件的所有者或占有者。

此外，该法还明确规定了政府机关以及非政府组织在机构调整时的档案文件流向，详细规定了暂时保管在形成机关的各类俄罗斯联邦档案全宗文件在转入永久保管之前的暂时保管期限，并基本沿用了1993年档案法关于公民隐私权保护的规定。

总之，2004年档案法是俄罗斯实行私有化和市场经济十余年后，在俄罗斯的公民社会和民主国家逐步建立、社会信息化进一步深入发展的情形下，针对档案事业和档案工作中出现的现实问题和主要矛盾而制定和颁布的。该法的立法主旨是在新的政治经济环境和技术环境下最大限度地维护联邦档案全宗的完整和安全，在坚持档案事业集中式管理的基础上，进一步区分联邦、联邦主体，以及自治地方在档案事业领域内的各自的权限。该法关于联邦档案全宗概念和成分的重新认定、私人档案文件所有权的保护和转移、各类俄罗斯联邦档案全宗文件在转入永久保管之前的暂时保管期限的新规定、国有和非国有机构调整时的档案文件处置办法、档案利用中的公民隐私权保护、档案文件出境等内容的规定，基本适应了当前俄罗斯市场经济发展和社会民主发展的需要。其有关内容可为我国当前的档案立法提供借鉴。

但是，该法也存在明显的不足，如关于违法责任的规定过于简单，难以操作；关于档案文件开放利用的期限没有明确规定，而1993年档案法规定是30年，等等。

六、其他国家及地区档案立法

（一）瑞士档案立法概述

瑞士是欧洲中部一个实行联邦制度的国家，共有26个独立州（20个州和6个半独立州）。因其联邦体制，联邦立法对联邦部门产生强制要求，对各州立法仅有参考价值。因此，《联邦档案归档法》（*Loi fédérale sur l'archivage*，1998年颁布，后经多次修改），是一部针对瑞士联邦机构的档案管理的法律，对联邦26个独立州无强制要求。同时，除提挈诺州之外，25个州都拥有属于本地区的档案立法。

1. 瑞士档案立法的历史

1925年，日内瓦州率先制定了《公共档案法》（*Loi sur les archives publiques*）成为瑞士境内最早的档案立法。经过近60年的发展，直至20世纪80年代，其他各州才纷纷开始地区档案法律的制定工作。各州开展档案立法工作的原因也不尽相同，例如：1984年汝拉州建立档案立法是为了创建档案管理机构，而1989年纳沙泰尔州为了应对新的数字载体的挑战，同时更加明确封闭期限，因而开展档案立法工作。

20世纪末以及21世纪初期是瑞士档案立法发展的另一个重要时期。这一时期，瑞士各地相继出台“数据保护法”。为了与“数据保护法”和“信息保护法”等相关法律协调，各州相继出台新的“档案归档法”或“档案法(案)”，例如：苏黎世(1995)、巴塞尔城市(1996)、日内瓦(2000)、格拉鲁斯和卢塞恩(2003)、楚格(2004)、伯尔尼(2006)等。2007年阿尔高州颁布了《公共信息、数据保护和档案法》(*Loi sur l'information du public, la protection des données et les archives*)，这是瑞士境内第一次将“公共信息”“数据保护”和“档案工作”三个相关主题放在同一部立法中。除了专门的档案立法之外，还有某些法律规定也对档案工作产生影响。例如，联邦政府、巴塞尔城市州和沃州出台的“个人文件保护规章”，其中规定：档案文件的获取会因涉及“职业秘密”而受到限制。

然而，纵观瑞士联邦和各州档案法的名称，更多地使用的是“归档法”(英文：Act on Archiving，法语：loi sur l'archivage)，而非“档案法(案)”(英文：Archives act；法语：Loi sur les archives)。这是因为法律的内容更强调归档过程中以及进入档案馆之后的法律问题，而并不是所有的档案管理过程中的全部问题。因为在一些地区，并没有单独将“档案公开/获取”特别列入法律内容，而是遵循所有政府“文件公开/获取”的相关法律规定，并不由其在政府部门或者档案馆而产生变化。①

2. 瑞士联邦档案归档法

1998年6月26日，瑞士联邦颁布了第一部档案法：《联邦档案归档法》(英文：*Federal Act on Archiving*，法语：*Loi fédérale sur l'archivage*)，该法案进行过多次修订，目前最新的是2021年1月版。该档案法被归入联邦立法的“基本权利、生存和个人自由”类别，可见联邦层面将公民的档案权利认定为公民基本权利的组成，足见其重要性。瑞士联邦档案法只适用于“联邦政府”和其所属“行政部门”以及联邦“司法部门”。

该档案法从联邦层面明确了与档案相关的概念，确立联邦档案馆的性质与地位。同时，该法明确了行政机关向档案馆移交档案过程中的程序，并规定了联邦文件进入档案馆以后的管理和利用问题。虽然联邦档案立法对各州没有强制作用，但是事实上1998年之后的各州档案立法还是或多或少地受到这部联邦立法的影响。最重要的影响是下降封闭期至30年。然而，这也并不是统一的。在瑞士境内，同样一份文件可因所在的州不同而产生不同的封闭期。②

3. 其他与档案相关的法律

瑞士各州的档案法的内容往往只针对“行政机关”向“档案机关”移交档案过程中的法律问题。与档案相关的管理问题往往同时出现在几部相关法律中。同时，与档案管理相关

① François Burgy, Barbara Roth-Lochner. Les Archives en Suisse ou la fureur du particularisme[J]. Archives, 2002—2003, 34(1-2): 37-80.

② Loi fédérale sur l'archivage [EB/OL]. [2021-01-11]. https://www.admin.ch/opc/fr/classified-compilation/19994756/index.html.

的立法不断更新和变化，也对档案法产生着影响和导向作用。

(1)行政透明相关立法

与其他欧洲国家的历史一样，瑞士公共部门产生的档案，无论是联邦的还是各州的，起初都是不可被公众获取。除非是诸如：法律、司法讨论或者政府通报等公开出版物。但是进入2000年以后，在整个世界“透明政府”建设的影响下，瑞士也开始进入行政透明化建设的过程中。伯尔尼州成为瑞士境内第一个允许特殊行政文件被公众获取的地区。1993伯尔尼州颁布《公共信息法》(*Loi sur l'information du public*)，该法律规定：“在不影响公共部门或私人权利的前提下，所有人都有权利查询公共文件”(第27条，第1款)。

这些行政透明方面的立法深刻影响了档案的查阅。例如，日内瓦地区的《公共信息和文件获取法》(*Loi sur l'information du public et l'accès aux documents*, *LIPAD*)中就规定：“根据本法规定的，向档案馆移交前可被公众获取的文件，进入档案馆归档后不受档案法中所规定的封闭期的限制，而仍然可以被公众获取。”(第29条，第2款)

伯尔尼州、索洛图恩州和沃州三个州的档案的获取并未在档案法规中出现，而是在“公共文件获取”法律中出现。因为在这三个州，认为“公众对公共文件及信息的获取权利是相同的，并不因为这些文件的保管机构而改变。因此，没有必要将‘档案获取’单列在立法中”。这也是为什么这些地区的档案法并不包括“档案公开及获取”这个章节，而是将“档案法”的重点放在规定档案归档工作的具体流程上。然而除了上述的特殊情况外，瑞士大部分的地区和联邦政府还是保持将档案馆的获取规定放在档案法中。

(2)《数据保护法》

20世纪90年代，“个人数据的保护”问题开始得到各国的重视，各国纷纷开展有关该内容的立法工作。瑞士联邦于1992年颁布《联邦数据保护法》(*Loi fédérale sur la protection des données*)。各州也随之纷纷出台各自的数据保护法，联邦法律应用于所有没有独立数据保护法的州和地区。数据保护立法的出现，对“档案封闭期”产生了重要的影响。联邦和各州档案法都随之调整了封闭期，延长涉及个人数据档案的封闭期，以配合数据保护立法的实施。除了延长涉及个人信息数据档案的封闭期之外，“数据保护法”的出台标志着瑞士的档案工作，不仅受档案法的要求，同时受以“数据保护法”为标志的一系列跟档案工作有关的法律的共同要求。

(3)其他立法

除上文所列举的法律外，档案工作还需要遵守诸如“著作权法”“电子签名法”“文化鼓励法”等相关法律的要求。例如：瑞士1992年颁布《联邦著作权法》(*Loi fédérale sur le droit d'auteur*)。该法律将著作权的保护延长至“作者去世后70年”。因此，档案馆在进行档案公开的时候，特别是公开作者手稿、艺术作品、照片以及影像作品的时候，需要更加关注档案内容中是否涉及尚在保护期内的著作权问题。

此外，瑞士虽然不是欧盟成员，但是为了和整个欧洲大陆保持一致，而不孤立于立法的“孤岛”，瑞士的立法工作受欧盟立法的影响，并在节奏上与其保持一致。因此，欧盟出台的跟档案管理及公开相关的法律，也会对瑞士档案立法产生影响和引导作用。

（二）比利时档案立法概述

比利时的联邦档案工作是在一部《档案法》和两部《实施法令》（《档案监督皇家实施法令》和《档案移交皇家实施法令》）的共同指导下，并遵循相关法律中涉及档案的相关规定进行。

1. 比利时档案工作历史与现状

比利时最早的档案工作可以追溯到奥地利统治时期。1773 年，布鲁塞尔成立档案办公室。随后受法国入侵的影响，《穑月七日档案法令》（1794 年 6 月 25 日）也成为比利时档案工作的指导性法令。这一阶段，布鲁塞尔一直是最主要的档案库房所在地。法国 1796 年 10 月 26 日颁布《雾月五日档案法令》，规定各省设立档案馆，收集本地区内档案。根据法令，比利时各省也逐渐建立档案馆。1800 年开始，国家开始正式聘用专职的档案馆员。荷兰统治时期，各档案馆继续行使其职能。1814 年，皮埃尔-让·欧何提（Pierre-Jean l'Orty）被指定为国家档案馆馆长（局长），整体负责国家中央公共档案的管理工作。1830 年比利时独立后，1831 年 路易-普罗斯珀·甘尚（Louis-Prosper Gachard）接替皮埃尔-让·欧何提，成为比利时王国的第一任真正的馆长。自比利时独立后，逐渐在全国各地尚未有档案馆的省建立档案馆 。

比利时国家档案馆（Les Archives de l'État en Belgique）是比利时联邦政府的一部分。国家档案馆由 19 个遍布于全国各地的分馆（Dépôt d'archives）组成。每个分馆都有一个专属的“阅览室”，提供读者对档案原件和电子版的查询。除了接纳“公共部门产生的超过 30 年的文件”进入档案馆保管之外，国家档案馆还实施对全国公共服务部门的档案工作的监督职能。无论是法院、法庭、政府机构以及其他政府公共部门，未经国家档案馆馆长或其委托人的许可，其产生或接受的档案都不可以被销毁。国家档案馆专设“监督，建议及协调办公室”实现这一监督职能。通过颁布各类建议及标准、定期审查、开展培训班等方式，监督中央和地区档案馆员分别对管辖区域内的政府公共部门的档案工作开展情况。同时，比利时也将档案保管工作作为其国家遗产工作的一部分。

进入 21 世纪，比利时档案工作也开始活跃在国际舞台。自 2000 年以来，鲁汶大学每年组织“国际档案研究日”（Journées des archives），就档案工作中的最新研究热点邀请各国档案学家开展讨论，并于会议结束出版该会议论文集。2016 年“国际档案研究日”的主题为：“让瞬间永存：档案与社交媒体”。2013 年“古鲁汶大学档案（1425—1797）”被联合国教科文组织列入《世界记忆名录》；同年，比利时第一次举办国际档案理事会年会（Congrès annuel du Conseil international des Archives）。

2. 比利时联邦档案法律体系

1955 年，比利时终于经投票通过了第一部档案法：《档案法》（1955 年 6 月 24 日）。该法规定："公共部门需要向档案馆移交超过'100年'的档案。"这从法律层面确认了档案馆的职能，以及与其他公共部门的关系。这一规定，加速了比利时从联邦到各地新档案馆建设的速度。然而，这部档案法的内容简单，仅用非常简约的语言描述了档案工作的某些法律规定。

在比利时此后的档案工作发展中，档案法并没有得到及时的更新和修订。直至2009年，联邦政府完成了对档案法的第一次修改。本次修订中最重要的改变是将"公共部门向档案馆移交档案的时间从100年下降到30年"。同时，"皇家档案馆长及其代理人监督各公共部门的文件管理工作。在未经皇家档案馆馆长或其代理人同意的前提下，任何公共部门不得销毁其档案"。并规定，公共部门档案一旦进入档案馆，在不影响其他权利的情况下，即可被公众获取。因此，2009年之后，档案的公开和利用问题成为比利时最重要的档案工作之一。

由于比利时档案法以纲领性的内容为主，无法具体指导实际工作。2010年，比利时颁布两个档案法的实施法令：《档案监督皇家实施法令》(2010年8月18日)和《档案移交皇家实施法令》(2010年8月18日)，用于指导档案工作的具体开展。

《档案监督皇家实施法令》针对《档案法》中第六条展开规定："本法第一条第一、二款所提到的公共部门，国家档案馆馆长或其委任的代表监督这些部门持有档案的管理工作。"该法令从定义入手，补充了档案法中未能说明的相关概念，确认了国家档案馆馆长或其委任的代表档案监督的范围和实施方式。该实施法令确保了文件生命周期全过程中档案工作管理的一致性。同时，明确档案机构和公共部门在档案管理问题上的关系和职责。

《档案移交皇家实施法令》针对《档案法》中第一条、第五条和第六条中关于"公共部门向档案馆移交档案"展开具体的描述。法令中明确规定了档案移交的范围、期限、移交对象、移交方式以及豁免单位等。值得一提的是，该实施法令纳入了私人档案的管理和移交问题(第三卷 私人档案的寄存)，明确了在支付费用的前提下，国家档案馆可以接纳私人档案进馆。

3. 各州各地区档案立法

除比利时联邦拥有《档案法》之外，各地区和独立机构也拥有地区内的档案法规或相关规定。这些法规有的以《档案法》的形式出现，有的则在《信息自由法》《个人隐私法》或特殊档案类型的法律和规定中出现。此外，欧盟出台的与档案相关的法令和标准，也是比利时联邦和各地区重要的参考标准。

(三)澳大利亚档案立法概述

澳大利亚是世界上较早颁布档案法的国家之一，早在1983年就制定了一部较为完备的档案法——《1983年澳大利亚档案馆法》(*Archives Act 1983*)①。30多年来，该法历经修

① Archives Act 1983[EB/OL].[2021-01-11]. https://www.alrc.gov.au/publication/for-your-information-australian-privacy-law-and-practice-alrc-report-108/15-federal-information-laws/archives-act-1983-cth/.

订，日臻完善，形成了独具特色的立法风格。

1.《澳大利亚档案馆法》的制定

1960 年，根据帕顿委员会的建议，澳大利亚联邦议会通过澳大利亚《国家图书馆法》，并于次年 3 月正式实施。依据该法，档案部门从国家图书馆的内部机构改为联邦总理下属的档案办公室。虽然，档案机构已然独立，但它在处理联邦机构拒绝移交档案的相关事宜时，并未真正发挥作用。随后的工作中，档案工作者逐步认识到建立档案专用库才是妥善保管国家历史遗产的首要任务，1972 年首个档案库在悉尼维拉乌德正式落成。1973 年，加拿大档案专家沃克·兰勃(WK Lamb)受邀访问澳大利亚，他主张档案馆的角色和职能应当以法律的形式得以确认和增强。1974 年，澳大利亚特别内务部长莱昂内尔·鲍恩(Lionel Bowen)提议制定一部档案法，同时，将联邦档案办公室更名为澳大利亚国家档案馆。

1978 年 6 月，澳大利亚第一部《信息自由和档案法》(草案)提交参议院，法案提出只有联邦档案馆可以授权处置和销毁联邦档案；若出现档案损毁、更改等必须予以处罚；联邦机构档案形成 25 年后须尽快移交到国家档案馆集中保管；联邦档案馆享有判定哪些材料属于联邦档案资源的最高决策权。《澳大利亚档案馆法》最终于 1983 年获得通过，它从机构设置、联邦档案管理范围及管理方式等方面规定了澳大利亚档案馆工作的基本准则。

2.《澳大利亚档案馆法》的修订

《1983 年澳大利亚档案馆法》自颁布以来，为了适应档案馆工作的发展需要，进行了多次修订，规模比较大的有两次：一次是 1995 年 3 月 15 日批准的第 10 号法律，另一次为 2008 年 10 月 31 日批准的第 113 号法律。两次的修订法案分别简称为《1995 年档案馆法修订案》及《2008 年档案馆法修订案》。每次修订后相关部门会定期出台法律全文汇编本，汇编本均简称为《1983 年澳大利亚档案馆法》。

与法律汇编本不同，修订案的内容仅包括修订法案的简称、生效时间、修订条款列表及议会通过修订案的日期。如《2008 年档案馆法修订案》，列表共 82 项内容，涉及对原法案多项条款的增加、替代或删除。《2008 年档案馆法修订案》中仅标出此次修订的条款，未经修订的条款则不在此列，且继续有效。

3.《澳大利亚档案馆法》的汇编

澳大利亚联邦有关机构会定期发布法律汇编，将近期其他法律涉及《澳大利亚档案馆法》的修订条款一并列出，以全文版供公众利用。值得注意的是，法律汇编的条款编号，依然维持法律首次颁布时的编号顺序。此后修订时若有增加，则在原条款下增设分款，如第 3 条，若修订过程中在其后新增加条款，编号为 3A、3B、3C 等；修订时若有删除的条款，原有的条款序号也一并删除。如 2003 年 12 月汇编版《澳大利亚档案馆法》中，曾有

34、41、45、47、54、61 等多个条款，后因历次修订中相关条款相继删除，对应的序号也一并删除。这样，汇编版《澳大利亚档案馆法》中就可能出现跳号现象。

现行《澳大利亚档案馆法》为 2024 年 5 月汇编版，正文共 8 章 71 条。内容主要包括导言，国家档案馆的设立、职责及权力，国家档案馆的馆长及职员配备，澳大利亚国家档案馆咨询委员会，联邦档案的管理，国家档案馆资料样本，国家档案馆资料的保管条件，其他参数等诸多内容。

课后思考题

1. 简述法国档案立法的历史沿革及档案相关法规的内容组成。
2. 简述美国档案立法的历史沿革及代表性档案法规。
3. 美国档案立法的特点是什么？
4. 简述加拿大档案立法的历史沿革及档案法规的主要内容。
5. 加拿大档案立法的特点是什么？
6. 英国代表性档案法规有哪些？
7. 英国《公共档案法》的产生背景和主要内容是什么？
8. 英国档案立法的特点是什么？
9. 俄罗斯档案立法有哪些主要特色？
10. 瑞士、比利时、澳大利亚的代表性档案法规有哪些？

第九章　数字转型时代的《档案法》

本章要点

◎ 解析档案立法与信息化的关系，阐明信息化对档案立法的多维影响。

◎ 介绍电子档案法律规制的渊源，解析电子档案证据效力的基本要件。

◎ 讨论智能社会发展对档案数据规制的影响，构建智能社会下的档案数据规制。

◎ 介绍智慧档案馆法律规制的需求、现状和挑战。

一、档案立法与信息化

档案立法作为一项重要的法律活动，旨在为档案的规范化管理提供权威依据，以确保其安全、完整、可信、可靠、可用。随着信息化时代的到来，档案管理方式和需求发生了巨大变化，使得档案立法也面临全新的挑战和机遇。

（一）档案立法概述

1. 档案立法的内涵

档案立法是指国家或地区为规范和管理档案工作而制定法律法规体系的行为。它是档案管理体系的重要组成部分，旨在确立档案管理的基本原则、制度和规范，保障档案的安全、完整和可持续性管理。档案立法的内容涵盖了档案的创建、收集、整理、保管、利用、服务、保护和开放等多个环节，以及档案管理机构的组织结构、职责权限、工作程序等具体规定。

档案立法体现了国家对档案管理工作的重视和规范化程度，也是档案管理工作得以正常开展和持续发展的法律基础。档案立法的主要目的包括以下三个方面：其一，维护国家和公民的合法权益。档案立法有助于维护国家安全、留存社会记忆，维护公共利益和个人权益。其二，确立档案管理的基本原则和制度。档案立法旨在通过法律的形式，确立档案管理工作的基本原则，如信息公开、保密安全、保护隐私、服务便民等，为档案管理提供法律依据和指导。其三，规范档案管理的各项工作，确保其正常运行。为档案管理工作提供具体的法律条文指引，有助于促进保障档案管理工作的科学化、规范化和制度化。

2. 档案立法的历史

档案立法的历史可以追溯到古代文明时期，各个国家和组织都制定了不同形式的档案管理规定。随着社会的进步和国家治理体系的不断完善，档案立法也逐渐从满足最初的简单管理需求转变为更加综合和专业的法律活动。

近代以来，我国档案立法的历史可以划分为以下几个阶段：其一，清朝末年至民国初年：在清朝末年和辛亥革命后，我国档案管理开始有了初步的制度化，虽然当时还没有明确的档案立法，但在实践中已经形成了一些档案管理的基本原则和制度。其二，1949 年中华人民共和国成立后：随着新中国的成立，我国档案管理进入了新的发展阶段，开始了档案管理体系的系统建设。20 世纪五六十年代陆续颁布的一系列档案管理法规，为国家档案局、中央档案馆等档案机构的建立和档案管理工作的开展奠定了基础。其三，1978 年改革开放后：改革开放以后，我国的档案管理迎来了新的发展机遇和挑战。为适应经济建设和社会发展的需要，我国进一步加强了档案管理体系的建设和档案立法的完善。1987 年，我国通过了《中华人民共和国档案法》，成为档案管理的基本大法，为档案管理工作提供了更加权威、系统、明确的法律依据。

3. 档案立法的体系

按照法律位阶划分，我国档案立法的体系从上至下分别包括：其一，基本法，如《档案法》《保密法》《个人信息保护法》等。其二，行政性法规、党内法规和军事法规，如《档案法实施条例》《机关档案工作条例》《科学技术档案工作条例》《干部人事档案工作条例》等。其三，部门规章，如《档案执法监督检查工作暂行规定》《档案行政许可程序规定》《机关文件材料归档范围和文书档案保管期限规定》等国家档案局和其他相关部门发布的大多数“令”。

按照档案主题和对象划分，我国档案立法的体系涉及的主题和对象较为广泛多样。例如，有针对乡村档案管理的法规《村级档案管理办法》《乡镇档案工作办法》，以及与之对应的城市社区档案管理法规《城市社区档案管理办法》。再如，有针对机关档案管理的法规《机关档案管理规定》，以及针对企业档案管理的法规《企业档案管理规定》。

按照档案管理环节划分，我国档案立法的体系通常由档案管理的基本原则、档案的分类与管理、档案的利用与服务、档案的保护与安全等方面构成，涵盖档案的创建、收集、整理、保管、利用、服务、保护和开放等生命周期全过程。例如，关于档案收集的法规《各级各类档案馆收集档案范围的规定》，关于档案保管的法规《电子公文归档管理暂行办法》，关于档案利用服务的法规《国家档案馆档案开放办法》。

（二）信息化及其对档案立法的影响

1. 信息化的内涵

信息化是指利用先进的信息技术手段，对信息进行采集、处理、传输和利用的过程，是现代社会发展的重要特征之一。信息化的覆盖范围非常广泛，包括信息技术应用、信息资源开发利用、信息社会建设等方面。信息化不仅是一种技术手段，更是一种社会经济发展的必然趋势和战略选择，是推动生产力发展、改善社会管理、提升服务水平的重要方式。

信息化涉及的常见“信息技术”包括：其一，数据库技术，包括关系型数据库管理系统（RDBMS）和非关系型数据库（NoSQL），用于存储和管理结构化和非结构化数据。其二，信息安全技术，包括网络安全、数据加密、身份验证、防火墙等技术，用于保护数据和系统免受未经授权的访问和损害。其三，人工智能和机器学习，涉及模式识别、自然语言处理、图像识别等技术，用于创建智能系统和自动化解决方案。其四，大数据技术，包括数据挖掘、数据分析、数据可视化等技术，用于处理和分析大规模数据集。其五，云计算，包括基础设施即服务（IaaS）、平台即服务（PaaS）、软件即服务（SaaS）等模式，用于提供计算和存储资源。其六，物联网（IoT），涉及传感器、嵌入式系统、无线通信等技术，用于连接和控制物理设备。其七，虚拟现实（VR）和增强现实（AR），涉及虚拟环境和现实世界的融合，用于模拟场景和提供沉浸式体验。其八，移动技术，包括移动应用开发、移动操作系统、移动设备管理等技术，用于在移动设备上提供各种服务和功能。

2. 信息化的特征

信息化包括数字化、网络化、智能化和开放性等特征。其一，数字化。数字化是指将各种形式的信息转化为数字形式进行存储、处理和传输，使信息能够更加方便地存储、传输和共享，能够极大提高信息的利用效率。其二，网络化。网络化是指利用网络技术实现信息的即时传输，通过建立互联网、局域网等各种网络，实现信息的全球化流动和资源的共享。其三，智能化。信息化推动了社会的智能化发展，即利用人工智能、大数据、物联网等技术实现对信息的自动识别、分析和处理。其四，开放性。信息化强调开放性，即信息的共享和开放获取。通过开放数据、开放接口等方式，促进信息资源的共享和利用，推动创新和协同发展，实现更广泛的社会参与和价值创造。

3. 信息化对档案立法的影响

信息化对档案管理活动产生了深远影响，如推动档案工作数字化转型、数字档案安全风险增加等。一方面，信息技术使得档案可以被数字化，传统的纸质档案逐渐被数字档案取代，数字档案管理的场景和需求与日俱增；另一方面，随着信息技术的发展，数字档案安全问题也变得日益重要，需要采取相应的安全措施防止信息泄露、篡改和丢失等问题。信息化对于实践中档案管理活动的影响逐步加深，也开始倒逼和推动档案立法的补充和完善，主要包括以下五个方面：

其一，电子文件和签名的合法性认可。许多国家和地区已经制定了法律框架，确认电子文件和电子签名的合法性。这意味着在数字化环境中生成的文件和签名具有与传统纸质文件和签名相同的法律效力。

其二，在线合同和电子商务。法律亟须适应数字化时代的在线合同和电子商务活动，许多国家已经通过法律或法规规定了在线合同的成立、有效性和执行方式，以支持电子商务的发展。

其三，电子证据和电子取证。随着信息技术的发展，电子证据在法律诉讼和调查中变得越来越重要。法律应当制定相关规则和程序，以确保电子证据的合法收集、保存和呈现。

其四，网络安全和数据保护。许多国家的法律已经对网络安全和数据保护问题进行规范，以保护个人和组织的隐私权和数据安全，如颁布数据保护法或隐私法，要求个人和组织在处理个人数据时遵守严格的法律要求和标准。

其五，知识产权和数字版权。数字化环境中的知识产权问题引起了法学界的关注，已经考虑规定数字内容的版权保护、合法使用和侵权追究等问题，以平衡知识产权持有者和用户的权益。

综上所述，信息化对档案立法产生了深远的影响，推动了法律的更新和演变，以适应数字时代的需求和挑战。而随着信息技术的不断发展和创新，信息化对法律的影响也将继续深化和扩展。

4. 信息化背景下的档案立法进路

信息化背景下的档案立法需要以适应数字环境为导向，以促进数字经济发展、确保网络安全和保护个人数据隐私为核心。信息化背景下的档案立法进路如下：

宏观层面。其一，完善数字时代的档案法律体系建设。档案立法工作需要加强对数字化技术发展趋势的监测和研究，及时调整和完善法律体系，以适应数字化时代的需求，包括制定新的法律法规，修改和废除过时的法律条文，确保法律体系与技术发展保持一致。其二，促进档案立法部门的数字化转型。档案立法部门需要进行数字化转型，采用先进的信息技术工具和管理系统，提高档案立法效率和质量，包括建立数字化立法平台，实现立法流程的电子化、在线审议和远程决策等，提升档案立法工作的透明度和效率。其三，跨部门协调与合作。由于数字化技术本身具有的跨行业和跨领域特点，档案立法工作需要加强跨部门协调与合作，形成多部门联动的立法机制，统筹各方资源和力量，共同应对数字化时代的挑战和问题。其四，加强专业化档案立法人员培训。针对数字化技术的发展，档案立法部门需要加强对档案立法人员的培训和能力建设，提升其数字化技能和专业水平，包括培训档案立法人员掌握新型信息技术工具和方法，了解数字化时代的档案法律问题和挑战，提高其档案立法水平和质量。

微观层面。其一，完善数据保护和隐私保护法律框架。制定综合性的数据保护和隐私保护法律框架，明确个人数据的收集、处理、存储和使用规定，确保个人数据的合法性、安全性和隐私性。其二，协助电子商务法规的制定和完善。明确电子商务活动的合法性认证、消费者权益保护、网络交易安全等方面的规定，发挥档案促进数字经济健康发展的作用和优势。其三，协助电子证据和电子签名法规的制定和完善。明确电子证据的收集、保存、呈现和审查标准，规范电子签名的合法性认证和法律效力，发挥档案的证据价值、法律价值。其四，加强知识产权和数字版权保护。明确数字内容的版权归属、使用许可和侵权追究规定，保护知识产权持有者和数字内容创作者的合法权益，尤其是注意档案与知识产权、数字版权的交集部分的规范管理。其五，加强跨境数据流动和合作。加强跨境数据流动和合作的法律框架建设，促进数据的自由流动和合法合规使用，推动国际合作和标准化，促进数字经济的全球化发展。其六，提高信息公开和透明度。加强政府信息公开和透明度的法律规定，明确政府信息公开的程序和标准，促进政府信息的公开透明，增强公民对政府的监督和参与。

(三)结语

信息化与档案立法之间存在密切关系。随着信息化的加速推进，档案立法正面临着前所未有的挑战和机遇，因此需要相应的档案立法来适应和引导信息化的发展。只有加强档案立法的完善与创新，才能更好地适应信息化时代的需求，实现档案管理工作的科学化、规范化和现代化。除了上文重点分析的信息技术，未来信息化发展的趋势和热点还涉及人工智能(AI)、5G技术的商业化和应用、边缘计算和边缘智能的兴起、数字化医疗和健康管理、智能城市和可持续发展、区块链技术的发展和应用、环境保护等多个方面，其涵盖的档案立法议题之广，仍然值得进一步研究和思考。

二、电子档案法律规制与证据效力

电子档案是指具有凭证、查考和保存价值并归档保存的电子文件及其相关信息的集合。[①] 电子档案的特性显著区别于传统载体档案，具体表现为其非人工识读的信息特性、对计算机软硬件系统的依赖、信息与载体的可分离性、信息的易变性、高密度存储以及多媒体信息的集成性。因此，电子档案在生成、流转和保存等环节都需遵循特殊的要求，以确保其信息的真实性、完整性、可用性和安全性。完善电子档案的法律规制，是保证电子档案在不同软硬件环境下可被读取、被理解、被使用的必然要求，也是保障电子档案内容

---

① DA/T 58-2014 电子档案管理基本术语[EB/OL][2024-03-19]. https://lsda.lsz.gov.cn/zcfg_80/xybz/202110/t20211022_2055670.html.

真实、信息完整、要素合规、程序合法的重要基础。这就需要将电子档案管理理论研究与实践经验上升到法治高度，逐步增强电子档案的证据效力，推进电子档案作为证据的真实性、合法性和关联性认证，解决因电子档案法律证据价值丢失而导致的失存、失读、失信、失密等风险。因此，本节主要梳理电子档案的法律规制，在“有”与“无”之间清晰电子档案的法律空白，同时从司法和档案两个层面明确电子档案证据效力的充足要件。

(一)电子档案法律规制的渊源

电子档案的法律渊源主要指档案主管部门中调整电子档案法律关系的规范的表现形式，这些规范可以蕴含在档案法中，也可以蕴含在档案领域的电子档案政策制度、规范、标准，以及其他领域法律涉及的电子档案条款中。

1. 现行法律

《档案法》及其《实施条例》中对电子档案的相关规定是电子档案法律规制的重要参考，为电子档案法律法规提供了有力的上位法依据，也为电子档案相关政策规范及标准提供了参照指标，进一步提升了社会各界对电子档案法律规制的关注度与重视度。《档案法》及其《实施条例》涵盖电子档案信息系统建设、电子档案法律效力、电子档案管理、电子档案接收、数字档案馆建设和档案数字资源共享利用等档案信息化建设各方面，并规范电子档案移交、接收及保管相关措施，为电子档案管理提供了更为详细的操作指南和实施细则，增强了电子档案管理制度的可操作性。同时，根据电子文件不归档、电子档案失管等实践情况的需要，及时将实践中成熟的经验做法予以制度化、规范化，夯实了电子档案的法律制度基础。

一是在“电子档案管理信息系统”的规定中，《实施条例》一方面新增了实现对电子档案的全过程管理的规定，旨在确保电子档案管理系统能够与办公自动化系统、业务系统归档功能建设进行有效衔接。另一方面，将“数据安全”纳入其中，规定电子档案管理信息系统的建设应符合数据安全以及保密等规定。

二是在“电子档案管理要件”规定中，《档案法》仅指出来源可靠、程序规范、要素合规三个要件，《实施条例》则对来源、程序、要素三个要件内容进行细化，例如来源指向形成者、形成活动、形成时间可确认，程序指向全过程管理，要素指向内容、结构、背景信息和管理过程信息等。

三是在“电子档案移交和保管”规定中，《档案法》及其《实施条例》指出“档案馆对重要电子档案进行异地备份保管”“实现重要电子档案及其管理系统的备份与灾难恢复”，这充分表明档案工作面临数字转型的时代需求，电子档案的安全管理、长期保存成为档案部门必须面对的全新挑战。这就需要朝着电子档案备份中心基础设施不断完善、运行管理规范有序，数据安全保障更加有力，制度与安全保障体系更加完备的方向不断努力。

3. 制度、规范和标准

我国现行档案制度体系中涉及电子档案的相关国家及地方政策、标准和规范是构成电子档案的法律渊源的重要部分。此类制度、标准和规范既体现出国家档案工作对电子档案的顶层设计方向，又反映出法律规范与行政规范的交叉性与兼容性、法律制度与政策制度的共生性与协同性①(如表 9-1 所示)。

表 9-1　电子档案相关制度、规范和标准(部分)

效力位阶	名　　称	发布时间	主要内容
部门规章	《机关档案管理规定》	2018 年 10 月 11 日	电子档案管理系统等级保护不得低于二级标准，分级保护等级应当与电子档案最高密级相适应。
规范性文件	《政务服务电子文件归档和电子档案管理办法》	2023 年 7 月 30 日	各级政务服务机构应当做好本单位政务服务电子档案安全管理工作，定期开展电子档案备份，做好电子档案登记、日常检查、转换、迁移、鉴定、销毁等工作。
国家标准	《电子档案管理基本术语》(DA/T 58-2014)	2014 年 12 月 31 日	电子档案是具有凭证、查考和保存价值并归档保存的电子文件。

一是在部门规章层面，与电子档案相关的部门规章承袭了《档案法》中关于电子档案的规定，并在一定基础上作出延伸和拓展。部门规章是国务院组成部门及具有行政管理职能的直属机构在它们的职权范围内，依据法律法规制定的规范性文件。

二是在制度层面，不同行业、不同类型、不同地区的电子档案政策推动相关组织完善电子档案组织架构和管理流程，切实履行电子档案法律规定的义务。据统计，与档案信息化建设相关的近 40 份政策规范性文件中，将电子档案的管理活动细化到开放利用、移交接收、安全保管的条目中。

三是在标准层面，独立于法律规范的电子档案技术规范，在规范目的一致的前提下，可以为电子档案立法提供“合理事实”的指引，为执法和司法提供有效率、低成本的“合理事实”的参考。据调查，与电子档案相关的近 170 项标准中的 37 项国家标准和 48 项行业标准中(截至 2024 年 2 月 15 日)，能够充分弥补电子档案管理相关法规体系中的“概念识别”“行政规章”“操作规范”等缺口。

① 马海群，赵鹏，徐拥军，等. 笔谈：《档案法实施条例》与档案事业高质量发展[J]. 档案与建设，2024(2)：3-22.

2. 其他领域法律涉及电子档案的条款

其他领域法律涉及电子档案的条款作为电子档案法律体系的重要组成部分，对推进电子档案走向依法治理具有十分重要的作用(详见表9-2)。在根本法层面，《中华人民共和国宪法》为可能危及国家安全的电子档案违法犯罪行为惩处提供了根本法依据。在专门法层面，《中华人民共和国刑法》作为《档案法》的后盾法、保障法，在行政罚与刑事罚并行的“双轨制”违法制裁体系，是规制电子档案违法犯罪的实施保障，为电子档案相关犯罪的刑事责任追究提供了依据。但由于保护对象仅是国家所有的电子档案以及电子会计档案，[①] 大量的非国有电子档案以及电子会计档案以外的电子档案则被排除在刑法保护范围之外，现行《刑法》对电子档案保护的范围有待进一步提升。此外，《中华人民共和国民法典》等现行法律虽无与电子档案直接相关的条款，但分别从网络信息安全、数据分类分级保护和数据电文证据真实性审查等方面为电子档案安全立法体系的建设提供了重要参考。如《中华人民共和国保守国家秘密法》中“国家秘密的范围和密级”“涉密信息系统的建设、分级保护与管理”等内容还为电子档案尤其是尚未达到开放期限的电子档案的分级和保密提供了制度参考。

表9-2 其他领域法律涉及电子档案的条款(部分)

效力位阶	名 称	发布时间	主要内容
法律	《中华人民共和国宪法》	2018年3月11日	国家维护社会秩序，镇压叛国和其他危害国家安全的犯罪活动。
法律	《中华人民共和国国家安全法》	2015年7月1日	明晰了因电子档案泄密而危害国家安全行为的惩处依据。
法律	《中华人民共和国刑法》	2015年8月29日	抢夺、窃取国有档案罪。
法律	《中华人民共和国民法典》	2020年5月28日	物权保护、财产侵权损害赔偿等规定为电子档案权利主体提供了司法救济路径。
法律	《中华人民共和国公职人员政务处分法》	2020年6月20日	规定了公职人员篡改、伪造本人档案资料行为的处分措施，丰富了档案违法行为类型。
法律	《中华人民共和国保守国家秘密法》	2024年2月27日	为电子档案尤其是尚未达到开放期限的电子档案的分级和保密提供了制度参考。

① 仝其宪. 论《档案法》与《刑法》的规范衔接［J］. 档案管理，2022(5)：65-69.

(二)电子档案证据效力的基本要件

证据的概念源于大陆法系，是指可供调查的物体，分为人的证据(如被告人、证人、鉴定人等)和物的证据(如痕迹、物品、文书等)两种。① 电子档案作为物的证据，其证据效力在档案领域和司法领域的理解维度存在偏差。两个领域的电子档案证据属性有重合，但在概念内涵与具体要求上存在学科领域上的差异，并非简单的对等关系，如同一枚硬币的两面，从不同的角度来描述电子档案证据效力的本质属性。

1. 档案领域的合法化要件

在档案领域，一份可信电子档案应具备真实性、可靠性、完整性和可用性。如《档案法》规定电子档案以法律形式确认了电子档案的档案属性，规定电子档案与传统载体档案具有同等效力，可以以电子形式作为凭证使用；《电子档案证据效力维护规范》(DA/T 97—2023)，在充分继承国内已有法律法规、标准的相关成就的基础上，进一步从完善"电子档案证据效力维护的总体性要求""具体工作程序要求""电子档案存证技术要求"等方面，提供了电子档案证据效力的一般要求与方法层面的思想和行为指南，加强了电子档案的科学管理。

(1)电子档案来源可靠

电子证据的合法性与证据本身的资格能力相关，主要体现在证据的形式、调查主体与取证程序必须符合法律规定，不能使用非法程序或非法软件获取。来源层面需包含两个维度：一方面，强调电子档案的"真实性"，即电子档案来源于法律文件明确规定的可靠机构主体，即具有公信力和权威性的机构。在行政诉讼中，举证责任主要由被告行政主体承担，由公共资源网站、公安机关、档案部门、专利复审委员会、商标评审委员会等机构提交的电子证据，电子档案的证据效力受到质疑或者成为审理焦点的比例并不高。另一方面，强调电子档案的"可用性"，即电子档案的形成环境可靠，保证电子证据是"原件"，电子档案的内容、结构和背景与形成的原始状况相一致，无非法篡改、故意缺损、恶意毁坏等情况，在原始存储介质中依照正常程序自动形成并发送。

(2)电子档案程序规范

"程序规范"强调过程的正当性与合理性，电子档案从形成到作为证据取证，要遵循一系列规定的程序，不同于其他文献资料，形成程序极其细致和复杂，保证电子档案形成与保管阶段权威性和合法性不可或缺。一方面，形成与保管阶段程序规范影响电子档案作为证据的取证范围与质量。电子证据的形成程序如符合正常业务活动程序与档案管理活动程序，则可在无反驳证据的情况下视作真实；同时，电子证据复制件的制作程序应真实、完整、精确地反映原始内容。② 另一方面，标准化的取证程序是实现电子档案证据程序规范

① 倪春乐，陈博文. 大数据证据的刑事诉讼应用机理研究[J]. 中国人民公安大学学报(社会科学版)，2022：1-17.

② 许晓彤. 电子档案凭证价值保障需求研究——基于电子证据审查判断的视角[J]. 档案与建设，2021(7)：14-19，13.

要求的重要基础。电子档案被誉为“证据之王”，其高度技术性和易修改性使得取证工作变得尤为复杂。取证难度不仅在于后端的检查与鉴定，更在于前端，即需要从各种存储介质甚至是复杂多变、海量容量的网络中，精细地寻找线索和证据。在这一过程中，必须严格遵守保障证据真实、完整及合法的各项技术与法律规则，以确保取证工作的准确性和有效性。当前，法律层面对于电子证据的重视程度不断提升，但当前仍然缺乏专门针对电子档案证据效力的法律法规。《档案法》虽然明确了电子档案与传统载体档案具有同等效力，但是电子档案作为证据的形式要件仍未确定。

(3)电子档案要素合规

“要素合规”是构成电子档案的“要素”必须符合国家的法律法规和标准规范。电子档案是借助计算机生成和管理，其构成“要素”必须事先“设定”，由计算机系统自动生成和管理，这就需要通过事先设定“要素”以保证电子档案的完整性。要素可划分为电子档案的基本要素与电子档案的结构要素两类。就电子档案的基本要素而言，包括电子档案背景、案卷、形成、管理、效力等。就电子档案的结构要素来说，是电子档案作为证据的证据效力与证明能力。电子档案在符合要素合规的要求后，方能判定其是否符合最低限度的逻辑相关性，以及不触犯各类证据的排除规则且具备底线的可靠性。

【案例解析】

“公路建设管理业务系统电子文件单套归档”建设项目①

河南省交通事业发展中心“公路建设管理业务系统电子文件单套归档”建设项目中系统性保障电子文件“来源可靠、程序规范、要素合规”。一是打造一网共治、一网通办，通过平台的可信性、系统的标准化等保证电子文件的“系统来源可靠”；二是全流程、多节点对信息实时采集、高效传递、实时利用，与业务流程同步智能创建电子文件，保证电子文件的“活动来源可靠”；三是利用卫星导航技术、电子签名、时间戳等信息技术，形成人工与自动采集信息相结合、多维度信息交互印证、在线整理著录等措施，保障电子文件的“责任者来源可靠”“时间来源可靠”。

该案例充分表明电子文件单套归档与电子档案证据效力相互促进、相辅相成。电子文件单套归档的实施，简化了归档流程，提高了工作效率，也确保了电子文件从生成到归档的完整性和真实性，为电子档案的证据效力提供了有力支撑。同时，电子档案证据效力的提升也进一步推动了电子文件单套归档的广泛应用。二者相互促进、相辅相成，共同推动了档案工作的现代化和数字化转型。这一成功案例为其他单位和组织提供了宝贵的经验和借鉴，对于推动档案工作创新和发展具有重要意义。

---

①　省交通运输厅公路局“公路建设管理业务系统电子文件归档”项目获批国家级试点[EB/OL][2024-03-23]. https://www.henan.gov.cn/2020/04-26/1326790.html.

2. 司法领域的合法化要件

在司法领域，一份作为定案依据的电子证据需满足真实性、关联性、合法性要求。如《中华人民共和国民事诉讼法》的解释(《民诉法解释》)第 106 条规定，以严重侵害他人合法权益、违反法律禁止性规定或者严重违背公序良俗的方法形成或取得的证据，不能作为认定案件事实的依据。

(1)真实性

电子证据的真实性是电子档案证据效力认定的核心，包含"形式真实"和"内容真实"两种类别。就形式真实而言，关键是采用适当的安全措施和技术手段来防止任何未经授权的修改或篡改。如应用电子签名、可信时间戳、哈希校验、区块链等技术的电子证据可在无反驳证据的情况下认定真实性。① 就内容真实而言，其作为电子档案证据效力认定的重要依据之一，必须确保信息的采集、录入和存储过程中不存在错误或操纵。同时，健全的访问控制和权限管理制度，能够防止未经授权的人员对数据进行修改或篡改。

(2)关联性

关联性被视为证据的根本属性，电子档案在结构上呈现三重递进式的关联性程序。一是最底层的原始存储介质的关联性，即存储介质的物理关联和电子档案的信息关联。这一层次的关联性主要确保电子档案的可追溯性和完整性，通过对存储介质的物理属性进行记录和管理。二是中层的电子数据的关联性，即在电子档案中记录的各种信息、文档或数据文件之间的关联性。电子档案作为存储和管理电子数据的载体，必须与其中的数据内容相互关联，为电子档案作为证据提供了更加可靠和可信的基础。三是终端的电子证据的关联性。即实现人机关联、时间关联、空间关联等。以存储介质与被告人、被害人或证人的关联，电子档案形成时间与案件的关联、电子档案形成空间中自然人与案件的关联等关联条件，实现主观认识与客观化要求相结合，成为连接证据能力与证明力的桥梁。

(3)合法性

电子证据的合法性与证据本身的资格能力相关，主要体现在证据的形式、调查主体与取证程序必须符合法律规定，② 其部分要求与电子档案"来源可靠、程序规范、要素合规"相对应。在来源合法层面，分为取得证据的主体合法与取得证据的程序合法；在形式合法层面，为电子档案符合电子证据类型与电子档案应当提供原件。就司法实务而言，电子文件合法性争议多集中于案前的文件生成、管理环节，电子文件的生成、管理及形式等是否符合法律及行业规范的要求。

(4)安全性

电子证据的安全性与其本身的保护能力密切相关，主要体现在数据的完整性、存储的

---

① 王婧逸. 数据保全视角下电子文件单轨制管理模式研究[J]. 档案与建设，2020(2)：26-29.

② 毕建新，邬静娴，余亚荣，等. 面向证据效力维护的电子档案可信管理探析[J]. 档案学通讯，2023(6)：78-85.

安全以及传输过程的保密性。其部分要求与电子档案“防篡改、防丢失、防泄露”的安全标准相对应。在完整性保障层面，电子证据必须确保在收集、存储和传输过程中不被篡改或损坏；在存储安全层面，要求电子档案存储环境安全稳定，防止数据丢失或被非法访问；在传输保密层面，应使用加密技术确保电子证据在传输过程中的保密性，防止信息泄露。就司法实务而言，电子证据的安全性争议多集中在数据的真实性和完整性验证上，以及电子档案在存储和传输过程中是否采取了足够的安全措施来防止数据被篡改、丢失或泄露。

【案例简介】

咪咕数字传媒有限公司与济南众佳知识产权代理有限公司侵害作品信息网络传播权纠纷案①

咪咕公司未经权利人授权，在其经营网站咪咕阅读上有偿向公众提供作品的在线阅读服务，侵害了权利人对其作品享有的信息网络传播权。众佳公司通过联合信任时间戳服务中心的互联网电子数据系统，对上述事实进行了电子数据固定。人民法院认为，涉案网络页面截图、屏幕录像文件以及相关时间戳认定证书等证据可形成证据链，在没有相反证据的情况下，众佳公司以时间戳服务系统固定的涉案网络页面的真实性可以确认。最终，判决咪咕公司承担赔偿众佳公司经济损失及合理支出的法律责任。

该案例深刻展示了在司法领域中，真实、关联、合法、安全的电子档案证据效力能够起到至关重要的作用。电子档案的真实性是司法公正的基础，关联性确保其与案件事实紧密相连，合法性为其作为有效证据提供了法律依据，而安全性则保证了电子档案在整个司法流程中的完整性和可信度。四个要素相互交织，共同构成了司法领域电子档案证据效力的核心。

三、智能社会与档案数据规制

档案数据，作为记录人类社会发展历程的宝贵财富，既承载了历史记忆，又反映了现实变迁，更预示着未来发展。在智能社会背景下，档案数据的规模呈现出爆炸性增长的态势，其形态也日趋多样化，从传统的纸质档案到数字档案，再到如今的大数据档案，档案数据的形态和管理方式都在发生着深刻变革。

然而，这种变革并非一帆风顺。智能社会的到来，虽然为档案数据的收集、存储、处理和利用提供了更为便捷和高效的技术手段，但同时也带来了前所未有的挑战。档案数据

① 咪咕数字传媒有限公司与济南众佳知识产权代理有限公司侵害作品信息网络传播权纠纷案[(2018)鲁民终1607号，山东省高级人民法院][EB/OL].[2024-03-23]. https://www.chinacourt.org/article/detail/2021/05/id/6070736.shtml.

的海量增长导致管理难度加大，档案数据的安全性、真实性、完整性和隐私保护等问题日益凸显。如何构建一个科学、合理、有效的档案数据规制体系，确保档案数据在智能社会中发挥积极作用，成为当前亟待解决的重大课题。

档案数据规制体系的建设是一个系统工程，需要综合考虑技术、法律、伦理等多个层面。在技术层面，我们需要研发和应用更为先进的数据管理技术，确保档案数据的高效存储、安全传输和合理利用；在法律层面，我们需要建立和完善档案数据管理的法律法规体系，为档案数据的规制提供法律依据；在伦理层面，我们需要关注档案数据利用中可能涉及的隐私问题，保护个人和组织的合法权益。

（一）智能社会下档案数据规制的概念内涵

概念界定是有效展开研究讨论的必要前提条件之一，是框定论题论域的基本手段，讨论智能社会下的档案数据规制，首先应当明确在智能社会这个大背景之下，档案数据规制的含义是什么，开展档案数据规制活动存在哪些特征。

1. 智能社会下档案数据规制的含义

档案数据规制是由“档案数据”与“规制”两个词语构成的偏正结构式短语，语义重心落脚在“规制”二字上，被规制对象则为档案数据，亦是出于语言经济性原则省略了“被”字的一个被式结构短语。下文将在分别界定档案数据的含义和规制的含义基础上，给出档案数据规制的含义。

(1)档案数据的含义

档案作为记载对国家和社会具有保存价值的各种不同形式的历史记录，包括有文字、图表、声像等不同载体，这些载体均可以在相关技术加持下得到不同程度的数字化。随着《档案法》的修订，出现了纸质档案与电子档案可以同时合法并存之形态。电子档案的合法化成为各种档案载体持续数字化的又一动力所在。档案概念本身与DAMA对数据的定义具有天然的内在契合度，换言之，特定视角下档案即数据。但由于数据的抽象性、模糊性和多维性，使得“档案数据”这一概念本身亦带有模糊之义，档案学界目前对“档案数据”的认识尚处于讨论之中，有影响力的共识暂未完全形成。例如有学者将档案数据理解为“档案机构收集保存的所有原始数据”①；有学者认为档案数据就是“承载档案信息的数据以及在档案信息管理利用活动中产生的数据”②；有学者指出档案数据包括档案目录、内容、实体和馆库等相关信息资源③；也有学者认为档案数据是一种具备档案属性的数据④⑤或

---

① 马海群．档案数据开放的发展路径及政策框架构建研究[J]．档案学通讯，2017(3)：50-56.

② 赵跃，石郦冰，孙寒晗．“档案数据”一词的使用语境与学科内涵探析[J]．档案学研究，2021(3)：24-32.

③ 王金玲．档案数据的智慧管理与应用研究[J]．中国档案，2018(4)：61-63.

④ 于英香．从数据与信息关系演化看档案数据概念的发展[J]．情报杂志，2018，37(11)：150-155.

⑤ 陶水龙．大数据视野下档案信息化建设的新思考[J]．档案学研究，2017(3)：93-99.

“数据化的档案信息及具备档案性质的数据记录”①，还有学者认为档案数据特指数据化语境下的档案数据化成果。② 但是任何论题的展开均是在一定边界范围内进行，这里选取上海大学金波教授对档案数据作出的定义，他将拟讨论的“档案数据”界定为“数据化的档案信息及具备档案性质的数据记录”③。具体而言，从所有者的角度可以将档案数据划分为两大基本面向：一是档案部门已经掌握和积累的各类数字化档案资源、电子档案等，二是除档案部门外的其他部门掌握的具有长久保存价值但还没有纳入档案部门保管范围的数据，如网络档案信息资源、社会档案信息资源、新媒体档案信息资源等。从内容性质视角则可以将档案数据划分为档案元数据和档案业务数据，前者指包括了档案内容、结构、背景等的档案元数据，后者是包括档案部门在档案管理业务过程中产生的档案管理数据、档案利用数据、档案用户数据等累积性数据。简而言之，档案的“数据”属性和数据的“档案”价值构成档案数据的底层逻辑代码，档案数据可以用一个公式加以概括总结：档案数据化+数据档案化=档案数据。④

(2)规制的含义

“规制”是一个专指术语，在过去30余年中，规制的话语和实践已经成为公共政策、法学和经济学的话语，规制的话语已经渗透到越来越多的社会领域，以至于有学者宣称，我们生活在一个“规制国”⑤的时代。可以将规制视为一个个在“跨学科”和“交叉学科”对话之间运行的研究领域，规制正处在不同学科和方法论之间的边界线上，而社会科学的创新就出现在这样的边界线上。⑥ 规制理论内容丰富庞杂，从“二战”之后形成的以政府单方面规制为特征的命令—控制型规制，到面对前者过度规制情形产生的以市场自我调节为主的放松规制，再至20世纪90年代以来，随着对前述两种理论的反思，理论界与实务界开启了对更优规制的探索进程，相继出现了回应型规制理论、精巧规制理论等。⑦ 作为跨学科和交叉学科研究领域的“规制”，本身含义复杂，难以形成统一共识，故而我们这里采用布莱克对规制概念所做的较为宽泛的界定，即“规制”是指有意使用权力，根据既定的标准，运用信息搜集和行为修正等工具，来影响其他当事人的行为过程。⑧ 由此来看，“规

---

① 金波，添志鹏. 档案数据内涵与特征探析[J]. 档案学通讯，2020(3)：4-11.

② 何思源，刘珂. 档案与数据关系的多维解析——兼论档案数据的概念定位[J]. 档案学通讯，2024(1)：37-44.

③ 金波，添志鹏. 档案数据内涵与特征探析[J]. 档案学通讯，2020(3)：4-11.

④ 金波，杨鹏，宋飞. 档案数据化与数据档案化：档案数据内涵的双维透视[J]. 图书情报工作，2023，67(12)：3-14.

⑤ Moran Michael. Review Article：Understanding the Regulatory State[J]. British Journal of Political Science，2002，32(2)：391-413；Majone Giandomenico. The rise of the regulatory state in Europe[J]. West European Politics，1994(17)：77-101.

⑥ [英]罗伯特·鲍温，[英]马丁·凯夫，[英]马丁·洛奇. 牛津规制手册[M]. 宋华琳，等，译，上海：上海三联书店，2017：13.

⑦ 相关研究可参见刘鹏，王力. 回应性监管理论及其本土适用性分析[J]. 中国人民大学学报，2016，30(1)：91-101；郭雳. 精巧规制理论及其在数据要素治理中的应用[J]. 行政法学研究，2023(5)：26-39；[英]罗伯特·鲍温，[英]马丁·凯夫，[英]马丁·洛奇. 牛津规制手册[M]. 宋华琳，等，译. 上海：上海三联书店，2017.

⑧ Julia Black. Decentring Regulation：Understanding the Role of Regulation and Self-Regulation in a ‘Post-Regulatory’ World[J]. Current Legal Problems，2001，54(1)：103-146.

制”一词属于动词词类，逻辑上至少包含着三个必备要素：动作发起者规制主体，动作承受者被规制主体，以及动作作用对象被规制对象。

(3)档案数据规制的含义

档案数据规制是指这样一种含义：相关规制者通过使用权力，根据既有的特定档案数据规制标准，综合运用信息搜集和行为修正等手段，对被规制主体所拥有的数据化的档案信息及具备档案性质的数据记录作出合规与否的决定以及相应的处理措施。

档案数据规制是一项复杂的任务，它涉及政府机构、企事业单位、学术机构等各种不同的主体。档案数据规制的目的是确保档案数据的合法性、准确性和保密性，同时也是为了维护公共利益和个人权益。档案数据规制的过程包括多个步骤。首先，相关规制者需要根据特定的规则和标准来制定档案数据规制政策和规范。这些规则和标准可能包括数据保护、隐私保护、信息安全等方面的要求。其次，规制者需要通过信息搜集和行为修正等手段来确保规制的有效性。信息搜集包括收集、整理、评估和分析相关数据，以便了解档案数据的状况和质量。行为修正则是通过规制者的干预和指导，对被规制主体不合规的行为进行修正和改进。在确保档案数据合规的同时，规制者还需要确保档案数据的安全和保密。这包括确保档案数据的存储和传输过程中的安全性，以及对涉及机密和敏感信息的档案数据的处理方式进行规定。最后，规制者还需要对规制的效果进行评估和监督，以确保规制政策和规范作用于档案数据的有效性和可持续性。

总之，档案数据规制是一项重要的任务，它需要政府、企业、学术机构等相关主体的共同参与和努力。只有通过有效的规制和管理，才能确保档案数据的合法性、准确性和安全性，从而维护公共利益和个人权益。

2. 智能社会下档案数据规制的特点

如前所述，规制理论并不是一成不变的，而是随着时代发展与实践变化进行相应理论修正的，因此，规制理论作用于智能社会下的档案数据必然存在着与以往档案数据规制实践所不同之处。具体而言，主要体现在以下四个方面。

(1)寻求更佳规制理念

在智能社会的浪潮中，规制作为一种关键的制度架构，已经凸显出其无可替代的重要地位。它不仅在维护社会秩序、促进经济稳步发展、保障公共利益方面发挥着基石作用，更在引导技术创新、优化资源配置、保护个人权益等多个层面扮演着重要角色。然而，尽管规制制度在理论上设计得尽善尽美，但在实际操作中，其效果却往往受到各种因素的制约，褒贬不一。

特别是在档案数据这一特定领域，规制制度面临的挑战和问题尤为突出。以正在全面推行的行政执法“三项制度”①为例，这一制度旨在通过明确的规范和流程，确保针对档案

① 行政执法“三项制度”是“行政执法公示制度、执法全过程记录制度、重大执法决定法制审核制度”的简称。

数据的行政执法公开透明、公平公正。然而，在实际的档案行政执法过程中，由于新一轮机构改革带来的档案行政编制的大幅缩减，档案执法力量显得捉襟见肘，且档案行政执法人员素质参差不齐，难以应对日益复杂的档案数据治理需求。这种执法资源分配的不均衡，不仅影响了规制制度在档案数据领域的有效实施，也在一定程度上削弱了其应有的约束力。

面对这样的困境，如何寻求更佳的规制理念，成为档案数据规制课题中亟待解决的问题。这不仅仅是一个技术层面的问题，更是一个涉及政策制定、资源配置、法律法规完善等多个方面的系统性问题。因此，我们需要从多个角度出发，全面审视现有的档案数据规制制度，以期找到更为合理、有效的解决方案。这不仅有助于提升档案数据治理的效率和安全性，也将为智能社会的持续健康发展提供有力保障。

(2)希冀相关主体参与

随着智能社会的日新月异，档案数据规制实践所面临的复杂性和挑战性也在逐渐加剧。这种发展趋势背后，是相关技术发展的推动，尤其是数据档案化和档案数据化等新型档案业态的崛起。这些新的业态不仅为档案数据治理提供了更广阔的可能性，同时也带来了更为复杂的规制问题。

在当前执法制度环境下，档案数据行政执法规范化的需求日益强烈，然而执法资源却相对有限。这就导致了特定规制主体与日益复杂的档案数据业态之间的紧张关系。一方面，规制主体需要维护档案数据相关规制体系的严肃性和公正性，另一方面，又要适应和推动新型档案业态的发展。这种发展中的矛盾使得我们必须寻找新的规制方案。为了缓解这种紧张关系，扩大相关主体参与档案数据规制实践成为必然的选择。这不仅可以让更多的利益相关方参与档案数据规则制定和执行的过程，还能够提高规制的透明度和公正性。同时，这也能有效地推动档案数据规制的创新和发展，使其更好地适应智能社会的需求。

因此，改变过去以档案主管部门为单一规制主体的局面，构建多元化的规制主体结构，是档案数据规制实践发展的必然趋势。这不仅有助于解决当前的规制困境，还能推动档案数据业态的健康发展，为智能社会的进步提供坚实的档案支撑。

(3)呼唤多元规制手段

受命令—控制型规制理论的影响，加之档案执法实践发达程度欠佳，档案数据规制手段有限，依然是以档案主管部门为主导的规制手段。随着信息技术的飞速发展，档案数据的管理和规制面临着前所未有的挑战。传统单一的档案数据规制手段已难以应对复杂多变的现实情况，因此，呼唤多元的档案数据规制手段成为当务之急。

多元档案数据规制手段的提出，是基于对当前档案数据治理现状的深刻反思。在智能社会的背景下，档案数据的规模、种类和复杂性都在不断增加，传统的管理方式已经难以适应这种变化。同时，单一的规制手段往往缺乏灵活性和适应性，难以应对各种复杂情况。因此，我们需要探索更加多元化、灵活性和适应性更强的档案数据规制手段。多元档案数据规制手段的实现，需要依靠先进的技术手段和管理模式。例如，我们可以利用大数据分析和人工智能技术，对档案数据进行深入挖掘和分析，发现其中的规律和特点，为制定更加精准的规制策略提供依据。同时，我们还可以引入多元化的管理模式，如合作式管理、参与式管理等，让更多的档案利益相关方参与档案数据的管理和规制，形成共同治理的局面。

呼唤多元的档案数据规制手段，不仅仅是为了应对当前的挑战，更是为了推动档案数据管理事业的可持续发展。在未来的发展中，我们需要不断探索和创新，不断完善和优化档案数据规制手段，为智能社会的建设提供更加坚实的基础。

(4)必然庞杂的法律法规

技术的发展带来了各行各业的整体升级与变革，法律作为作用于社会实践的上层建筑也随之发生着变化，典型特点就是各类法律法规之间的联系愈发紧密，彼此间的规范对象相互交织在一起。适用于档案数据规制的法律法规不再仅仅是《档案法》《档案法实施条例》《档案行政处罚程序规定》等这些以档案为主要规制对象，立法、起草主体是常见的全国人大常委会、国务院以及国家档案局，还包括了不以档案为主要规制对象，但档案接受其规制的更普遍意义上的一般法律，例如《数据安全法》《个人信息保护法》《网络安全法》《网络数据安全管理条例》《生成式人工智能服务管理暂行办法》等法律法规。正如下文提及的，目前我国法律法规层面涉及档案数据规制体系的现行有效法律法规共有 8284 部，这八千多部法律法规中均涉及档案数据内容。

(二)档案数据规制的实证体系与内容构成

目前，我国的档案数据规制实证体系主要包括四个类别，分别是法律法规层面的档案数据规制体系、党内法规层面的档案数据规制体系、工作标准层面的档案数据规制体系，以及其他层面的档案数据规制体系。从内容构成上来看，档案数据规制包括档案数据的分级规制、分类规制、跨境流动规制以及安全保护规制四个基本方面。

1. 档案数据规制的实证体系概览

档案数据规制的实证体系概览这部分包括了现行有效的可以作为规制依据的各级各类法律法规、党内法规、标准以及其他文件中涉及档案内容的文本。之所以将涉及档案内容的文本视为档案数据规制的实证体系，缘由有二：一是这些涉及档案内容的规定会形成档案材料，这些档案材料未来存在被数字化可能，进而成为档案数据；二是随着电子政务的发展，未来这些需要形成档案内容的材料很有可能将直接以电子化形式存在着，这些以电子化形式存在着的档案材料将直接成为重要的档案数据。

(1)法律法规层面的档案数据规制体系

法律法规层面的档案数据规制体系是指广义的国家法律中内容涉及档案事宜的法律条款，这些法律条款依照法律位阶理论自上而下构成一种金字塔式的规制体系，依次包括有法律、行政法规、监察法规、地方性法规、自治条例和单行条例、部门规章和地方政府规章。其中，法律、行政法规与监察法规在全国范围内有效，地方性法规、自治条例和单行条例以及地方政府规章在各自管辖范围内有效，部门规章则在垂直系统内有效。经统计，现行有效①的直接涉及档案内容②的法律共有 59 部，行政法规共有 111 部，监察法规共有 1 部，各级各类地方性法规共有 4398 部，自治条例和单行条例共有 327 部，部门规章共有 783 部，地方政府规章共有 2605 部。总体上，我国法律法规层面涉及档案数据规制体系的现行有效的法律法规共有 8284 部，其中，标题中带有档案二字的法律法规共有 72 部。档案内容已经渗入法律法规内容，足以看出档案数据法律制度规制体系的庞大。

(2)党内法规层面的档案数据规制体系

党内法规层面的档案数据规制体系是指党章、准则、条例、规则、规定、办法和细则这七种形态的党内法规文本中涉及档案内容的党内法规条款，这些党内法规条款依照党内法规效力位阶自上而下地构成了金字塔式的规制体系。经统计，现行有效的直接涉及档案内容的党内法规共有 63 部，其中条例 15 部、规则 2 部、规定 24 部、办法 20 部、细则 2 部；其中，标题中带有档案二字的党内法规共有 5 部，分别是《机关档案工作条例》《干部人事档案工作条例》《干部人事档案材料收集归档规定》《干部人事档案造假问题处理办法(试行)》《纪检监察机关案件档案管理办法》。可以看出，中国共产党对干部人事档案问题非常重视，出台了三个不同层级的专项干部人事档案党内法规，其中还包括了条例位阶的《干部人事档案工作条例》，用以规范全党范围内的干部人事档案工作。

(3)档案工作标准层面的档案数据规制体系

标准层面的档案数据规制体系，是专门针对档案行业制定的一系列标准和规范。这些标准和规范主要由国家档案局负责归口管理，旨在确保档案数据的标准化、规范化和高效管理。通过查阅国家档案局官网发布的档案标准库，我们可以对这一规制体系有一个更加深入的了解。档案行业标准体系涵盖了档案的多个方面，如档案的分类、编码、存储、传输、利用等。这些标准都是基于档案行业的实际需求和实践经验而制定的，以确保档案的统一性和规范性。这些标准的实施，不仅提高了档案工作的效率和质量，还有助于推动档案行业的健康发展。在档案标准库中，我们可以看到各种类型的档案标准，如档案分类与编码标准、档案数字化管理标准、档案信息安全标准等。这些标准相互补充，形成了一个完整的档案行业标准体系。通过遵循、借鉴这些标准，档案机构可以更加科学、规范地管理档案数据，提高档案数据工作的整体水平。以纸质档案数字化工作为例，该项工作的开展需要从机构及人员、基础设施、工作方案、管理制度、工作流程控制、工作文件管理、档案数字化外包等方面做好组织和管理工作。相关机构依照《纸质档案数字化规范》(DA/T31—2017)这一标准能够对纸质档案规范地开展数字化工作。标准层面的档案数据规制体

① 统计时间截至 2024 年 3 月 1 日。

② “直接涉及档案内容”的判断标准是法律法规文本中是否出现“档案”二字，若出现则为直接涉及，反之则非直接涉及。

系是确保档案数据标准化、规范化和高效管理的重要保障。通过遵循、制定和实施一系列档案数据行业标准，能够有力提高档案数据规制的规范化水平。

(4)其他层面的档案数据规制体系

其他层面的档案数据规制体系，是指那些虽然未形成完整的法规体系，但仍然对档案数据的管理、保护和利用具有指导意义的政策、规范性文件等。这些规定散落在各个层面，尽管它们的位阶相对较低，但在实际工作中却发挥着不可替代的作用。这些规定的内容涵盖了档案数据的收集、整理、存储、传输、利用等各个环节。在档案管理方面，它们要求建立科学的档案数据分类、编目和检索体系，确保档案数据的完整性和准确性；在档案保护方面，它们强调了对档案数据的备份、加密、安全防护等措施，防止档案数据被篡改、丢失或泄露；在档案利用方面，它们则鼓励档案数据的开发利用，促进档案信息的共享和传播。总之，其他层面的档案数据规制体系是档案数据规制工作中不可或缺的重要组成部分。这些规定虽然不如法律法规那样具有强制性和权威性，但它们对于指导档案数据规制工作、提高档案数据管理水平、保障档案数据安全等方面都具有重要意义。因此，在档案数据规制工作中，应当全面考虑这些规定，确保档案数据得到合理、有效的管理和利用。

2. 档案数据规制的内容构成

档案数据规制的内容构成这部分内容，主要是基于第一部分档案数据规制的实证体系内容进行的基本分类，进而勾勒出档案数据规制的基本实体面貌。

(1)档案数据分类规制

档案数据分类规制的法律依据是《数据安全法》第二十一条规定的“国家建立数据分类分级保护制度”，该条第二款进一步指出：“各地区、各部门应当按照数据分类分级保护制度，确定本地区、本部门以及相关行业、领域的重要数据具体目录，对列入目录的数据进行重点保护。”就数据分类与分级的关系来看，两者属于不同维度，但密不可分。从逻辑顺序上，应当是先“分类”后“分级”，两者结合起来完成对数据法益的识别和判断。[①] 基于档案数据分类开展规制是档案数据分级规制的前提要件，首先应当确定好档案数据的具体分类内容。档案数据种类繁多，分类标准亦不相同，建议以档案数据内容属性作为分类标准，如人事档案数据、教育档案数据、农业档案数据、科技档案数据等。按照《数据安全法》第二十一条的规定，档案主管部门应当确定重要档案数据的具体目录，对列入目录的档案数据进行重点保护，结合下文所述的档案数据具体分级开展规制活动。

(2)档案数据分级规制

档案数据分级规制的法律依据亦是《数据安全法》第二十一条规定的“国家建立数据分类分级保护制度”，该条第二款进一步指出：“各地区、各部门应当按照数据分类分级保护

① 张勇. 数据安全分类分级的刑法保护[J]. 法治研究，2021(3)：17-27.

制度，确定本地区、本部门以及相关行业、领域的重要数据具体目录，对列入目录的数据进行重点保护。”与此同时，《档案法》第二十七条亦提及了一级档案、二级档案与其他级别档案的区分，可以看出对档案数据进行分级规制本身是《档案法》的内在要求。开展对档案数据的规制工作，首先应当基于档案数据的敏感性、重要性、被危害程度等因素①对其进行级别划分；其次应当考虑到档案数据所属级别，针对性地制定规制措施，例如依据档案数据的级别高低，制定宽严不同的规制措施，针对级别高的档案数据，采取更加严格的规制措施，而级别低的档案数据则适用宽松的规制措施，防止制定出“大炮打蚊子”式的畸重规制措施，亦防止制定出“一刀切”式的惰性规制措施；最后，随着法律法规发展、技术发展以及档案数据实践进行规制措施的动态调整、适时修正。

(3)档案数据跨境流动规制

档案数据跨境流动包含两层基本含义，是指我国的档案数据出境、别国的档案数据入境时应当遵守的相关准则。档案数据跨境流动涉及的规则体系复杂，包括国内相关规则和境外相关规则两大类。目前的档案数据跨境流动应当遵守国家互联网信息办公室公布的《数据出境安全评估办法》，该办法第二条规定，数据处理者向境外提供在中华人民共和国境内运营中收集和产生的重要数据和个人信息的安全评估，适用本办法。法律、行政法规另有规定的，依照其规定。需要注意的是，该办法第二条第二款的规定为档案主管部门未来推动制定档案数据出境安全相关的行政法规留下了制度空间。具体而言，《档案法实施条例》属于行政法规类别，其中第二十七条规定了关于档案出境应当遵守的程序实体要求，档案数据出境可以参照该条规定进行：第一，一级档案数据严禁出境，二级档案数据需要出境时，向国家档案主管部门请求审查批准。第二，属于《档案法》第二十五条规定的档案数据确需出境的，有关档案馆、机关、团体、企业事业单位和其他组织以及个人应当按照管理权限，报国家档案主管部门或者省、自治区、直辖市档案主管部门审查批准。第三，遵守《数据出境安全评估办法》等国家关于数据出境的相关规定。应当注意的是，档案数据出境流动应当注意拟入境地当地相关的档案数据规制体系，从而制定相关出境策略。例如，在数据跨境流动问题上，欧盟认为，数据只能传输到和欧盟具有同等保护程度的国家和地区，只能在少数特殊情形下进行克减。②

(4)档案数据安全保护规制

档案数据安全不仅是“数字经济生态安全的重要环节”③，还是国家安全的重要组成部分。2021年《“十四五”全国档案事业发展规划》将档案数字化作为重点监管领域，并要求通过“提升档案数字资源安全管理能力……切实保障档案数字资源安全”。此外，最新制定

---

① 商希雪，韩海庭. 数据分类分级治理规范的体系化建构[J]. 电子政务，2022(10)：75-87.

② 丁晓东. 数据跨境流动的法理反思与制度重构——兼评《数据出境安全评估办法》[J]. 行政法学研究，2023(1)：62-77.

③ 丁家友，周涵潇，张照余. 数据安全与档案事业高质量发展——《“十四五”全国档案事业发展规划》解读与思考[J]. 档案与建设，2021(9)：12-15，11.

的《档案法实施条例》专设"第五章　档案信息化建设"一章，涉及档案数据规制的相关事宜，例如对电子档案管理系统建设提出了明确要求，要求其建设应当符合国家关于网络安全、数据安全以及保密等的规定。因此档案数据安全保护规制指的主要是档案数据在网络安全、国家安全、保密以及个人信息四个方面应当符合有关要求规定。具体而言，掌握档案数据的国家机关、企事业组织、其他组织和个人等主体应当重点履行《网络安全法》第21、22、23、24和25条规定的法定义务，以保障档案数据接入的网络免受干扰、破坏或者未经授权的访问，防止档案数据泄露或者被窃取、篡改；档案数据应当定期开展国家安全风险调查评估①；档案数据有权部门在进行开放开发利用过程中，对于其知悉的个人隐私、个人信息、商业秘密、保密商务信息等数据应当依法予以保密，不得泄露或者非法向他人提供。总体上，通过确定档案数据安全治理中的关键域，对档案数据安全治理能力成熟度等级进行划分，构建档案数据安全治理能力成熟度模型，从而提升档案数据安全治理能力。②

（三）当前档案数据规制体系的不足与完善

当前的档案数据规制体系面临着系统性不足之处，需要针对性的相关措施予以完善，具体而言主要包括：档案数据的规制理念有待升级、规制主体较为单一、规制手段有限、规制效果欠佳；针对以上四点不足，可以通过革新档案数据规制理念、引导多方主体有序参与、丰富现有规制手段与内容、协调解释相关法律法规等路径予以完善。

1. 当前档案数据规制体系的不足之处

（1）规制理念有待升级

当前的档案数据规制依然是以命令—控制型为主的规制理念，在这种模式下，档案主管部门处于核心位置，具有主导作用，但随之也带来了不可忽视的规制弊端：一方面可能限制被规制主体的创新和灵活性。命令—控制型规制通常要求企业或组织遵循特定的规则和标准，这可能会限制档案数据治理的创新和灵活性。由于严格的控制和指导原则，被规制主体可能无法根据自身独特的情况和需求进行档案数据治理的定制和优化。另一方面则有可能抑制合作和协同。命令—控制型理念的规制可能会抑制档案企业或组织之间的合作和协同。档案企业和相关组织在满足了外部要求的档案数据规制标准后，其内部亦存在着不同的档案数据处理流程和作业标准，由于缺乏促进被规制主体之间合作协同的制度激励，相关档案企业与组织间可能难以形成真正统一的档案数据治理体系，导致信息共享和互操作性的困难。这可能阻碍档案行业组织间的有效合作，从而降低档案数据治理的整体效果。

① 《国家安全法》第五十六条规定，国家建立国家安全风险评估机制，定期开展各领域国家安全风险调查评估。

② 周林兴，韩永继．档案数据安全治理能力成熟度模型构建研究［J］．档案与建设，2020(7)：24-27，19.

(2)规制主体较为单一

档案数据规制的实施依然依赖于档案主管部门的主导作用。在我国的体制机制背景下，这种做法具有一定的合理性和正当性，然而，随着档案行业的快速发展和技术进步，这种以档案主管部门为主导的规制方式已经难以满足新实践样态的需求。新一轮的机构改革使得档案行政编制缩减的同时，对档案主管部门亦提出了一系列新的要求；与此同时，在日渐铺开实行的行政执法“三项制度”要求下，档案执法人员力量不足和从业资格欠缺的结构性矛盾也逐渐凸显。档案主管部门过于主导亦可能会产生官僚主义，科层制导致了关于档案数据规制的决策过程缓慢、缺乏透明度，从而影响档案数据治理的效率和质量。这些问题将使得以档案主管部门为核心的档案数据规制体系面临更大的挑战，以档案主管部门为主要规制主体的实践局面日益显得捉襟见肘、难以为继。在这种情况下，我们需要寻找更加有效和可持续的档案数据规制方式，以适应档案行业的快速发展和技术进步。

(3)规制手段有限

作为规制对象的档案数据技术性特征显著，涉及的被规制主体呈现出多元化特点，单一、单调的规制手段治理效果有限。规制原理中，可以用作规制手段的工具丰富多样，包括法律法规类的制度规制、行政规制、信息规制、信用规制、技术标准、风险规制、合作规制、自我规制等。具体到档案数据规制中，主要表现是：许多档案数据仍采用传统的本地存储方式，技术手段单一，缺乏云存储、分布式存储等多元化的存储手段，导致档案数据的安全性和可靠性难以保障；行政手段容易采取一刀切的方式，缺乏针对不同档案数据类型、不同档案数据主体的差异化规制策略；尚未建立起有效的经济激励机制；档案数据的规制过程中缺乏有效的社会参与，社会组织和公众对档案数据的关注和参与度不高；缺乏统一、系统的档案法治体系等。应当加强档案数据的规制手段建设，鼓励档案数据主体合规、积极参与档案数据的保护和利用，以提高档案数据的安全性和质量，促进档案数据的有效利用与管理。

(4)规制效果欠佳

由于档案数据治理中的规制理念传统、规制主体单一，以及有限的规制手段，相应的实际规制效果可能难以满足规制主体的制度预期，相应的规制能力与规制效率之间存在着紧张关系：这可能增加档案数据的规制成本和复杂性。命令—控制型规制往往需要企业或组织投入更多的资源来遵守相关规定，这可能导致涉档行业组织的运营管理成本增加。同时，复杂的规制体系可能增加被规制主体的运营和管理复杂性，对档案数据治理的效率和效果产生负面影响。与此同时也会降低有用档需求的用户参与度。命令—控制型规制往往从管理者和监督者的角度出发，强调规则和标准的制定与执行。然而，这可能导致忽略掉对档案数据有实际使用需求的用户的真实想法，使其参与度降低。缺乏用户的参与和反馈可能影响档案数据治理的针对性和有效性，无法满足用户的实际需求，这与民众日渐增加的档案开放需求不甚相符。

4. 智能社会背景下档案数据规制体系的完善路径

随着《档案法》《档案法实施条例》的修订升级，软性规制理念也被引入其中，例如《档案法》第 7 条第 1 款规定，国家鼓励社会力量参与和支持档案事业的发展，《档案法》第 6 条第 1 款和第 3 款、《档案法》第 7 条第 2 款同样释放了国家机关这种以鼓励支持为主的激励性规制理念。《档案法实施条例》作为《档案法》的执行性立法，条文亦有明显体现。这为档案数据规制体系的完善带来了重要制度契机。

(1)革新档案数据规制理念

随着信息技术的飞速发展，档案数据规制理念也需要不断革新以适应智能社会的发展要求，具体而言包括：首先，要革新规制主体与被规制主体的档案数据理念，树立档案数据意识。智能社会中数据已成为重要的资源，对于档案工作来说，数据的重要性更是不可忽视。要充分认识到数据的档案价值，认识到档案数据在决策、管理、研究等方面的重要价值作用，从而更好地保护、利用和管理档案数据。其次，应当重视档案数据规制主体的能力与规制效率之间存在的根本性张力，加强档案执法人员主体的专业素养和技能培训。县级以上档案主管部门应当注重落实《档案法实施条例》第 47 条提出的“加强档案行政执法队伍建设和对档案行政执法人员的教育培训”这一法定义务。最后，档案数据规制主体应当认识到命令—控制型规制风格的不足与弊端，借鉴回应型规制与精巧规制理论资源，综合运用软硬治理手段，用好《档案法》传达的鼓励支持等激励机制，有效贯彻落实《档案法实施条例》确立的“党委领导、政府依托、部门主责、多方参与”档案协同治理新格局，进一步提升档案数据治理水平。

(2)引导多方主体有序参与

档案数据规制是一项系统工程，涉及的规制层面广泛，需要相关主体共同参与、协同治理。具体来说，相关主体包括但不限于：档案主管部门、涉档行业的机关、团体、企业事业单位、其他组织以及关心档案事业发展的个人。如何将以上主体纳入档案数据规制进程中，提高规制效率，优化规制结果，是今后档案数据规制工作应当予以重点考虑的方向之一。可以从以下方面着手进行档案数据规制机制设计：一是推动档案部门与数据管理部门之间职能的协调优化，① 使得档案部门融入数据安全协同治理体系，获得数据管理的法定参与机制，反驱档案数据开发利用和档案数据安全标准的完善；② 二是用好制度激励措施，鼓励支持涉档单位和行业组织积极参与档案数据治理活动，减轻档案主管部门规制压力，提高规制效率；三是教育部等有关部门应当加强档案相关专业人才培养，支持高等院校、职业院校设立档案学等相关专业，为档案数据规制工作储备好业务人才；③ 四是开展

① 刘越男. 数据治理：大数据时代档案管理的新视角和新职能[J]. 档案学研究，2020(5)：50-57.

② 王玉珏，吴一诺，凌敏菡.《数据安全法》与《档案法》协调研究[J]. 图书情报工作，2021，65(22)：24-34.

③ 《档案法实施条例》第八条指出：“国家加强档案相关专业人才培养，支持高等院校、职业学校设立档案学等相关专业。”

包括档案法规在内的涉档知识宣传工作，让公民认识到档案的独特价值，强化守档护档用档意识，提高档案在社会生产实践活动中的独特地位和作用。通过以上综合举措，引导多方主体有序参与档案数据规制实践，进而有效提升档案数据治理水平。

(3)丰富现有规制手段与内容

《档案法》第 8 条第 1 款规定，国家档案主管部门主管全国的档案工作，负责全国档案事业的统筹规划和组织协调，建立统一制度，实行监督和指导；细化后的《档案法实施条例》第 11 条规定了国家档案主管部门的六项具体职责。相应地，《档案法实施条例》第 12 条、第 13 条和第 14 条分别规定了县级以上地方档案主管部门、乡镇人民政府和机关、团体、企业事业单位和其他组织应当履行的各自职责。其中国家档案主管部门组织协调全国档案事业的发展，制定国家档案事业发展综合规划和专项计划。国家档案主管部门、县级以上地方档案主管部门、乡镇人民政府和机关、团体、企业事业单位和其他组织在其各自职责权限范围内可以丰富、创新现有的规制手段与具体规制措施。例如，北京市通州区委出台《档案行政管理若干工作规程》，针对档案行政编制大幅缩减带来的执法力量不足等问题，明确了区委办统筹负责加强档案行政执法队伍建设；积极探索档案行政执法委托、执法联络员、第三方参与等制度和机制；提供必要的时间和经费保障，采取多种形式支持相关科室人员考取档案执法资格证书、参与行政执法等具体措施；① 以及上海奉贤区开展的档案行政执法检查“回头看”措施②等。与此同时，国家档案主管部门在梳理现有档案数据规制实践的有效做法基础上，及时出台顶层制度设计框架，如制定档案数据共享标准，③探索利用信息技术开展档案数据智能监管实践；充分利用档案行业各项技术标准，将一定规制权授权给中国档案学会，探索构建以中国档案学会、重点档案企事业单位、档案专家为主要参与主体的档案数据规制委员会等。

(4)协调解释相关法律法规

随着《网络安全法》《数据安全法》《个人信息保护法》等法律的出台，数据安全协同治理成为共识，然而在上述法律的相互援引中，档案法律却被排除在外。④ 实践中条块分割的数据治理和监管机制，不利于部门职责和相关法规的协调衔接。⑤ 亟须明确档案法律在数据法律体系中的地位和作用，确保档案部门在数据协同治理机制中的参与度，理顺档案管理部门与数据生产部门、数据管理部门等多个部门之间的关系，进而厘清档案数据与公共数据、社会数据、个人数据、行业数据等的交叉重合关系，通过规划统筹形成合力，勘

---

① 北京市通州区着力做好档案机构改革“后半篇文章”试行《规程》确保档案行政管理有制可依[N]. 中国档案报，2020-05-28(002).

② 上海市奉贤区档案局派出的检查组通过听取整改情况汇报、查看档案库房、查阅相关资料等形式，重点检查各单位问题整改落实情况，发现被检查单位的档案管理工作逐步规范化，档案业务基础有所加强，档案保护条件得到改善，整改成效初步显现。参见上海奉贤区开展档案行政执法检查“回头看”[N]. 中国档案报，2023-04-10(002).

③ 这也是《档案法实施条例》第四十四条对国家档案主管部门提出的职责要求。

④ 王玉珏，吴一诺. 档案法律融入数据法律体系的内在逻辑、问题与路径[J]. 档案学研究，2022(3)：28-35.

⑤ 刘素华. 大数据时代保障公民数据信息安全的网络治理[J]. 理论视野，2016(11)：45-49，59.

破数据治理之局。新近出台的《网络安全法》《数据安全法》《个人信息保护法》《档案法》《档案法实施条例》等法律法规，短期内修法的可能性不大，但是档案数据治理实践中涉及的法律法规冲突现象是实际存在着的，应用好法律解释这一法律法规内容协调机制，理顺档案数据治理体系，切实提升档案数据治理能力。

四、智慧档案馆法律规制

随着新一代信息技术的发展与信息系统的全面普及，档案以数据态呈现已成为主流趋势，运用智能设备、智慧技术对档案数据进行全生命周期管理成为必然趋势，智慧档案馆也成为继数字档案馆后的档案馆建设新方向。近十年来，关于“智慧档案馆”的探讨已在学术界引起广泛争鸣，众多学者对此进行了深入研究，但目前尚未形成对智慧档案馆的确切定义。部分学者认为智慧档案馆是数字档案馆的发展，[①②③] 也有学者认为智慧档案馆与数字档案馆是独立发展的两种形态。[④] 从总体上看，智慧档案馆的突出特征体现为“智慧”二字，即管理的智慧[⑤]和服务的智慧[⑥]，充分利用大数据、物联网、人工智能等技术，以用户需求为中心，变被动服务为智慧服务。智慧化的管理与服务带来了数据采集范围和类型的多样化，档案与数据的概念内涵正在走向融合。

（一）智慧档案馆面临的法律规制需求

1. 信息基础设施安全防护

在智慧档案馆建设过程中，物理设备贯穿了数据采集、捕获、传递、存储以及加工利用的整个过程。智慧档案馆部署使用的物理设备包括数据采集网关、视频监控设备、物联网设备、眼动仪、扫描仪等智能终端设备和交换机、防火墙等网络安全设备。从物联网设备的信息采集到智能密集架的信息集中，再到智慧管理系统的信息管理，在网络连接、数据互通的趋势和背景下，传统档案馆在相对封闭隔离环境下以档案安全为导向的安全管理、运维模式，难以适应智慧档案馆复杂多变的互联网应用环境。与此同时，这些物理设备本身也存在安全漏洞。根据国家互联网应急中心（CNCERT）对我国联网智能设备的摸排与调研，智能监控平台、防火墙、网络摄像头、交换机、打印机、GPS 设备、网关等设备的监测数据（截至 2021 年第三季度）显示我国联网智能设备存在权限绕过、弱口令、缓冲期溢出等 1413 个通用型漏洞，涉及政府监管、企业生产、企业经营等多个领域。因而，为推进档案信息化建设提供保障，势必要坚守网络基础设施安全这一网络安全法律红线。

① 毕娟. 智慧城市环境下智慧型档案馆建设初探[J]. 北京档案，2013(2)：13-16.

② 许桂清. 对智慧档案馆的认识与探析[J]. 中国档案，2014(6)：70-71.

③ 杨桂明. 从数字、智能和智慧的视角论档案馆建设的三个阶段[J]. 档案学通讯，2018(2)：110-112.

④ 周琳. 我国智慧档案馆兴起原因探析[J]. 档案，2016(3)：57.

⑤ 傅荣校，施蕊. 论智慧城市背景下的智慧档案馆建设[J]. 浙江档案，2015(5)：14-17.

⑥ 宋欣，鲁国轩. 智慧档案馆建设：困境辨识及行动框架[J]. 北京档案，2022(7)：11-14.

2. 人工智能伦理与算法治理

智慧档案馆的建设高度依赖于物联网、人工智能、大语音模型等智慧技术，特别是在突出强调准确、个性、主动的档案利用服务形态下，如生成式人工智能这类智慧技术具有极大的发展空间，能够提供更为精细化档案利用服务。但生成式人工智能本身就存在诸多数据质量与数据安全风险，如数据重建、模型逆向、数据嵌入、数据污染等。2024 年 1 月 29 日，意大利隐私监管机构 Garante 调查发布，表示 OpenAI 公司的 ChatGPT 以及用于收集用户数据的技术已经违反了该国的隐私法。由于算法及其载体并不能成为法律归责主体，其行为也不具备法律意义，因而无法承担相应的法律责任。由此，智慧档案馆在应用模型算法提供智慧服务时如何界定可能发生的诸如信息泄露、隐私侵权等问题的责任主体就成为人工智能法律规制的主要问题。

3. 数据流通与隐私保护

不同于传统档案馆和数字档案馆由用户发起需求、检索定位档案实体这种被动式的档案服务形式，智慧档案馆可以通过对智慧技术的合理利用，挖掘和分析用户查询行为和偏好，预测用户潜在需求进而提供主动式、针对性、多样化的信息查询服务。同时，智慧档案馆可以借助智能设备提供多样化的交互方式，包括语音查询、图像检索、在线问答等，在满足各个群体用户档案信息利用需求的同时也能够提高服务效率。无论是对档案实体的识别还是对用户身份的识别，身份验证技术和设备在运行过程中势必会采集与用户相关的个人生物特征信息，如查档系统的人脸认证、门禁系统的指纹识别等；用户线上查档需登录用户账户，其中必然包含用户的身份认证信息和用户网络设备信息；智慧档案馆进行用户检索行为的分析，提供个性化精准服务的基础数据，其中也包含着用户自身的查询偏好和浏览习惯等敏感信息。这类可定位用户身份和涉及用户敏感信息的内容采集到智慧档案馆后，自然会提高智慧档案馆对于个人信息保护的要求和标准，除与用户隐私相关的档案外，用户数据的隐私保护与用户隐私权利的保障是智慧档案馆在高度的用户参与服务形态下法律规制的重要内容。

(二)国内外立法现状

1. 国内立法现状

我国通过《网络安全法》《数据安全法》等法律，针对不同应用场景、不同行业领域对数据这一法律对象形成较为完备的规范体系。《网络安全法》将“网络数据”定义为“通过网络收集、存储、传输、处理和产生的各种电子数据”，而《数据安全法》将“数据”定义为“任何以电子或者其他方式对信息的记录”，由此，档案记录便也被纳入数据范畴，更重要的在于，档案之外的数据也能够适用《数据安全法》相关规定。特别是《数据安全法》，对数据处理主体的权利和义务进行了明确的界定，凡是进行数据处理活动的主体均需履行数据安全义务。如《数据安全法》第五十三条第二款提出，“在统计、档案工作中开展数据处理活动，开展涉及个人信息的数据处理活动，还应当遵守有关法律、行政法规的规定”。这就构建起了对于数据，特别是形如“档案”这一重要数据安全保护的法律体系，《数据安全法》与《档案法》在适用范围上的交叉，也确保了智慧档案馆中其他类型数据处理活动的责任认定有法可依。

《中华人民共和国网络安全法》作为我国网络安全领域的首部基础性、框架性、综合性法律，通过对网络信息安全、网络运行安全、应急预案要求等方面的规定，确立了网络安全等级保护、关键信息基础设施安全保护、网络信息安全等制度，奠定了我国网络安全基本制度框架，在此基础上，2021 年我国出台《关键信息基础设施安全保护条例》《网络安全审查办法》《网络产品安全漏洞管理规定》等相关立法，强化对关键信息基础设施的安全防护，并细化网络安全法律规则。此外，国家网信办联合发布的《关于调整网络安全专用产品安全管理有关事项的公告》，规定网络安全专用产品应按照相关国家标准的强制性要求，由具备资格的机构安全认证合格或安全检测符合要求后，方可销售或提供；以及《关于调整〈网络关键设备和网络安全专用产品目录〉的公告》，其中包括路由器、交换机等 4 类网络关键设备，以及防火墙、入侵防御系统、网络安全态势感知产品、数据泄露防护产品等 34 类网络安全专用产品。同时《信息安全技术 关键信息基础设施安全保护要求》这一国家标准的实施，从分析识别、安全防护、检测评估、监测预警、主动防御、事件处置 6 个方面提出 111 条要求，为运营者开展关键设施保护工作提供标准保障。

在算法治理方面，联邦学习、多方安全计算、可信执行环境等多种隐私计算技术在模型训练的数据流通使用阶段提供了技术保障，但仍不足以应对人工智能算法带来的伦理挑战，还需法律规制。我国出台的《关于加强互联网信息服务算法治理的指导意见》《互联网信息服务算法推荐管理规定》两部法律文件，虽只是规章而非法律，但也能够在既有的法律框架内，对算法侵权做出制度回应。2022 年 12 月，国家网信办、工信部、公安部联合发布的《互联网信息服务深度合成管理规定》通过系统性的制度设计，明确了深度合成服务提供者的主体责任，要求深度合成服务提供者要建立健全算法机制机理审核、信息内容管理，具备安全可控的技术保障措施，并提到了深度合成服务技术支持者和使用者承担的信息安全义务。在此之后，由国家网信办联合发布的《生成式人工智能服务管理暂行办法》，明确了生成式人工智能服务的基本概念、同时对生成式人工智能服务提供者的数据处理活动、保护使用者个人信息、违法处置等义务进行了规定，成为对于人工智能监管的第一步中国方案。

我国对个人信息保护的法律体系处于不断完善的过程中，现有法规已基本明确了在采集使用个人信息时的具体规范。从民法角度来看，个人信息收集之前要履行告知义务并且取得权利主体的许可，《中华人民共和国民法典》在人格权编中也规定了对个人信息的法律保护。在《民法典》第一千零三十四条中，肯定了个人信息受保护的法律地位；第一千零三十五条规定了在个人信息数据处理的过程中应当遵循合法、正当、必要原则；第一千零三十七条规定了信息主体对发现信息有错误的，有权提出异议并请求及时采取更正等必要措施；在刑法领域，《中华人民共和国刑法》第二百五十三条之一规定："违反国家有关规定，向他人出售或者提供公民个人信息，情节严重的，处三年以下有期徒刑或者拘役，并处或者单处罚金；情节特别严重的，处三年以上七年以下有期徒刑，并处罚金。"2021年《中华人民共和国个人信息保护法》正式实施，对个人信息和个人信息处理者给出了明确的定义，规范了个人信息保护的原则和个人信息的采集利用方式，进一步保障用户对个人信息处理的知情权、同意权等多项基本权利。

2. 国外立法现状

在网络基础设施的安全上，世界主要地区也以强调设备的安全防护为基础，构建完整的网络安全法律体系。欧盟于2019年正式施行的《网络安全法案》确立了欧盟范围内的网络安全认知计划，促进构建欧盟各成员国网络和信息通信安全体系，提升安全防范能力。该《法案》涉及网络安全认证框架、信息和通信技术，并列出了关于获得认证资格的评估机构。同时，欧盟还通过《网络弹性法案》，来推动网络设备软硬件安全升级；美国通过《网络安全法(2015)》，在法律层面要求联邦政府及时与非联邦实体共享其所掌握的有关"网络威胁指标"与"防御性措施"的信息和实践经验。《关键基础设施网络事件报告法(2022)》明确要求关键基础设施实体在遭遇网络事件的72小时内、勒索软件的24小时内必须向美网络安全和基础设施安全局(CISA)汇报。德国联邦议院于2021年颁布了《IT安全法》2. 0版本，扩大了法律监管框架，旨在保护重要基础设施数据安全，提高IT系统安全性。该法规定，关键基础设施部门运营商需安装技术防范系统，以监测对其IT基础设施的攻击。

美国在人工智能算法领域贯彻立法先行的思路，为发展安全可控的人工智能提供制度和法律保障。为防止算法自动化决策造成的消费者歧视，美国提出了《算法问责法2019(草案)》，要求互联网平台企业评估并消除所采用自动决策算法给消费者隐私和安全带来的风险；《生成式人工智能网络安全法案》要求美国商务部和联邦贸易委员会明确人工智能在美国应用的优势和障碍，评估供应链风险以及如何解决这些风险；将算法自动化决策纳入《数据问责和透明度法2020》监管，提出消费者应当有权质疑收集数据的理由并要求人工对算法自动化决策进行审查和解释。欧盟为确保人工智能的发展尊重人权并且安全信任，通过了《人工智能法案》的第一稿，探索为人工智能治理提供法律支持。这是全球范围内首部系统化规制人工智能的法律，标志着人工智能治理从原则性约束的"软法"向更具实质性监管的"硬法"加速推进。形成了人工智能算法的分级监管框架，将算法风险等级分为禁止、高风险、其他风险，并提出了相应的判断标准和责任归属。

美国为保护公民隐私权和知情权出台的《隐私法案》，对联邦行政部门收集、利用和保护个人数据等方面做出规定，旨在平衡政府保有个人信息需求和个人隐私权保护之间的利益分歧，以保障公民免受联邦机构收集、维护、使用和披露有关个人信息，无端侵犯其隐私的权利。加利福尼亚州的《消费者隐私法案》(CCPA)为消费者控制个人信息提供了合法途径，被认为是全美当前最严格的隐私立法，CCPA除了赋予消费者访问、更正、删除和获取个人数据副本的权利外，还明确消费者享有自由选择出售自身个人数据以及允许自身个人数据用于定向广告或分析决策的权利。美国统一法律委员会(ULC)通过的《统一个人数据保护法》进一步提供了统一各州隐私立法的示范法案。欧盟于2018年5月25日正式生效的《通用数据保护条例》(GDPR)被称为"史上最严隐私法案"，其赋予了个体用户对于自身数据更多的自主权和选择权，同时也对用户数据的控制主体和处理主体制定了十分严格的限制性规则。此外，欧盟的《数据法案》也在内容和结构上对保护个人数据和隐私进行了补充，进一步完善了GDPR、《第(EU)2018/1725号条例》以及《隐私与电子通信指令》，通过构建起统一协调框架来明确数据访问使用的主体和条件，赋予用户更为完善的数据权利，并为生成数据的企业和使用者提供明确的法律指引。德国的《联邦个人信息保护法》对监督机制做出了完整而系统的规定。该法设置个人信息保护委员监督公务机关处理个人信息的情况。同时，还设置信息保护人对非公务机关处理个人信息的情况进行监督。规定信息保护人由各单位自行任命，以具备必要的专业知识和良好的品行为任命的基本条件。

(三)新的挑战

随着Web3.0时代的加速到来，各级各类综合档案馆所采用的档案管理和内容开发利用方法迎来了一波大革新，元宇宙概念的落地更是带来了新的档案利用形式，赋予档案脱离物理世界的能力。虚拟展览、数字孪生库房和档案叙事是当下元宇宙档案资源开发的主要模式。在Web3D技术支持下，国内众多档案馆和博物馆推出了虚拟展览服务，如上海博物馆采用摄影测量法，将馆内历次展览，通过基于照片合成的三维场景重建，实现线上展厅的360°全景无死角浏览；湖南省档案馆采用智能密集架、RFID实体、档案消毒净化设备、环境质量检测设备部署，借助数字孪生可视化搭建仓库立体三维模型，通过物联网技术和数字孪生可视化技术，实现档案容量和档案查询可视化，集成视频监控、电子巡检、门禁、消防等库房安全管理系统，搭建可视化平台，显示预警信息，构建起了档案收集、管理、保存、利用的管理体系；北京国家典籍博物馆(中国国家图书馆)和中国第一历史档案馆联合字节跳动共同创作了VR互动展览体验游戏。游戏结合了馆内"殷墟甲骨""居延汉简""敦煌遗书""明清档案"四大展览专题，围绕各专题中具有代表性的文物展品构建数字叙事场景。通过元宇宙给用户带来沉浸式交互服务，无法避免对用户多维度个人数据的采集，越真实的场景体验就越需要采集更多的用户数据，特别是虚拟现实设备的数据采集，用户的身份认证信息是互联网信息采集中较为常见的。除此之外，生物特征信息、行为数据、环境数据，甚至包括用户在使用元宇宙服务过程中的智识数据、情感倾向，以及VR设备被动采集的旁观者数据等，这些数据更是给用户个人隐私带来了更高的风险。目前的我国的数据立法和个人信息保护法律体系内，并没有明确针对个人身份认证信息、生物特征信息、情感信息等相关信息的规定，这就导致在司法实践中对个人隐私侵权的识别难、判定难、处罚难。

生成式人工智能(GAI)的飞速发展，也为智慧档案馆挖掘档案信息资源带来了新的挑战。智慧档案馆正探索综合虚拟现实、生成式人工智能、多媒体技术等多项前沿技术对档案资料进行深度挖掘和创造性呈现，通过数字档案叙事提供更生动、更直观的档案信息服务。由于数字档案叙事往往涉及对原始档案的二次创作，根据我国《著作权法》等相关法律法规，对原始档案资料的数字化、改变等行为，涉及原始档案资料与二次创作成果之间的知识产权归属问题，同时，模型算法参与，更使得这一知识产权归属面临档案部门、算法设计者、算法使用者等多个主体的分配问题。其次，生成式人工智能的输出有效性高度依赖于模型算法的构建以及模型训练程度，而模型训练离不开训练数据，大多以公开数据集或自构建的语料库为标注数据来源，如果智慧档案馆想要输出对档案具有针对性、精细化的内容，在训练过程中就不可避免地需要添加档案信息数据，这种情况下的输出内容既包含档案本身的信息、又包含算法生成的内容，虽然通过记录数据集的使用和生成日期等信息，可以提取出针对生成内容的特有标识，但根据《档案法》等相关法律规定，目前仍无法根据此类标识判定输出内容的"身份"，无法将其定性为档案，而如果不是档案，输出所包含的档案内容就无法得到有效保护，因此，智慧档案馆借助生成式人工智能进行档案信息挖掘的输出内容认证和归属上，仍需进一步法律规制。

课后思考题

1. 什么是档案立法？
2. 简述信息化对档案立法的影响。
3. 电子档案证据效力的基本要件包括哪些？
4. 智能社会背景下档案数据规制的特点有哪些？
5. 简述当前档案数据规制体系的不足与改善对策。
6. 智慧档案馆面临的法律规制需求有哪些？
7. 智慧档案馆法律规制面临哪些新挑战？

第十章　档案开放、解密与安全法律

本章要点

◎ 阐述我国档案开放的基本概念和法律规制的基本情况。

◎ 介绍国外档案开放的规制情况。

◎ 阐述我国档案解密法律的基本概念和规制的基本情况。

◎ 介绍国外档案解密的规制情况。

◎ 阐述我国档案安全的基本概况和相关的法律制度。

一、档案开放的法律规制

档案开放关系着档案价值发挥和档案信息安全，是档案法学的焦点议题之一，也是档案法的重要内容之一。世界各国的法律普遍都对档案开放进行规制，以促进档案合理利用、维护档案安全。联合国教科文组织大会于 2011 年 11 月 10 日举行的第 36 届会议中通过的《档案共同宣言》(*Universal Declaration on Archives*)明确，“档案的开放利用能够丰富我们对人类社会的认知，促进民主，保护公民权利，提高生活品质”，提出“我国承诺共同努力，以促使‘在遵守相关法律并尊重个人、形成者、所有者和利用者权利的前提下，向所有人提供利用档案’”。本节主要介绍档案开放的概念、我国对档案开放的法律规制情况以及国外档案开放的法律规定。

(一)档案开放相关概念

档案开放，是指拥有档案所有权(或代表行使所有权)的主体，按照法定权限、经过法定程序，将形成时间达到一定年限、无须限制利用的档案向全社会提供利用的活动。回顾世界档案开放发展历程可知，1790 年颁布的法国《国家档案馆条例》首次明确档案馆向社会开放。该条例规定“档案馆实行开放原则，每周开放三天，法国公民可来馆查用档案”。1794 年法国颁布的《穑月七日档案法令》规定，“所有公共档案馆实行开放原则，每个公民有权查用档案”。一般认为，这是国际社会以法律形式明确档案(馆)向全社会开放的最早规定。

档案开放的主体，主要包括各级各类档案馆，如各级国家档案馆、城建档案馆等。其他类型的拥有档案所有权的个人或组织也有权决定将其拥有的档案向社会开放，或者通过寄存的档案馆向社会开放。例如，部分国家的私人档案馆就有向社会开放档案的情况。而档案开放的客体，一般是指拟向或已向社会提供利用的档案。

在档案开放主体按照法定权限和程序向社会提供利用档案的过程中，既包括了判定档案开放属性的过程，也包括了向社会提供利用的过程。在国家档案馆馆藏档案开放的整个流程中，有关活动可分为计划、组织、审核、确认、公布等。其中，判定档案开放属性的过程，可称为“档案开放审核”。例如，我国《国家档案馆档案开放办法》(国家档案局令第19号)规定，自形成之日起满二十五年的国家档案馆的档案，经开放审核后无需限制利用的应当及时向社会开放。实际上，在档案开放实践工作和学术研究中，“档案开放鉴定”或“档案划控”“划分档案控制使用范围”等术语的使用基本指向判断档案开放属性的过程。例如，1991年9月27日，国家档案局、国家保密局联合发布《各级国家档案馆馆藏档案解密和划分控制使用范围的暂行规定》就直接使用了“划分控制使用范围”一词。这也是我国在档案实践工作中使用“档案划控”一词的源头。

(二)我国档案开放的规制情况

1. 我国档案开放规制的历程

回顾我国档案开放的历史，可以发现其发展历程大致可按照档案开放制度建设阶段来划分。一般认为，自中华人民共和国成立以来的第一个时间点是1980年，即中共中央书记处第21次会议决定开放历史档案；第二个时间点是1986年《档案馆开放档案暂行办法》(国档发〔1986〕2号)的印发，包括随后1987年我国首部《档案法》颁布；第三个时间点是1991年《各级国家档案馆开放档案办法》(国家档案局第2号令)和《各级国家档案馆馆藏档案解密和划分控制使用范围的暂行规定》(国家档案局、国家保密局联合颁布)的出台；第四个时间点是新修订《档案法》的颁布。下面简要介绍这一历程。

1956年10月，国务院印发《关于划分保密范围和改善资料供应工作的通知》，要求在中央国家机关普遍开展划密工作。1957年9月6日，国务院全体会议第五十七次会议批准了《关于改进档案、资料工作的方案》，提出了单位内部借阅、工作性质相同或相近单位间借阅、各部门间借阅机密资料、自己调查研究设计绘制的资料借阅等、概由派出单位负责对借阅资料人员审查等8条办法。1960年3月发布的《省档案馆工作暂行通则》《县档案馆工作暂行通则》对档案馆公布档案文件和利用程序作出了规定。比如，根据《省档案馆工作暂行通则》第二十八条：“省档案馆可以根据领导的指示，公布档案文件，编辑文件汇集、历史资料和其他参考资料，提供有关方面参考。但在公布和印发前，须经省委秘书长审查批准。”根据《县档案馆工作暂行通则》第二十六条：“县档案馆公布(如汇编、出版、展览等）档案文件，必须经过县委批准。”

1980年5月19日，中共中央书记处第21次会议讨论了中央档案馆《关于积极开展档案利用工作的请示报告》，作出开放历史档案的决定。在此背景下，按照1980年3月17日国家档案局印发经党中央、国务院领导同志批准的《关于开放历史档案的几点意见》要求，省以上档案馆纷纷制定开放历史档案的工作办法。1983年4月26日，国家档案局颁布《档案馆工作通则》（国档发〔1983〕14号）。其中第十八条规定：“档案馆应积极主动地开展工作，并根据党和国家有关规定开放历史档案。”

1986年2月7日，国家档案局印发《档案馆开放档案暂行办法》（国档发〔1986〕2号）。该办法第四条首次提出：“各级各类国家档案馆保管的档案，自形成之日起满三十年（除未解密或需要控制使用的部分外），均应分期分批地向社会开放”；该办法明确了控制使用的六条标准，并规定“各级各类国家档案馆，应根据本办法制定具体实施细则”。此后，一些地方综合档案馆纷纷制定实施细则，比如《杭州市档案馆开放档案暂行办法》，《安徽省开放档案馆档案实施办法》（皖档〔1988〕12号）、《广东省档案馆开放档案实施细则》（粤府办〔1988〕33号）、《广州市档案馆开放档案实施细则》（穗府办〔1989〕60号）。[①]

1987年9月5日，我国首部《中华人民共和国档案法》经第六届全国人民代表大会常务委员会第二十二次会议通过，1988年1月1日起施行。第十九条规定：国家档案馆保管的档案，一般应当自形成之日起满三十年向社会开放。经济、科学、技术、文化等各类档案向社会开放的期限，可以少于三十年，涉及国家安全或者重大利益以及其他到期不宜开放的档案向社会开放的期限，可以多于三十年。至此，档案开放的规定上升到法律层面。1990年10月24日，国务院发布《中华人民共和国档案法实施办法》，对《档案法》关于档案开放的规定作了细化。另外，1988年9月5日，我国颁布第一部《保密法》，于1989年5月1日正式开始实施。该法首次规定了国家秘密变更和解密制度，标志着法理意义上我国解密制度的确立，对于促进档案开放工作发展有着积极影响。1990年5月25日《中华人民共和国保守国家秘密法实施办法》（国家保密局令第1号）和1990年9月19日《国家秘密保密期限的规定》（国家保密局令第2号）的出台，进一步细化了解密相关规定，从保密制度建设角度推动了档案开放工作发展。

1991年9月27日，国家档案局、国家保密局联合发布《各级国家档案馆馆藏档案解密和划分控制使用范围的暂行规定》，明确了档案控制使用的二十条标准和馆藏档案划控工作职责。1991年12月26日，国家档案局发布《各级国家档案馆开放档案办法》，共十七条，于1992年7月1日施行，1986年2月颁布的《档案馆开放档案暂行办法》同时废止。

2020年6月20日，新修订的《中华人民共和国档案法》（本书统一简称新修订《档案法》）颁布，并于2021年1月1日施行，该法就向档案馆移交前后档案开放审核的主体、

① 张臻．新修订档案法背景下档案开放制度的完善［J］．浙江档案，2021(4)：29-32.

扩大开放主体、不按规定开放责任追究以及档案主管部门处理投诉的法律义务等方面作出具体规定，对档案开放审核责任与流程提出了新的要求。2022年7月4日，国家档案局公布《国家档案馆档案开放办法》(国家档案局令第19号)，对档案开放主体、范围、程序、方式、利用和保护、监督等作出了详细规定。2024年1月12日公布的新修订《中华人民共和国档案法实施条例》对《档案法》中档案开放规定作出更为具体化和操作化的规定。

2. 我国档案开放法律制度的主要内容

目前，我国档案开放规制的主要法律制度依据有如下四项：一是2020年6月20日颁布的《中华人民共和国档案法》；二是2024年1月12日公布的新修订《中华人民共和国档案法实施条例》；三是国家档案局于2022年7月4日公布《国家档案馆档案开放办法》(国家档案局令第19号)；四是国家档案局、国家保密局于1991年9月27日联合发布《各级国家档案馆馆藏档案解密和划分控制使用范围的暂行规定》，需要指出的是，该规定目前正在修订中。综合上述法律制度，我国档案开放法律制度的主要内容包括：

第一，明确了档案开放的主体与客体。《档案法》第二十七条规定，“县级以上各级档案馆的档案，应当自形成之日起满二十五年向社会开放”，“国家鼓励和支持其他档案馆向社会开放档案”。这就明确了各级各类档案馆向社会开放档案的法定义务。《国家档案馆档案开放办法》第二条规定的档案开放的含义，即“国家档案馆按照法定权限将形成时间达到一定年限、无需限制利用的馆藏档案经过法定程序向社会提供利用的活动”。这一规定进一步明确了国家档案馆作为档案开放法定主体的职责，也明确了开放的档案是形成时间达到一定年限、无需限制利用的馆藏档案。

第二，明确了档案开放的原则。《国家档案馆档案开放办法》第三条规定：“档案开放应当遵循合法、及时、平等和便于利用的原则，实现档案有序开放、有效利用与档案实体和信息安全相统一。”这就确立了档案开放工作的合法、及时、平等和便于利用四条原则，特别是“便于利用”原则展现了新时代档案开放工作的理念，是落实习近平总书记关于档案工作重要批示提出的“四个好”“两个服务”的内在要求。①

第三，规定了档案开放相关主体的权责。对于各级各类综合档案馆，《中华人民共和国档案法实施条例》第十六条在《档案法》的基础上进一步明确，国家档案馆履行“依法向社会开放档案”等职责，“按照国家有关规定设置的其他各类档案馆，参照前款规定依法履行相应职责”，并规定了“国家档案馆应当建立馆藏档案开放审核协同机制，会同档案形成单位或者移交单位进行档案开放审核”。《国家档案馆档案开放办法》进一步规定了国家档案馆的职责：负责本馆馆藏档案开放工作的计划、组织和实施。具体而言，包括根据馆藏档案情况确定形成已满二十五年以及其他需要提前开放的档案范围，科

① 黄蕊.《国家档案馆档案开放办法》总则——《国家档案馆档案开放办法》解读之二[J]. 中国档案，2022(9)：14-15.

学确定和安排档案开放审核工作任务，与档案形成单位或者移交单位协商启动开放审核工作，商议制定延期向社会开放档案的具体标准，根据标准共同开展档案开放审核工作并确定档案开放范围等。①

对于档案形成单位或者移交单位，《档案法》第三十条规定："馆藏档案的开放审核，由档案馆会同档案形成单位或者移交单位共同负责。尚未移交进馆档案的开放审核，由档案形成单位或者保管单位负责，并在移交时附具意见。"《中华人民共和国档案法实施条例》第三十条进一步细化，"附具到期开放意见、政府信息公开情况、密级变更情况等"。《国家档案馆档案开放办法》进一步规定，档案形成单位或者移交单位"应当为国家档案馆开展档案开放工作提供便利，对应当共同负责的档案开放审核工作，不得拒绝、推诿、敷衍、拖延。无正当理由拒不履行档案开放审核职责的，由档案主管部门责令限期改正"。

此外，对于档案形成单位或者移交单位撤销、合并、职权变更的，《中华人民共和国档案法实施条例》明确"由有关的国家档案馆会同继续行使其职权的单位共同负责"；"无继续行使其职权的单位的，由有关的国家档案馆负责"。

第四，规定了档案开放的程序。按照《国家档案馆档案开放办法》第十三条明确规定，档案开放按照"计划—组织—审核—确认—公布"的程序进行。其中，"计划"程序中，主要是研究提出工作方案，明确档案开放工作目标、任务和要求，并报同级档案主管部门批准；"组织"程序主要是按照同级档案主管部门批准的工作方案牵头组织实施档案开放工作；"审核"程序是指会同档案形成单位或者移交单位共同对馆藏档案进行开放审核；"确认"程序是指按照该办法第十五条的规定确认档案开放审核结果；而"公布"程序是指以适当方式向社会公布开放档案的目录。

第五，规定了开放档案的利用。《档案法》第二十八条规定："档案馆应当通过其网站或者其他方式定期公布开放档案的目录，不断完善利用规则，创新服务形式，强化服务功能，提高服务水平，积极为档案的利用创造条件，简化手续，提供便利。"该条第二款明确，"单位和个人持有合法证明，可以利用已经开放的档案"。档案馆不按规定开放利用的，"单位和个人可以向档案主管部门投诉，接到投诉的档案主管部门应当及时调查处理并将处理结果告知投诉人"。《国家档案馆档案开放办法》第四章规定"单位和个人持有合法证明可以利用国家档案馆已经开放的档案"；第十九条从软硬件两个方面对国家档案馆档案利用服务工作提出要求，硬件上不仅要有专门的场所、设施、设备，还要求创新服务形式，建立完善利用渠道，简化利用服务手续，对档案利用服务提出要求；第二十条规定，"国家档案主管部门统筹建设开放档案查询利用平台，推动开放档案跨区域共享利用"；第二十四条规定，"单位和个人在国家档案馆利用档案需要复制的，可以由国家档案

① 朱铁淼．国家档案馆档案开放的主体、范围、程序和方式——《国家档案馆档案开放办法》解读之三[J]．中国档案，2022(10)：24-25.

馆代为办理”。这些规定从制度上保障了个人和单位利用开放档案的权利。另外,《国家档案馆档案开放办法》对开放档案利用中档案原件的保护作出了规定。

第六,完善档案开放工作的监督和保障。档案主管部门作为档案开放工作中的重要主体,担负着对档案开放工作监督和保障的重要职责。对于档案主管部门相关职责,《档案法》第二十八条规定,“档案馆不按规定开放利用的,单位和个人可以向档案主管部门投诉,接到投诉的档案主管部门应当及时调查处理并将处理结果告知投诉人”;第四十二条规定档案主管部门依照法律、行政法规有关档案管理的规定,可以对档案馆和机关、团体、企业事业单位以及其他组织的“档案提供利用”等情况进行检查;在第四十八条中明确单位或者个人有“不按规定向社会开放、提供利用档案的”等行为之一的,由县级以上档案主管部门、有关机关对直接负责的主管人员和其他直接责任人员依法给予处分。《中华人民共和国档案法实施条例》进一步规定,“县级以上档案主管部门应当加强对档案开放审核工作的统筹协调”。《国家档案馆档案开放办法》第五条规定,“国家档案主管部门负责统筹协调、监督指导全国档案开放工作,研究制定档案开放有关政策和工作规范。县级以上地方档案主管部门负责统筹协调本行政区域的档案开放工作,对本行政区域内地方各级国家档案馆的档案开放工作实行监督指导”;第二十七条规定,“档案主管部门应当协调有关部门,为国家档案馆开展档案开放工作创造条件、提供保障”;第三十条规定,“应当会同有关部门加强对国家档案馆档案开放工作的监督检查。对不按照规定向社会开放、提供利用档案的,档案主管部门应当督促整改,依法依规给予相应处理”。从档案馆等角度,《国家档案馆档案开放办法》也从监督保障角度提出了要求:国家档案馆应当在每年 1 月 31 日前向同级档案主管部门提交上一年度档案开放工作年度报告。年度报告应当包括档案开放工作计划执行情况、提供档案利用服务情况以及档案利用典型案例等。这些规定为推动档案开放工作高效高质量推进创造了良好的制度条件。

(三)国外档案开放的规制

从档案开放与信息公开的关系看,与我国将档案开放、信息公开分别用两部法律制度进行规定的做法不同,许多国家将档案开放与信息公开规定在同一部法律中,档案开放与信息公开都在档案法或信息公开法中加以规制。美国、英国、俄罗斯都属于这种情况,法国在档案法中对档案开放作出了规定,同时也明确信息公开法对公开作具体规定。此外,其他许多国家也都类似。这里简要介绍法国、英国、美国和俄罗斯档案开放的规制情况。

1. 法国

1790 年颁布的法国《国家档案馆条例》首次明确提出档案馆向社会开放的规定。该条例规定“档案馆实行开放原则,每周开放三天,法国公民可来馆查用档案”。1794 年法国颁布的《穑月七日档案法令》规定,“所有公共档案馆实行开放原则,每个公民有权查用档案”。一般认为,这是在法律层面明确指出档案(馆)向社会开放的最早规定。目前,法国档案开放的规定主要是在《档案馆法》(《遗产法典》第 2 卷)①和《公众与行政机关关系法》中。按照《档案馆法》(《遗产法典》第 2 卷)规定，除规定外，法国公共档案应当完全公开。其中，公共档案是指：国家、地方团体、公共机构，以及其他承担了同样职能的公法法人，在其活动中产生的文件；管理公共服务或行使公共服务职能的私法人产生的档案；公共官员或司法辅助人员的目录和手稿，以及经过公证的同居协议的登记簿。另外，部分档案在期限届满 25 年、50 年、75 年或 100 年后完全公开。例如，对于若公开会侵害政府和一些负责机关的审议秘密、对外关系管理、货币或者公共信贷、工业或者商业领域的秘密、有关部门调查违反税法和关税法犯罪，或统计领域的秘密的文件，自形成之日起满 25 年开放。

2. 英国

1838 年，英国议会通过了《公共档案法》。1958 年，英国议会对该法进行了修订并发布了《1958 年英国公共档案法》。该法有法条 13 条，其中第 5 条为公共档案的获取。它规定档案部门的档案，除移交前公众就有权查阅的档案外，其他档案应自档案形成之日起 50 年后，公众方有权查阅。1967 年，英国发布的《1967 年英国公共档案法》仅对第 5 条封闭期的规定进行了修订，即此前的"档案馆的档案除某些例外情况，应自形成之日起满 50 年或其他年限方可向公众开放"中的期限改为"形成之日起满 30 年"。不过，这一规定适用于 1968 年 1 月 1 日起形成的档案，而此前的档案仍然适用"形成之日起满 50 年"的规定。2000 年，英国颁布了《信息自由法》，它取缔了《1967 年公共档案法》中的部分条款，其中就包括档案移交年限，公众可以通过申请的方式查阅大量官方信息，取代了公共档案法中有关档案访问获取的部分。也就是说，英国档案封闭期的普遍废止，由此彻底颠覆了之前档案满 30 年移交档案馆的规定。但这只是针对涉及公共利益，会损害国防、国际关系、国家安全或英国及其附属领土经济利益的敏感档案来说的。对于不属于这类敏感档案的，则不适用封闭期制度。②

3. 美国

在美国，档案开放和信息公开适用的都是《信息自由法》。而且，美国信息公开法律制度和保密法律制度都将档案视为适用客体。美国 1966 年通过的《信息自由法》被视为世界信息公开制度体系建设的真正开创。该法脱胎于 1946 年《行政程序法》第 3 节"公共信息"。1966 年国会通过的 Pub Law89-487 号法案对此作了修订，确立了任何人都可以向联邦行政机关申请获取特定信息的法定权利，并为这种权利确立了司法救济程序作为保障。③

---

① 国家档案局政策法规司编译. 境外国家和地区档案法律法规选编[M]. 北京：中国政法大学出版社，2017.

② 李少建. 英国档案封闭期再认识[J]. 档案学研究，2019(6)：122-125.

③ 后向东. 信息公开期限规定比较研究——基于对美国《信息自由法》的考察[J]. 中国行政管理，2014(2)：107-113.

在美国《信息公开法》，既没有对"信息"进行定义，也没有对其作出描述性规定。不过，该法专门对"Records"作了描述性的规定(虽然不是定义)。对于"records"的定义，美国参议院司法委员会在1996年试图界定"records"时曾阐述道："《信息自由法》并不对行政机关保存记录或信息的行为做要求，其他法律负责这方面的事项。《联邦记录法》(*Federal Records Act*)对记录作出规定，而《信息自由法》只对记录的公开作出规定"。另外，该法主要使用的概念是"记录"，而不是"information"。从使用的次数看，"records"被使用83次，"information"被使用了44次，"document"和"documents"被使用了6次。而且，核心条款使用的都是"记录"，"信息"的使用往往是在辅助性和补充性条款中。后向东还据此提出，"美国信息公开客体更准确的表述应当是'记录'(records)，而不是信息"。不过，这里并不打算将信息公开的客体作为讨论的重点，而是意在指出：在《信息公开法》这部重要法律中，美国并未对"信息"作出界定，但给出了"records"的描述性规定，而且其依据是档案有关法律。①

经过历次修订，《信息自由法》对信息公开的规定逐渐完善。美国《信息自由法》规定了行政机关必须公开信息的范围，并明确了主动公开、依申请公开两种方式，对收费、诉讼等都作了详细规定。例如，美国《信息自由法》规定在联邦登记簿上应公告的内容包括五类信息：各机关基本情况信息，行政程序基本情况，行政程序具体要求，行政法规等规范性文件，对前述四项内容的修改、更新和废止情况。该法确立了第二类公开要求是"供公众查阅和复制"特定信息，可称为"阅读室"信息公开。信息具体种类包括五类：案件裁决中的审议意见以及裁决决定，被机关采用但没有在联邦登记簿上登记公告的对机关基本政策的阐述以及对法律的解释，行政职员手册和职员行为指南中可能影响民众权益的内容，各机关依申请向特定申请人公开的记录(Records)中，被其他申请人再次申请公开的，或者各机关认为可能有其他申请人来再次申请公开的记录的复制件，第4项内容涉及的记录的目录。实际上，这里规定的"涉及的记录的目录"，类似于我国档案开放规定中的档案目录。另外，该法明确了9类信息可以免于公开：①根据总统行政命令，明确划定为国防与外交秘密的文件；②纯属行政机构内部人事规章与具体工作制度的文件；③法律明确规定不予公开的信息；④商业秘密以及由第三方向政府机构提供的特许性或机密的商业、金融与科技信息；⑤在政府机构作为当事人的诉讼中，依法不得向非政府机构当事人公开机构内部的或机构之间的备忘录或信件；⑥人事、医疗档案及其他一经公开会明显侵犯公民隐私权的个人信息；⑦执法生成的某些记录和信息；⑧有关金融机构的信息；⑨地质的和地球物理信息，特别是有关矿井的信息。

从美国档案开放(即信息公开)工作体制上看，司法部主要负责信息公开诉讼的应诉工作。为承担主管部门职责，司法部设置了信息政策办公室。另外，美国国家档案与文件署设置了政府信息服务办公室，负责监督促进各机关贯彻落实《信息自由法》，为信息公开争

① 张臻. 我国涉密档案解密管理体系研究[M]. 北京：金城出版社，2020：84-85.

议提供统一的替代性纠纷调处服务。①

4. 俄罗斯

俄罗斯档案开放主要的法律制度是《俄罗斯档案事业法》。对于档案利用权利，该法第26条第1款明确规定："档案文件利用者有权为了任何合法目的和采取任何合法方式，利用、传递、传播提供给他的档案文件和档案文件复制件中所含有的信息。"对于提供利用，该法规定要为档案开放利用提供必要的条件和场所："国家和市立档案馆、博物馆、图书馆和俄罗斯科学院组织要为档案文件利用者提供必要的查找和研究档案文件的条件。"该法第26条还规定：不具有法人资格的国家机关、地方自治机关、组织和公民从事企业活动的，必须按照有关规定，以其拥有的相关档案文件为档案文件利用者无偿提供与公民的社会保障有关的，包含有养老保障以及依法获得其他优惠待遇和补偿的档案证明或者档案文件副本。利用者可以电子文件方式通过公共信息网络(包括互联网)提交申请和请求(根据2010年7月27日第227号联邦法修订)。……可依法在其拥有的档案文件和档案检索工具的基础上，为档案文件利用者提供有偿信息服务，可与他们签订利用档案文件和检索工具的协议。对于档案封闭期，俄罗斯档案法律并未明确规定，实际上反映了俄罗斯在档案开放过程中面临的复杂问题。因此，2004年《联邦档案事业法》不再规定自形成之日起满30年可依法提供利用，实质上提高了档案开放的标准，以纠正20世纪90年代档案过度开放的偏差。②

二、档案解密的法律规制③

(一)档案解密相关概念

1. 涉密档案与涉密文件

1991年，国家档案局和国家保密局联合发布的《各级国家档案馆馆藏档案解密和划分控制使用范围的暂行规定》(国档〔1991〕28号)中将标有"绝密""机密""秘密"字样的档案简称为"涉密档案"。2020年《中华人民共和国档案法》第十四条明确，"涉及国家秘密的档案的管理与利用，密级变更和解密等问题适用保密法律法规规定"。按照2024年2月27日颁布的新修订《中华人民共和国保守国家秘密法》规定，"国家机关和涉及国家秘密的单位"对所产生的国家秘密事项，应当按照国家秘密及其密级的具体范围的规定确定密级，同时确定保密期限和知悉范围。

据此，"涉密档案"或"涉及国家秘密的档案"，是指过去的和现在的国家机关和涉及

① 后向东. 美国联邦信息公开制度研究[M]. 北京：中国法制出版社，2014.
② 陈忠海，娄海婷. 比较法视域下中外档案开放利用政策调查研究及启示[J]. 档案学研究，2020(6)：70-77.
③ 本节有关内容主要摘自：张臻. 我国涉密档案解密管理体系研究[M]. 北京：金城出版社，2020.

国家秘密的单位在从事各项业务活动中直接形成的，并按照保密法律法规规定确定为国家秘密的具有保存价值的各种形式的文件(信息记录)。涉密文件是指由过去的和现在的国家机关和涉及国家秘密的单位，在从事各项业务活动中直接形成的、贯穿于从形成到销毁或永久保存整个过程，并已按照保密法律法规规定确定为国家秘密的各种形式的信息记录。在关系上，"涉密档案"是具有保存价值的涉密文件，即"涉密文件"包含"涉密档案"。

2. 定密与解密

"定密"一词，有广义和狭义之分。广义的定密是指特定主体(如党政机关)确定、变更和解除国家秘密的活动。例如，《国家秘密定密管理暂行规定》(国家保密局令 2014 年第 1 号)规定，定密是指国家机关和涉及国家秘密的单位(以下简称机关、单位)依法确定、变更和解除国家秘密的活动。狭义的定密通常指特定主体确定国家秘密的活动，有时也还包括变更国家秘密(密级和保密期限)的活动。与此对应，狭义的解密，则是指特定主体(如党政机关)解除国家秘密的活动。也就是说，广义的"定密"包括"解密"，而狭义的"定密"(包括变更)则与"解密"相对。由于国家秘密管理的法定性，无论是定密还是解密，都必须依照法律法规规定的权限、程序进行。换句话讲，任何不符合法律法规规定的"定密"或"解密"，都是无效的。例如，不具有定密权限的主体随意将某份文件定为"国家秘密"，这在法律上并不产生任何效果。

3. 档案解密及其与档案开放的关系

档案解密是特定主体依据一定的程序，终止或取消涉密档案的法律地位——按照国家秘密进行保护——的行为和过程。其中，档案解密的主体必须是具有解密权的主体。在我国，具有解密权的主体一般是拥有定密权的主体，即《保密法》规定的"谁定密、谁解密"的原则。由于涉密文件(档案)既是涉及国家秘密的文件(档案)，同时也是特定形态的国家秘密，因此具有档案和国家秘密的双重属性。因此，对于档案解密行为，可以作双重理解：由特定主体依据法律规定，将档案由国家秘密状态变为非国家秘密状态的过程；由特定主体依据法律规定，将档案中的具体信息由国家秘密状态变为非国家秘密状态的过程。也就是说，档案解密的客体，既可以是涉密档案本身，也可以指涉密档案中包含的特性信息。正是由于档案解密客体的双重含义，对于涉密档案来说，解密的结果可以包括两种类型：一种是解密或不解密，另一种是完全解密、部分解密或不解密。比如，美国和俄罗斯都允许档案的部分解密。

档案解密与档案开放既具有紧密联系又存在本质区别。这种紧密联系体现在诸多方面。从哲学角度，无论是认识还是实践，二者都是特定的主体对档案这个客体展开的活动。从管理学角度看，两种行为都属于信息管理行为。从法学和法律角度看，档案解密和档案开放都是按照一国法律法规的规定，由特定的主体行使行政职权实施的法律行为。从这种活动和行为的结果上看，档案解密和档案开放都意味着解除档案的一定限制，使得档案从封闭走向开放、从保密走向公开。同时，档案解密与档案开放又存在本质区别。从实践活动的本质上看，根据涉密文件双重生命周期理论，档案解密是基于信息对国家安全和利益的敏感性作出决定的行为和过程。档案开放则一般是指基于各种敏感信息的敏感性作出决定的行为和过程。后者所指的敏感性既包括国家秘密，也包括工作秘密、商业秘密、个人隐私等。从客体上看，档案解密的客体既可以是涉密档案本身，还可以是涉密档案中包含的国家秘密。根据我国目前实践，档案开放(鉴定)的客体是档案本身，既包括了涉密档案，也包括非涉密档案。从行为的结果看，档案解密意味着终止或取消了涉密档案的按照国家秘密进行保护的法律地位，可以让档案由保密状态变为非保密状态，档案开放则是将档案由不开放变为向社会公众开放的状态。对于涉密档案来说，在变为可向社会公众开放的状态前，还需要按照国家法律法规的规定经过一定的开放鉴定程序和档案处理程序。

这种特定关系，可以理解为一次性和层次性的区别。如图 10-1 所示，档案可能由于包含国家秘密而被保密，当解除了国家秘密保护的限制时，依然可能包含其他类型的敏感信息——比如工作秘密、商业秘密或个人隐私——而不能公开。对于涉密档案来说，在经过档案解密后，依然需要继续针对是否包含工作秘密、商业秘密或个人隐私等敏感信息作出多次(或多种)判断，确定可以解除限制时才能向社会公众开放，才能成为开放档案。

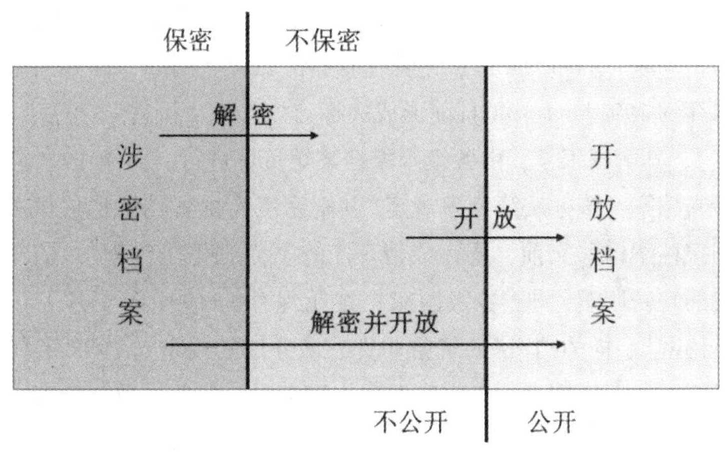

图 10-1　档案解密与档案开放的关系

(二)我国档案解密的规制

1. 我国档案解密规制的历程

在中华人民共和国成立初期，为适应当时安全形势和国家利益需要，我国颁布的《保守国家机密暂行条例》曾将“档案”与“密码、印信及一切有关国家机密的文件、电报、函件、资料、统计、数字、图表、书刊等”一同列为国家秘密的基本范围。1956 年，国务院印发《关于划分保密范围和改善资料供应工作的通知》，要求在中央国家机关普遍开展划密工作。1986 年，《档案馆开放档案暂行办法》(国档发〔1986〕2 号)规定了档案解密的职责，要求“档案馆应定期对注有密级的档案提出解密意见，征得档案形成机关或有关主管机关同意后予以开放”。但直到 1988 年《中华人民共和国保守国家秘密法》(以下简称 1988 年《保密法》)实施前，我国“没有规定国家秘密的保密期限”。从实践看，“除有的事项自然公开而解密外，绝大部分的国家秘密往往一经确定，便成为终身秘密”①。

1988 年 9 月 5 日，我国颁布《中华人民共和国保守国家秘密法》。该法自 1989 年 5 月 1 日起施行，1951 年 6 月公布的《保守国家机密暂行条例》同时废止。该法首次规定了保密期限、解密；第十四条规定，“机关、单位对国家秘密事项确定密级时，应当根据情况确定保密期限”；第十五条规定，“国家秘密事项的密级和保密期限，应当根据情况变化及时变更。密级和保密期限的变更，由原确定密级和保密期限的机关、单位决定，也可以由其上级机关决定”；第十六条规定，“国家秘密事项的保密期限届满的，自行解密；保密期限需要延长的，由原确定密级和保密期限的机关、单位或者其上级机关决定。国家秘密事项在保密期限内不需要继续保密的，原确定密级和保密期限的机关、单位或者其上级机关应当及时解密”。1990 年颁布的《中华人民共和国保守国家秘密法实施办法》(国家保密局令第 1 号)和《国家秘密保密期限的规定》(国家保密局令第 2 号)对保密期限、解密作出了细化规定。1991 年，《各级国家档案馆馆藏档案解密和划分控制使用范围的暂行规定》(国家档案局、国家保密局联合颁布)规定了馆藏档案解密职责。例如，该办法第二条规定，各级国家档案馆保存的 1991 年 1 月 1 日前形成的标有“绝密”“机密”“秘密”字样的档案(以下简称涉密档案)，其解密工作，由各级国家档案馆负责进行。对于 1991 年 1 月 1 日前形成的未进馆的涉密档案，该办法第三条规定“其解密工作由各档案形成机关、单位负责进行，在向各级国家档案馆移交前，要完成清理工作，否则不予受理”。值得指出的是，对于馆藏涉密档案的解密职责，即“各级国家档案馆保存的 1991 年 1 月 1 日前形成的标有‘绝密’‘机密’‘秘密’字样的档案”的解密职责，该办法的规定与 1988 年《保密法》规定的不同。按照后者要求，一般应由原确定密级和保密期限的机关、单位负责。

2010 年，修订的《保密法》明确了自行解密、提前解密、延期解密等解密方式。例如，该法第十九条规定：“国家秘密的保密期限已满的，自行解密。”该条第二款还明确：机关、单位应当定期审核所确定的国家秘密。对在保密期限内因保密事项范围调整不再作为国家秘密事项，或者公开后不会损害国家安全和利益，不需要继续保密的，应当及时解密；对需要延长保密期限的，应当在原保密期限届满前重新确定保密期限。提前解密或者延长保密期限的，由原定密机关、单位决定，也可以由其上级机关决定。2014 年，国务院和国家保密局先后颁布了《中华人民共和国保守国家秘密法实施条例》和《国家秘密定密管理暂行规定》(国家保密局令 2014 年第 1 号)。这两部法规和部门规章对解密作出了详细规定。

① 国家保密局. 保密工作概论[M]. 北京：金城出版社，1991：39.

2024年2月27日，我国颁布新修订《中华人民共和国保守国家秘密法》。该法将国家秘密的定期审核修改为每年审核，督促机关、单位及时审核已确定的国家秘密，推动及时解密。另外，该法增加了信息公开保密审查专门条款，建立起信息公开的“安全网”，做到该保守的秘密坚决守住，该公开的信息依法公开。我国解密有关法律制度的演变如表10-1所示。

表10-1 我国解密有关法律制度的演变

制定时间	制度名称	制发机关及字号	解密有关规定
1951年6月8日	《保守国家机密暂行条例》①	中央人民政府政务院命令	首次明确了国家秘密②的基本范围(共十七项)
1956年10月	《关于划分保密事项范围和改善资料供应工作的通知》	国务院	将密级分为“绝密”和“秘密”两级
未知	《中央军事委员会有关规定》③	未知	将密级分为“绝密”“机密”“秘密”三级
1986年2月7日	《档案馆开放档案暂行办法》	国家档案局，国档发〔1986〕2号	档案馆应定期对注有密级的档案提出解密意见，征得档案形成机关或有关主管机关同意后予以开放
1988年9月5日	《中华人民共和国保守国家秘密法》	第七届全国人大常委会第三次会议通过	国家秘密的基本范围被调整为七项；具体范围由国家保密工作部门会同有关机关规定；密级被统一为“绝密”“机密”“秘密”三级；要求定密时需明确保密期限
1990年5月25日	《中华人民共和国保守国家秘密法实施办法》	国务院批准，国家保密局令第1号	保密期限届满可自行解密，届满也可延长，届满前可变更保密期限，从而提早或推迟解密
1990年9月19日	《国家秘密保密期限的规定》	国家保密局令第2号	除有特殊规定外，“绝密”“机密”“秘密”三个密级事项的保密期限分别不超过30年、20年和10年
1990年10月6日	《国家秘密文件、资料和其他物品标志的规定》	国家保密局、国家技术监督局令第3号	明确国家秘密的标志为“密级★保密期限”

① 《保守国家机密暂行条例》(1951年6月1日政务院第八十七次政务会议通过 1951年6月7日报请中央人民政府主席批准 1951年6月8日政务院命令公布)[EB/OL].[2024-05-01].http://www.npc.gov.cn/wxzl/wxzl/2000-12/10/content_4251.htm.

② 在我国，国家秘密一词最早出现在1982年宪法中，此前(包括《保守国家机密暂行条例》)一直称为“国家机密”。

③ 陈刚，郜永红.规范细化定密机制 确保国家秘密安全[J].保密科学技术，2012(2).

续表

制定时间	制度名称	制发机关及字号	解密有关规定
1991年9月27日	《各级国家档案馆馆藏档案解密和划分控制使用范围的暂行规定》	国家档案局、国家保密局联合印发，国档〔1991〕28号	明确了已进馆、未进馆涉密档案的解密主体等
1995年1月6日	《科学技术保密规定》	国家科学技术委员会、国家保密局令第20号	第十四条和第十五条分别对密级变更和解密作出规定
2010年4月29日	《中华人民共和国保守国家秘密法》①	第十一届全国人大常委会第十四次会议修订；中华人民共和国主席令第二十八号	明确了自行解密、提前解密、延期解密等解密方式
2014年1月17日	《中华人民共和国保守国家秘密法实施条例》	国务院；中华人民共和国国务院令第646号	根据修订后的保密法，对解密进行规定
2014年3月9日	《国家秘密定密管理暂行规定》	国家保密局；国家保密局令2014年第1号	以专章对国家秘密解除进行了规定，细化了解密形式、程序、条件等具体要求国家秘密标志形式包括“密级★保密期限”“密级★解密时间”或者“密级★解密条件”三种；《国家秘密保密期限的规定》和《国家秘密文件、资料和其他物品标志的规定》废止
2016年	《科学技术保密规定》	科学技术部、国家保密局令第16号	制定依据包括《中华人民共和国保守国家秘密法实施条例》，解密有关规定与其基本一致；《科学技术保密规定》(原国家科学技术委员会、国家保密局1995年第20号令)同时废止
2024年2月27日	《中华人民共和国保守国家秘密法》	第十四届全国人民代表大会常务委员会第八次会议第二次修订；中华人民共和国主席令第二十号	将国家秘密的定期审核修改为每年审核；增加了信息公开保密审查专门条款

① 1988年颁布的保密法废止。

2. 我国档案解密法律制度的主要内容

目前，我国档案解密规制的主要法律制度依据包括五个：一是 2024 年 2 月 27 日颁布的《中华人民共和国保守国家秘密法》；二是《中华人民共和国保守国家秘密法实施条例》，现行的是 2014 年颁行的；三是国家保密局于 2014 年颁布的《国家秘密定密管理暂行规定》（国家保密局令 2014 年第 1 号）；四是 2020 年 6 月 28 日印发的《国家秘密解密暂行办法》；五是国家档案局、国家保密局于 1991 年 9 月 27 日联合发布《各级国家档案馆馆藏档案解密和划分控制使用范围的暂行规定》。此外，国家保密局 2023 年 2 月 27 日印发的《派生国家秘密定密管理暂行办法》对派生国家秘密的解密作出了相应规定。综合这些规定看，我国档案解密法律制度的主要内容包括：

第一，规定了档案解密的责任主体。《中华人民共和国保守国家秘密法》第二十条规定："国家秘密的保密期限，应当根据事项的性质和特点，按照维护国家安全和利益的需要，限定在必要的期限内；不能确定期限的，应当确定解密的条件。国家秘密的保密期限，除另有规定外，绝密级不超过三十年，机密级不超过二十年，秘密级不超过十年。机关、单位应当根据工作需要，确定具体的保密期限、解密时间或者解密条件。机关、单位对在决定和处理有关事项工作过程中确定需要保密的事项，根据工作需要决定公开的，正式公布时即视为解密。"《中华人民共和国保守国家秘密法实施条例》进一步规定："机关、单位对所产生的国家秘密，认为符合保密法有关解密或者延长保密期限规定的，应当及时解密或者延长保密期限。机关、单位对不属于本机关、本单位产生的国家秘密，认为符合保密法有关解密或者延长保密期限规定的，可以向原定密机关、单位或者其上级机关、单位提出建议。已经依法移交各级国家档案馆的属于国家秘密的档案，由原定密机关、单位按照国家有关规定进行解密审核。"对于拟移交各级国家档案馆的尚在保密期限内的国家秘密档案，《国家秘密解密管理暂行办法》第三十七条规定，机关、单位"应当进行解密审核，对本机关、本单位产生的符合解密条件的档案，应当予以解密"。可见，档案解密的责任主体的确定是按照"谁定密、谁解密"的原则。

对于已经依法移交各级国家档案馆的属于国家秘密的档案，《国家秘密定密管理暂行规定》第三十七条作出规定："其解密办法由国家保密行政管理部门会同国家档案行政管理部门另行制定。"目前，现行的办法即国家档案局、国家保密局于 1991 年 9 月 27 日联合发布《各级国家档案馆馆藏档案解密和划分控制使用范围的暂行规定》。需指出的是，按照该办法，"1991 年 1 月 1 日前形成的未进馆的涉密档案，其解密工作由各档案形成机关、单位负责进行"；但对于各级国家档案馆保存的 1991 年 1 月 1 日前形成的标有"绝密""机密""秘密"字样的档案，该办法规定"其解密工作，由各级国家档案馆负责进行"。可见，对于已经依法移交各级国家档案馆的涉密档案的解密，有关责任规定仍有待完善。

对于涉及派生定密的档案解密，《派生国家秘密定密管理暂行办法》规定必须根据原始定密情况作出变更或解密决定。如第十二条规定："机关、单位所执行或者办理的已定密事项没有变更或者解密的，派生国家秘密不得变更或者解密；所执行或者办理的已定密事项已经变更或者解密的，派生国家秘密的密级、保密期限、知悉范围应当及时作出相应变更或者予以解密。”该条还明确了机关、单位在“认为所执行或者办理的已定密事项需要变更或者解密的”情形下，具有“向原定密机关、单位或者其上级机关、单位提出建议”的权利，但明确要求“未经有关机关、单位同意，派生国家秘密不得擅自变更或者解密”。

对于涉及机构职能变化的、多个机关单位共同定密的，《国家秘密解密管理暂行办法》用专章对解密主体作出了规定。如第七条明确，原定密机关、单位被撤销或者合并的，由承担其职能或者合并后的机关、单位负责解密。没有相应机关、单位的，由原定密机关、单位的上级机关、单位或者同级保密行政管理部门指定的机关、单位负责解密。第八条规定，多个机关、单位共同确定的国家秘密，由牵头负责的机关、单位或者文件制发机关、单位负责解密，同时征求其他相关机关、单位的意见。(决策)议事协调机构、临时性工作机构确定的国家秘密，由承担该机构日常工作的机关、单位，或者牵头成立该机构的机关、单位负责解密。第九条规定，下级机关、单位产生的国家秘密，以上级机关、单位名义制发的，由上级机关、单位负责解密。下级机关、单位可以就该国家秘密提出解密建议。

第二，规定了档案解密的两种类型，即审核解密、自行解密。在《中华人民共和国保守国家秘密法》和《中华人民共和国保守国家秘密法实施条例》的基础上，《国家秘密定密管理暂行规定》第三十一条细化规定了审核解密：“机关、单位应当每年对所确定的国家秘密进行审核，有下列情形之一的，及时解密：(一)保密法律法规或者保密事项范围调整后，不再属于国家秘密的；(二)公开后不会损害国家安全和利益，不需要继续保密的。机关、单位经解密审核，对本机关、本单位或者下级机关、单位尚在保密期限内的国家秘密事项决定公开的，正式公布即视为解密。”第三十二条详细规定了自行解密：国家秘密的具体保密期限已满、解密时间已到或者符合解密条件的，自行解密。但对于自行解密的，《国家秘密定密管理暂行规定》还规定：“国家秘密解除应当按照国家秘密确定程序进行并作出书面记录。国家秘密解除后，有关机关、单位或者人员应当及时在原国家秘密标志附近作出解密标志。”

第三，规定了档案解密后公开或开放的需经过保密审查。《中华人民共和国保守国家秘密法》第三十五条规定：“机关、单位应当依法对拟公开的信息进行保密审查，遵守国家保密规定。”《国家秘密定密管理暂行规定》第三十六条规定：“机关、单位对所产生的国家秘密事项，解密之后需要公开的，应当依照信息公开程序进行保密审查。”机关、单位对已解密的不属于本机关、本单位产生的国家秘密事项，“需要公开的，应当经原定密机关、单位同意”。机关、单位公开已解密的文件资料，不得保留国家秘密标志。对国家秘密标志以及属于敏感信息的内容，应当作删除、遮盖等处理。

第四，规定了与工作秘密管理制度的衔接。工作秘密虽然不属于国家秘密，但是泄露后会妨碍各级党政机关、企事业单位正常履行职能，可能对国家安全、公共利益造成不利影响。从实践看，我国工作秘密管理制度已有了一定的实践基础，中央和地方层面有关政策法律对此作出明确要求。《中华人民共和国保守国家秘密法》第六十四条规定："机关、单位对履行职能过程中产生或者获取的不属于国家秘密但泄露后会造成一定不利影响的事项，适用工作秘密管理办法采取必要的保护措施。工作秘密管理办法另行规定。"对于涉及国家秘密的档案(简称"涉密档案")，若解密后符合工作秘密条件的，《国家秘密解密管理暂行办法》规定应"确定为工作秘密进行管理"。对于涉密档案解除国家秘密后，如何与工作秘密制度衔接等工作秘密管理问题，我国已经有了一些工作秘密管理制度的基础，① 具体规制情况在工作秘密管理办法中规定。

(三)国外档案解密的规制②

为了对国家秘密进行科学的保护，同时便利档案等信息资源的合理利用，各国保密法律普遍要求对国家秘密进行定期审核，以便及时解密。比如，在欧洲 14 个规定了最长保密期限的国家中，有 9 个国家要求在保密期限结束之前定期审查国家秘密。这些国家具体包括捷克、丹麦、法国、匈牙利、意大利、摩尔多瓦、波兰、塞尔维亚和斯洛文尼亚。其中，大多数要求至少每 5 年进行一次解密审查，斯洛文尼亚还要求对绝密级信息进行年度审查。在未明确最长保密期限的 6 个国家中，捷克、摩尔多瓦和波兰 3 个国家要求至少每 5 年进行一次解密审查，比利时、西班牙和土耳其三国则没有定期解密审查制度。欧洲 20 国对保密期限的有关规定如表 10-2 所示。

表 10-2　欧洲 20 国对保密期限的有关规定

国家	最长保密期限	是否可以延期	解密审查时间
荷兰	10 年	是	无
意大利	15 年(国家秘密特权)或 10 年(其他)	是，国家秘密可延期 15 年，其他可展期 5 年	每 5 年或每 15 年(国际秘密)
芬兰	25 年(涉及个人隐私的，可死后 50 年或 100 年—不知死亡时间)	是，30 年	
俄罗斯	30 年	是(由部级保密委员会决定)	无
德国	30 年	是，但最多只能延一次 30 年	无规定期限——保密期限已满或情况发生变化
挪威	30 年	是	满 40 年，随后每 10 年

① 张臻，孙宝云．切实加强工作秘密管理制度建设[J]．保密工作，2022(9)：45-47.
② 主要参考：张臻．我国涉密档案解密管理体系研究[M]．北京：金城出版社，2020.

续表

国家	最长保密期限	是否可以延期	解密审查时间
塞尔维亚	30 年	是	每年、每 3 年或每 5 年(根据密级)
匈牙利	30 年(绝密级)	是，绝密级可以延期 2 次(至 90 年)	每 5 年
斯洛文尼亚	必须设定解密日期，最长 40 年	是	每 3 年或每年(针对绝密级)
法国	50 年(关于大规模毁灭性武器的信息除外)		每 10 年(但未完全实施)
丹麦	75 年	是	经常性地
阿尔巴尼亚	必须设定解密日期，可以展期，但不能无限制	是(但不能无限制)	期满后审查
罗马尼亚	100 年	是	定期(periodic checks)，但没有规定期限
瑞典	40 年(一般)，特殊情况可到 150 年	是	无
摩尔多瓦	25 年(绝密)或 10 年(其他密级)	是；但对于特殊信息，可以无限次展期	每 5 年
捷克	无(可设定解密日期)		每 5 年
波兰	无(可设定解密日期)	是	每 5 年
比利时	无		无
西班牙	无		无
土耳其	无		无

关于档案解密法律规制，张臻在其《我国涉密档案解密管理体系》一书中作了较为全面深入的研究，介绍了美国、俄罗斯、法国，以及澳大利亚、印度、巴西等国家情况。这里简要介绍美国档案解密规制情况。

在美国，形成了以解密与公开有关法律为基础，以“国家安全信息保密”行政令为核心、以联邦各行政部门颁布的法规为依据的档案解密制度体系。① 从法律效力看，美国档案解密相关制度可以分为三个层面：法律、总统颁布的行政令(相当于我国的行政法规)和联邦政府各部门颁布的规章。法律层面包括《信息自由法》，2000 年颁布的《公共利益解密法》和《2014 年总统和联邦档案法修正案》。关于档案解密的有关制度，主要是由总统颁布的行政令规定的，现行的行政令是 13526 号，如表 10-3 所示。

① 张臻. 美国档案解密管理：制度、实践及启示[J]. 档案学研究，2019(1)：114-121.

表 10-3　美国档案解密有关的主要行政令

颁布日期与序号	保密期限	系统解密	强制解密	其　他
1951 年 9 月 10290 号	特定时间或事件	无	无	标记保密期限
1953 年 11 月 10501 号	特定时间或事件；除豁免外，每 3 年自动降密、12 年自动解密*	无	无	移送信息由接收部门负责
1972 年 3 月 11652 号	通用解密期限表：6 年、8 年或 10 年**	满 30 年的档案（明确国家档案与文件署）	满 10 年应依申请审查（所有机构）	行政令实施后定密、满 30 年时应自动解密；总统档案由 NARA 负责
1978 年 12 月 12065 号	特定时间或事件、不超过 6 年	满 20 年、永久性档案（外国政府信息为 30 年）	所有信息（不满 10 年的总统档案除外）	与定密相比，解密更加重要
1982 年 4 月 12356 号	特定时间或事件	增加仅明确国家档案与文件署和其他机关均可开展解密审查	各机关应设置行政复议程序	明确“疑密从有”和“疑密从高”原则
1995 年 4 月 12958 号	特定时间或事件，不超过 10 年；确有需要可 25 年	豁免自动解密的满 25 年的永久性档案（全部机关）	可向跨部门定密复议委员会申请复议	增加自动解密（不论是否审查，永久档案满 25 年时）
2009 年 9 月 13526 号	与 12958 号基本相同	与 12958 号基本相同	与 12958 号基本相同	设立国家解密中心；正式提出酌情解密

注：* 1961 年 10964 号行政令修订时增加。

** 绝密级信息：满 2 年自动降为机密级、满 4 年自动降为秘密级、满 10 年自动解密；机密级信息：满 2 年自动降为秘密级、满 8 年自动解密；秘密级信息：满 6 年自动解密。

根据 1972 年 11652 号行政令规定，负责监督实施的部门应制定行政令的实施办法。此后，历部行政令均延续这一规定。按照要求，实施办法历经 1972 年、1978 年、1982 年、1995 年、2003 年等多个版本。现行的是依据 13526 号行政令制定的 2010 年版。该实施办法是以信息安全监督办公室 1 号令（简称 ISOO 1 号令）形式颁布的，现已被编入《联邦法规》第 32 卷第 2001 节。

美国在档案解密问题上，有关法律制度有着一定特色的衔接。一方面，保密制度中的解密对象包括了档案。虽然解密的对象是国家安全信息（对应我国的“国家秘密”），但保密制度中的“信息”包括了档案在内的各类文档式材料（documentary material）。而且该行政令中多处对档案解密问题加以明确。比如，第 3. 2 条、第 3. 3 条第（k）款分别对移交的档案(transferred records)、不具有永久价值的档案的解密问题作出规定。值得注意的是，国防部在 2017 年修订《国防部强制解密计划》(DoD 5230. 30-M)时，将解密对象的有关表述由“信息”(一)全部改为了“档案”。另一方面，档案制度中对涉密档案的利用限制进行了明确。例如，《联邦法规》第 36 卷第 12 章之分章 C 的第 1235. 32 条明确，对于满 30 年的档案，大部分的利用限制将无效，但对于涉及国家秘密、个人隐私的等特殊类别的信息按照分章 C 的第 1256 条规定处理。而根据第 1256. 46 条规定，依据《美国法典》第 5 编第 552 节第(b)分节第(1)段，美国国家档案与文件署不能公开依据有关行政令及其实施办法确定的、涉及国防或外交政策的档案。

三、档案安全的法律规制

(一)档案安全概述

档案纵贯千年、横跨百业，是一个国家和民族“今世赖之以知古，后世赖之以知今”的宝贵历史记录。档案安全是档案工作的底线，直接关系到档案工作的可持续发展和档案作用的有效发挥。有了档案安全，我们才不会出现文明的断裂和断层，才能始终确保发展有可资借鉴的强大经验作为支撑，进而少走弯路。此外，档案中也有涉及领土、边界等事关国家主权和领土完整敏感问题的战略部署、有涉及外事工作、军工科研、公民隐私等不宜轻易公开的信息内容。现实生活中，敌对势力往往以档案为突破口，在意识形态领域攻击污蔑中国。只有确保档案安全，才能有效杜绝涉及党和国家重大安全的秘密泄露现象发生，才能确保国家的战略安全防护能力始终走在时代前列。新征程上，无论是档案实体安全还是内容安全，都要确保万无一失，要始终站在“推进国家安全体系和能力现代化”的战略高度，通过加快构建档案安全治理新格局，发挥档案安全在维护国家安全和社会稳定中的重要基石作用。①

一般认为，档案安全包括档案信息安全和档案实体安全。从治理视域看，档案安全风险主要存在于安全治理体系、档案人员安全、档案信息安全、物理设施安全 4 个方面。从治理领域看，档案全面记录经济、政治、文化、社会、生态、军事、外事、科技等方面的真实历史。档案安全与政权安全、文化安全、数据安全等紧密交织，同经济、社会、科技、网络等领域安全联系紧密，是国家安全的有机组成。② 其中，档案信息安全包括了档案收集、整理、保护、利用各环节的信息安全，特别是利用环节涉及的档案开放、档案解密中的安全，也包括各种文字、图表、声像等不同形式档案信息的安全。档案实体安全则主要包括纸质、电子等载体，保管档案馆库等设备、场所的安全。

① 张臻. 档案安全是国家安全的重要基石[N]. 中国档案报，2022-11-07(001).

② 张臻. 全力推进档案安全体系和能力现代化[N]. 中国档案报，2023-03-20(001).

（二）我国档案安全相关法律制度

党中央、国务院高度重视档案安全，始终强调把维护档案安全作为档案工作的重要原则之一。1956年国务院印发《关于加强国家档案工作的决定》，提出了“维护档案的完整与安全”等基本原则。1987年颁布、后经1996年和2016年两次修正的《档案法》都明确规定要“维护档案的完整与安全”。新修订《档案法》从推进国家治理体系和治理能力现代化的战略高度对档案安全提出了新的更高要求。中央办公厅、国务院办公厅2014年和2021年先后印发的《关于加强和改进新形势下档案工作的意见》和《“十四五”全国档案事业发展规划》中都将“档案安全体系”作为档案事业发展的目标任务。特别是，《“十四五”全国档案事业发展规划》明确将“坚持安全底线”列为五个工作原则之一，提出了“档案安全防线得到新加强”的发展目标，明确了档案治理体系、档案资源体系、利用体系和安全体系等“四个体系”的建设任务和责任要求。从我国档案安全政策法律规定看，档案安全相关法律制度的内容包括以下方面：

第一，明确维护档案安全的原则。《中华人民共和国档案法》总则的第四条将“维护档案完整与安全”列为档案工作的原则。这是从法律层面、在总则部分对档案安全提出了原则要求。将其与“便于社会各方面的利用”并列，意味着档案利用非常重要，档案安全也十分紧要。

第二，规定各类主体档案安全责任。《中华人民共和国档案法》第十九条规定，档案馆和机关、团体、企业事业单位以及其他组织，“应当建立健全档案安全工作机制，加强档案安全风险管理，提高档案安全应急处置能力”。《中华人民共和国档案法实施条例》第十八条规定，按照国家规定应当形成档案的机关、团体、企业事业单位和其他组织，要“健全单位主要负责人承担档案完整与安全第一责任人职责相关制度”。这为落实档案安全主体责任特别是“一把手”负责制度提供了制度保障。对于非国有企业、社会服务机构等单位和个人，形成的对国家和社会具有重要保存价值或者应当保密的档案，《中华人民共和国档案法》要求对“档案所有者应当妥善保管”，“对保管条件不符合要求或者存在其他原因可能导致档案严重损毁和不安全的，省级以上档案主管部门可以给予帮助，或者经协商采取指定档案馆代为保管等确保档案完整和安全的措施；必要时，可以依法收购或者征购”。对于受委托提供档案整理、寄存、开发利用和数字化等服务的档案服务企业，《中华人民共和国档案法》要求“受托方应当建立档案服务管理制度，遵守有关安全保密规定，确保档案的安全”。

第三，对档案管理各方面提出了安全要求。《中华人民共和国档案法》第十九条要求各类组织（包括档案馆和机关、团体、企业事业单位以及其他组织）“按照国家有关规定配置适宜档案保存的库房和必要的设施、设备，确保档案的安全”，“建立健全档案安全工作机制，加强档案安全风险管理，提高档案安全应急处置能力”；第二十一条规定“禁止篡改、损毁、伪造档案。禁止擅自销毁档案”；第二十四条对档案整理、寄存、开发利用和数字化等服务中的安全，第三十二条对档案公布安全，第三十五条对档案信息化建设中的安全分别作出了要求；此外，第四十二条还要求档案主管部门对档案信息安全保障情况进行检查；第四十五条明确“存在档案安全隐患的，应当责令限期整改，消除档案安全隐患”。《中华人民共和国档案法实施条例》第二十条规定，“由于单位保管条件不符合要求或者存在其他原因可能导致不安全或者严重损毁的档案”，经协商可以提前交有关档案馆保管。

第四，规定了危害档案安全行为的法律责任。《中华人民共和国档案法》第四十八条规定，“明知存在档案安全隐患而不采取补救措施，造成档案损毁、灭失，或者存在档案安全隐患被责令限期整改而逾期未整改的”“发生档案安全事故后，不采取抢救措施或者隐瞒不报、拒绝调查的”的单位或个人，由县级以上档案主管部门、有关机关对直接负责的主管人员和其他直接责任人员依法给予处分。另外，该条还明确其他各类行为的法律责任，具体包括：丢失属于国家所有的档案的，擅自提供、抄录、复制、公布属于国家所有的档案的，篡改、损毁、伪造档案或者擅自销毁档案的，将档案出卖、赠送给外国人或者外国组织的，档案工作人员玩忽职守，造成档案损毁、灭失的。《中华人民共和国档案法实施条例》进一步规定，档案服务企业在提供服务过程中明知存在档案安全隐患而不采取措施的，档案主管部门可以采取约谈、责令限期改正等措施。另外，以《刑法》作为后盾法，特别增设了专门的档案犯罪，即《刑法》第 329 条规定的抢夺、窃取国有档案罪与擅自出卖、转让国有档案罪。该条规定：“抢夺、窃取国家所有的档案的，处五年以下有期徒刑或者拘役。违反档案法的规定，擅自出卖、转让国家所有的档案，情节严重的，处三年以下有期徒刑或者拘役。有前两款行为，同时又构成本法规定的其他犯罪的，依照处罚较重的规定定罪处罚。”①这些规定为打击危害档案安全行为、维护档案安全提供了制度保障。

课后思考题

1. 什么是档案开放？
2. 简述我国档案开放法律规制的基本情况。
3. 简述国外档案开放的规制情况。
4. 什么是档案解密？档案解密与档案开放的关系是什么？
5. 简述我国档案解密规制的基本情况。
6. 简述我国档案安全规制的基本情况。

① 秦长森. 我国档案安全刑法保护的回顾、反思与完善[J]. 档案学研究，2023(4)：57-64.

第十一章　中国档案法规体系建设未来展望

本章要点

◎ 阐述中国档案事业走向依法治理更为深化。
◎ 阐述中国档案事业走向开放的趋势更深刻。
◎ 阐述中国档案法规体系的系统性不断增强。

中国档案法规体系的建设和完善，是推动国家档案治理体系和治理能力现代化的关键一环。随着社会的快速发展和科技的不断进步，档案工作的环境和需求也在持续性发生变化，这要求档案法规体系不仅要适应当前的实际需求，而且要具备前瞻性，应对未来可能的挑战，从而支持档案事业的高质量发展和现代化进程，推动档案工作进一步向走向依法治理、走向开放、走向现代化的目标前进。当前，以新修订《档案法》为核心的，由有关档案工作的法律、行政法规、地方性法规和规章等所构成的相互联系、相互协调的档案法规体系，其建设过程中还面临一系列的挑战和机遇。未来的发展方向应是动员和集合各方面的力量，不断健全和完善以档案法为基础，以档案法规和规章为主干，内容科学、程序严密、配套完备、运行有效的档案法规制度体系。

一、体系更加严密，走向依法治理更为深化

当前，在习近平新时代中国特色社会主义思想、习近平法治思想、习近平总书记对档案工作的重要批示、《"十四五"全国档案事业发展规划》等的指导下，中国的档案法规体系正朝着结构更为严密、内容更科学完整、内部协调一致的方向发展。在这一过程中，档案法规体系的建设取得显著进展和成效。自新修订《档案法》正式实施以来，为相关档案法规的修订带来了新契机。尤其是2024年通过的《中华人民共和国档案法实施条例》(国务院令第772号)(以下简称《实施条例》)，将原《中华人民共和国档案法实施办法》以《档案法实施条例》的形式颁布，上升到行政法规的地位，进一步提升了《实施条例》的规制范围。①

① 李钛戈. 面向依法治理的我国档案法规体系建设研究[J]. 档案管理，2022(5)：70-71.

作为保障新修订《档案法》有力实施的规定，标志着我国档案法治建设迈入新阶段。除此之外，国家层面如2023年修订的《档案行政处罚程序规定》（国家档案局令第二十号），2022年《国家档案馆档案开放办法》（国家档案局令第19号）、《乡镇档案工作办法》（国家档案局令第18号）的修订，地方层面如2022年《甘肃省档案条例》的修订、2021年《上海市档案条例》的修订等，都体现了新修订《档案法》发布以来，档案法规根据新修订《档案法》快速做出调整，以适应新修订《档案法》中的新内容、新要求。

中国档案法规体系建设已取得一定的进展，但在未来的发展中仍需更加注重以一体化的方式持续完善档案法律、规章和制度，形成一个内部协调一致且更为严密的法规体系。在此过程中，我们应当从以下三个方面着手：

第一，牢牢把握档案法规体系的发展方向。中国档案法规体系的建设必须始终坚持党的领导，贯彻以人民为中心的宗旨和理念。一方面，坚持党的领导。党的领导是实现全面依法治国的基础，也是档案事业发展的核心政治立场和档案法规体系建设的根本指导原则。在构建档案法规体系的过程中，应深入贯彻党对档案工作的具体要求和期望，确保档案法规体系能够反映和实现更高层次的思想价值和目标追求；另一方面，贯彻以人民为中心的理念。应切实保障公民依法享有平等利用档案的权利，将相关内容融入法规建设之中，在档案法规中体现以人为本的关怀理念。同时，积极听取民众对档案法规建设的意见建议，满足人民群众日益增长的档案利用需求，最大限度激发档案法规的治理效能。①

第二，做好档案法规、规章制度的修改和修订工作，及时清理、修订与现实需要不适应的法规、规章。在国家层面，一方面，迫切需要对《科学技术档案工作条例》（1980年发布）和《档案馆工作通则》（1983年发布）等早期制定的档案法规进行修订。根据《国家档案法规体系方案》的规定，我国档案规章需要修订或重新制定的项目多达数十项。由于这些法规已经沿用多年，它们的某些条款已不再符合当前档案管理的实际需求和发展趋势，部分内容已无法适应信息时代档案工作的新要求。因此，及时清理不具有时效性、对现实工作缺乏指导的规章制度、修订以及新制定相关制度规范的工作还任重道远。② 对此，我们应该尽快对这些规定进行更新，以确保法规内容的时效性和适用性，从而更好地指导当前及未来的档案工作实践，满足现代档案管理的需求。这样的修订不仅有助于提升档案管理的专业性和效率，也能确保档案资源在法律框架下得到合理利用和保护。另一方面，加强档案法规内部的协调性至关重要。目前，我国档案法规体系内部存在一定程度的矛盾和冲突。例如，《科学技术研究档案管理规定》和《机关档案管理规定》实施后，旧有的《科学技术档案工作条例》和《机关档案工作条例》并未正式废止，导致法规之间的重叠与冲突，因此，应当废止或修订与上位法相抵触、相重复的档案法规、标准规范，并通过发布公告的

① 郭若涵，徐拥军．新《档案法》实施背景下我国档案法规体系建设要求［J］．北京档案，2021(5)：11-14.

② 李钛戈．面向依法治理的我国档案法规体系建设研究［J］．档案管理，2022(5)：70-71.

形式对外公示，保证档案法规标准体系内部有效衔接。① 此外，档案法规与其他相关法律法规之间的衔接也显示出不畅的情况，特别是在档案数据安全和用户隐私保护方面，现有档案法规尚未充分明确如何与信息保护、数据安全等新兴法律法规相衔接。因此，需要对档案法规进行全面审查和及时修订，以确保法规更新能够与技术进步和社会发展的要求保持同步，其具体措施可包括强化法规的动态更新机制、增强法律之间的互操作性等。

在地方层面，从数量上来看，超过 10 年未修订的档案法规有 14 部(占 45.2%)，超过 5 年未修订的档案法规有 16 部(占 51.6%)，已难以适应地方档案工作实际发展需要。② 在时效性上需要根据新的政策法规和档案实践背景进行及时修正。除此之外，涉及专门档案管理条例较少，仅有部分省市制定了城市建设档案、行政乡村档案等具体管理条例，较少省市制定了关于档案征集、档案安全等具体业务细分的档案管理条例。而从地区平衡来看，部分省市没有制定专门的地方性档案法规，是在档案法实施办法的指导下开展相关工作，没有体现出地方性档案工作的特点和特殊要求；从内容上来看，地方性档案法规建设中内容趋同的问题较为突出，应在内容上体现地方档案工作的特殊性。此外，地方档案立法也同样需要考虑和其他地方性法规的协同性问题，同时需要完善相关配套设计和实施细则，确保地方档案法规的落地。③

第三，加快档案开放利用、档案信息化建设、档案价值鉴定、档案移交和处置、档案相关知识产权保护以及档案监督检查等方面的制度和政策供给。④ 档案法规体系的建设应与档案实践相适配，并具有一定的前瞻性。因此，档案法规体系建设应充分关注和细致考量档案事业发展中的短板和现有问题，依据最近修订的《档案法》及其《实施条例》，推进中国档案工作的规范化、高效化，不断提高档案工作的现代化管理水平。通过及时的法规更新和政策供给，将有效支撑档案管理工作更高效地适应快速变化的社会环境和技术发展趋势。

二、导向更加明确，走向开放的趋向更深刻

在中国档案法规体系的建设过程中，档案法规的修订逐渐强调了面向公众的导向，这种变化体现了更为明确的公众参与和开放政策，符合以人民为中心的发展理念。这种导向在确保公民能够利用档案的权利、增进档案的开放和共享以及扩大公众参与等方面得到了具体体现。具体来说，一方面，在法规修订中对语气用词进行调整，体现文本柔性化。如新修订《档案法》中相比旧《档案法》去掉命令性、强制性语气词“必须”，改为“应当”一

---

① 周林兴，黄星，崔云萍. 奋楫扬帆启宏途　笃行致远谋新篇——2022 年我国档案治理体系建设发展报告[J]. 中国档案，2023(3)：22-23.

② 周林兴，黄星，崔云萍. 奋楫扬帆启宏途　笃行致远谋新篇——2022 年我国档案治理体系建设发展报告[J]. 中国档案，2023(3)：22-23.

③ 李钛戈. 面向依法治理的我国档案法规体系建设研究[J]. 档案管理，2022(5)：70-71.

④ 国家档案局. 中办国办印发《“十四五”全国档案事业发展规划》[EB/OL]. [2024-02-19]. https://www.saac.gov.cn/daj/toutiao/202106/ecca2de5bce44a0eb55c890762868683.shtml.

词，并将部分条款语气调整缓和。① 另一方面，档案法规的修订内容聚焦公民利用权更加明确，体现了人民性的特征。如新修订《档案法》中对保障公民利用档案的权利进行规定，原《档案法》第三条规定："一切国家机关、武装力量、政党、社会团体、企业事业单位和公民都有保护档案的义务。"而新修订《档案法》第五条在此基础上增加了"享有依法利用档案的权利"的表述，将组织和个人保护档案的义务与利用档案的权利置于同等重要的地位。这是自中华人民共和国成立以来对公民利用档案权利最明确、最直接、最有力的规定，也是新修订《档案法》人民性的最重要体现；除此之外，新修订《档案法》还反映了人民对档案为民所建、为民所用、为民所管的诉求等。②

中国的档案法规体系构建已经深刻体现了公众导向，贯彻了以人民为中心的发展理念，将服务于民的档案工作理念融入其中。在未来的修订与完善过程中，应进一步强化这种公众导向，把它作为重要的修订原则之一。这包括深入了解公众在档案利用方面的需求，明确规定档案的开放共享、公民参与等多方面的措施。具体而言，应从以下三个主要方面入手：

第一，借助文化口径，强调档案开放。档案开放是公民知情权、参政权、议政权等民主权利得以实现的必要保证，是国家政治民主化的重要标志。档案开放的服务政策只有充分体现其服务对象最根本的利益要求，才能获得社会公众的认可，才能得到事业发展的真正动力源泉。档案开放一方面对档案部门来说，对档案部门内部提出更多要求，使档案部门不断提高档案管理水平，为档案开放创造良好的条件，并提高档案信息资源的开发利用水平；另一方面，对社会公众来说，档案开放使民主的思想深入人心，使社会的档案信息资源得到越来越多的开发利用，并得到社会公众的广泛认可。档案开放必须有严密的制度保证以正确处理档案开放与保密的关系，合理地规定开放期限和开放审核要求，当前新修订《档案法》《实施条例》为档案开放提供了最基本的法律法规依据、《国家档案馆开放办法》也为档案开放提供了更具体的操作指南，档案开放的工作已经具备了较好的法律法规条件。③

当前，档案法规的关于档案开放内容的修订完善可以借助文化口径，介入文化视角，体现档案文化遗产的作用和文化建设的功能，响应国家战略。2022 年 5 月，中共中央办公厅、国务院办公厅印发的《关于推进实施国家文化数字化战略的意见》，为数字时代我国文化建设、文化服务、文化产业、文化治理提供了方向指引。战略提出实现中华文化数字化成果全民共享，要求包括档案馆在内的文化数字化的资源端④对文化资源进行数字化，并广泛开放共享。在对档案开放内容进行规定时，可体现档案的文化属性，强调档案推动中

① 曹玉，锅艳玲，常家源. 论新时期档案事业以人为本的关怀理念——基于新《档案法》的文本分析[J]. 档案学通讯，2022(2)：66-74.

② 徐拥军. 新修订《中华人民共和国档案法》的特点[J]. 中国档案，2020(7)：26-27.

③ 王英玮. 档案管理学第五版[M]. 北京：中国人民大学出版社，2021.

④ 高书生. 实施国家文化数字化战略：站位与定位[J]. 数字出版研究，2024，3(1)：1-7.

华文化走向世界，增强中华文明的传播力和影响力的作用。如《实施条例》中第二十六条提到："档案馆和机关、团体、企业事业单位以及其他组织为了……进行国际文化交流……的需要，经国家档案主管部门或者省、自治区、直辖市档案主管部门依据职权审查批准，可以向国内外的单位或者个人赠送、交换、出售属于国家所有的档案的复制件。"档案法规可从此方向对档案开放、档案文化等作出规定。

除此之外，文化数字化的提出要求在档案法规中对档案开放的配套措施，如档案信息服务，馆藏档案的数字化和电子化，建立档案数据库等内容进行规定。在档案法规中可对档案文化资源的共建共享，开展档案文化协同建设，促进文化领域数据整合与互通、共享与关联，健全数字服务平台提高档案文化服务的公共效能等内容进行规定，从而推动档案文化建设实践，推动档案文化资源数字化可持续建设、档案文化服务协调发展、档案文化价值效能整体发挥，实现档案文化数字服务普惠应用。① 从而为档案开放提供更好的法律环境，为档案事业走向开放提供坚实的法规基础。

第二，注重民生档案法规制度的修订。当前，我国民生档案管理相关法规还存在着主题覆盖不全面、内容滞后不完善的问题，主要体现在：一方面，民生档案法规制度数量较少且未及时修订与完善，以国家档案局和民政部合作发布的民生档案管理办法为例，其中最早的发布时间为 2003 年，至今近 20 年的时间，仅有 7 个民生档案管理办法有效。当前民生管理制度 7 部均实施了五年以上。《收养登记档案管理暂行办法》2003 年发布，至今已实施近 20 年。修订完善时滞性较强。另一方面，在国家档案局发布的第一批和第二批《国家基本专业档案目录》中，列出基本民生类档案 14 种，包含医疗卫生、劳动就业、社会保障等多个方面，仅有 6 种民生档案制定了民生档案管理办法，主题覆盖并不全面。且民生档案法规制度相对档案管理实践具有明显的滞后性。综观当前我国民生档案工作实践，民生档案资源共享取得一定成果，"市内""省内""省际"民生档案异地跨馆查询利用已在部分地区实现。民生档案信息化工作也有新发展，如北京市档案馆依托"北京市"民生档案跨馆利用系统，整合北京市馆和 16 个区档案馆馆藏婚姻登记档案信息资源。② 而绝大部分民生档案管理法规制度未提及档案信息化、资源平台建设与跨馆利用、异地查询等相关内容。

民生档案工作需要法规制度的约束和管理，对民生档案管理进行规范，才能更好促进不同区域间档案管理和利用的统一，更好地实现跨馆联合。针对民生档案管理规定存在的问题，应对现有法规制度及时修订完善。民生档案法规制度是为管理实践服务的，只有根据实际情况进行修订，才能使法规制度有效且有能力应对实践工作中的种种情形，保证法规制度的效能性。对民生档案管理法规制度修改完善，应针对民生档案工作开展深度调查与分析，并广泛征求社会意见。不仅要充分考虑我国档案资源体系建设中民生档案的要

---

① 周林兴，崔云萍. 国家文化数字化战略下档案文化的建设路径探析[J]. 档案学通讯，2023(2)：10-17.

② 中国档案事业发展研究中心. 中国档案事业发展报告(2022)[M]. 北京：中国人民大学出版社，2022：155-156.

求，也要站在人民立场，考虑社会公众利用与资源共享的需求，体现民生档案为社会公众服务的理念。同时，民生档案管理制度设计不能过于绝对，应具备前瞻性，为未来档案工作的发展新形势留有空间。

第三，补充完善公众参与的内容。公众参与的内容已在以新修订《档案法》《实施条例》为首的档案法规中予以体现，如新修订《档案法》在第七条中规定："国家鼓励社会力量参与和支持档案事业的发展。"《实施条例》在第九条中规定："国家鼓励和支持企业事业单位、社会组织和个人等社会力量通过依法兴办实体、资助项目、从事志愿服务以及开展科学研究、技术创新和科技成果推广等形式，参与和支持档案事业的发展。档案行业组织依照法律法规、规章及其章程的规定，加强行业自律，推动诚信建设，提供行业服务，开展学术交流和档案相关科普教育，参与政策咨询和标准制定等活动。"

在档案法规中规定公众参与相关内容不仅能促进社会公众参与档案事业，使档案工作更能满足社会公众的需求，同时也是公众参与档案治理的重要体现。进入新时代，人民群众参与国家事务管理、社会事务管理的积极性大大增加。同样，参与档案事务管理的积极性也大大增加。① 法规内容的补充是对公众诉求的直接回应。档案治理的主体是共治，共治即多元主体协同治理，其核心议题是参与主体方面处理好政府、市场(企业)、社会组织和个人在治理体系当中的结构关系问题。在以往的档案管理模式下，档案部门是档案管理的唯一主体，在其一元主导下档案管理表现出较强的强制性和行政性，且管理方式较为单一，难以根据管理对象的区别实现差异化管理。而在档案治理模式下，由于治理的主体具有多元性，因此其治理内容也呈现出互动性、灵活性的特点，各主体之间通过协商、合作、参与等方式实现多元协同共治。社会组织和个人属于档案治理体系中的重要参与主体，其在档案治理体系中的重要作用实现了对传统管理模式下主体结构的颠覆，也实现了多元主体双向互动关系的重构，在某种意义上达到了治理主体"自我治理"的效果，这也符合档案治理的善治目标追求。个人在档案治理过程中主要发挥民主参与和监督管理的功能。② 在档案法规中补充社会组织和个人参与档案事务的渠道，有利于全面建设档案多元共治的新格局。

三、外延更为扩展，法规的协同性不断增强

在中国档案法规体系的构建过程中，随着档案法治要求的提升和档案法规外延的扩展，逐步增加了政府信息公开、档案数据管理、信息出境以及信息保护等关键内容。这种变化要求档案法规体系不仅要增强自身的完整性和系统性，还需要与其他相关法律法规建立更紧密的联系，特别是在确保一致性、协调性和互操作性方面做出更多努力。档案法规与相关法规的关系如图 11-1 所示。

---

① 徐拥军. 新修订《中华人民共和国档案法》的特点[J]. 中国档案，2020(7)：26-27.

② 嘎拉森，徐拥军. 档案治理体系的构成要素与实现路径[J]. 档案学通讯，2022(6)：61-69.

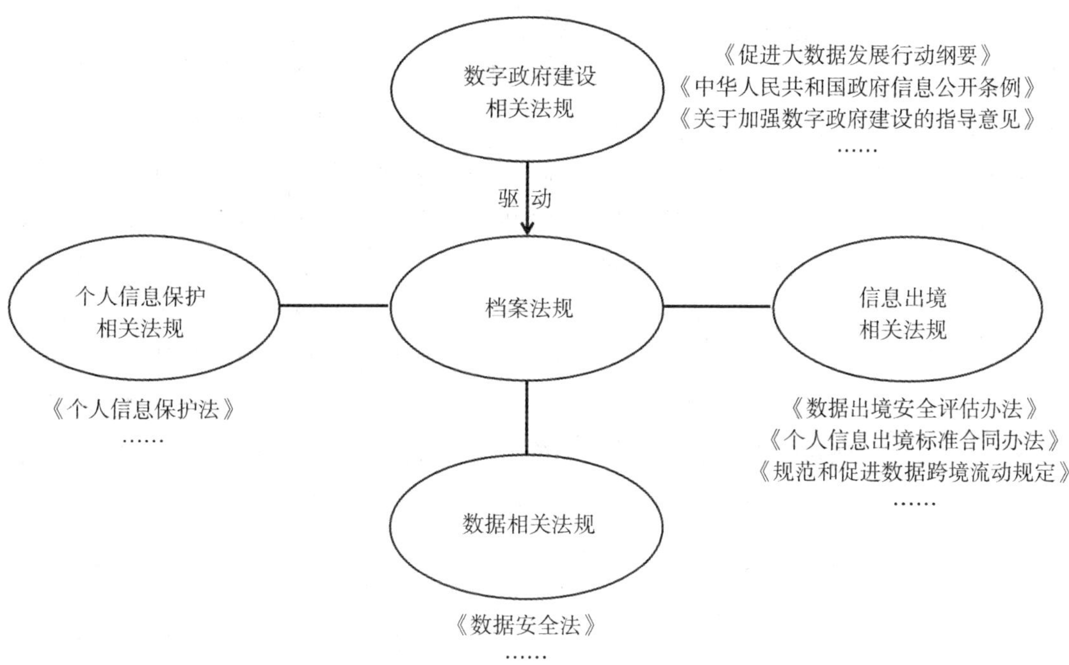

图 11-1　档案法规与相关法规关系图

（一）数字政府建设政策法规

数字政府建设的政策法规对档案法规的建设具有重要的驱动作用。随着电子政务的发展，以及电子签章、电子档案和政府信息公开等领域的快速推进，相应的法规、规章的建设也日益迫切。例如，《国务院关于加快推进全国一体化在线政务服务平台建设的指导意见》（国发〔2018〕27 号）提出："抓紧制修订全国一体化在线政务服务平台建设运营急需的电子印章、电子证照、电子档案等方面的法规、规章。同步推进现有法规、规章和规范性文件立改废释工作。"①这为档案管理和电子文件管理的法规制度建设提供了明确的政策导向，要求档案领域的法规建设从加强信息化法制（法治）建设、电子政务法制建设，安全管理、开放服务、平台建设、基础设施建设、数据管理等多个方面作出回应。通过纳入这些内容，档案法规建设不仅能更好地服务于数字政府建设，还能提高公共服务的效率和质量，同时确保档案资源的安全和合理利用。

（二）数据管理相关法规

面对数字转型的全球趋势和数字中国的战略规划，细颗粒度的档案数据化管理无疑是

① 中国政府网. 国务院关于加快推进全国一体化在线政务服务平台建设的指导意见［EB/OL］.［2024-02-21］. https://www.gov.cn/zhengce/content/2018-07/31/content_5310797.htm.

推动档案事业现代化的重要方向。档案领域必须实质性地接纳档案作为一种特殊数据的事实，并积极开展档案数据管理。事实上，数据思维现在已经开始渗透到相关档案法规中。如《实施条例》第二十五条、第二十七条、第四十四条等分别提及数据汇集、数据出境、数据共享等内容。随着《中华人民数据安全法》(中华人民共和国主席令第84号)(以下简称《数据安全法》)等相关数据法规的实施，档案与数据处理流程的规范化和协同化成为了法律讨论的焦点。为了有效地推进档案管理与数据管理的融合，必须在理解"档案"与"数据"之间的区别与联系的基础上，明确两者的衔接逻辑。事实上，这两者的工作环节处于前后衔接位置，可以理解为档案是经过选择、鉴定和挑选后的精粹部分。① 对此，在未来的档案法规体系建设中，既要在档案法规内容中实质上地增加档案数据管理的内容和要求，从法规上肯定档案数据管理，包括数据安全、数据共享服务的必要性，将档案数据安全与共享服务纳入法治化轨道，筑牢其法治屏障；同时，也要将档案法规更紧密地与"数据安全"等相关法规关联和协调起来。

(三)个人信息保护相关法规

在数字化和技术驱动的新时代背景下，保护档案活动中的个人信息显得尤为重要。当前的档案法规，如新修订的《档案法》已经涉及个人信息保护的相关内容，例如第四十七条就明确规定了档案主管部门及其工作人员在履职过程中应保护国家秘密、商业秘密及个人隐私，不得泄露或利用职权牟取私利。然而，在智慧数据、量子信息、区块链和人工智能等新科技的驱动下，个人信息的隐私性和涉密性更加突出，因此，档案法规的建设应进一步加强对这些新兴技术环境下档案利用者个人信息的保护。国际上，如欧盟的《通用数据保护条例》(GDPR)已经在个人信息保护上设定了较高的标准，特别是对敏感个人信息的定义和保护措施提供了值得借鉴的经验。我国的《个人信息保护法》也引入了敏感个人信息的概念，并展现了实用主义特征与风险防范导向的中国特色。在这一基础上，我国档案法规体系建设可以考虑以下几个方向：一是建立联控机制。结合《个人信息保护法》的实践，建立一个档案利用者个人信息保护的联控机制，确保在数据收集、处理和共享过程中的安全性和合法性；二是明确档案信息安全的具体规范。明确和更新与档案信息安全、档案数据安全及用户隐私保护相关的规范细则，确保与《数据安全法》《个人信息保护法》等法律法规的一致性和协调性。

(四)信息出境相关法规

在当前全球化和数字化快速发展的背景下，档案的跨境流动及其安全成为档案管理领域的一个重要议题。在档案法规体系建设中，已经涉及对档案出境、档案数据出境的相关规定。例如，《实施条例》第二十七条对档案出境进行了严格的分级管理和审批流程，确保

① 杨波，龙家庆，张臻. 数智时代的特点及其对档案治理体系建设的要求[J]. 兰台世界，2023(1)：25-29.

了档案的合法出境和监管。新修订《档案法》也明确规定，出境档案涉及的数据出境问题也必须符合国家关于数据出境的规定，这表明了中国在处理档案及其数据跨境流动时的法律严谨性和前瞻性。但是，面对档案安全风险，尤其是在传输、存储和应用等环节，档案法规的建设需要进一步强化。基于此，档案法规可以依据《数据安全法》第三十一条，积极参与重要数据出境安全管理办法制定，并在重要档案目录确定、出境档案限制清单、档案出境审批流程、出境档案监管主体、违规出境处罚等方面与《数据安全法》协调对接。同时，我国《档案法》后续下位法的制定，既要与我国既有《数据安全法》《个人信息保护法》等相关数据立法相协调，也要剖析体认国际上有关数据跨境流动的标准规范中存在的问题，积极参与档案跨境流动国际标准规则的制定和公约的签订，进而维护我国的数据主权。①

综上所述，档案法规体系建设应当以“三个走向”为遵循，致力于科学立法、严格执法、公正司法，并促进全民守法。这样不仅能够确保档案管理领域的法律法规科学合理、执行到位，还能够促进社会公众的广泛参与和遵法意识，从而真正实现档案管理的法治化、规范化和社会化。

课后思考题

1. 中国档案事业如何实现依法治理？
2. 档案法规体系建设如何推动档案不断走向开放？
3. 如何协调档案法规与相关法规的管理要求，以确保体系的统一性与灵活性？

① 王玉珏，吴一诺，凌敏菡.《数据安全法》与《档案法》协调研究[J].图书情报工作，2021，65（22）：24-34.

附　录

附录1　外国近现代档案法规汇总(部分)

国家	时间	名　称	备注
法国	1794	《穑月七日档案法令》(Loi sur les archives de 7 messidor)	
	1979	《法兰西共和国档案法》(Loi sur les Archives de la Ré publique Franξaise)	
	2004	《遗产法典》(Code des successions)第二卷：档案馆	
英国	1838	《1838 年公共文件办公室法案》(*Public Records Act of Britain*)	
	1967	《公共文件法》(*Public Records Act of Britain*)	
丹麦	2007	《丹麦档案法》(The Danish Archives Act)	
加拿大	1912	《公共档案馆法》(The Public Archives Act of 1912)	
	2004	《加拿大国家图书馆与档案馆法》(Library and Archives of Canada Act)	
苏联	1918	《关于改革与集中统一管理档案工作的法令》(Указ о реформе и централизации архивного дела)	
芬兰	1919	《芬兰档案法》	
	1939	《公共档案法》	
	1981	《芬兰档案法》	
	1994	《芬兰档案法》	
荷兰	1919	《荷兰档案法》	
美国	1934	《国家档案馆法》	
	1950	《联邦文件(档案)法》	已失效
	1976	《联邦机构档案管理法》	
	2014	《总统和联邦档案法修正案》	

续表

国家	时间	名　　称	备注
德国	1950	《德意志民主共和国档案法 1950》	
		《德意志民主共和国档案法 1965》	
	1988	《联邦档案记录保存和使用法(德国联邦档案法)》	
		《联邦档案记录保存和使用法(联邦档案法 2005)》	
比利时	1955	《档案法》	
	2009	《档案法》	
瑞典	1961	《瑞典王国档案总条例》	
意大利	1963	《关于国家档案管理机构和管理人员的法令》	
马来西亚	1966	《国家档案法》	已失效
	1971	《国家档案法》(修订)	已失效
	2003	《国家档案法》	
新加坡	1967	《新加坡国家档案与文件中心法》	
	1993	《国家文物法》	
印度尼西亚	1971	《印度尼西亚共和国档案管理基本准则》	
喀麦隆	1973	《国家档案与图书组织法》	
斯里兰卡	1973	《国家档案法》	
巴西	1975	《国家档案馆条例》	
	1978	《建立国家档案体系的总统法令》	
	1978	《巴西联邦共和国关于建立国家档案体系的法令》	
	2011	《国家档案馆条例》(修订)	
阿尔及利亚	1977	《阿尔及利亚民主人民共和国国家档案法令》	
澳大利亚	1983	《澳大利亚档案馆法》	
	2015	《澳大利亚档案馆法》	
冰岛	1985	《国家档案馆法》	
爱尔兰	1986	《1986 国家档案法》	
	1997	《1986 国家档案法(1997 年修订版)》	
	2005	《1986 国家档案法(2005 年修订版)》	
日本	1987	《公共档案法》	已失效
	1999	《公共档案法》	
	1999	《国家档案法》	已失效
	2009	《国家档案法》	
	2009	《公共文件与档案管理法》	

续表

国家	时间	名　称	备注
俄罗斯	1993	《俄罗斯联邦档案全宗和档案馆法》	
瑞士	1998	《联邦档案归档法》	
新西兰	2000	《档案、文化和遗产改革法 2000》	
	2005	《公共文件法 2005》	

附录 2　我国古代档案立法汇总(部分)

时期	名　称	档案立法相关内容	备　注
先秦	《法经》	在《法经》的"盗""贼"及"杂"篇中，可见有关文书、档案工作的条文。这是首次把文书、档案工作纳入国家法律体系	
	《商君书·定分篇》	对律法档案主管官员的职位设置、管理职责，对律法档案的保管措施及利用规则等作了较为详细的规定	
秦	《秦律十八种·司空》	关于文书的载体	
	《秦律杂抄》	关于文书的办理	
	《内史杂律》	关于文书的办理，关于文书档案工作人员的任用问题，文书保管制度	
	《法律答问》	文书用印制度；文书保管制度	
	《行书律》	文书传递、登记制度	
汉	《九章律》	两汉的档案法规以《九章律》之中的"盗律""贼律""杂律"以及"厩律"这四篇中的相关法令为主	汉律已经失传，其中的具体条文无从知晓，但可以从《汉书》《后汉书》《晋书》《汉律摭遗》等文献中了解到与汉代有关的一些档案法规
	《上计律》	有对文书档案的立法	
	《尉律》	有对文书档案的立法	
隋	《开皇律》	"职制""贼盗""诈伪""杂律"等篇中对文书档案工作作了许多立法性的规定	
	《大业律》	在体例上较《开皇律》有所变动，但其中有关文书档案工作律令的内容却未有改变	
唐	《唐六典》	关于档案的收集制度	
	《唐律疏议》	关于档案的鉴定销毁制度，关于文书档案保密制度，关于伪造、盗窃、毁坏文书、档案等的处罚制度	
宋	《宋刑统》	其中有关于档案工作的律令	
	《元丰法》	其中有关于档案工作的律令	
	《庆元条法事类》	关于档案的移交、收集，关于档案的立卷、整理，关于档案的保管，关于档案的销毁、鉴定，关于档案的保密	

续表

时期	名　称	档案立法相关内容	备　注
元	《至元新格》	关于文书的立卷、归档及档案的移交	
	《元典章》	关于文书的立卷、归档及档案的移交；关于档案的管理制度	
	《大元通制》	“名例”“职制”“盗贼”“诈伪”等类目下有关于档案立法的内容	
明	《大明律》	关于文书的递送制度，关于档案的安全保密制度，关于遗失、弃毁、篡改、损坏文书、档案的处罚条例	
	《大明会典》	关于照刷磨勘文卷制度，关于文书的递送制度，关于档案工作人员的选任及职责	
	《行移署押体式》	保障文书在衙门之间的正常运行	立法性条例；全国各级衙门必须遵守
	《行移往来事例》	保障文书在衙门之间的正常运行	立法性条例；全国各级衙门必须遵守
清	《大清律例》	关于文书的撰拟制度，关于文书的办理制度，关于文书的传递制度，关于文书、档案的保密制度	
	《大清会典》	关于文书档案的归档，关于文书、档案的保密制度，关于档案编录制度	

附录 3 我国近代档案立法汇总(部分)

(因民国时期档案立法内容繁多，难以穷尽，所以本表只选取部分内容)

时 期	名 称	档案立法相关内容	备 注
南京临时政府时期(1912.1—1912.4)	《公文程式》		
	《公文用折及封套式样》		
	《临时大总统令内务部通各官署革除前清官厅称呼文》		
	《临时大总统关于各部局等相互咨商文件统应直接理令》		
	《政务部办事通则》		
北洋政府时期(1912—1928)	《临时大总统公布公文程式令》	文书工作制度	1912年首次颁布，1914年第二次制定，1917年第三次制定
	《外交部派员搜集旧档令》	档案收集制度	
	《外交部编档办法》	档案整理制度，档案销毁制度	
	《外交部保存文件规则》	档案收集制度，档案保管制度，档案销毁制度，档案利用制度	
	《教育部保存文件规则》	档案收集制度，档案整理制度，档案保管制度，档案销毁制度，档案利用制度	
	《蒙藏院保存卷牍暂行规则(修正)》	档案收集制度，档案整理制度，档案保管制度，档案利用制度	
	《司法部文件保存细则》	档案整理制度，档案保管制度，档案销毁制度，档案利用制度	
	《肃政厅保管案卷专则》	档案整理制度	
	《陆军部军法司文件保存年限条例》	档案保管制度	
	《航空署案卷规则》	档案整理制度，档案利用制度	
	《财政部办事通则》	档案整理制度	
	《国务院秘书厅编档处办事细则》	档案整理制度	

续表

时　期	名　称	档案立法相关内容	备　注
国民政府时期（1928—1949）	《军政部整理案卷办法》	文件归档制度	
	《外交部管卷规则》	文件归档制度，档案利用制度	
	《国民党中央秘书处档案科管理档案办法》	文件归档制度	
	《军政部整理案卷暂行办法》	档案保管制度，档案销毁制度	
	《法院文卷保存期限规程》	档案保管制度	
	《福建省政府档案管理规则》	档案保管制度	
	《关于销毁档案办法的训令》	档案销毁制度	
	《军政部关于焚毁文件底稿及废纸屑应指定要员负责监视的密令》	档案销毁制度	
	《黄河水利委员会管理档案暨调卷规则》	档案利用制度	
	《考试委员会文件缮校管理办法》	档案处罚制度	

附录4　中华人民共和国成立至《档案法》出台前的档案立法

<table>
<tr><th>时　期</th><th>时　间</th><th>名　称</th><th>档案立法相关内容</th></tr>
<tr><td rowspan="8">社会主义档案法规的初创时期（1949—1954）</td><td>1950 年</td><td>《征集革命历史文物令》</td><td>收集五四运动以来革命运动史料</td></tr>
<tr><td>1951 年</td><td>《关于收集党史资料的通知》</td><td>收集革命历史档案资料</td></tr>
<tr><td>1951 年 6 月</td><td>《保守国家机密暂行条例》</td><td>关于文书、档案工作的部署和管理制度建设</td></tr>
<tr><td>1951 年 9 月</td><td>《关于加强文书处理工作和档案工作的决定》</td><td></td></tr>
<tr><td>1954 年 6 月</td><td>《公文处理暂行办法》</td><td>中华人民共和国成立后第一个专门关于文书和档案工作的法规性文件</td></tr>
<tr><td rowspan="2">1954 年 8 月</td><td>《关于中央局撤销后档案集中管理办法》</td><td>规定了统一领导、集中管理的原则，保证了大区档案的完整性和集中保存，为中央档案馆的建立打下了基础</td></tr>
<tr><td>《关于大区行政机构撤销后档案集中管理办法》</td><td></td></tr>
<tr><td rowspan="7">社会主义档案法规全面建设时期（1954—1966）</td><td>1954 年 12 月</td><td>《中国共产党中央和省（市）级机关文书处理工作和档案工作暂行条例（草案）》</td><td>明确规定了档案工作的基本原则、规章制度等，要求集中统一地管理机关档案，维护档案的完整与安全</td></tr>
<tr><td>1955 年 11 月</td><td>《国家档案局组织简则》</td><td>规定了国家档案局的职责、权利和任务</td></tr>
<tr><td>1956 年 3 月</td><td>《国务院关于加强国家档案工作的决定》</td><td>明确规定了档案工作的基本原则和机构职责</td></tr>
<tr><td rowspan="3">1956 年 4 月</td><td>《中国共产党县级机关文书处理工作和档案工作暂行办法》</td><td>对全国各级各类档案工作提出了具体、明确的规范与规章制度</td></tr>
<tr><td>《文电统一管理的具体办法》</td><td></td></tr>
<tr><td>《确定党的机关档案材料保管期限的一般标准》</td><td></td></tr>
<tr><td>1959 年 1 月</td><td>《中央关于统一管理党、政档案工作的通知》</td><td>确定了我国档案工作管理体制，强化国家档案局的职权地位</td></tr>
</table>

续表

时　期	时　间	名　称	档案立法相关内容
社会主义档案法规全面建设时期（1954—1966）	1960 年	《技术档案室工作暂行通则》	将科技档案工作从中央到地方全面纳入国家档案事业的管理范围
		《县档案馆工作暂行通则》	确定了县档案馆的性质、任务和具体工作规范
		《省档案馆暂行通则》	明确省档案馆的性质与任务，对档案的收集、整理、保管、鉴定、销毁、统计、检查、利用工作提出规范要求
		《机关档案室工作通则》	规定了各类机关档案室组织领导、制度方法等内容
社会主义档案法规在“文革”中遭破坏时期（1966—1976）		《关于在“文化大革命”运动中保障党和国家机密安全的规定》	强调保障档案安全，保守国家机密
		《关于确保机要文件和档案材料安全的几项规定》	
社会主义档案法规得到恢复和全面发展时期（1978—1986）	1979 年	《中华人民共和国刑法》	第 100 条、103 条、167 条、186 条等对抢劫国家档案，伪造、泄露国家档案机密等都有具体的量刑
	1980 年 12 月	《科学技术档案工作条例》	明确规定了科学技术档案工作的具体内容
	1983 年 4 月	《档案馆工作通则》	明确规定了档案馆的性质、任务、规章制度与具体工作内容
		《机关档案工作条例》	明确规定了机关档案工作的体制、机构，以及机关档案接受、管理、提供利用与移交的内容
	1986 年 2 月	《各级国家档案馆收集档案范围的规定》	确定了档案馆收集工作的基本指导思想，明确了档案收集的范围及规范

附录5　涉及档案工作的其他法律

序号	名　　称	相关内容
1	《中华人民共和国基本医疗卫生与健康促进法》	第三十五条　基层医疗卫生机构主要提供预防、保健、健康教育、疾病管理，为居民建立健康档案，常见病、多发病的诊疗以及部分疾病的康复、护理，接收医院转诊患者，向医院转诊超出自身服务能力的患者等基本医疗卫生服务。
2	《中华人民共和国证券法》(2019年修订)	第二百一十五条　国务院证券监督管理机构依法将有关市场主体遵守本法的情况纳入证券市场诚信档案。
3	《中华人民共和国药品管理法》(2019年修订)	第一百零五条　药品监督管理部门建立药品上市许可持有人、药品生产企业、药品经营企业、药物非临床安全性评价研究机构、药物临床试验机构和医疗机构药品安全信用档案，记录许可颁发、日常监督检查结果、违法行为查处等情况，依法向社会公布并及时更新；对有不良信用记录的，增加监督检查频次，并可以按照国家规定实施联合惩戒。
4	《中华人民共和国疫苗管理法》	疫苗研制、生产、检验等使用的菌毒株和细胞株，应当明确历史、生物学特征、代次，建立详细档案，保证来源合法、清晰、可追溯；来源不明的，不得使用。
5	《中华人民共和国行政许可法》(2019年修正)	行政机关应当创造条件，实现与被许可人、其他有关行政机关的计算机档案系统互联，核查被许可人从事行政许可事项活动情况。
6	《中华人民共和国消防法》(2019年修正)	(二)建立消防档案，确定消防安全重点部位，设置防火标志，实行严格管理；
7	《中华人民共和国商标法》(2019年修正)	商标代理机构有前款规定行为的，由工商行政管理部门记入信用档案；情节严重的，商标局、商标评审委员会并可以决定停止受理其办理商标代理业务，予以公告。
8	《中华人民共和国食品安全法》(2018年修正)	第一百一十三条　县级以上人民政府食品安全监督管理部门应当建立食品生产经营者食品安全信用档案，记录许可颁发、日常监督检查结果、违法行为查处等情况，依法向社会公布并实时更新；对有不良信用记录的食品生产经营者增加监督检查频次，对违法行为情节严重的食品生产经营者，可以通报投资主管部门、证券监督管理机构和有关的金融机构。 责任约谈情况和整改情况应当纳入食品生产经营者食品安全信用档案。

续表

序号	名　称	相关内容
9	《中华人民共和国村民委员会组织法》(2018年修正)	第三十四条　村民委员会和村务监督机构应当建立村务档案。 村务档案包括：选举文件和选票，会议记录，土地发包方案和承包合同，经济合同，集体财务账目，集体资产登记文件，公益设施基本资料，基本建设资料，宅基地使用方案，征地补偿费使用及分配方案等。 村务档案应当真实、准确、完整、规范。
10	《中华人民共和国社会保险法》(2018年修正)	社会保险经办机构应当及时为用人单位建立档案，完整、准确地记录参加社会保险的人员、缴费等社会保险数据，妥善保管登记、申报的原始凭证和支付结算的会计凭证。
11	《中华人民共和国民办教育促进法》(2018年修正)	第四十一条　教育行政部门及有关部门依法对民办学校实行督导，建立民办学校信息公示和信用档案制度，促进提高办学质量；组织或者委托社会中介组织评估办学水平和教育质量，并将评估结果向社会公布。
12	《中华人民共和国环境影响评价法》(2018年修正)	负责审批建设项目环境影响报告书、环境影响报告表的生态环境主管部门应当将编制单位、编制主持人和主要编制人员的相关违法信息记入社会诚信档案，并纳入全国信用信息共享平台和国家企业信用信息公示系统向社会公布。
13	《中华人民共和国职业病防治法》(2018年修正)	(四)建立、健全职业卫生档案和劳动者健康监护档案； 检测、评价结果存入用人单位职业卫生档案，定期向所在地卫生行政部门报告并向劳动者公布。 第三十六条　用人单位应当为劳动者建立职业健康监护档案，并按照规定的期限妥善保存。 职业健康监护档案应当包括劳动者的职业史、职业病危害接触史、职业健康检查结果和职业病诊疗等有关个人健康资料。 劳动者离开用人单位时，有权索取本人职业健康监护档案复印件，用人单位应当如实、无偿提供，并在所提供的复印件上签章。
14	《中华人民共和国野生动物保护法》(2018年修正)	第十一条　县级以上人民政府野生动物保护主管部门，应当定期组织或者委托有关科学研究机构对野生动物及其栖息地状况进行调查、监测和评估，建立健全野生动物及其栖息地档案。 人工繁育国家重点保护野生动物应当使用人工繁育子代种源，建立物种系谱、繁育档案和个体数据。 由县级以上人民政府野生动物保护主管部门没收野生动物及其制品、违法所得，并处野生动物及其制品价值二倍以上十倍以下的罚款，将有关违法信息记入社会诚信档案，向社会公布；构成犯罪的，依法追究刑事责任。

续表

序号	名　　称	相关内容
15	《中华人民共和国公共图书馆法》(2018年修正)	馆藏文献信息属于文物、档案或者国家秘密的，公共图书馆应当遵守有关文物保护、档案管理或者保守国家秘密的法律、行政法规规定。 第三十二条　公共图书馆馆藏文献信息属于档案、文物的，公共图书馆可以与档案馆、博物馆、纪念馆等单位相互交换重复件、复制件或者目录，联合举办展览，共同编辑出版有关史料或者进行史料研究。
16	《中华人民共和国旅游法》(2018年修正)	第一百零八条　对违反本法规定的旅游经营者及其从业人员，旅游主管部门和有关部门应当记入信用档案，向社会公布。
17	《中华人民共和国广告法》(2018年修正)	第三十四条　广告经营者、广告发布者应当按照国家有关规定，建立、健全广告业务的承接登记、审核、档案管理制度。 第六十七条　有本法规定的违法行为的，由市场监督管理部门记入信用档案，并依照有关法律、行政法规规定予以公示。
18	《中华人民共和国土壤污染防治法》	纳入信用系统建立信用记录，将违法信息记入社会诚信档案，并纳入全国信用信息共享平台和国家企业信用信息公示系统向社会公布。
19	《中华人民共和国电子商务法》	第二十七条　电子商务平台经营者应当要求申请进入平台销售商品或者提供服务的经营者提交其身份、地址、联系方式、行政许可等真实信息，进行核验、登记，建立登记档案，并定期核验更新。 第八十六条　电子商务经营者有本法规定的违法行为的，依照有关法律、行政法规的规定记入信用档案，并予以公示。
20	《中华人民共和国国家情报法》(2018年修正)	按照国家有关规定，经过批准，出示相应证件，可以进入限制进入的有关区域、场所，可以向有关机关、组织和个人了解、询问有关情况，可以查阅或者调取有关的档案、资料、物品。
21	《中华人民共和国精神卫生法》(2018年修正)	社区卫生服务机构、乡镇卫生院、村卫生室应当建立严重精神障碍患者的健康档案，对在家居住的严重精神障碍患者进行定期随访，指导患者服药和开展康复训练，并对患者的监护人进行精神卫生知识和看护知识的培训。
22	《中华人民共和国会计法》(2017年修正)	第二十三条　各单位对会计凭证、会计账簿、财务会计报告和其他会计资料应当建立档案，妥善保管。 会计档案的保管期限和销毁办法，由国务院财政部门会同有关部门制定。 出纳人员不得兼任稽核、会计档案保管和收入、支出、费用、债权债务账目的登记工作。

续表

序号	名　称	相关内容
23	《中华人民共和国文物保护法》(2017 年修正)	第十五条　各级文物保护单位，分别由省、自治区、直辖市人民政府和市、县级人民政府划定必要的保护范围，作出标志说明，建立记录档案，并区别情况分别设置专门机构或者专人负责管理。 全国重点文物保护单位的保护范围和记录档案，由省、自治区、直辖市人民政府文物行政部门报国务院文物行政部门备案。 第三十六条　博物馆、图书馆和其他文物收藏单位对收藏的文物，必须区分文物等级，设置藏品档案，建立严格的管理制度，并报主管的文物行政部门备案。 县级以上地方人民政府文物行政部门应当分别建立本行政区域内的馆藏文物档案；国务院文物行政部门应当建立国家一级文物藏品档案和其主管的国有文物收藏单位馆藏文物档案。 国有文物收藏单位的法定代表人离任时，应当按照馆藏文物档案办理馆藏文物移交手续。
24	《中华人民共和国刑法》(2017 年修正)	第三百二十九条　抢夺、窃取国家所有的档案的，处五年以下有期徒刑或者拘役。 违反档案法的规定，擅自出卖、转让国家所有的档案，情节严重的，处三年以下有期徒刑或者拘役。
25	《中华人民共和国公证法》(2017 年修正)	(二)毁损、篡改公证文书或者公证档案； (七)毁损、篡改公证文书或者公证档案； 法律、行政法规规定应当公证的事项等重要的公证档案在公证机构保存期满，应当按照规定移交地方档案馆保管。 (四)毁损、篡改公证文书或者公证档案的。
26	《中华人民共和国核安全法》	放射性废物处置单位应当建立放射性废物处置情况记录档案，如实记录处置的放射性废物的来源、数量、特征、存放位置等与处置活动有关的事项。 记录档案应当永久保存。 国务院核安全监督管理部门和其他有关部门应当将监督检查情况形成报告，建立档案。 (四)国务院核安全监督管理部门或者其他有关部门未将监督检查情况形成报告，或者未建立档案的； (二)未建立放射性废物处置情况记录档案，未如实记录与处置活动有关的事项，或者未永久保存记录档案的；
27	《中华人民共和国律师法》(2017 年修正)	第二十三条　律师事务所应当建立健全执业管理、利益冲突审查、收费与财务管理、投诉查处、年度考核、档案管理等制度，对律师在执业活动中遵守职业道德、执业纪律的情况进行监督。

续表

序号	名　　称	相关内容
28	《中华人民共和国测绘法》(2017年修订)	(四)有健全的技术和质量保证体系、安全保障措施、信息安全保密管理制度以及测绘成果和资料档案管理制度。
29	《中华人民共和国网络安全法》	第七十一条　有本法规定的违法行为的，依照有关法律、行政法规的规定记入信用档案，并予以公示。
30	《中华人民共和国电影产业促进法》	第二十三条　国家设立的电影档案机构依法接收、收集、整理、保管并向社会开放电影档案。 国家设立的电影档案机构应当配置必要的设备，采用先进技术，提高电影档案管理现代化水平。 摄制电影的法人、其他组织依照《中华人民共和国档案法》的规定，做好电影档案保管工作，并向国家设立的电影档案机构移交、捐赠、寄存电影档案。 受理对违反本法规定的行为的投诉、举报，并及时核实、处理、答复；将从事电影活动的单位和个人因违反本法规定受到行政处罚的情形记入信用档案，并向社会公布。 (五)未依法接收、收集、整理、保管、移交电影档案的。
31	《中华人民共和国资产评估法》	评估机构应当依法接受监督检查，如实提供评估档案以及相关情况。 第二十九条　评估档案的保存期限不少于十五年，属于法定评估业务的，保存期限不少于三十年。 (四)建立会员信用档案，将会员遵守法律、行政法规和评估准则的情况记入信用档案，并向社会公开； (七)未按本法规定的期限保存评估档案的；
32	《中华人民共和国种子法》(2015年修订)	品种审定委员会承担主要农作物品种和主要林木品种的审定工作，建立包括申请文件、品种审定试验数据、种子样品、审定意见和审定结论等内容的审定档案，保证可追溯。 对已登记品种存在申请文件、种子样品不实的，由国务院农业主管部门撤销该品种登记，并将该申请者的违法信息记入社会诚信档案，向社会公布；给种子使用者和其他种子生产经营者造成损失的，依法承担赔偿责任。 第三十六条　种子生产经营者应当建立和保存包括种子来源、产地、数量、质量、销售去向、销售日期和有关责任人员等内容的生产经营档案，保证可追溯。 种子生产经营档案的具体载明事项，种子生产经营档案及种子样品的保存期限由国务院农业、林业主管部门规定。 (三)查阅、复制有关合同、票据、账簿、生产经营档案及其他有关资料；

续表

序号	名　称	相关内容
33	《中华人民共和国动物防疫法》(2015年修正)	经强制免疫的动物，应当按照国务院兽医主管部门的规定建立免疫档案，加施畜禽标识，实施可追溯管理。 第七十四条　违反本法规定，对经强制免疫的动物未按照国务院兽医主管部门规定建立免疫档案、加施畜禽标识的，依照《中华人民共和国畜牧法》的有关规定处罚。
34	《中华人民共和国畜牧法》(2015年修正)	第四十一条　畜禽养殖场应当建立养殖档案，载明以下内容： 第五十五条　国务院畜牧兽医行政主管部门应当制定畜禽标识和养殖档案管理办法，采取措施落实畜禽产品质量责任追究制度。 第六十六条　违反本法第四十一条规定，畜禽养殖场未建立养殖档案的，或者未按照规定保存养殖档案的，由县级以上人民政府畜牧兽医行政主管部门责令限期改正，可以处一万元以下罚款。
35	《中华人民共和国反间谍法》	依照规定出示相应证件，可以进入有关场所、单位；根据国家有关规定，经过批准，出示相应证件，可以进入限制进入的有关地区、场所、单位，查阅或者调取有关的档案、资料、物品。
36	《中华人民共和国安全生产法》(2014年修正)	生产经营单位应当建立安全生产教育和培训档案，如实记录安全生产教育和培训的时间、内容、参加人员以及考核结果等情况。
37	《中华人民共和国军事设施保护法》(2014年修正)	第三十三条　军事设施管理单位应当认真执行有关保护军事设施的规章制度，建立军事设施档案，对军事设施进行检查、维护。
38	《中华人民共和国环境保护法》(2014年修订)	县级以上地方人民政府环境保护主管部门和其他负有环境保护监督管理职责的部门，应当将企业事业单位和其他生产经营者的环境违法信息记入社会诚信档案，及时向社会公布违法者名单。
39	《中华人民共和国消费者权益保护法》(2013年修正)	经营者有前款规定情形的，除依照法律、法规规定予以处罚外，处罚机关应当记入信用档案，向社会公布。
40	《中华人民共和国特种设备安全法》	特种设备使用单位应当将其存入该特种设备的安全技术档案。 第三十五条　特种设备使用单位应当建立特种设备安全技术档案。 安全技术档案应当包括以下内容： 第六十条　负责特种设备安全监督管理的部门对依法办理使用登记的特种设备应当建立完整的监督管理档案和信息查询系统；对达到报废条件的特种设备，应当及时督促特种设备使用单位依法履行报废义务。 (二)未建立特种设备安全技术档案或者安全技术档案不符合规定要求，或者未依法设置使用登记标志、定期检验标志的；

续表

序号	名　　称	相关内容
41	《中华人民共和国劳动合同法》(2012年修正)	第五十条　用人单位应当在解除或者终止劳动合同时出具解除或者终止劳动合同的证明，并在十五日内为劳动者办理档案和社会保险关系转移手续。 劳动者依法解除或者终止劳动合同，用人单位扣押劳动者档案或者其他物品的，依照前款规定处罚。
42	《中华人民共和国军人保险法》	第三十九条　军队后勤(联勤)机关财务部门应当为军人及随军未就业的军人配偶建立保险档案，及时、完整、准确地记录其个人缴费和国家补助，以及享受军人保险待遇等个人权益记录，并定期将个人权益记录单送达本人。 (四)篡改或者丢失个人缴费记录等军人保险档案资料的；
43	《中华人民共和国非物质文化遗产法》	第十三条　文化主管部门应当全面了解非物质文化遗产有关情况，建立非物质文化遗产档案及相关数据库。 除依法应当保密的外，非物质文化遗产档案及相关数据信息应当公开，便于公众查阅。
44	《中华人民共和国人民调解法》	人民调解委员会应当建立调解工作档案，将调解登记、调解工作记录、调解协议书等材料立卷归档。
45	《中华人民共和国著作权法》(2010年修正)	(八)图书馆、档案馆、纪念馆、博物馆、美术馆等为陈列或者保存版本的需要，复制本馆收藏的作品；
46	《中华人民共和国矿产资源法》(2009年修正)	第十四条　矿产资源勘查成果档案资料和各类矿产储量的统计资料，实行统一的管理制度，按照国务院规定汇交或者填报。
47	《中华人民共和国森林法》(2009年修正)	第十四条　各级林业主管部门负责组织森林资源清查，建立资源档案制度，掌握资源变化情况。
48	《中华人民共和国防震减灾法》(2008年修订)	国务院地震工作主管部门和县级以上地方人民政府负责管理地震工作的部门或者机构、地震监测台网的管理单位，应当及时收集、保存有关地震的资料和信息，并建立完整的档案。 第七十一条　地震灾区的县级以上地方人民政府应当组织有关部门和单位，抢救、保护与收集整理有关档案、资料，对因地震灾害遗失、毁损的档案、资料，及时补充和恢复。 依法加强管理和监督，予以公布，并对资金、物资的筹集、分配、拨付、使用情况登记造册，建立健全档案。
49	《中华人民共和国领事特权与豁免条例》	第六条　领馆的档案和文件不受侵犯。
50	《中华人民共和国外交特权与豁免条例》	第六条　使馆的档案和文件不受侵犯。

续表

序号	名　称	相关内容
51	《中华人民共和国野生动物保护法(2022年修订)》	第十一条　县级以上人民政府野生动物保护主管部门应当加强信息技术应用，定期组织或者委托有关科学研究机构对野生动物及其栖息地状况进行调查、监测和评估，建立健全野生动物及其栖息地档案。对野生动物及其栖息地状况的调查、监测和评估应当包括下列内容：(一)野生动物野外分布区域、种群数量及结构；(二)野生动物栖息地的面积、生态状况；(三)野生动物及其栖息地的主要威胁因素；(四)野生动物人工繁育情况等其他需要调查、监测和评估的内容。
52	《中华人民共和国畜牧法(2022年修订)》	第四十一条　畜禽养殖场应当建立养殖档案，载明下列内容：(一)畜禽的品种、数量、繁殖记录、标识情况、来源和进出场日期；(二)饲料、饲料添加剂、兽药等投入品的来源、名称、使用对象、时间和用量；(三)检疫、免疫、消毒情况；(四)畜禽发病、死亡和无害化处理情况；(五)畜禽粪污收集、储存、无害化处理和资源化利用情况；(六)国务院农业农村主管部门规定的其他内容。
53	《中华人民共和国黄河保护法》	第十一条　国务院自然资源主管部门应当会同国务院有关部门定期组织开展黄河流域土地、矿产、水流、森林、草原、湿地等自然资源状况调查，建立资源基础数据库，开展资源环境承载能力评价，并向社会公布黄河流域自然资源状况。国务院野生动物保护主管部门应当定期组织开展黄河流域野生动物及其栖息地状况普查，或者根据需要组织开展专项调查，建立野生动物资源档案，并向社会公布黄河流域野生动物资源状况。国务院生态环境主管部门应当定期组织开展黄河流域生态状况评估，并向社会公布黄河流域生态状况。国务院林业和草原主管部门应当会同国务院有关部门组织开展黄河流域土地荒漠化、沙化调查监测，并定期向社会公布调查监测结果。国务院水行政主管部门应当组织开展黄河流域水土流失调查监测，并定期向社会公布调查监测结果。
54	《中华人民共和国黑土地保护法》	第九条　国家建立健全黑土地调查和监测制度。县级以上人民政府自然资源主管部门会同有关部门开展土地调查时，同步开展黑土地类型、分布、数量、质量、保护和利用状况等情况的调查，建立黑土地档案。国务院农业农村、水行政等主管部门会同四省区人民政府建立健全黑土地质量监测网络，加强对黑土地土壤性状、黑土层厚度、水蚀、风蚀等情况的常态化监测，建立黑土地质量动态变化数据库，并做好信息共享工作。
55	《中华人民共和国期货和衍生品法》	第一百一十三条　国务院期货监督管理机构依法将有关期货市场主体遵守本法的情况纳入期货市场诚信档案。

续表

序号	名　称	相关内容
56	《中华人民共和国种子法(2021年修正)》	第十六条　国务院和省、自治区、直辖市人民政府的农业农村、林业草原主管部门分别设立由专业人员组成的农作物品种和林木品种审定委员会。品种审定委员会承担主要农作物品种和主要林木品种的审定工作，建立包括申请文件、品种审定试验数据、种子样品、审定意见和审定结论等内容的审定档案，保证可追溯。在审定通过的品种依法公布的相关信息中应当包括审定意见情况，接受监督。品种审定实行回避制度。品种审定委员会委员、工作人员及相关测试、试验人员应当忠于职守，公正廉洁。对单位和个人举报或者监督检查发现的上述人员的违法行为，省级以上人民政府农业农村、林业草原主管部门和有关机关应当及时依法处理。
57	《中华人民共和国科学技术进步法(2021年修订)》	第一百零四条　国家加强科研诚信建设，建立科学技术项目诚信档案及科研诚信管理信息系统，坚持预防与惩治并举、自律与监督并重，完善对失信行为的预防、调查、处理机制。县级以上地方人民政府和相关行业主管部门采取各种措施加强科研诚信建设，企业事业单位和社会组织应当履行科研诚信管理的主体责任。任何组织和个人不得虚构、伪造科研成果，不得发布、传播虚假科研成果，不得从事学术论文及其实验研究数据、科学技术计划项目申报验收材料等的买卖、代写、代投服务。
58	《中华人民共和国个人信息保护法》	第六十七条　有本法规定的违法行为的，依照有关法律、行政法规的规定记入信用档案，并予以公示。
59	《中华人民共和国安全生产法(2021年修正)》	第二十八条　生产经营单位应当对从业人员进行安全生产教育和培训，保证从业人员具备必要的安全生产知识，熟悉有关的安全生产规章制度和安全操作规程，掌握本岗位的安全操作技能，了解事故应急处理措施，知悉自身在安全生产方面的权利和义务。……生产经营单位应当建立安全生产教育和培训档案，如实记录安全生产教育和培训的时间、内容、参加人员以及考核结果等情况。

附录6　涉及档案工作的其他行政法规

截至2024年4月8日，除3部专门档案行政法规外共有106部行政法规涉及档案。

序号	名　称	相关内容
1	《国务院关于在线政务服务的若干规定》	第十二条　政务服务机构应当对履行职责过程中形成的电子文件进行规范管理，按照档案管理要求及时以电子形式归档并向档案部门移交。除法律、行政法规另有规定外，电子文件不再以纸质形式归档和移交。 符合档案管理要求的电子档案与纸质档案具有同等法律效力。 第十五条　本规定下列用语的含义： （四）电子档案，是指具有凭证、查考和保存价值并归档保存的电子文件。
2	《建设工程质量管理条例》（2019年修正）	第十六条　建设单位收到建设工程竣工报告后，应当组织设计、施工、工程监理等有关单位进行竣工验收。建设工程竣工验收应当具备下列条件： （一）完成建设工程设计和合同约定的各项内容； （二）有完整的技术档案和施工管理资料； 第十七条　建设单位应当严格按照国家有关档案管理的规定，及时收集、整理建设项目各环节的文件资料，建立、健全建设项目档案，并在建设工程竣工验收后，及时向建设行政主管部门或者其他有关部门移交建设项目档案。 第五十九条　违反本条例规定，建设工程竣工验收后，建设单位未向建设行政主管部门或者其他有关部门移交建设项目档案的，责令改正，处1万元以上10万元以下的罚款。
3	《政府投资条例》	第二十九条　项目单位应当按照国家有关规定加强政府投资项目档案管理，将项目审批和实施过程中的有关文件、资料存档备查。
4	《古生物化石保护条例》（2019年修正）	第二十一条　国务院自然资源主管部门负责建立全国的重点保护古生物化石档案和数据库。县级以上地方人民政府自然资源主管部门负责建立本行政区域的重点保护古生物化石档案和数据库。 收藏单位应当建立本单位收藏的古生物化石档案，并如实对收藏的古生物化石作出描述与标注。 第三十九条　古生物化石收藏单位未按照规定建立本单位收藏的古生物化石档案的，由县级以上人民政府自然资源主管部门责令限期改正；逾期不改正的，没收有关古生物化石，并处2万元的罚款。

续表

序号	名　称	相关内容
5	《农业机械安全监督管理条例》(2019年修正)	第三十一条　农业机械化主管部门在安全检验中发现农业机械存在事故隐患的，应当告知其所有人停止使用并及时排除隐患。 实施安全检验的农业机械化主管部门应当对安全检验情况进行汇总，建立农业机械安全监督管理档案。
6	《全国污染源普查条例》(2019年修正)	第二条　污染源普查的任务是，掌握各类污染源的数量、行业和地区分布情况，了解主要污染物的产生、排放和处理情况，建立健全重点污染源档案、污染源信息数据库和环境统计平台，为制定经济社会发展和环境保护政策、规划提供依据。 第三十三条　污染源普查领导小组办公室应当建立污染源普查资料档案管理制度。污染源普查资料档案的保管、调用和移交应当遵守国家有关档案管理规定。
7	《放射性同位素与射线装置安全和防护条例》(2019年修正)	第二十九条　生产、销售、使用放射性同位素和射线装置的单位，应当严格按照国家关于个人剂量监测和健康管理的规定，对直接从事生产、销售、使用活动的工作人员进行个人剂量监测和职业健康检查，建立个人剂量档案和职业健康监护档案。
8	《征兵工作条例(2023年修订)》	第三十一条　公示期满，县、自治县、不设区的市、市辖区人民政府征兵办公室应当为批准服现役的应征公民办理入伍手续，开具应征公民入伍批准书，发给入伍通知书，并通知其户籍所在地的户口登记机关。新兵自批准入伍之日起，按照规定享受现役军人有关待遇保障。新兵家属享受法律法规规定的义务兵家庭优待金和其他优待保障。县、自治县、不设区的市、市辖区人民政府征兵办公室应当为新兵建立入伍档案，将应征公民入伍批准书、应征公民政治考核表、应征公民体格检查表以及国防部征兵办公室规定的其他材料装入档案。
9	《中华人民共和国企业法人登记管理条例》(2019年修正)	第六条　各级登记主管机关，应当建立企业法人登记档案和登记统计制度，掌握企业法人登记有关的基础信息，为发展有计划的商品经济服务。
10	《行政区划管理条例》	第二十条　县级以上人民政府民政部门，应当加强对行政区划档案的管理。 行政区划管理中形成的请示、报告、图表、批准文件以及与行政区划管理工作有关的材料，应当依法整理归档，妥善保管。具体办法由国务院民政部门会同国家档案行政管理部门制定。

续表

序号	名　称	相 关 内 容
11	《人力资源市场暂行条例》	第十五条　公共人力资源服务机构提供下列服务，不得收费： (一)人力资源供求、市场工资指导价位、职业培训等信息发布； (二)职业介绍、职业指导和创业开业指导； (三)就业创业和人才政策法规咨询； (四)对就业困难人员实施就业援助； (五)办理就业登记、失业登记等事务； (六)办理高等学校、中等职业学校、技工学校毕业生接收手续； (七)流动人员人事档案管理； 第三十四条　人力资源社会保障行政部门对经营性人力资源服务机构实施监督检查，可以采取下列措施： (一)进入被检查单位进行检查； (二)询问有关人员，查阅服务台账等服务信息档案；
12	《中华人民共和国森林法实施条例》(2018 年修正)	第七条　县级以上人民政府林业主管部门应当建立森林、林木和林地权属管理档案。 第十一条　国务院林业主管部门应当定期监测全国森林资源消长和森林生态环境变化的情况。 重点林区森林资源调查、建立档案和编制森林经营方案等项工作，由国务院林业主管部门组织实施；其他森林资源调查、建立档案和编制森林经营方案等项工作，由县级以上地方人民政府林业主管部门组织实施。
13	《水库大坝安全管理条例》(2018 年修正)	第二十三条　大坝主管部门对其所管辖的大坝应当按期注册登记，建立技术档案。大坝注册登记办法由国务院水行政主管部门会同有关主管部门制定。
14	《病原微生物实验室生物安全管理条例》(2018 年修正)	第十四条　国务院卫生主管部门或者兽医主管部门指定的菌(毒)种保藏中心或者专业实验室(以下称保藏机构)，承担集中储存病原微生物菌(毒)种和样本的任务。 保藏机构应当依照国务院卫生主管部门或者兽医主管部门的规定，储存实验室送交的病原微生物菌(毒)种和样本，并向实验室提供病原微生物菌(毒)种和样本。 保藏机构应当制定严格的安全保管制度，作好病原微生物菌(毒)种和样本进出和储存的记录，建立档案制度，并指定专人负责。对高致病性病原微生物菌(毒)种和样本应当设专库或者专柜单独储存。 第三十五条　从事高致病性病原微生物相关实验活动应当有 2 名以上的工作人员共同进行。

续表

序号	名　　称	相关内容
		进入从事高致病性病原微生物相关实验活动的实验室的工作人员或者其他有关人员，应当经实验室负责人批准。实验室应当为其提供符合防护要求的防护用品并采取其他职业防护措施。从事高致病性病原微生物相关实验活动的实验室，还应当对实验室工作人员进行健康监测，每年组织对其进行体检，并建立健康档案；必要时，应当对实验室工作人员进行预防接种。 第三十六条　在同一个实验室的同一个独立安全区域内，只能同时从事一种高致病性病原微生物的相关实验活动。 第三十七条　实验室应当建立实验档案，记录实验室使用情况和安全监督情况。实验室从事高致病性病原微生物相关实验活动的实验档案保存期，不得少于20年。
15	《中华人民共和国文物保护法实施条例》(2017年第二次修订)	第八条　全国重点文物保护单位和省级文物保护单位自核定公布之日起1年内，由省、自治区、直辖市人民政府划定必要的保护范围，作出标志说明，建立记录档案，设置专门机构或者指定专人负责管理。 设区的市、自治州级和县级文物保护单位自核定公布之日起1年内，由核定公布该文物保护单位的人民政府划定保护范围，作出标志说明，建立记录档案，设置专门机构或者指定专人负责管理。 第十一条　文物保护单位的记录档案，应当包括文物保护单位本体记录等科学技术资料和有关文献记载、行政管理等内容。 文物保护单位的记录档案，应当充分利用文字、音像制品、图画、拓片、摹本、电子文本等形式，有效表现其所载内容。 第二十八条　文物收藏单位应当建立馆藏文物的接收、鉴定、登记、编目和档案制度，库房管理制度，出入库、注销和统计制度，保养、修复和复制制度。 第二十九条　县级人民政府文物行政主管部门应当将本行政区域内的馆藏文物档案，按照行政隶属关系报设区的市、自治州级人民政府文物行政主管部门或者省、自治区、直辖市人民政府文物行政主管部门备案；设区的市、自治州级人民政府文物行政主管部门应当将本行政区域内的馆藏文物档案，报省、自治区、直辖市人民政府文物行政主管部门备案；省、自治区、直辖市人民政府文物行政主管部门应当将本行政区域内的一级文物藏品档案，报国务院文物行政主管部门备案。 第三十一条　国有文物收藏单位未依照文物保护法第三十六条的规定建立馆藏文物档案并将馆藏文物档案报主管的文物行政主管部门备案的，不得交换、借用馆藏文物。

续表

序号	名 称	相关内容
		第三十七条 国家机关和国有的企业、事业组织等收藏、保管国有文物的，应当履行下列义务： （一）建立文物藏品档案制度，并将文物藏品档案报所在地省、自治区、直辖市人民政府文物行政主管部门备案； （二）建立、健全文物藏品的保养、修复等管理制度，确保文物安全； （三）文物藏品被盗、被抢或者丢失的，应当立即向公安机关报案，并同时向所在地省、自治区、直辖市人民政府文物行政主管部门报告。
16	《历史文化名城名镇名村保护条例》(2017年修正)	第三十二条 城市、县人民政府应当对历史建筑设置保护标志，建立历史建筑档案。 历史建筑档案应当包括下列内容： （一）建筑艺术特征、历史特征、建设年代及稀有程度；
17	《中华人民共和国野生植物保护条例》(2017年修正)	第十五条 野生植物行政主管部门应当定期组织国家重点保护野生植物和地方重点保护野生植物资源调查，建立资源档案。
18	《中华人民共和国自然保护区条例》(2017年修正)	第二十二条 自然保护区管理机构的主要职责是： （一）贯彻执行国家有关自然保护的法律、法规和方针、政策； （二）制定自然保护区的各项管理制度，统一管理自然保护区； （三）调查自然资源并建立档案，组织环境监测，保护自然保护区内的自然环境和自然资源；
19	《中华人民共和国道路交通安全法实施条例》(2017年修正)	第十一条 机动车登记证书、号牌、行驶证丢失或者损毁，机动车所有人申请补发的，应当向公安机关交通管理部门提交本人身份证明和申请材料。公安机关交通管理部门经与机动车登记档案核实后，在收到申请之日起15日内补发。 第二十七条 机动车驾驶证丢失、损毁，机动车驾驶人申请补发的，应当向公安机关交通管理部门提交本人身份证明和申请材料。公安机关交通管理部门经与机动车驾驶证档案核实后，在收到申请之日起3日内补发。
20	《农业转基因生物安全管理条例》(2017年修订)	第二十条 生产转基因植物种子、种畜禽、水产苗种的单位和个人，应当建立生产档案，载明生产地点、基因及其来源、转基因的方法以及种子、种畜禽、水产苗种流向等内容。 第二十五条 经营单位和个人申请转基因植物种子、种畜禽、水产苗种经营许可证，除应当符合有关法律、行政法规规定的条件外，还应当符合下列条件：

续表

序号	名　　称	相 关 内 容
		(一)有专门的管理人员和经营档案； 第二十六条　经营转基因植物种子、种畜禽、水产苗种的单位和个人，应当建立经营档案，载明种子、种畜禽、水产苗种的来源、贮存，运输和销售去向等内容。 第三十八条　农业行政主管部门履行监督检查职责时，有权采取下列措施： (二)查阅或者复制农业转基因生物研究、试验、生产、加工、经营或者进口、出口的有关档案、账册和资料等； 第四十七条　违反本条例规定，转基因植物种子、种畜禽、水产苗种的生产、经营单位和个人，未按照规定制作、保存生产、经营档案的，由县级以上人民政府农业行政主管部门依据职权，责令改正，处 1000 元以上 1 万元以下的罚款。
21	《机关团体建设楼堂馆所管理条例》	第十八条　建设单位应当按照有关规定加强办公用房项目档案管理，将项目审批和实施过程中的有关文件、资料存档备查。
22	《建设项目环境保护管理条例》(2017 年修订)	第二十条　环境保护行政主管部门应当对建设项目环境保护设施设计、施工、验收、投入生产或者使用情况，以及有关环境影响评价文件确定的其他环境保护措施的落实情况，进行监督检查。 环境保护行政主管部门应当将建设项目有关环境违法信息记入社会诚信档案，及时向社会公开违法者名单。
23	《医疗器械监督管理条例》(2017 年修订)	第三十六条　医疗器械使用单位对需要定期检查、检验、校准、保养、维护的医疗器械，应当按照产品说明书的要求进行检查、检验、校准、保养、维护并予以记录，及时进行分析、评估，确保医疗器械处于良好状态，保障使用质量；对使用期限长的大型医疗器械，应当逐台建立使用档案，记录其使用、维护、转让、实际使用时间等事项。记录保存期限不得少于医疗器械规定使用期限终止后 5 年。 第六十条　国务院食品药品监督管理部门建立统一的医疗器械监督管理信息平台。食品药品监督管理部门应当通过信息平台依法及时公布医疗器械许可、备案、抽查检验、违法行为查处情况等日常监督管理信息。但是，不得泄露当事人的商业秘密。 食品药品监督管理部门对医疗器械注册人和备案人、生产经营企业、使用单位建立信用档案，对有不良信用记录的增加监督检查频次。

续表

序号	名　称	相关内容
24	《大中型水利水电工程建设征地补偿和移民安置条例》(2017年修订)	第五十四条　县级以上地方人民政府或者其移民管理机构以及项目法人应当建立移民工作档案，并按照国家有关规定进行管理。
25	《农药管理条例》(2017年修订)	第六章　监督管理 第四十条　县级以上人民政府农业主管部门应当定期调查统计农药生产、销售、使用情况，并及时通报本级人民政府有关部门。 县级以上地方人民政府农业主管部门应当建立农药生产、经营诚信档案并予以公布；发现违法生产、经营农药的行为涉嫌犯罪的，应当依法移送公安机关查处。
26	《饲料和饲料添加剂管理条例》(2017年修订)	第三十三条　县级以上地方人民政府饲料管理部门应当建立饲料、饲料添加剂监督管理档案，记录日常监督检查、违法行为查处等情况。
27	《学校体育工作条例》(2017年修订)	第九条　体育课是学生毕业、升学考试科目。学生因病、残免修体育课或者免除体育课考试的，必须持医院证明，经学校体育教研室(组)审核同意，并报学校教务部门备案，记入学生健康档案。
28	《城市绿化条例》(2017年修订)	第二十四条　百年以上树龄的树木，稀有、珍贵树木，具有历史价值或者重要纪念意义的树木，均属古树名木。 对城市古树名木实行统一管理，分别养护。城市人民政府城市绿化行政主管部门，应当建立古树名木的档案和标志，划定保护范围，加强养护管理。
29	《中华人民共和国食品安全法实施条例》(2021年修订)	第六十六条　国务院食品安全监督管理部门应当会同国务院有关部门建立守信联合激励和失信联合惩戒机制，结合食品生产经营者信用档案，建立严重违法生产经营者黑名单制度，将食品安全信用状况与准入、融资、信贷、征信等相衔接，及时向社会公布。
30	《中华人民共和国认证认可条例(2023年修订)》	第五十二条　认可机构应当定期向国务院认证认可监督管理部门提交报告，并对报告的真实性负责；报告应当对认可机构执行认可制度的情况、从事认可活动的情况、从业人员的工作情况作出说明。国务院认证认可监督管理部门应当对认可机构的报告作出评价，并采取查阅认可活动档案资料、向有关人员了解情况等方式，对认可机构实施监督。
31	《危险废物经营许可证管理办法》(2016年修订)	第十九条　县级以上人民政府环境保护主管部门应当建立、健全危险废物经营许可证的档案管理制度，并定期向社会公布审批颁发危险废物经营许可证的情况。

续表

序号	名　称	相关内容
32	《血液制品管理条例》(2016年修订)	第十二条　单采血浆站在采集血浆前，必须对供血浆者进行身份识别并核实其《供血浆证》，确认无误的，方可按照规定程序进行健康检查和血液化验；对检查、化验合格的，按照有关技术操作标准及程序采集血浆，并建立供血浆者健康检查及供血浆记录档案。
33	《中华人民共和国陆生野生动物保护实施条例》(2016年修订)	第七条　国务院林业行政主管部门和省、自治区、直辖市人民政府林业行政主管部门，应当定期组织野生动物资源调查，建立资源档案，为制定野生动物资源保护发展方案、制定和调整国家和地方重点保护野生动物名录提供依据。
34	《全民健身条例》(2016年修订)	第三十一条　国家加强社会体育指导人员队伍建设，对全民健身活动进行科学指导。 国家对不以收取报酬为目的向公众提供传授健身技能、组织健身活动、宣传科学健身知识等服务的社会体育指导人员实行技术等级制度。县级以上地方人民政府体育主管部门应当免费为其提供相关知识和技能培训，并建立档案。
35	《中华人民共和国公司登记管理条例》(2016年修订)	第二十九条　公司变更住所的，应当在迁入新住所前申请变更登记，并提交新住所使用证明。 公司变更住所跨公司登记机关辖区的，应当在迁入新住所前向迁入地公司登记机关申请变更登记；迁入地公司登记机关受理的，由原公司登记机关将公司登记档案移送迁入地公司登记机关。 第六十一条　借阅、抄录、携带、复制公司登记档案资料的，应当按照规定的权限和程序办理。 任何单位和个人不得修改、涂抹、标注、损毁公司登记档案资料。
36	《博物馆条例》	第二十二条　博物馆应当建立藏品账目及档案。藏品属于文物的，应当区分文物等级，单独设置文物档案，建立严格的管理制度，并报文物主管部门备案。
37	《中华人民共和国政府采购法实施条例》	第四十六条　政府采购法第四十二条规定的采购文件，可以用电子档案方式保存。
38	《高等教育自学考试暂行条例》(2014年修订)	第二十四条　高等教育自学考试应考者取得一门课程的单科合格证书后，省考委即应为其建立考籍管理档案。 第三十八条　高等教育自学考试工作人员和考试组织工作参与人员有下列行为之一的，省考委或其所在单位取消其考试工作人员资格或给予行政处分： (一)涂改应考者试卷、考试分数及其他考籍档案

续表

序号	名　称	相关内容
39	《中华人民共和国船舶登记条例》(2014年修订)	第三十六条　船舶变更船籍港时，船舶所有人应当持船舶国籍证书和变更证明文件，到原船籍港船舶登记机关申请办理船籍港变更登记。对经审查符合本条例规定的，原船籍港船舶登记机关应当在船舶国籍证书签证栏内注明，并将船舶有关登记档案转交新船籍港船舶登记机关，船舶所有人再到新船籍港船舶登记机关办理登记。
40	《安全生产许可证条例》(2014年修订)	第十条　安全生产许可证颁发管理机关应当建立、健全安全生产许可证档案管理制度，并定期向社会公布企业取得安全生产许可证的情况。
41	《中华人民共和国商标法实施条例》(2014年修订)	第九条　除本条例第十八条规定的情形外，当事人向商标局或者商标评审委员会提交文件或者材料的日期，直接递交的，以递交日为准；邮寄的，以寄出的邮戳日为准；邮戳日不清晰或者没有邮戳的，以商标局或者商标评审委员会实际收到日为准，但是当事人能够提出实际邮戳日证据的除外。通过邮政企业以外的快递企业递交的，以快递企业收寄日为准；收寄日不明确的，以商标局或者商标评审委员会实际收到日为准，但是当事人能够提出实际收寄日证据的除外。以数据电文方式提交的，以进入商标局或者商标评审委员会电子系统的日期为准。 当事人向商标局或者商标评审委员会邮寄文件，应当使用给据邮件。 当事人向商标局或者商标评审委员会提交文件，以书面方式提交的，以商标局或者商标评审委员会所存档案记录为准；以数据电文方式提交的，以商标局或者商标评审委员会数据库记录为准，但是当事人确有证据证明商标局或者商标评审委员会档案、数据库记录有错误的除外。 第八十四条　商标法所称商标代理机构，包括经工商行政管理部门登记从事商标代理业务的服务机构和从事商标代理业务的律师事务所。 商标代理机构从事商标局、商标评审委员会主管的商标事宜代理业务的，应当按照下列规定向商标局备案： (一)交验工商行政管理部门的登记证明文件或者司法行政部门批准设立律师事务所的证明文件并留存复印件； (二)报送商标代理机构的名称、住所、负责人、联系方式等基本信息； (三)报送商标代理从业人员名单及联系方式。 工商行政管理部门应当建立商标代理机构信用档案。商标代理机构违反商标法或者本条例规定的，由商标局或者商标评审委员会予以公开通报，并记入其信用档案。

续表

序号	名　　称	相关内容
42	《中华人民共和国保守国家秘密法实施条例》	第十六条　机关、单位对所产生的国家秘密，认为符合保密法有关解密或者延长保密期限规定的，应当及时解密或者延长保密期限。 机关、单位对不属于本机关、本单位产生的国家秘密，认为符合保密法有关解密或者延长保密期限规定的，可以向原定密机关、单位或者其上级机关、单位提出建议。 已经依法移交各级国家档案馆的属于国家秘密的档案，由原定密机关、单位按照国家有关规定进行解密审核。
43	《中华人民共和国水生野生动物保护实施条例》（2013年修订）	第六条　国务院渔业行政主管部门和省、自治区、直辖市人民政府渔业行政主管部门，应当定期组织水生野生动物资源调查，建立资源档案，为制定水生野生动物资源保护发展规划、制定和调整国家和地方重点保护水生野生动物名录提供依据。
44	《城镇排水与污水处理条例》	第二十四条　城镇排水主管部门委托的排水监测机构，应当对排水户排放污水的水质和水量进行监测，并建立排水监测档案。排水户应当接受监测，如实提供有关资料。
45	《传统工艺美术保护条例》（2013年修订）	第九条　国家对认定的传统工艺美术技艺采取下列保护措施： （一）搜集、整理、建立档案；
46	《煤矿安全监察条例》（2013年修订）	第十二条　地区煤矿安全监察机构、煤矿安全监察办事处应当对每个煤矿建立煤矿安全监察档案。
47	《国务院关于预防煤矿生产安全事故的特别规定》（2013年修订）	第十六条　煤矿企业应当依照国家有关规定对井下作业人员进行安全生产教育和培训，保证井下作业人员具有必要的安全生产知识，熟悉有关安全生产规章制度和安全操作规程，掌握本岗位的安全操作技能，并建立培训档案。 第二十一条　煤矿企业负责人和生产经营管理人员应当按照国家规定轮流带班下井，并建立下井登记档案。 县级以上地方人民政府负责煤矿安全生产监督管理的部门或者煤矿安全监察机构发现煤矿企业在生产过程中，1周内其负责人或者生产经营管理人员没有按照国家规定带班下井，或者下井登记档案虚假的，责令改正，并对该煤矿企业处3万元以上15万元以下的罚款。
48	《机关事务管理条例》	第十九条　政府各部门应当完善机关资产使用管理制度，建立健全资产账卡和使用档案，定期清查盘点，保证资产安全完整，提高使用效益。

续表

序号	名　称	相关内容
49	《校车安全管理条例》	第二十二条　配备校车的学校和校车服务提供者应当按照国家规定做好校车的安全维护，建立安全维护档案，保证校车处于良好技术状态。不符合安全技术条件的校车，应当停运维修，消除安全隐患。
50	《拘留所条例》	第十六条　拘留所应当建立被拘留人管理档案。
51	《放射性废物安全管理条例》	第十七条　放射性固体废物贮存单位应当按照国家有关放射性污染防治标准和国务院环境保护主管部门的规定，对其接收的废旧放射源和其他放射性固体废物进行分类存放和清理，及时予以清洁解控或者送交取得相应许可证的放射性固体废物处置单位处置。 放射性固体废物贮存单位应当建立放射性固体废物贮存情况记录档案，如实完整地记录贮存的放射性固体废物的来源、数量、特征、贮存位置、清洁解控、送交处置等与贮存活动有关的事项。 第十九条　将废旧放射源和其他放射性固体废物送交放射性固体废物贮存、处置单位贮存、处置时，送交方应当一并提供放射性固体废物的种类、数量、活度等资料和废旧放射源的原始档案，并按照规定承担贮存、处置的费用。 第二十五条　放射性固体废物处置单位应当按照国家有关放射性污染防治标准和国务院环境保护主管部门的规定，对其接收的放射性固体废物进行处置。 放射性固体废物处置单位应当建立放射性固体废物处置情况记录档案，如实记录处置的放射性固体废物的来源、数量、特征、存放位置等与处置活动有关的事项。放射性固体废物处置情况记录档案应当永久保存。 第三十九条　放射性固体废物贮存、处置单位未按照规定建立情况记录档案，或者未按照规定进行如实记录的，由省级以上人民政府环境保护主管部门责令限期改正，处1万元以上5万元以下的罚款；逾期不改正的，处5万元以上10万元以下的罚款。
52	《太湖流域管理条例》	第五十六条　太湖流域管理机构和太湖流域县级以上地方人民政府水行政主管部门应当对设置在太湖流域湖泊、河道的排污口进行核查登记，建立监督管理档案，对污染严重和违法设置的排污口，依照《中华人民共和国水法》、《中华人民共和国水污染防治法》的规定处理。
53	《公路安全保护条例》	第十条　公路管理机构应当建立健全公路管理档案，对公路、公路用地和公路附属设施调查核实、登记造册。

续表

序号	名　　称	相关内容
54	《国有土地上房屋征收与补偿条例》	第二十九条　房屋征收部门应当依法建立房屋征收补偿档案，并将分户补偿情况在房屋征收范围内向被征收人公布。 第三十四条　房地产价格评估机构或者房地产估价师出具虚假或者有重大差错的评估报告的，由发证机关责令限期改正，给予警告，对房地产价格评估机构并处5万元以上20万元以下罚款，对房地产估价师并处1万元以上3万元以下罚款，并记入信用档案；情节严重的，吊销资质证书、注册证书；造成损失的，依法承担赔偿责任；构成犯罪的，依法追究刑事责任。
55	《基本农田保护条例》(2011年修订)	第十一条　基本农田保护区以乡(镇)为单位划区定界，由县级人民政府土地行政主管部门会同同级农业行政主管部门组织实施。 划定的基本农田保护区，由县级人民政府设立保护标志，予以公告，由县级人民政府土地行政主管部门建立档案，并抄送同级农业行政主管部门。任何单位和个人不得破坏或者擅自改变基本农田保护区的保护标志。 第二十条　县级人民政府应当根据当地实际情况制定基本农田地力分等定级办法，由农业行政主管部门会同土地行政主管部门组织实施，对基本农田地力分等定级，并建立档案。
56	《长江三峡工程建设移民条例》(2011年修订)	第三十三条　有关地方人民政府应当对三峡工程移民档案加强管理，确保档案完整、准确和安全。
57	《中华人民共和国固定资产投资方向调节税暂行条例》(2011年修订)	附表一：建立与当地民用建筑标准相当的文化馆(站)、群艺馆、图书馆、档案馆
58	《中华人民共和国水土保持法实施条例》(2011年修订)	第二十一条　建成的水土保持设施和种植的林草，应当按照国家技术标准进行检查验收；验收合格的，应当建立档案，设立标志，落实管护责任制。
59	《计算机信息网络国际联网安全保护管理办法》(2011年修订)	第十六条　公安机关计算机管理监察机构应当掌握互联单位、接入单位和用户的备案情况，建立备案档案，进行备案统计，并按照国家有关规定逐级上报。
60	《医疗废物管理条例》(2011年修订)	第三十条　医疗废物集中处置单位应当按照环境保护行政主管部门和卫生行政主管部门的规定，定期对医疗废物处置设施的环境污染防治和卫生学效果进行检测、评价。检测、评价结果存入医疗废物集中处置单位档案，每半年向所在地环境保护行政主管部门和卫生行政主管部门报告一次。

续表

序号	名　称	相关内容
61	《中华人民共和国审计法实施条例》(2010年修订)	第四十五条　审计机关应当按照国家有关规定建立、健全审计档案制度。
62	《中华人民共和国专利法实施细则》(2010年修订)	第一百一十六条　国际申请在国际阶段被有关国际单位拒绝给予国际申请日或者宣布视为撤回的，申请人在收到通知之日起2个月内，可以请求国际局将国际申请档案中任何文件的副本转交国务院专利行政部门，并在该期限内向国务院专利行政部门办理本细则第一百零三条规定的手续，国务院专利行政部门应当在接到国际局传送的文件后，对国际单位作出的决定是否正确进行复查。
63	《行政学院工作条例》	行政学院应当健全班委会制度、学籍制度、学员档案管理制度。
64	《放射性物品运输安全管理条例》	第九条　放射性物品运输容器设计单位应当建立健全档案制度，按照质量保证体系的要求，如实记录放射性物品运输容器的设计和安全性能评价过程。 第二十五条　放射性物品运输容器使用单位应当对其使用的放射性物品运输容器定期进行保养和维护，并建立保养和维护档案；放射性物品运输容器达到设计使用年限，或者发现放射性物品运输容器存在安全隐患的，应当停止使用，进行处理。 第三十三条　托运人和承运人应当按照国家职业病防治的有关规定，对直接从事放射性物品运输的工作人员进行个人剂量监测，建立个人剂量档案和职业健康监护档案。
65	《特种设备安全监察条例》(2009年修订)	第二十条　锅炉、压力容器、电梯、起重机械、客运索道、大型游乐设施的安装、改造、维修以及场(厂)内专用机动车辆的改造、维修竣工后，安装、改造、维修的施工单位应当在验收后30日内将有关技术资料移交使用单位，高耗能特种设备还应当按照安全技术规范的要求提交能效测试报告。使用单位应当将其存入该特种设备的安全技术档案。 第二十六条　特种设备使用单位应当建立特种设备安全技术档案。 第八十三条　特种设备使用单位有下列情形之一的，由特种设备安全监督管理部门责令限期改正；逾期未改正的，处2000元以上2万元以下罚款；情节严重的，责令停止使用或者停产停业整顿： (一)特种设备投入使用前或者投入使用后30日内，未向特种设备安全监督管理部门登记，擅自将其投入使用的； (二)未依照本条例第二十六条的规定，建立特种设备安全技术档案的。

续表

序号	名　　称	相 关 内 容
66	《乳品质量安全监督管理条例》	第十三条　奶畜养殖场应当建立养殖档案，载明以下内容： 奶畜养殖小区开办者应当逐步建立养殖档案。
67	《汶川地震灾后恢复重建条例》	第二十三条　地震灾害调查评估应当采用全面调查评估、实地调查评估、综合评估的方法，确保数据资料的真实性、准确性、及时性和评估结论的可靠性。 地震部门、地震监测台网应当收集、保存地震前、地震中、地震后的所有资料和信息，并建立完整的档案。 第七十条　地震灾区的各级人民政府及有关部门和单位，应当对建设项目以及地震灾后恢复重建资金和物资的筹集、分配、拨付、使用情况登记造册，建立、健全档案，并在建设工程竣工验收和地震灾后恢复重建结束后，及时向建设主管部门或者其他有关部门移交档案。
68	《行政机关公务员处分条例》	第三十九条　任免机关对涉嫌违法违纪的行政机关公务员的调查、处理，按照下列程序办理： （七）任免机关有关部门应当将处分决定归入受处分的公务员本人档案，同时汇集有关材料形成该处分案件的工作档案。 第四十七条　行政机关公务员受到开除处分后，有新工作单位的，其本人档案转由新工作单位管理；没有新工作单位的，其本人档案转由其户籍所在地人事部门所属的人才服务机构管理。
69	《国家自然科学基金条例》	第二十六条　自基金资助项目资助期满之日起60日内，项目负责人应当通过依托单位向基金管理机构提交结题报告；基金资助项目取得研究成果的，应当同时提交研究成果报告。 依托单位应当对结题报告进行审核，建立基金资助项目档案。依托单位审核结题报告，应当查看基金资助项目实施情况的原始记录。 第二十九条　基金管理机构应当对基金资助项目实施情况、依托单位履行职责情况进行抽查，抽查时应当查看基金资助项目实施情况的原始记录。抽查结果应当予以记录并公布，公众可以查阅。 基金管理机构应当建立项目负责人和依托单位的信誉档案。 第三十条　基金管理机构应当定期对评审专家履行评审职责情况进行评估；根据评估结果，建立评审专家信誉档案；对有剽窃他人科学研究成果或者在科学研究中有弄虚作假等行为的评审专家，不再聘请。

续表

序号	名　称	相关内容
70	《长城保护条例》	第十四条　长城所在地省、自治区、直辖市人民政府应当建立本行政区域内的长城档案，其文物主管部门应当将长城档案报国务院文物主管部门备案。 国务院文物主管部门应当建立全国的长城档案。 第十九条　将长城段落辟为参观游览区，应当坚持科学规划、原状保护的原则，并应当具备下列条件： (一)该长城段落的安全状况适宜公众参观游览； (二)该长城段落有明确的保护机构，已依法划定保护范围、建设控制地带，并已建立保护标志、档案； 第二十九条　行政机关有下列情形之一的，由上级行政机关责令改正，通报批评；对负有责任的主管人员和其他直接责任人员，依照文物保护法第七十六条的规定给予行政处分；情节严重的，依法开除公职： (一)未依照本条例的规定，确定保护机构、划定保护范围或者建设控制地带、设立保护标志或者建立档案的；
71	《中华人民共和国测绘成果管理条例》	第十一条　测绘成果保管单位应当建立健全测绘成果资料的保管制度，配备必要的设施，确保测绘成果资料的安全，并对基础测绘成果资料实行异地备份存放制度。 测绘成果资料的存放设施与条件，应当符合国家保密、消防及档案管理的有关规定和要求。
72	《地方志工作条例》	第十一条　县级以上地方人民政府负责地方志工作的机构可以向机关、社会团体、企业事业单位、其他组织以及个人征集有关地方志资料，有关单位和个人应当提供支持。负责地方志工作的机构可以对有关资料进行查阅、摘抄、复制，但涉及国家秘密、商业秘密和个人隐私以及不符合档案开放条件的除外。 地方志资料所有人或者持有人提供有关资料，可以获得适当报酬。地方志资料所有人或者持有人不得故意提供虚假资料。 第十二条　以县级以上行政区域名称冠名、列入规划的地方志书经审查验收，方可以公开出版。 对地方志书进行审查验收，应当组织有关保密、档案、历史、法律、经济、军事等方面的专家参加，重点审查地方志书的内容是否符合宪法和保密、档案等法律、法规的规定，是否全面、客观地反映本行政区域自然、政治、经济、文化和社会的历史与现状。 第十四条　地方志应当在出版后3个月内报送上级人民政府负责地方志工作的机构备案。 在地方志编纂过程中收集到的文字资料、图表、照片、音像资料、实物等以及形成的地方志文稿，由本级人民政府负责地方志工作的机构指定专职人员集中统一管理，妥善保存，不得损毁；修志工作完成后，应当依法移交本级国家档案馆或者方志馆保存、管理，个人不得据为己有或者出租、出让、转借。

续表

序号	名　称	相关内容
73	《劳动保障监察条例》	第二十二条　劳动保障行政部门应当建立用人单位劳动保障守法诚信档案。用人单位有重大违反劳动保障法律、法规或者规章的行为的，由有关的劳动保障行政部门向社会公布。
74	《建设工程安全生产管理条例》	第三十四条　施工单位采购、租赁的安全防护用具、机械设备、施工机具及配件，应当具有生产（制造）许可证、产品合格证，并在进入施工现场前进行查验。 施工现场的安全防护用具、机械设备、施工机具及配件必须由专人管理，定期进行检查、维修和保养，建立相应的资料档案，并按照国家有关规定及时报废。 第三十六条　施工单位的主要负责人、项目负责人、专职安全生产管理人员应当经建设行政主管部门或者其他有关部门考核合格后方可任职。 施工单位应当对管理人员和作业人员每年至少进行一次安全生产教育培训，其教育培训情况记入个人工作档案。安全生产教育培训考核不合格的人员，不得上岗。
75	《婚姻登记条例》	第四章　婚姻登记档案和婚姻登记证 第十五条　婚姻登记机关应当建立婚姻登记档案。婚姻登记档案应当长期保管。具体管理办法由国务院民政部门会同国家档案管理部门规定。 第十六条　婚姻登记机关收到人民法院宣告婚姻无效或者撤销婚姻的判决书副本后，应当将该判决书副本收入当事人的婚姻登记档案。 第十七条　结婚证、离婚证遗失或者损毁的，当事人可以持户口簿、身份证向原办理婚姻登记的机关或者一方当事人常住户口所在地的婚姻登记机关申请补领。婚姻登记机关对当事人的婚姻登记档案进行查证，确认属实的，应当为当事人补发结婚证、离婚证。
76	《行政区域界线管理条例》	第六条　任何组织或者个人不得擅自移动或者损坏界桩。非法移动界桩的，其行为无效。 行政区域界线毗邻的各有关人民政府应当按照行政区域界线协议书的规定，对界桩进行分工管理。对损坏的界桩，由分工管理该界桩的一方在毗邻方在场的情况下修复。 因建设、开发等原因需要移动或者增设界桩的，行政区域界线毗邻的各有关人民政府应当协商一致，共同测绘，增补档案资料，并报该行政区域界线的批准机关备案。 第十三条　勘定行政区域界线以及行政区域界线管理中形成的协议书、工作图、界线标志记录、备案材料、批准文件以及其他与勘界记录有关的材料，应当按照有关档案管理的法律、行政法规的规定立卷归档，妥善保管。

续表

序号	名　称	相关内容
77	《使用有毒物品作业场所劳动保护条例》	第二十六条　用人单位应当按照国务院卫生行政部门的规定，定期对使用有毒物品作业场所职业中毒危害因素进行检测、评价。检测、评价结果存入用人单位职业卫生档案，定期向所在地卫生行政部门报告并向劳动者公布。 第三十六条　用人单位应当建立职业健康监护档案。职业健康监护档案应当包括下列内容： 第四十条　劳动者有权查阅、复印其本人职业健康监护档案。 劳动者离开用人单位时，有权索取本人健康监护档案复印件；用人单位应当如实、无偿提供，并在所提供的复印件上签章。 第六十八条　用人单位违反本条例的规定，有下列行为之一的，由卫生行政部门给予警告，责令限期改正，处2万元以上5万元以下的罚款；逾期不改正的，责令停止使用有毒物品作业，或者提请有关人民政府按照国务院规定的权限予以关闭： （七）未建立职业健康监护档案的； （八）劳动者离开用人单位时，用人单位未如实、无偿提供职业健康监护档案的；
78	《医疗事故处理条例》	第二十八条　负责组织医疗事故技术鉴定工作的医学会应当自受理医疗事故技术鉴定之日起5日内通知医疗事故争议双方当事人提交进行医疗事故技术鉴定所需的材料。 （五）与医疗事故技术鉴定有关的其他材料。 在医疗机构建有病历档案的门诊、急诊患者，其病历资料由医疗机构提供；没有在医疗机构建立病历档案的，由患者提供。
79	《中华人民共和国矿山安全法实施条例》	第十五条　矿山企业应当对机电设备及其防护装置、安全检测仪器定期检查、维修，并建立技术档案，保证使用安全。
80	《企业国有资产产权登记管理办法》	第十三条　国有资产管理部门应当建立健全产权登记档案制度，并定期分析和报告国有资产产权状况。
81	《中华人民共和国矿产资源法实施细则》	第十七条　探矿权人应当履行下列义务： （六）按照国务院有关规定汇交矿产资源勘查成果档案资料；
82	《教学成果奖励条例》	第十四条　获得教学成果奖，应当记入本人考绩档案，作为评定职称、晋级增薪的一项重要依据。
83	《陆生野生动物保护实施条例》	第七条　国务院林业行政主管部门和省、自治区、直辖市人民政府林业行政主管部门，应当定期组织野生动物资源调查，建立资源档案，为制定野生动物资源保护发展方案、制定和调整国家和地方重点保护野生动物名录提供依据。

续表

序号	名　称	相关内容
84	《中华人民共和国邮政法实施细则》	第十条　有关单位依照法律规定需要收集、调取证据、查阅邮政业务档案时，必须凭相关邮政企业所在地的公安机关、国家安全机关、检察机关、人民法院出具的书面证明，并开列邮件具体节目，向相关县或者县级以上的邮政企业、邮电管理局办理手续。
85	《学校卫生工作条例》	第十四条　学校应当建立学生健康管理制度，根据条件定期对学生进行体格检查，建立学生体质健康卡片，纳入学生档案。
86	《中华人民共和国看守所条例》	第十二条　收押人犯，应当建立人犯档案。
87	《全民所有制小型工业企业租赁经营暂行条例》(1990年修订)	第三十二条　自租赁经营合同生效之日起，停发承租经营者及合伙承租成员的工资、奖金，预支生活费。承租经营者及合伙承租成员的收入可以按照本条例第三十三条的规定分年度结算或者租赁期满一次结算。 承租经营者及合伙承租成员的原工资和租赁期间按照国家规定应当调整的工资，计入档案，作为承租期满后恢复工资的依据。
88	《石油地震勘探损害补偿规定》	第十七条　对地震波损害补偿范围内的机井的损害补偿，由当事人双方共同核实损害程度，并参照当地县级人民政府有关部门提供的机井档案资料、造价、使用年限，计算补偿费用予以补偿。
89	《中华人民共和国尘肺病防治条例》	第十七条　凡有粉尘作业的企业、事业单位，必须定期测定作业场所的粉尘浓度。测尘结果必须向主管部门和当地卫生行政部门、劳动部门和工会组织报告，并定期向职工公布。 从事粉尘作业的单位必须建立测尘资料档案。
90	《全民所有制工业交通企业设备管理条例》	第二十九条　企业应当建立健全设备的验收交接、档案、管理和考核制度。
91	《国务院关于实行专业技术职务聘任制度的规定》	六. 聘任和任命 聘任或任命单位对受聘或被任命的专业技术人员的业务水平、工作态度和成绩，应进行定期或不定期的考核。考核成绩记入考绩档案，作为提职、调薪、奖惩和能否续聘或任命的依据。
92	《国务院关于发布〈地名管理条例〉的通知》	第十条　地名档案的管理，按照中国地名委员会和国家档案局的有关规定执行。
93	《国务院批转〈图书、档案、资料专业干部业务职称暂行规定〉的通知》	图书、档案、资料专业干部业务职称

续表

序号	名　称	相关内容
94	《统计干部技术职务暂行规定》	第十二条　确定和晋升统计干部的技术职称，由本人申请或组织推荐，提出工作报告或学术论著，经过评审组织评议审定后，由主管机关授予技术职称，并记入人事和业务考绩档案。
95	《海关总署试行组织条例》	第七条　中央人民政府海关总署各厅处的职掌如下： 一、办公厅 襄助署长建立总署内外联系，准备与组织各种会议，管理文件收发与机要事宜，担任法律咨询、资料编译，检查总署首长命令、指示的执行，办理文书之撰拟、缮印、校核及掌管总署印信、档案。
96	《建设工程抗震管理条例》	第十七条　国务院有关部门和国务院标准化行政主管部门应当依据各自职责推动隔震减震装置相关技术标准的制定，明确通用技术要求。鼓励隔震减震装置生产企业制定严于国家标准、行业标准的企业标准。隔震减震装置生产经营企业应当建立唯一编码制度和产品检验合格印鉴制度，采集、存储隔震减震装置生产、经营、检测等信息，确保隔震减震装置质量信息可追溯。隔震减震装置质量应当符合有关产品质量法律、法规和国家相关技术标准的规定。建设单位应当组织勘察、设计、施工、工程监理单位建立隔震减震工程质量可追溯制度，利用信息化手段对隔震减震装置采购、勘察、设计、进场检测、安装施工、竣工验收等全过程的信息资料进行采集和存储，并纳入建设项目档案。
97	《生猪屠宰管理条例》(2021年修订)	第七条　县级以上人民政府农业农村主管部门应当建立生猪定点屠宰厂(场)信用档案，记录日常监督检查结果、违法行为查处等情况，并依法向社会公示。
98	《粮食流通管理条例》(2021年修订)	第二十四条　县级以上人民政府粮食和储备行政管理部门应当建立粮食经营者信用档案，记录日常监督检查结果、违法行为查处情况，并依法向社会公示。粮食行业协会以及中介组织应当加强行业自律，在维护粮食市场秩序方面发挥监督和协调作用。
99	《医疗器械监督管理条例》(2021年修订)	第五十条　医疗器械使用单位对需要定期检查、检验、校准、保养、维护的医疗器械，应当按照产品说明书的要求进行检查、检验、校准、保养、维护并予以记录，及时进行分析、评估，确保医疗器械处于良好状态，保障使用质量；对使用期限长的大型医疗器械，应当逐台建立使用档案，记录其使用、维护、转让、实际使用时间等事项。记录保存期限不得少于医疗器械规定使用期限终止后5年。

续表

序号	名　　称	相 关 内 容
100	《化妆品监督管理条例》	第五十六条　负责药品监督管理的部门应当依法及时公布化妆品行政许可、备案、日常监督检查结果、违法行为查处等监督管理信息。公布监督管理信息时，应当保守当事人的商业秘密。负责药品监督管理的部门应当建立化妆品生产经营者信用档案。对有不良信用记录的化妆品生产经营者，增加监督检查频次；对有严重不良信用记录的生产经营者，按照规定实施联合惩戒。
101	《中国人民解放军文职人员条例》(2022 年修订)	第二十七条　用人单位应当对文职人员培训情况进行登记，并归入文职人员人事档案。培训情况作为文职人员资格评定、考核、任用等的依据之一。
102	《地名管理条例》(2022 年修订)	第二十六条　县级以上地方人民政府应当做好地名档案管理工作。地名档案管理的具体办法，由国务院地名行政主管部门会同国家档案行政管理部门制定。
103	《农药管理条例》(2022 年修订)》	第四十条　县级以上人民政府农业主管部门应当定期调查统计农药生产、销售、使用情况，并及时通报本级人民政府有关部门。县级以上地方人民政府农业主管部门应当建立农药生产、经营诚信档案并予以公布；发现违法生产、经营农药的行为涉嫌犯罪的，应当依法移送公安机关查处。
104	《中华人民共和国市场主体登记管理条例》	第二十七条　市场主体变更住所或者主要经营场所跨登记机关辖区的，应当在迁入新的住所或者主要经营场所前，向迁入地登记机关申请变更登记。迁出地登记机关无正当理由不得拒绝移交市场主体档案等相关材料。
105	《中华人民共和国专利法实施细则》(2023 年修订)	第一百三十四条　国际申请在国际阶段被有关国际单位拒绝给予国际申请日或者宣布视为撤回的，申请人在收到通知之日起 2 个月内，可以请求国际局将国际申请档案中任何文件的副本转交国务院专利行政部门，并在该期限内向国务院专利行政部门办理本细则第一百二十条规定的手续，国务院专利行政部门应当在接到国际局传送的文件后，对国际单位作出的决定是否正确进行复查。
106	《中华人民共和国船员条例》(2023 年修订)	第二十二条　船舶上船员生活和工作的场所，应当符合国家船舶检验规范中有关船员生活环境、作业安全和防护的要求。船员用人单位应当为船员提供必要的生活用品、防护用品、医疗用品，建立船员健康档案，并为船员定期进行健康检查，防治职业疾病。船员在船工作期间患病或者受伤的，船员用人单位应当及时给予救治；船员失踪或者死亡的，船员用人单位应当及时做好相应的善后工作。

续表

序号	名　称	相关内容
107	《证券期货行政执法当事人承诺制度实施办法》	第十九条　当事人有下列情形之一的，由国务院证券监督管理机构记入证券期货市场诚信档案数据库，纳入全国信用信息共享平台，按照国家规定实施联合惩戒：(一)因自身原因未履行或者未完全履行承诺；(二)提交的材料存在虚假记载或者重大遗漏；(三)违背诚信原则的其他情形。
108	《地下水管理条例》	第五十三条　县级以上人民政府水行政、生态环境等主管部门应当建立从事地下水节约、保护、利用活动的单位和个人的诚信档案，记录日常监督检查结果、违法行为查处等情况，并依法向社会公示。
109	《生猪屠宰管理条例》(2021年修订)	第七条　县级以上人民政府农业农村主管部门应当建立生猪定点屠宰厂(场)信用档案，记录日常监督检查结果、违法行为查处等情况，并依法向社会公示。
110	《中华人民共和国民办教育促进法实施条例》(2021年修订)	第三十七条　教育行政部门应当会同有关部门建立民办幼儿园、中小学专任教师劳动、聘用合同备案制度，建立统一档案，记录教师的教龄、工龄，在培训、考核、专业技术职务评聘、表彰奖励、权利保护等方面，统筹规划、统一管理，与公办幼儿园、中小学聘任的教师平等对待。民办职业学校、高等学校按照国家有关规定自主开展教师专业技术职务评聘。教育行政部门应当会同有关部门完善管理制度，保证教师在公办学校和民办学校之间的合理流动；指导和监督民办学校建立健全教职工代表大会制度。
111	《农作物病虫害防治条例》	第三十六条　专业化病虫害防治服务组织应当与服务对象共同商定服务方案或者签订服务合同。专业化病虫害防治服务组织应当遵守国家有关农药安全、合理使用制度，建立服务档案，如实记录服务的时间、地点、内容以及使用农药的名称、用量、生产企业、农药包装废弃物处置方式等信息。服务档案应当保存2年以上。
112	《保障农民工工资支付条例》	第四十七条　人力资源社会保障行政部门应当建立用人单位及相关责任人劳动保障守法诚信档案，对用人单位开展守法诚信等级评价。用人单位有严重拖欠农民工工资违法行为的，由人力资源社会保障行政部门向社会公布，必要时可以通过召开新闻发布会等形式向媒体公开曝光。
113	《军人抚恤优待条例》	第二十五条　现役军人因战、因公致残，未及时评定残疾等级，退出现役后或者医疗终结满3年后，本人(精神病患者由其利害关系人)申请补办评定残疾等级，有档案记载或者有原始医疗证明的，可以评定残疾等级。现役军人被评定残疾等级后，在服现役期间或者退出现役后残疾情况发生严重恶化，原定残疾等级与残疾情况明显不符，本人(精神病患者由其利害关系人)申请调整残疾等级的，可以重新评定残疾等级。

附录7 《图书、档案、资料专业干部业务职称暂行规定》

图书、档案、资料专业干部业务职称暂行规定
(国发〔1981〕21号文件)

颁布单位：国务院

类别：行政法规

颁布时间：1981年01月30日

实施时间：1981年01月30日

为了更好地培养和合理使用图书、档案、资料专业干部，做好考核晋升工作，充分发挥他们的积极性和创造性，鼓励他们努力钻研业务，提高图书、档案、资料工作的科学管理水平，更好地为四个现代化建设服务，特制定本规定。

第一条　图书、档案、资料专业干部的业务职称定为：研究馆员、副研究馆员、馆员、助理馆员、管理员。

第二条　确定或晋升业务职称的图书、档案、资料专业干部，必须拥护中国共产党的领导，热爱社会主义祖国，努力学习马克思列宁主义、毛泽东思想，刻苦钻研业务，积极做好本职工作，为四个现代化建设贡献力量。

第三条　确定或晋升图书、档案、资料专业干部的业务职称，应以学识水平、业务能力和工作成就为主要依据，并适当考虑学历和从事专业工作的资历。

第四条　中等专业学校毕业生，担任图书、档案、资料专业干部，见习一年期满，或具有同等学力的，初步掌握图书、档案、资料某项业务的基础知识、工作方法和技能，较好地完成所担任的任务，确定为管理员。

第五条　见习一年期满的高等院校本科毕业生或具有同等学力的，以及管理员，具备下列条件，确定或晋升为助理馆员：

(1)具有本专业一定的基础理论和专业知识；

(2)具有一定工作能力，能够掌握图书、档案、资料有关工作方法和技能，对馆藏有初步了解，能够使用馆藏目录，联合目录和有关工具书查找书刊、档案、资料等；

(3)初步掌握一门外语或古汉语。

第六条　助理馆员或具有同等业务水平的，具备下列条件，确定或晋升为馆员：

(1)比较系统地掌握图书馆学或档案学或其他某专业的基础理论和专业知识；

(2)具有独立工作能力，熟练掌握有关业务，对馆藏比较了解，能够辅导读者进行文献检索或编制有一定水平的索引、专题资料，工作中有一定成绩；

(3)掌握一门外语或古汉语。

第七条　馆员或具有同等业务水平的，具备下列条件，确定或晋升为副研究馆员：

(1)具有较广博的科学文化知识，对图书馆学或档案学或其他某门学科有较深的研究，有一定水平的工作报告或论著；

(2)具有比较丰富的工作经验，熟悉馆藏，能够指导读者检索、研究或编制有较高学术水平的索引、专题资料，能够解决业务工作中的疑难问题，工作成绩显著；

(3)熟练掌握一门外语。

第八条　副研究馆员或具有同等业务水平的，具备下列条件，确定或晋升为研究馆员：

(1)具有广博的科学文化知识，对图书馆学或档案学或其他某门学科有系统的研究和较深的造诣，有较高水平的论著；

(2)具有丰富的工作经验，能够指导专业人员学习和研究，主编有较高学术价值的书目、索引、工具书或文献汇编，能够解决业务工作中的重大问题，工作成绩卓著；

(3)熟练掌握一门以上的外语。

第九条　确定或晋升图书、档案、资料专业干部的业务职称，必须经过考核。考核在平时考绩的基础上，每一至三年进行一次。工作中有特殊贡献或成绩特别优异者，可随时考核，破格晋升。

对各级图书、档案、资料专业干部的考核，应当严格掌握考核条件。对其中具有同等学力的，除评议其业务成绩外，还应当对本专业必需的基础理论、专业知识和外语程度进行测验。

第十条　确定或晋升图书、档案、资料专业干部的业务职称，按照干部管理权限，由相应的评审组织评定。各级评审组织的组成，由同级主管机关批准。

第十一条　确定或晋升图书、档案、资料专业干部的业务职称，须由本人申请或组织推荐，填写业务简历表，提交业务工作报告或学术论著，经过相应的评审组织评定后，由主管机关授予业务职称。

研究馆员和副研究馆员，由国务院各部门或省、自治区、直辖市人民政府授予；馆员，由相当于行政公署一级机关授予；助理馆员和管理员，由相当于县一级机关授予。对取得馆员以上的业务职称的干部，颁发证书。

第十二条　确定或晋升图书、档案、资料专业干部的业务职称，必须实事求是，严肃认真。对营私舞弊，打击压制专业干部或采取非法手段骗取业务职称的，应当区别情节轻重，严肃处理。

第十三条　本规定适用于在各部门专门从事图书、档案、资料工作的现职专业干部。

第十四条　各省、自治区、直辖市人民政府和国务院有关部门，可根据本规定，结合实际情况，制定实施细则。

附录8 《档案专业人员职称评价基本标准》

档案专业人员职称评价基本标准
(人社部发〔2020〕20号)

摘自：人力资源社会保障部 国家档案局《关于深化档案专业人员职称制度改革的指导意见》(社部发〔2020〕20号)

发文机关：人力资源社会保障部 档案局

成文日期：2020年04月09日

一、遵守国家宪法、法律法规，执行党的路线方针政策。

二、具有良好的职业道德和敬业精神，热爱档案事业，认真钻研业务。

三、认真履行岗位职责，完成本职工作任务，能够自觉运用新理念和新技术，提高档案工作水平。

四、积极参加继续教育，接受国家有关规定要求的档案专业人员继续教育培训。

五、档案专业人员参加各层级职称评审，除必须达到上述标准条件外，还应分别具备以下条件：

(一)管理员

1. 基本了解档案工作法律法规、规章制度、标准规范。

2. 基本掌握档案专业基本知识、档案基础业务工作的基本方法和技能。

3. 能够完成所承担的工作，对档案进行初步整理和加工。

4. 具备大学专科、高中(含中专、职高、技校，下同)毕业学历，从事档案工作满1年。

(二)助理馆员

1. 了解档案工作法律法规、规章制度、标准规范。

2. 掌握档案专业基本知识、档案业务工作方法和技能。

3. 有一定的研究能力，能够对档案业务问题开展基本研究。

4. 具备硕士学位、大学本科学历或学士学位，从事档案工作满1年；或者具备大学专科学历，取得管理员职称后，在相应专业技术岗位任职满2年；或者具备高中毕业学历，取得管理员职称后，在相应专业技术岗位任职满4年。

(三)馆员

1. 比较熟悉档案工作法律法规、规章制度、标准规范。

2. 比较系统地掌握档案专业的基础理论和专业知识，具备独立开展档案业务工作的能力和素质。

3. 参与制定本单位规章制度、标准规范，提高了本单位档案管理水平；具有档案业务问题研究的能力，能够制订档案工作方案。

4. 能够指导助理馆员开展工作。

5. 具备博士学位；或者具备硕士学位，取得助理馆员职称后，在相应专业技术岗位任职满 2 年；或者具备大学本科学历或学士学位，取得助理馆员职称后，在相应专业技术岗位任职满 4 年；或者具备大学专科学历，取得助理馆员职称后，在相应专业技术岗位任职满 4 年；或者具备高中毕业学历，取得助理馆员职称后，在相应专业技术岗位任职满 7 年。

(四)副研究馆员

1. 熟悉档案工作法律法规、规章制度、标准规范；

2. 系统掌握档案专业基础理论和专业知识，具备较高质量完成业务工作的能力和素质。

3. 能够制定本单位、本系统、本行业的规章制度、标准规范，对档案工作开展具有较强指导意义；具有较强档案业务问题研究能力，有较高水平的代表性技术成果。

4. 在指导、培养中青年学术技术骨干方面发挥重要作用，能够指导馆员的工作和学习。

5. 具备博士学位，取得馆员职称后，在相应专业技术岗位任职满 2 年；或者具备硕士学位、大学本科学历或学士学位，取得馆员职称后，在相应专业技术岗位任职满 5 年。

(五)研究馆员

1. 深刻理解档案工作的法律法规、规章制度、标准规范。

2. 全面掌握档案专业基础理论和国内外前沿发展动态，能够将档案工作与所在单位、行业进行深度融合，发挥引领与示范作用，得到业内认可。

3. 能够创新性制定本单位、本行业的档案工作规定和发展规划；针对档案工作中的重大疑难问题制定可行的研究和解决方案；具有较强档案业务问题研究能力，有较高影响力的代表性技术成果，提出促进档案事业发展的新思路、新方法。

4. 在指导、培养中青年学术技术骨干方面做出突出贡献，能够有效指导副研究馆员的工作和学习。

5. 一般应具备大学本科及以上学历，或学士及以上学位，取得副研究馆员职称后，在相应专业技术岗位任职满 5 年。